Curso de preparação aos Concursos da Magistratura do Trabalho e do Ministério Público do Trabalho

Volume II

Sobre os Organizadores

Candy Florencio Thome é juíza do trabalho e professora, Doutora em Direito do Trabalho pela Universidade de São Paulo, Pesquisadora do Centro Internacional de Educación y Desarrollo Humano.

Márcio Mendes Granconato é juiz do trabalho e professor, Mestre e Doutorando em Direito do Trabalho pela Pontifícia Universidade Católica de São Paulo, Coordenador do curso de Pós-Graduação em Direito do Trabalho e Processual do Trabalho da Escola Paulista de Direito (EPD).

Rodrigo Garcia Schwarz é juiz do trabalho e professor, Doutor em Direito do Trabalho e da Seguridade Social pela Universidad de Castilla-La Mancha e Doutor em Direito Administrativo pela Pontifícia Universidade Católica de São Paulo, Pesquisador do Centro Internacional de Educación y Desarrollo Humano.

Organizadores

CANDY FLORENCIO THOME
MÁRCIO MENDES GRANCONATO
RODRIGO GARCIA SCHWARZ

Curso de preparação aos Concursos da Magistratura do Trabalho e do Ministério Público do Trabalho

Autores — Neste Volume

Candy Florencio Thome
Fernando César Teixeira França
Irene Patrícia Nohara
Ivani Contini Bramante
Mauro Schiavi
Rodrigo Garcia Schwarz
Vera Lucia Carlos

Disciplinas — Neste Volume

Direito Individual do Trabalho II
Direito Processual do Trabalho II
Direito Coletivo do Trabalho II
Direito Constitucional II
Direito Administrativo II
Ética e Regime Jurídico da Magistratura Nacional

LTr®

EDITORA LTDA.

Rua Jaguaribe, 571
CEP 01224-001
São Paulo, SP — Brasil
Fone (11) 2167-1101
www.ltr.com.br

Produção Gráfica e Editoração Eletrônica: GRAPHIEN DIAGRAMAÇÃO E ARTE
Projeto de Capa: FABIO GILIO
Impressão: HR GRÁFICA E EDITORA

LTr 4860.0
Junho, 2013

Dados Internacionais de Catalogação na Publicação (CIP)
(Câmara Brasileira do Livro, SP, Brasil)

Curso de preparação aos concursos da magistratura do trabalho e do Ministério Público do Trabalho, volume II / organizadores Candy Florencio Thome, Márcio Mendes Granconato, Rodrigo Garcia Schwarz. — 1. ed. — São Paulo : LTr, 2013.

Bibliografia.
ISBN 978-85-361-2616-6

1. Concurso público 2. Concurso público — Preparação 3. Concurso público — Metodologia 4. Conhecimento I. Thome, Candy Florencio. II. Granconato, Márcio Mendes. III. Schwarz, Rodrigo Garcia.

13-05600 CDD-371.262

Índices para catálogo sistemático:

1. Concurso público : Preparação e métodos :
Educação 371.262

Sumário

Apresentação

Este Curso de Preparação aos Concursos da Magistratura do Trabalho e do Ministério Público do Trabalho, organizado pelos juízes do trabalho *Candy Florencio Thome*, *Márcio Mendes Granconato* e *Rodrigo Garcia Schwarz*, tem o propósito de oferecer ao leitor, reunidas e sistematizadas em seus sucessivos volumes, passo a passo, as disciplinas integrantes do conteúdo programático dos concursos para ingresso nas carreiras da **Magistratura do Trabalho** (*Juiz do Trabalho Substituto*) e do **Ministério Público do Trabalho** (*Procurador do Trabalho*), de acordo com as normas gerais que regem os referidos concursos, especialmente as Resoluções n. 75/2009, do Conselho Nacional de Justiça, e n. 101/2011, do Conselho Superior do Ministério Público do Trabalho.

A obra é destinada, portanto, sobretudo àqueles candidatos que enfrentam os desafios dos concursos para ingresso nas carreiras da Magistratura do Trabalho e do Ministério Público do Trabalho, auxiliando-os na preparação para as respectivas provas. Mas também será útil àqueles candidatos a outras carreiras, que têm, no programa dos respectivos concursos, algumas das disciplinas nele exploradas. Candidatos aos concursos para os cargos de técnico e de analista judiciário dos Tribunais Regionais do Trabalho, de advogado ou procurador dos entes da Administração Pública direta e indireta da União, dos Estados, do Distrito Federal e dos Municípios, ao Ministério do Trabalho e Emprego e à Receita Federal do Brasil, por exemplo, além dos candidatos ao Exame de Ordem, certamente encontrarão aqui subsídios robustos para a sua preparação e aprovação nos exames.

O *Curso* está dividido em *disciplinas* e durante a leitura dos respectivos conteúdos, preparados por especialistas da área — todos com notável formação acadêmica, experiência em sala de aula, amplo domínio da jurisprudência e da doutrina relevantes, argumentação sólida, linguagem fluente e apoio em práticas profissionais consistentes —, os candidatos poderão, passo a passo, tomar contato com todo o programa exigido nos concursos da Magistratura do Trabalho e do Ministério Público do Trabalho. Em cada volume deste *Curso* ainda serão propostas ao leitor/candidato questões de concursos anteriores da Magistratura do Trabalho e do Ministério Público do Trabalho, para cuja sistematização colaboraram as incansáveis Camila Duarti e Cícera Pereira da Silva. Trata-se, portanto, de uma abordagem verdadeiramente inédita, que tem por objetivo auxiliar o leitor/candidato na sua preparação, oferecendo-lhe o que há de melhor na área.

Ao longo desta série, serão abordados, passo a passo, os conteúdos de *Direito Individual do Trabalho, Direito Processual do Trabalho, Direito Coletivo do Trabalho, Direito Constitucional, Direito Administrativo, Direito Civil, Direito Processual Civil, Direito Empresarial, Direito Internacional, Direito Comunitário, Direito Penal, Direito Previdenciário, Direito da Criança e do Adolescente* e *Ética, Regime Jurídico da Magistratura Nacional e Regime Jurídico do Ministério Público*, entre outros.

Neste segundo volume, contamos, como autores das disciplinas sistematizadas, com a participação dos Doutores *Candy Florencio Thome, Fernando César Teixeira França, Irene Patrícia Nohara, Ivani Contini Bramante, Mauro Schiavi, Rodrigo Garcia Schwarz* e *Vera Lucia Carlos*, sendo desenvolvidos os conteúdos das disciplinas *Direito Individual do Trabalho II, Direito Processual do Trabalho II, Direito Coletivo do Trabalho II, Direito Constitucional II, Direito Administrativo II* e *Ética e Regime Jurídico da Magistratura Nacional.*

Ao leitor, desejamos que este *Curso* realmente contribua para a sua preparação para os concursos para ingresso nas carreiras da Magistratura do Trabalho e do Ministério Público do Trabalho — e que a aprovação venha em breve.

Bons estudos!

Volume II

Candy Florencio Thome
Juíza do Trabalho e Professora. Doutora em Direito.

Fernando César Teixeira França
Juiz do Trabalho e Professor. Doutor em Filosofia.

Irene Patrícia Nohara
Advogada e Professora. Doutora e Livre-Docente em Direito.

Ivani Contini Bramante
Desembargadora Federal do Trabalho, ex-Procuradora do Trabalho e Professora. Doutora em Direito.

Márcio Mendes Granconato
Juiz do Trabalho e Professor. Mestre e Doutorando em Direito.

Mauro Schiavi
Juiz do Trabalho e Professor. Doutor em Direito.

Rodrigo Garcia Schwarz
Juiz do Trabalho e Professor. Doutor em Direito.

Vera Lucia Carlos
Procuradora do Trabalho e Professora. Mestre em Direito.

DIREITO INDIVIDUAL DO TRABALHO

II

CANDY FLORENCIO THOME E RODRIGO GARCIA SCHWARZ

1. Relação de trabalho e relação de emprego. Estrutura da relação empregatícia: elementos componentes; natureza jurídica. 2. Empregado: conceito, caracterização. Trabalho por pessoa física e pessoalidade. Não eventualidade. Dependência ou subordinação jurídica. Onerosidade. Características não essenciais à relação de emprego. Exclusividade. Profissionalidade. Formas específicas de relação de emprego. Empregado em Domicílio. Empregados que Exercem Atividades Externas. Teletrabalhadores. Trabalhadores intelectuais. Empregados Ocupantes de Cargo ou Função de Confiança. Diretor Empregado. Sócio Empregado. Cônjuge ou Parente Empregado. Índios. Mãe Social. Trabalhador Aprendiz. Empregado doméstico. Servidor Público. Trabalhador Estrangeiro. 3. Relações de trabalho *lato sensu*: Trabalhador Temporário. Trabalhador Avulso. Trabalhador Eventual. Trabalhador Cooperativado. Trabalhador Voluntário. Trabalhador Religioso. Cabo Eleitoral. Estagiário. Médico Residente. Trabalhador Prisional. Trabalhador Autônomo. 4. Empregador: conceito, caracterização. Entidades Equiparadas ao Empregador. Cartórios notariais e de registro. Sucessão de Empregadores. Responsabilidade Trabalhista Solidária e Subsidiária. Grupo Econômico. Consórcio de Empregadores. 5. Trabalho rural: Empregado. Empregador. Trabalhador rural. Contrato de trabalho rural por pequeno prazo. Parceiro Agrícola ou Pecuário. Empregado de Sítio de Lazer. Trabalhador Rural Eventual. Parentes do Empregado Rural. Empreiteiro Rural.

1. RELAÇÃO DE TRABALHO E RELAÇÃO DE EMPREGO. ESTRUTURA DA RELAÇÃO EMPREGATÍCIA: ELEMENTOS COMPONENTES; NATUREZA JURÍDICA

A relação de trabalho não se confunde com a relação de emprego. A relação de trabalho é caracterizada pela existência de prestação de qualquer tipo de labor humano. A relação de emprego, por sua vez, corresponde à situação jurídica objetiva criada entre o empregado e o empregador pela prestação de trabalho sob dependência, qualquer que seja o ato ou a causa que lhe tenha dado origem, em virtude da qual se aplica ao trabalhador um estatuto objetivo, integrado pelos princípios, instituições e normas do Direito do Trabalho. Dessa forma, a relação de emprego corresponde ao vínculo fático-jurídico formado entre o trabalhador e o tomador de serviços a partir da simples prestação pessoal e remunerada de serviços executados sob dependência (por conta alheia), sendo apenas uma das diversas modalidades possíveis de relações de trabalho. No seu sentido mais abrangente, portanto, a expressão *relação de trabalho* representa um gênero, do qual a *relação de emprego* é mera espécie.

Apesar de ser espécie da relação de trabalho, a relação de emprego corresponde à categoria fundamental sobre a qual se constrói o Direito do Trabalho, embora este, excepcionalmente, possa regular outras relações de trabalho, como o trabalho portuário avulso, sem vínculo empregatício. Nesse contexto, a doutrina trabalhista consolidou o uso da expressão *relação de trabalho* para designar preferencialmente a própria *relação de emprego*, de forma que expressões como *contrato de trabalho* ou, mesmo, *Direito do Trabalho* são inequivocamente concernentes àquela relação de trabalho subordinado que corresponde ao vínculo de emprego.

No Brasil, a própria noção de *trabalho*, na Constituição, diz respeito à noção de *emprego*, sendo princípio da ordem econômica, entre outros, a *busca do pleno emprego* (art. 170, VIII).

Por outro lado, quase todos os códigos de trabalho e leis especiais presumem a existência da relação de emprego a partir da simples prestação pessoal de serviços, em decorrência do princípio trabalhista da proteção. Trata-se de uma presunção relativa, cabendo àquele que alega a inexistência do fato presumido provar em contrário. Temos que considerar, portanto, na aplicação das normas de Direito do Trabalho, que toda prestação pessoal de trabalho é presumidamente subordinada, ou seja, que toda relação de trabalho compreende uma relação de emprego, salvo prova em contrário, cujo ônus é atribuído ao tomador de serviços. Em síntese, temos como existente a relação de emprego, como presunção relativa, a partir da simples demonstração da existência de uma relação de trabalho[(1)].

A prestação de trabalho pode dar-se segundo diversas modalidades, sendo muitas dessas excluídas da incidência do Direito do Trabalho. Para a caracterização da relação de emprego, categoria que constitui o objeto do Direito do Trabalho, é necessária a conjugação de certos elementos imprescindíveis, sem os quais não se configura um verdadeiro vínculo de emprego.

Os elementos fático-jurídicos ou predicados da relação de emprego são apontados pela Consolidação das Leis do Trabalho em dois preceitos combinados: o *caput* do seu art. 3º dispõe que se considera empregado *toda pessoa física que prestar serviços de natureza não eventual a empregador, sob a dependência deste e mediante salário*; o *caput* do seu art. 2º dispõe que se considera empregador *a empresa, individual ou coletiva, que, assumindo os riscos da atividade econômica, admite, assalaria e dirige a prestação pessoal de serviços.*

As teorias que buscam analisar o vínculo empregatício subdividem-se em teorias contratualistas e teorias acontratualistas. Em uma tentativa de se enquadrar o vínculo empregatício nas teorias contratualistas civilistas já existentes, surgiram as teorias do vínculo empregatício como contrato de arrendamento, como contrato de compra e venda, como contrato de mandato, como contrato de sociedade.

---

(1) Do princípio da primazia do emprego, já referido, decorre a máxima do Direito Processual do Trabalho, de que, na existência de controvérsia entre os contratantes a respeito da existência de uma relação de emprego, esta será presumida sempre que o suposto empregador admitir que o trabalhador lhe prestou serviços, ainda que sob outra modalidade de trabalho, sendo, então, ônus do suposto empregador a prova pontual de fatos impeditivos ou modificativos da relação de emprego.

Conforme a teoria do arrendamento, o contrato de trabalho seria um contrato de locação ou arrendamento dos serviços prestados pelo empregado. No contrato de trabalho, no entanto, não há separação entre o empregado e a prestação do trabalho, ao passo que, no arrendamento, há separação entre o sujeito que arrenda e o objeto do arrendamento.

Segundo a teoria do contrato de compra e venda, o contrato de trabalho se traduz em uma venda, pelo empregado, de sua força de trabalho. Ocorre que, nesse caso, também não há a separação entre o vendedor e o objeto que seria vendido. Além disso, no contrato de compra e venda, há uma obrigação de dar e, no contrato de trabalho, uma obrigação de fazer. Por último e mais importante, o trabalho humano não pode ser reduzido a seu resultado e transformado em mercadoria para não haver a "coisificação" do ser humano.

Para a teoria do mandato, o empregado seria o mandatário do empregador. Embora haja uma intrínseca relação de fidúcia no contrato de trabalho, essa, em regra, não chega a ter a profundidade de uma relação de mandato.

A teoria do vínculo empregatício como contrato de sociedade tampouco se sustenta, a uma porque a comunhão de poderes é diversa entre o sócio e o empregado, a duas, porque os lucros advindos desse contrato também são substancialmente diversos entre sócio e empregado, a três, porque, em caso de prejuízo, o empregador não pode ser responsabilizado e arcar com tais prejuízos.

Diante da incapacidade das teorias tradicionais contratualistas civilistas de explicar o vínculo empregatício, surgiu a teoria do contrato de trabalho como um contrato específico, sem similar na estrutura contratualista civilista, tendo como objeto obrigações sucessivas de fazer, lícitas e efetuadas mediante subordinação jurídica.

Já as teorias acontratualistas não levam em conta ou atenuam a importância do elemento vontade, caracterizador das teorias contratualistas, para a configuração do vínculo empregatício. As principais teorias acontratualistas são a teoria da relação de trabalho e a teoria institucionalista.

Segundo a teoria da relação de trabalho, para a configuração do vínculo empregatício, basta a existência da prestação de serviços de forma subordinada, pessoal, onerosa e sucessiva, não importando o elemento da vontade das partes na realização de tais serviços.

A teoria institucionalista, por sua vez, considera que o vínculo empregatício surge em decorrência da inserção do empregado nos quadros da empresa, que configura uma instituição.

A teoria mais aceita, atualmente, é a teoria que reconhece o contrato de trabalho como um contrato específico, ou seja, um contrato sem similar civilista que, embora tenha como característica o elemento vontade, restringe a liberdade dos contratantes como forma de proteção da dignidade humana, já que o contrato de trabalho tem sempre por objeto a prestação de obrigações de fazer por parte de pessoas físicas.

2) EMPREGADO: CONCEITO, CARACTERIZAÇÃO. TRABALHO POR PESSOA FÍSICA E PESSOALIDADE. NÃO EVENTUALIDADE. DEPENDÊNCIA OU SUBORDINAÇÃO JURÍDICA. ONEROSIDADE. CARACTERÍSTICAS NÃO ESSENCIAIS À RELAÇÃO DE EMPREGO. EXCLUSIVIDADE. PROFISSIONALIDADE. FORMAS ESPECÍFICAS DE RELAÇÃO DE EMPREGO. EMPREGADO EM DOMICÍLIO. EMPREGADOS QUE EXERCEM ATIVIDADES EXTERNAS. TELETRABALHADORES. TRABALHADORES INTELECTUAIS. EMPREGADOS OCUPANTES DE CARGO OU FUNÇÃO DE CONFIANÇA. DIRETOR EMPREGADO. SÓCIO EMPREGADO. CÔNJUGE OU PARENTE EMPREGADO. ÍNDIOS. MÃE SOCIAL. TRABALHADOR APRENDIZ. EMPREGADO DOMÉSTICO. SERVIDOR PÚBLICO. TRABALHADOR ESTRANGEIRO.

Empregado: Conceito. Caracterização

A definição legal de empregado é encontrada no art. 3º da Consolidação das Leis do Trabalho, que dispõe: "Considera-se empregado toda pessoa física que prestar serviços de natureza não eventual a empregador, sob a dependência deste e mediante salário."

São requisitos necessários à caracterização da situação ou condição de empregado, portanto, a pessoalidade, a não eventualidade, a dependência e a onerosidade na execução dos serviços.

Trabalho por pessoa física e pessoalidade

A situação jurídica que corresponde à relação de emprego é aquela criada entre um trabalhador, pessoa física, e um empregador, pessoa física ou jurídica, pela prestação de um trabalho subordinado. Um pressuposto essencial para que alguém seja empregado, portanto, é de que se trate de pessoa física. A prestação de serviços por pessoa jurídica obsta o surgimento de uma relação de emprego, salvo quando, nessa prestação, a pessoa jurídica é utilizada apenas para encobrir a efetiva prestação de trabalho por uma pessoa física específica, em fraude à legislação social. Nessa hipótese, por força do disposto no art. 9º da Consolidação das Leis do Trabalho e do princípio da primazia da realidade, não obstante a contratação formal da pessoa jurídica para a prestação de serviços, caracteriza-se a ocorrência da pessoalidade na execução dos serviços, primeiro elemento fático-jurídico necessário à configuração da relação de emprego.

Além disso, deve haver a pessoalidade para a configuração do contrato de trabalho, pois o contrato de trabalho é sempre celebrado *intuitu personae* em relação ao empregado, ou seja, o contrato é celebrado levando-se em consideração as condições pessoais do trabalhador que é contratado como empregado, o qual não pode fazer-se substituir por outro. A prestação deve ser cumprida pelo próprio empregado, pois é indelegável. A substituição que não seja meramente eventual da pessoa do trabalhador obsta o surgimento de uma verdadeira relação de emprego, podendo haver, no entanto, uma substituição consentida pelo empregador durante determinado lapso de tempo. Por outro lado, a obrigação de prestar trabalho, sendo personalíssima, não se transmite a terceiros, de forma que a morte do empregado importa extinção automática da relação de emprego.

No entanto, a pessoalidade na execução do contrato que corresponde à relação de emprego diz respeito apenas à figura do empregado: o empregador, para o Direito do Trabalho, é naturalmente despersonalizado, pois corresponde à empresa, de modo que eventuais alterações subjetivas do contrato de trabalho, desde que no polo empresarial, não prejudicam a continuidade da relação de emprego. Os arts. 10 e 448 da Consolidação das Leis do Trabalho, assim, preceituam que:

> *Art. 10. Qualquer alteração na estrutura jurídica da empresa não afetará os direitos adquiridos por seus empregados.*
>
> *Art. 448. A mudança na propriedade ou na estrutura jurídica da empresa não afetará os contratos de trabalho dos respectivos empregados.*

A assertiva comporta, entretanto, algumas exceções. No caso do empregador constituído em empresa individual, que empreende pessoalmente a atividade econômica, a sua morte pode levar à extinção do contrato de trabalho (art. 483, § 2º, da Consolidação das Leis do Trabalho). Isso tanto pode acontecer com o pequeno empresário individual quanto com os profissionais liberais, como advogados, arquitetos, médicos etc., em relação aos empregados por eles assalariados. Por outro lado, também há, nas relações de emprego doméstico, uma acentuada pessoalidade em relação ao empregador, pessoa ou família (mas nunca empresa), como veremos mais adiante.

Não eventualidade

Eventual é aquilo que é meramente ocasional ou esporádico. A prestação de trabalho que corresponde à relação de emprego é aquela recorrente, que se opera com certa habitualidade, certa permanência. O contrato de trabalho é um contrato de trato sucessivo, que não se exaure com uma única prestação, como ocorre com os contratos instantâneos.

As principais teorias que buscam explicar o requisito da não eventualidade são a teoria da descontinuidade, a teoria dos fins do empreendimento, a teoria do evento e a teoria da fixação jurídica.

Conforme a teoria da descontinuidade, é eventual o trabalho que ocorre de forma desfragmentada no tempo. Essa teoria, no entanto, não abarca os casos de caracterização de vínculo empregatício de empregados que trabalhem apenas um dia na semana, como é o caso dos garçons, por exemplo(2). A teoria dos fins do empreendimento tenta explicar como trabalho eventual aquele que não se encaixa nos fins comuns da empresa. Para a teoria do evento, o trabalho eventual é o trabalho de duração esporádica, sem previsão de acontecimento. Segundo a teoria da fixação jurídica, o empregado se fixa, juridicamente, a uma fonte de trabalho; o trabalhador eventual, não.

Para que se caracterize o segundo elemento fático-jurídico necessário à configuração da relação de emprego, portanto, é necessário que haja um intuito de permanência ou constância na execução dos serviços, ainda que essa ideia de permanência não seja absoluta, fixando-se por um curto período predeterminado, como ocorre, por exemplo, com o empregado em experiência e o safrista, ou possa ser frustrada por um despedimento com ou sem justa causa. Se o trabalho for caracterizado como meramente ocasional, esporádico, não se estará diante de uma autêntica relação de emprego.

A eventualidade, para o Direito do Trabalho, não corresponde, todavia, à intermitência da prestação de serviços: se a prestação é descontínua ou intermitente, mas permanente, operando-se com certa perspectiva de constância no tempo, deixa de haver eventualidade. A prestação pode ser descontínua, portanto, desde que seja permanente, e mesmo assim não será eventual. A eventualidade diz respeito à prestação de trabalho intrinsecamente transitório em virtude de uma relação jurídica também transitória. O diarista ocasional, portanto, não é empregado, mas virá a sê-lo se a prestação de serviços tornar-se habitual, ainda que descontínua. O diarista que presta os seus serviços a um determinado tomador, por diversos meses, ainda que à razão de um único dia por semana, presta serviços intermitentes, descontínuos, mas de forma habitual, caracterizando-se como não eventual a sua prestação de serviços.

Em síntese, serviços de natureza eventual não significam, portanto, trabalho intermitente; concernem a um trabalho excepcional prestado em virtude de uma relação também excepcional: é aquilo que vulgarmente se denomina de *biscate*. Assim, por exemplo, é eventual o serviço do operário contratado para desentulhar parte do estabelecimento cujas paredes desabaram. Já o trabalhador contratado para prestar serviços em um só dia por semana, mas todas as semanas, em um bar ou restaurante, deverá ser considerado empregado: a prestação de serviços, nesse caso, é intermitente, mas o respectivo contrato de trabalho é de caráter continuativo, revestindo-se de perceptível constância.

Parte da doutrina trabalhista tende a aferir a ideia de não eventualidade a partir da efetiva conexão da atividade do trabalhador com as prestações dos outros trabalhadores e com os demais fatores de produção. Eventual seria, assim, o trabalho realizado em atividade anômala, ou seja, não inserida nos fins ordinários da empresa. Isso não significa, no entanto, que o empregado ative-se em *atividade-fim* e o trabalhador eventual em *atividade-meio*. Além da dificuldade prática na distinção entre *atividade-fim* e *atividade-meio* na esfera empresarial, a própria atividade-meio não é desconectada da atividade-fim, estando com ela conjugada funcionalmente: as atividades-meio não são atividades eventuais ou anômalas da empresa. Basta pensar, assim, na contratação de serviços de vigilância, habitualmente considerados como ligados à atividade-meio pela doutrina e pela jurisprudência, por uma instituição financeira: não é realmente possível a um banco realizar a sua atividade precípua de depositário de dinheiro em espécie de correntistas e investidores sem o correspondente aparato de segurança patrimonial e transporte de valores, atividades que estão relacionadas imediatamente à própria finalidade das instituições financeiras.

(2) É a teoria, contudo, que a maior parte da doutrina entende que foi adotada na Lei n. 5.859/1972, sobre trabalho doméstico.

Ademais, se a empresa assume os riscos da exploração de uma atividade, em regra com a expectativa de lucro, contratando, para tanto, certa prestação de serviços, não é razoável imaginar a contratação de serviços onerosos absolutamente desnecessários à consecução das atividades empresariais. Se a empresa contrata, por exemplo, mão de obra especializada na prestação de serviços de vigilância ou de conservação e limpeza, bem como a de serviços especializados ligados à sua atividade-meio, é porque esses serviços, ainda que não sejam os mais essenciais do processo produtivo, estão relacionados de alguma forma à persecução dos lucros e resultados da empresa.

Para o Direito do Trabalho, portanto, a ideia da não eventualidade está mais relacionada ao intuito de permanência ou constância na execução dos serviços, ainda que essa ideia de permanência ou constância não seja absoluta, fixando-se por um período determinado, somente sendo eventual o trabalho realmente ocasional, prestado em virtude de uma situação ou relação totalmente ocasional. Configura-se, assim, o elemento não eventualidade mais quanto ao vínculo (situação ou condição jurídica) do que quanto às efetivas prestações.

Dependência ou subordinação jurídica

A situação jurídica que corresponde à relação de emprego é aquela criada entre um trabalhador e um empregador pela simples prestação de trabalho subordinado, sob dependência. Assim, de todos os predicados qualificadores de uma efetiva relação de emprego, a dependência, traduzida por parte da doutrina como *subordinação jurídica* ou *subordinação hierárquica*, é a mais evidente manifestação da mesma. A situação que corresponde à relação de emprego submete o trabalhador, contratualmente, a constrangimento e restrição da sua liberdade pessoal, sendo o caráter subordinado do trabalho o que provoca especiais problemas e demanda uma intervenção estatal tutelar, pois supõe uma dupla dependência, econômica, traduzida na necessidade que o trabalhador tem de receber um salário para viver dignamente, e jurídico-funcional, pois implica um pacto em que o trabalhador se dispõe a trabalhar por conta alheia, sujeito às ordens do empregador, que lhe dirá *como*, *quando* e *onde* deverá ser prestado o trabalho.

A subordinação do empregado às ordens do empregador, colocando aquele sob a direção deste a sua força de trabalho, é ínsita à relação de emprego, porque dessa emana não apenas a obrigação, pelo empregado, de trabalhar, mas de fazê-lo sob o poder de direção do empregador, ou seja, a direção e fiscalização direta de outrem, que assume os riscos inerentes à exploração da atividade econômica. A subordinação constitui, em síntese, uma condição especial oriunda da conduta das partes em um contrato de atividade que, como suporte fático, fisionomiza o contrato como correspondente à relação de emprego.

Não se questiona, atualmente, o fato de que a dependência ou subordinação que deriva da relação de emprego é de caráter eminentemente jurídico. A subordinação apta à configuração da relação de emprego diz respeito ao estado do empregado, de estar sujeito às ordens e à direção geral do empregador na execução de serviços. Trata-se, portanto, de subordinação jurídica ou hierárquica, sendo irrelevante para a configuração da relação de emprego a dependência meramente técnica ou mesmo econômica do trabalhador.

A dependência econômica, por certo, ainda que relevante, traduzida na necessidade que o trabalhador normalmente tem de receber um salário para viver dignamente, não caracteriza, por si só, a relação de emprego; também a dependência técnica não o faz, mesmo porque nem sempre é necessário ao empregador deter conhecimentos técnicos específicos sobre todos os aspectos do processo de produção, valendo-se de empregados capacitados em determinados aspectos técnicos sem, necessariamente, obter controle sobre os seus conhecimentos: assim, o cozinheiro de um restaurante pode deter maior conhecimento técnico a respeito da preparação da alimentação servida em relação ao seu empregador, mas ainda assim estará sujeito ao seu poder diretivo na faina diária.

O estado de subordinação que interessa ao Direito do Trabalho não corresponde, todavia, a uma dependência pessoal ou servil, mas tem um caráter funcional: o trabalhador, obedecendo às ordens e à direção de outrem, transmite os resultados da respectiva atividade àquele que está na posição de integrá-lo no processo produtivo. A dependência, por isso, pode ser mais bem verificada em relação ao pressuposto da *alteridade*, pois é empregado aquele que presta serviços *por conta alheia*, sem assumir os riscos da atividade econômica, alienando previamente os frutos do seu trabalho.

Nesse sentido, mais do que falar em uma subordinação jurídica ou hierárquica, a caracterização da dependência simplesmente a partir da noção de *trabalho por conta alheia* é mais adequada. Não seria, portanto, na realidade, a subordinação jurídica ou hierárquica, mas a *alteridade* a verdadeira expressão da dependência reportada na Consolidação das Leis do Trabalho como predicado maior da relação de emprego. A subordinação, que corresponde ao estado do empregado, de estar sujeito às ordens e à direção geral do empregador na execução da atividade, é uma consequência do fato de o empregado prestar serviços por conta alheia, e não a sua causa. A alteridade, em síntese, é essencial à ideia de relação de emprego; a subordinação jurídica ou hierárquica é uma consequência daquela e a sua mais visível evidência.

Onerosidade

O contrato de trabalho é um contrato bilateral, sinalagmático e oneroso. Oneroso é aquilo que tem fundo econômico, que não é gratuito. A prestação de trabalho que corresponde à relação de emprego é aquela que se opera mediante salário, ou seja, em virtude da expectativa de uma contraprestação de natureza econômica: no âmbito da relação de emprego, ao dever básico do empregado, de prestar serviços, corresponde o dever básico do empregador, de assalariá-lo. Às partes do contrato de trabalho são reservadas certas obrigações recíprocas, de forma que cada parte contribui, na execução do contrato, com uma ou mais obrigações economicamente mensuráveis.

O trabalho gratuito é estranho à relação de emprego. Assim, por exemplo, na hipótese de serviço voluntário, assim considerado, nos termos da Lei n. 9.608/1998, a prestação de serviço não remunerado a entidade pública ou a instituição privada sem fins lucrativos, não há incidência de obrigações trabalhistas segundo o regime instituído pela Consolidação das Leis do Trabalho. Se não houver, por parte do trabalhador, ao menos a expectativa de receber uma contraprestação economicamente mensurável pelo trabalho, não se estará diante de uma verdadeira relação de emprego.

Obviamente, a simples mora salarial ou até a falta de pagamento de salários não importa a inexistência da relação de emprego. Interessa, aqui, a intenção econômica das partes, especialmente do prestador de serviços. A mera expectativa do trabalhador, de obter para si uma retribuição economicamente mensurável pela prestação da sua atividade, seja em dinheiro, seja em outras utilidades cujo valor nele se possa exprimir, descaracteriza o trabalho gratuito.

Por fim, a onerosidade não se descaracteriza pelo simples fato de não haver pagamento em dinheiro, podendo consubstanciar-se o salário na concessão de outras vantagens cujo valor nele se possa exprimir, como alimentação, habitação ou vestuário. Se há prestação de trabalho a outrem mediante a concessão de tais vantagens, economicamente mensuráveis, está presente, na relação contratual, o pressuposto da onerosidade.

Características não essenciais à relação de emprego

Exclusividade

Para a configuração da relação de emprego não é imprescindível a exclusividade na prestação de serviços do empregado ao empregador. É possível, assim, que o empregado tenha uma pluralidade de empregos contemporâneos, com a mesma ou com outras empresas, desde que compatíveis entre si, nas suas atividades e na sua duração. É possível, mesmo, em alguns casos, diante das características da relação de emprego, a prestação de serviços a mais de um empregador em horários concomitantes, como, por exemplo, no caso de uma empregada doméstica, que trabalhe para dois empregadores em um mesmo condomínio. Ao empregado é vedada, todavia, a concorrência com o empregador ou a veiculação de segredo da empresa.

Profissionalidade

Para a configuração da relação de emprego não é imprescindível a formação profissional ou técnica específica do trabalhador. A eventual falta de formação profissional do trabalhador não induz à impossibilidade de reconhecimento de um vínculo de emprego, salvo quando consistir, por si só, ato ilícito. O contrato de trabalho exige, para a sua validade, objeto lícito, de forma que a eventual prestação de serviços no âmbito de uma profissão regulamentada por quem não tenha a qualificação legalmente exigida para o exercício daquela profissão, quando tal fato for tipificado, por si só, como crime ou contravenção penal, como na hipótese de exercício ilegal da medicina, arte dentária ou farmacêutica (art. 282 do Código Penal), inviabiliza o reconhecimento do vínculo empregatício.

Formas específicas de relação de emprego

Empregado em Domicílio

Nos termos do art. 6º da Consolidação das Leis do Trabalho, com a redação dada pela Lei n. 12.551, de 15.12.2011, "Não se distingue entre o trabalho realizado no estabelecimento do empregador, o executado no domicílio do empregado e o realizado a distância, desde que estejam caracterizados os pressupostos da relação de emprego", observando-se que o parágrafo único desse artigo dispõe que "Os meios telemáticos e informatizados de comando, controle e supervisão se equiparam, para fins de subordinação jurídica, aos meios pessoais e diretos de comando, controle e supervisão do trabalho alheio".

No trabalho em domicílio, o empregado realiza a sua atividade, trabalho artesanal ou pequena indústria, de modo habitual, na sua própria residência ou em outro local determinado pelo empregador ou por ele mesmo escolhido, sem o concurso habitual de auxiliares.

O empregado em domicílio distingue-se do trabalhador autônomo porque não trabalha por conta própria, mas por conta alheia. E distingue-se do trabalhador eventual pela constância na prestação de serviços. É fundamental, portanto, para a caracterização da relação de emprego, a dependência, vertida em subordinação jurídica ou hierárquica, e a não eventualidade da atividade.

Por isso, para a configuração da relação de emprego no trabalho em domicílio, a doutrina e a jurisprudência apontam alguns elementos: continuidade ou intermitência, fixação de qualidade e quantidade de produto, entrega do produto acabado em tempo predeterminado, fixação de tarifa e absorção de tempo do trabalhador por uma ou mais empresas etc. Tais elementos constituem indícios da natureza subordinativa do contrato e não eventual da atividade fática do trabalhador em domicílio.

A pessoalidade na prestação de serviços, para a caracterização da relação de emprego, também é indispensável em relação ao trabalho em domicílio; todavia, a colaboração meramente eventual de familiares ou de terceiros não a desfigura por si só. Por outro lado, o concurso habitual de terceiros na atividade descaracterizará a prestação pessoal de serviços, inviabilizando o reconhecimento do vínculo de emprego entre o trabalhador em domicílio e a empresa tomadora de serviços.

Empregados que Exercem Atividades Externas

O simples fato de o empregado prestar serviços externos, em locais estranhos à sede da empresa ou à sua agência, departamento ou filial, não afasta, por si só, o vínculo empregatício. Da mesma forma, a falta de permanente controle ou fiscalização do empregador sobre a atividade do empregado não descaracteriza, por si só, o vínculo de emprego, desde que presentes os requisitos necessários à configuração da relação de emprego, dentre os quais há que destacar a pessoalidade na prestação de serviços, a não eventualidade e a dependência, à semelhança do que ocorre com o trabalhador em domicílio.

Teletrabalhadores

Teletrabalho ou trabalho remoto é o trabalho a distância. Concretamente, trata-se do trabalho que é realizado pelo trabalhador na sua própria residência ou em qualquer outro local por ele mesmo eleito, de forma similar ao trabalhador em domicílio ou ao trabalhador que exerce atividades externas, mas com a utilização de recursos tecnológicos que permitem que o resultado da sua atividade tenha efeito imediato em um local diferente do que é ocupado pelo trabalhador.

No teletrabalho, envia-se o trabalho para o trabalhador, e não o trabalhador ao trabalho. O teletrabalhador exerce suas atividades remotamente, independentemente da natureza destas, valendo-se de um meio de telecomunicação para transmitir, em tempo real ou não, o resultado da sua atividade ao empregador. O diferencial na prestação do teletrabalhador é, portanto, o recurso à tecnologia como meio de dar maior liberdade ao trabalhador, que não permanece imerso presencialmente no ambiente interno da empresa, nem obrigado ao frequente deslocamento físico residência-trabalho e vice-versa.

O teletrabalho realiza-se, em síntese, em local livremente eleito pelo trabalhador, sem a vigilância presencial do empregador. No entanto, embora prestado o trabalho em local alheio ao âmbito físico da empresa, através do recurso a quaisquer tecnologias de informação e de comunicação, o trabalho, além de oneroso, é prestado pessoalmente, por conta alheia e de forma não eventual, de maneira que se caracterizam, na prestação, os predicados da relação de emprego.

Por fim, as mesmas tecnologias que permitem o teletrabalho podem se revelar excelentes mecanismos de controle e vigilância da empresa sobre as atividades do trabalhador, às vezes até mesmo em tempo real, conforme previsto no art. 6º, parágrafo único, da CLT: "Os meios telemáticos e informatizados de comando, controle e supervisão se equiparam, para fins de subordinação jurídica, aos meios pessoais e diretos de comando, controle e supervisão do trabalho alheio". Assim, a conexão à empresa pode ser monitorada pelas mesmas tecnologias de informação e comunicação utilizadas para a transmissão do trabalho ao trabalhador remoto e do resultado do trabalho à empresa. O teletrabalho, portanto, por si só, não implica falta de controle ou fiscalização do empregador sobre a atividade do trabalhador e sobre a sua jornada de trabalho.

Trabalhadores intelectuais

A distinção entre trabalho manual, técnico e intelectual ou entre seus profissionais é proibida pelo art. 7º, inciso XXXII da Constituição Federal de 1988, havendo apenas a possibilidade de regulamentação de determinadas profissões.

Empregados Ocupantes de Cargo ou Função de Confiança

A relação de emprego, sendo personalíssima em relação à pessoa do trabalhador, sempre pressupõe o depósito de uma fidúcia geral e mediata do empregador em seus empregados. No entanto, certos empregados distinguem-se pelo exercício de funções de grande relevância dentro da estrutura empresarial, providos de poderes de mando, direção e controle sobre a atividade dos demais empregados. Temos aí a hipótese de empregados diferenciados, ocupantes de cargo ou função de confiança.

Os empregados ocupantes de cargo ou função de confiança são depositários de uma maior fidúcia, especial e imediata, do empregador, situação transitória e sempre sujeita a mutações ao longo do tempo. Detêm, normalmente, poderes de mando, direção, representação e substituição do empregador, circunstância que, se não descaracteriza o vínculo de emprego, suscita em relação aos direitos e deveres decorrentes do vínculo um tratamento relativamente diferenciado por parte da legislação social.

Assim, por exemplo, não há estabilidade no exercício dos cargos de diretoria, gerência ou outros de confiança imediata do empregador (art. 499 da Consolidação das Leis do Trabalho). Por outro lado, o exercício do cargo ou função de confiança, pelo empregado, pode decorrer de promoção ou de contratação específica para a sua ocupação. No caso de promoção, a reversão do empregado ao cargo anteriormente ocupado é sempre possível ao empregador (art. 468, parágrafo único, da Consolidação das Leis do Trabalho)[(3)]. Também o art. 62 da CLT excetua da aplicação do capítulo sobre jornada de trabalho os gerentes, assim considerados os exercentes de cargo de gestão, aos quais se equiparam, para efeito do disposto neste artigo, os diretores e chefes de departamento ou filial, exigindo, para a caracterização da função de gerente, a percepção de gratificação de função de, no mínimo, 40% do salário efetivo (art. 62, inciso II parágrafo único)[(4)].

Diretor Empregado

Diretor empregado é aquele que, participando ou não do risco econômico do empreendimento, é contratado ou promovido para exercício de cargo de direção, mantendo as características inerentes à relação de emprego.

Nas grandes empresas, sobretudo nas empresas organizadas sob a forma de sociedades por ações, o empregado pode ser alçado, em prejuízo da continuidade do estado de subordinação característico à relação de emprego, ao cargo de diretor da empresa. Em tal situação, a efetiva compatibilidade entre o exercício do cargo de gestão e a manutenção da qualidade de empregado é bastante controvertida.

Parte da doutrina entende que a elevação do empregado ao patamar de diretor provoca a automática extinção da relação de emprego, dada a incompatibilidade dos cargos e funções em jogo, por ser o diretor mandatário da sociedade que dirige ou, ainda, segundo determinadas correntes, um verdadeiro órgão da sociedade. Ao contrário, há parte relevante da doutrina que defende a ideia de que a simples elevação do empregado ao patamar de diretor não provoca a extinção do respectivo contrato de trabalho, mas apenas a suspensão deste durante o período de exercício do cargo de gestão. Por fim, outros autores defendem a ideia de que a eleição do empregado ao cargo de diretor não altera a sua situação ou condição jurídica, razão pela qual o trabalhador continua, como diretor empregado, com os direitos inerentes a essa condição pessoal, previstos na Consolidação das Leis do Trabalho.

A tese de suspensão do contrato de trabalho durante o período pelo qual o empregado exerce o cargo de diretor da empresa foi adotada pela jurisprudência. Assim, salvo se permanecer, na relação entre o diretor e a empresa, a subordinação jurídica inerente à relação de emprego, quando nenhum efeito terá sobre a continuidade do contrato de trabalho a alteração contratual, continuando o trabalhador eleito a desfrutar plenamente dos direitos inerentes à condição de empregado, a elevação do empregado ao patamar de diretor não provoca a extinção do contrato de trabalho, mas apenas a suspensão do contrato durante o período de exercício do cargo de gestão[(5)], não se computando o tempo de serviço do período.

Sócio Empregado

Como a personalidade da pessoa jurídica é distinta da personalidade civil dos integrantes do seu quadro societário, poderá ocorrer que o empregado seja, também, sócio ou acionista da empresa empregadora. Não há, em regra, nenhuma incompatibilidade *a priori* entre as figuras do sócio e do empregado.

---

(3) Apesar de a possibilidade sempre existente de reversão, o TST tem se posicionado no sentido de que a reversão efetuada após 10 anos ou mais de trabalho em cargo de confiança enseja a manutenção do pagamento da gratificação de função anteriormente percebida (Súmula n. 372 do TST).

(4) Quanto ao art. 62, inciso II, da CLT, cumpre observar que há doutrina e jurisprudência que considera tal dispositivo inconstitucional, diante das disposições do art. 7º, inciso XIII, da Constituição brasileira.

(5) TST, Súmula n. 269: "DIRETOR ELEITO. CÔMPUTO DO PERÍODO COMO TEMPO DE SERVIÇO. O empregado eleito para ocupar cargo de diretor tem o respectivo contrato de trabalho suspenso, não se computando o tempo de serviço desse período, salvo se permanecer a subordinação jurídica inerente à relação de emprego".

Há que verificar, no entanto, casuisticamente, a extensão dos efetivos poderes e do real envolvimento do trabalhador, na condição de empresário, na gestão da sociedade. Assim, o sócio-gerente, por exemplo, não pode ser, concomitantemente, sócio e empregado, em virtude da sua ampla participação na gestão da empresa, impeditiva da condição de trabalhador subordinado. Há uma intensidade maior, nessa hipótese, da afirmação da figura do sócio. Da mesma forma, em uma sociedade de capitais, por ações, o sócio que possuir participação acionária majoritária ou que se constituir acionista controlador não pode possuir a condição de empregado desta mesma sociedade, assim como o sócio componente de sociedade em nome coletivo, diante de sua responsabilidade solidária e ilimitada (arts. 1.039 a 1.044 do Código Civil de 2002).

Além disso, quando se perceber, no trabalho prestado em prol da sociedade de pessoas, uma real prevalência da *affectio societatis*, que não se realiza sem autonomia, em detrimento da dependência, a ausência deste último requisito descaracterizará a relação de emprego. A situação jurídica que corresponde à relação de emprego é aquela criada pela prestação de um trabalho subordinado, ou seja, por conta alheia, sob dependência, de forma que a participação efetiva do trabalhador na sociedade pode obstar o surgimento de uma relação de emprego com esta mesma sociedade, especialmente nas sociedades de pessoas, em que há prevalência da *affectio societatis*.

A condição de sócio, todavia, pode ser utilizada apenas para encobrir a efetiva prestação de serviços por uma pessoa física específica. A simulação, encobrindo a prestação subordinada de trabalho, deve ser desconsiderada para os efeitos da relação de emprego, desconsiderando-se, então, a inclusão do trabalhador no quadro societário da empresa. Nessa hipótese, por força do disposto no art. 9º da Consolidação das Leis do Trabalho, segundo o qual serão nulos de pleno direito os atos praticados com o objetivo de desvirtuar, impedir ou fraudar a aplicação dos preceitos contidos na Consolidação das Leis do Trabalho, configura-se a relação de emprego com a empresa, não obstante a integração formal da pessoa física ao seu quadro societário.

Cônjuge ou Parente Empregado

Nada impede, por si só, que o cônjuge ou parentes sejam empregados em empresas ou atividades mantidas pelo outro cônjuge ou parente. Entre cônjuges e parentes, a possibilidade de configuração da relação de emprego não acarreta, portanto, grandes problemas: existirá, efetivamente, a relação de emprego sempre que estiverem presentes na relação os elementos fático-jurídicos que a caracterizam.

Maior dificuldade surge quando se indaga sobre a formação da relação de emprego no âmbito residencial familiar. É possível a formação de vínculo de emprego doméstico, desde que presentes, no caso, não apenas a condição da prestação de trabalho da pessoa, mas a efetiva ocorrência de todos os elementos fático-jurídicos necessários à caracterização da relação de emprego, em detrimento de eventual vínculo afetivo parental.

A família, base da sociedade, tem especial proteção do Estado e, no âmbito dos serviços domésticos de cuidado da pessoa, em especial no cuidado da criança, do adolescente e do idoso, as pessoas que integram uma família têm, entre si, um dever estrutural de solidariedade. Assim, por exemplo, quando um parente prestar serviços a outro, no âmbito residencial deste, sem fins lucrativos, dificilmente configurar-se-á um vínculo empregatício entre os dois parentes. Importa, mais, para a relação, o dever legal de solidariedade entre os parentes, maior entre ascendente e descendente e entre cônjuges, e, para as demais relações de parentalidade, tanto maior quanto maior for o grau de proximidade sanguínea ou por afinidade no parentesco.

Índios

Nada obsta a contratação de mão de obra de índios ou silvícolas em vias de integração, com a adaptação das condições de trabalho aos usos da comunidade indígena ou grupo tribal a que o trabalhador indígena pertença. Aplicam-se aos indígenas todos os direitos e garantias das leis trabalhistas e de previdência social.

Os índios são considerados:

a) isolados: quando vivem em grupos desconhecidos ou de que se possuem poucos e vagos informes através de contatos eventuais com elementos da comunhão nacional;

b) em vias de integração: quando, em contato intermitente ou permanente com grupos estranhos, conservam menor ou maior parte das condições de sua vida nativa, mas aceitam algumas práticas e modos de existência comuns aos demais setores da comunhão nacional, da qual vão necessitando cada vez mais para o próprio sustento; e

c) integrados: quando incorporados à comunhão nacional e reconhecidos no pleno exercício dos direitos civis, ainda que conservem usos, costumes e tradições característicos da sua cultura.

A Lei n. 6.001/1973 estimula, em relação ao trabalhador indígena, a formulação de contratos de equipe ou de trabalho em domicílio como forma de preservação de sua identidade cultural. O órgão de proteção ao indígena tem a atribuição de aprovar a celebração de contratos de trabalho, no caso de trabalhador indígena em processo de integração.

Somente é válido o contrato de trabalho celebrado com indígenas integrados ou em vias de integração, estes últimos mediante a intermediação obrigatória do órgão de proteção ao indígena, sendo nulo o contrato de trabalho ou de locação de serviços realizado com índios isolados.

Mãe Social

Nos termos da Lei n. 7.644/1987, as instituições sem finalidade lucrativa, ou de utilidade pública de assistência ao menor abandonado, e que funcionem pelo sistema de casas-lares, utilizarão *mães sociais* visando a propiciar ao menor as condições parafamiliares ideais ao seu desenvolvimento e reintegração social. Considera-se: *mãe social*, aquela que, dedicando-se à assistência ao menor abandonado, exerça o encargo em nível social, dentro do sistema de casas-lares; e *casa-lar* a unidade residencial sob a responsabilidade de mãe social, que abrigue até 10 (dez) menores.

À mãe social são reservados os seguintes direitos trabalhistas:

a) anotação do contrato em carteira de trabalho e previdência social;

b) remuneração em valor não inferior ao salário mínimo;

c) repouso semanal remunerado de 24 (vinte e quatro) horas consecutivas;

d) apoio técnico, administrativo e financeiro no desempenho de suas funções;

e) 30 (trinta) dias de férias anuais remuneradas;

f) benefícios e serviços previdenciários, inclusive, em caso de acidente do trabalho, na qualidade de segurada obrigatória à Previdência Social;

g) gratificação natalina; e

h) Fundo de Garantia do Tempo de Serviço ou indenização correspondente, nos termos da legislação pertinente.

Ressalvado o entendimento minoritário no sentido de que, após o advento da Constituição de 1988, à mãe social aplicam-se todos os direitos e garantias concernentes ao vínculo de emprego ou, ao menos, todos aqueles direitos e garantias elencados nos incisos do art. 7º da Constituição, o entendimento jurisprudencial majoritário do TST é no sentido de que à mãe social, vinculada ao empregador por *contrato especial de trabalho*, restritivo, somente são aplicáveis as garantias e direitos taxativamente assegurados na Lei

n. 7.644/1987; em outras palavras, a *mãe social* somente se beneficia dos direitos a ela expressamente assegurados pela Lei n. 7.644/1987.

Trabalhador Aprendiz

O contrato de aprendizagem é um contrato especial, regulado pela Consolidação das Leis do Trabalho, celebrado por prazo determinado, pelo qual o empregador se obriga a empregar pessoa de 14 a 24 anos de idade (salvo pessoa deficiente, para a qual não existe idade máxima), mediante comprometimento do trabalhador em participar de um processo educativo, e a lhe ensinar metodologicamente um ofício. Para tanto, o aprendiz deve estar inscrito em programa de aprendizagem e formação técnico-profissional metódica, compatível com o seu desenvolvimento físico, moral e psicológico.

A formação técnico-profissional deve caracterizar-se por atividades teóricas e práticas, cuidadosamente organizadas em tarefas de complexidade progressiva, desenvolvidas no ambiente de trabalho.

O Estatuto da Criança e do Adolescente, no seu art. 62, também conceitua a aprendizagem como formação técnico-profissional administrada conforme as diretrizes e bases da legislação de educação em vigor.

A contratação do aprendiz poderá ser efetivada pela empresa onde aquele realiza a aprendizagem ou, no caso de aprendizes menores de 18 anos, por entidades sem fins lucrativos, que tenham por objetivo a assistência ao adolescente e à educação profissional, registradas no Conselho Municipal dos Direitos da Criança e do Adolescente. Nesse caso, não haverá vínculo de emprego entre o aprendiz e a empresa tomadora de serviços, mas entre o aprendiz e a entidade sem fins lucrativos, intermediadora.

Há, portanto, duas hipóteses de contratação do aprendiz:

a) a primeira é a celebração do contrato de aprendizagem com a empresa onde acontecerá a aprendizagem, conforme dispõe o *caput* do art. 428 da Consolidação das Leis do Trabalho: nesse caso, trata-se de um contrato de trabalho por prazo determinado, ajustado por escrito, mediante termos e condições legais, ficando assegurado ao menor aprendiz todos os direitos previstos na lei trabalhista e previdenciária. No momento da contratação do menor aprendiz, a empresa terá que observar o cumprimento de todas as condições de validade do contrato de aprendizagem expostas na Consolidação das Leis do Trabalho, sob pena de desconfiguração de sua natureza jurídica;

b) a segunda hipótese de celebração do contrato de aprendizagem, subsidiária, ocorre por meio de entidades sem fins lucrativos que tenham por objetivo a assistência ao adolescente e à educação profissional, na forma prevista no art. 430 da Consolidação das Leis do Trabalho: nesse caso, quando as entidades sem fins lucrativos oferecem aprendizagem profissional de forma subsidiária, na circunstância dos Serviços Nacionais de Aprendizagem, não oferecem cursos ou vagas suficientes para atender à demanda, o vínculo empregatício forma-se com a própria entidade sem fins lucrativos que oferece a aprendizagem, e não com o tomador de serviços do aprendiz.

Essas entidades sem fins lucrativos podem ser governamentais ou não, devem ter por objetivo a formação técnico-profissional e são registradas no Conselho Municipal dos Direitos da Criança e do Adolescente; devem, também, ter estrutura adequada ao desenvolvimento dos programas de aprendizagem e estarão sujeitas às normas fixadas pelo Ministério do Trabalho e Emprego para avaliação de sua competência, conforme o art. 430, II, da Consolidação das Leis do Trabalho.

Para que o contrato de aprendizagem tenha validade, devem ser atendidos os seguintes requisitos:

a) registro e averbação da aprendizagem na carteira de trabalho e previdência social do aprendiz;

b) matrícula e frequência do aprendiz à escola, caso não tenha concluído o ensino fundamental;

c) inscrição do aprendiz em programa de aprendizagem desenvolvido sob a orientação de entidade qualificada em formação técnico-profissional metódica; e

d) existência de programa de aprendizagem desenvolvido por meio de atividades técnicas e práticas, contendo os objetivos do curso, os conteúdos a serem realizados e sua carga horária.

A duração do contrato de aprendizagem não poderá ultrapassar a dois anos e a jornada de trabalho, durante a aprendizagem, é de no máximo seis horas diárias, podendo chegar ao limite de oito horas diárias se o aprendiz já houver completado o ensino fundamental, e se, na sua jornada, forem computadas também as horas destinadas à aprendizagem teórica, sendo absolutamente proibidas a prorrogação do trabalho e a compensação de jornada.

São garantidas ao aprendiz a percepção de salário mínimo, na sua expressão horária, e a sua integração ao sistema do Fundo de Garantia do Tempo de Serviço, ainda que nos contratos de aprendizagem a alíquota da contribuição da empresa para o Fundo de Garantia do Tempo de Serviço esteja reduzida a 2% sobre o valor da remuneração do aprendiz, contra os 8% habituais para os demais trabalhadores empregados.

Toda empresa que, em sua atividade, empregue trabalhadores cuja função exija formação profissional, como eletricistas, soldadores, mecânicos, padeiros etc., está obrigada a contratar e a matricular aprendizes em cursos fornecidos pelo Serviço Nacional de Aprendizagem Industrial, Serviço Nacional de Aprendizagem Comercial, Serviço Nacional de Aprendizagem Rural ou Serviço Nacional de Aprendizagem no Transporte, em percentual que varia entre 5% e 15% do número de trabalhadores da empresa.

Os cálculos para a disposição de vagas para aprendizes são feitos a partir do número total de empregados em todas as funções que necessitem formação profissional existente na empresa; as frações de unidade, a partir de um inteiro, correspondem à admissão de um aprendiz.

As micro e pequenas empresas estão dispensadas de disponibilizarem vagas para menores aprendizes, inexistindo a obrigação do cumprimento da quota estipulada para a contratação destes, porém não estão proibidas de contratá-los, nesses limites.

Somente se os serviços nacionais de aprendizagem não dispuserem de vagas ou cursos suficientes para atender à demanda dos estabelecimentos é que outras entidades sem fins lucrativos, qualificadas em formação técnico-profissional metódica, poderão suprir tais vagas. No entanto, a contratação do aprendiz por entidades sem fins lucrativos não gera vínculo empregatício com a empresa tomadora de serviços: entre o menor aprendiz e a tomadora não se forma contrato de trabalho, não existindo sequer a obrigação, por parte desta, de anotação do contrato na carteira de trabalho e previdência social do aprendiz; nessa hipótese, o contrato será anotado na carteira de trabalho e previdência social do aprendiz pela entidade sem fins lucrativos, intermediadora da mão de obra.

Questão relevante diz respeito à necessidade de conciliar-se a atividade da aprendizagem, para o aprendiz adolescente, com a vedação ao trabalho noturno, insalubre, perigoso ou penoso do menor de 18 (dezoito) anos.

O contrato de aprendizagem extingue-se:

a) quando expirado o prazo de duração do contrato de aprendizagem; ou

b) quando o aprendiz completar 24 anos de idade, mesmo que não tenha concluído o programa de aprendizagem, salvo na hipótese de pessoa com deficiência.

Caso o contrato, nas hipóteses acima, tenha continuidade, converter-se-á em um contrato comum, por prazo indeterminado.

No entanto, o contrato de aprendizagem ainda pode ser antecipadamente terminado por:

a) desempenho insuficiente ou inadaptação do aprendiz ao ofício;

b) falta disciplinar grave;

c) ausência injustificada à escola que importe perda do ano eletivo; ou

d) a pedido do aprendiz.

Empregado doméstico

O termo *doméstico* (do latim *domesticus*) está relacionado ao âmbito íntimo e interior da vida familiar. O trabalho doméstico, na sua origem, tem como cenário a residência e por objeto a execução de serviços concernentes à vida normal da família.

No Brasil, a formação da mão de obra doméstica tem raízes na escravidão e na divisão sexual do trabalho. Na escravidão, porque os senhores escravocratas começaram a trazer para as suas casas escravas, para que estas desempenhassem papéis de criadas, amas de leite ou cozinheiras, situação que se manteve quase intacta com a abolição formal da escravatura. Na divisão sexual do trabalho, porque as tarefas domésticas são, culturalmente, atribuídas às mulheres como parte de um trabalho considerado reprodutivo e de natureza não econômica, fazendo com que o coletivo de empregados domésticos seja, primordialmente, formado por mulheres, em situações normalmente precárias de trabalho.

Com a abolição do trabalho escravo, a prestação de serviços de que decorre o vínculo de emprego doméstico foi regrada, inicialmente, pelo Código Civil de 1916. Posteriormente, o Decreto-lei n. 3.078/1941 tratou de definir como empregado doméstico "todos aqueles que, de qualquer profissão ou mister, mediante remuneração, prestem serviços em residências particulares ou a benefício destas".

O emprego doméstico é um tipo específico de emprego. Atualmente, a Lei n. 5.859/1972, em seu art. 1º, define o empregado doméstico como *aquele que presta serviços de natureza contínua e de finalidade não lucrativa à pessoa ou à família no âmbito residencial destas.* São elementos peculiares à relação de emprego doméstico, assim, a natureza contínua e a finalidade não lucrativa da prestação de serviços, executada em favor de pessoa ou família, no âmbito residencial destas.

Empregados domésticos, portanto, são todos aqueles trabalhadores que prestam serviços no âmbito residencial ou em benefício deste, em atividade desprovida de fins lucrativos. Nesse quadro, embora a Lei n. 5.859/1972 defina o empregado doméstico como aquele que presta serviços à pessoa ou à família *no âmbito residencial*, admite-se como empregado doméstico não apenas aquele que presta serviços *no âmbito residencial*, mas também aquele que presta serviços *para o âmbito residencial* ou *a benefício deste.* Ressalvamos, aqui, para fins de interpretação da exata extensão da Lei n. 5.859/1972, a definição dada ao trabalho doméstico pelo antigo Decreto-lei n. 3.078/1941, pois se incluiu, nessa definição, não apenas a prestação de serviços em residências particulares, mas também a prestação de serviços em benefício destas.

Trata-se, portanto, de prestação de serviços conexos ao âmbito residencial da pessoa ou família, sem fins lucrativos. O fato de o trabalho ser prestado externamente, ou seja, fora da residência do empregador doméstico, desde que a atividade esteja relacionada às atividades do lar, não descaracteriza o vínculo de emprego como doméstico.

São empregados domésticos, assim, o caseiro, encarregado de cuidar de casa de praia ou de campo, sítios ou chácaras, mesmo quando há criação de animais ou cultivo de plantas na respectiva propriedade, desde que para consumo próprio ou simples subsistência da propriedade rural, sem fins lucrativos, o motorista particular e o auxiliar de enfermagem que cuida de pessoa doente ou idosa no âmbito residencial. Mesmo eventual piloto de aeronave particular que preste serviços para o âmbito familiar, de natureza não econômica, será considerado doméstico e não aeronauta. Não é empregado doméstico, no entanto, aquele que trabalha para condomínio, regularizado ou não, pois não se trata, aqui, de prestação de serviços a pessoa ou família, mas para entidade equiparada por lei ao empregador urbano (art. 2º, § 1º, da Consolidação das Leis do Trabalho).

Por outro lado, para ser considerada como emprego doméstico, a atividade do trabalhador deve ser contínua e não apenas não eventual, habitual ou intermitente. Quando se fala em continuidade como requisito essencial à configuração do trabalho doméstico, a maior parte da doutrina e da jurisprudência tende a dissociá-la da simples ideia de não eventualidade, válida apenas para os empregados urbanos e rurais, para associá-la à permanência quase absoluta, não interrompida, da atividade, com exceção dos períodos de repouso.

Desde um ponto de vista estritamente legal, só será considerado empregado doméstico aquele que trabalhar de forma contínua, ou seja, em alguns dias da mesma semana. O requisito da continuidade, previsto na Lei n. 5.859/1972, não se confunde com a mera não eventualidade: esta se caracteriza pela prestação periódica, ainda que intermitente; aquela, não. A permanência é um pressuposto para a configuração da relação de emprego, mas, para a configuração da relação de emprego doméstico, a exigência é mais rigorosa: mais do que a permanência (não eventualidade), exige-se a continuidade na prestação de serviços[(6)].

Na prática, quanto menor a frequência da atividade, menor a possibilidade concreta de reconhecimento do vínculo empregatício doméstico. Assim, enquanto no caso da *diarista* que comparece apenas uma ou duas vezes por semana ao serviço estará normalmente afastada a hipótese de configuração da relação de emprego doméstico, quando a frequência é de três, quatro ou cinco vezes por semana, por ficar praticamente impossibilitada a atividade em outra residência, estará, em regra, configurada a relação que concerne ao emprego doméstico[(7)].

A atividade doméstica não pode ter fins lucrativos. O trabalho doméstico pode ser urbano ou rural: a prestação de serviços no âmbito residencial urbano ou em casa de campo, sítios ou chácaras, não se distingue para os efeitos da relação de emprego. No entanto, a configuração da relação de emprego doméstico, em ambos os casos, depende sempre da finalidade do trabalho, que não pode ser imediatamente econômica. Se a atividade contratada junto ao trabalhador visar lucro imediato para quem a explora, não se tratará de vínculo de emprego doméstico, mas de vínculo de emprego comum, urbano ou rural, segundo a natureza urbana ou rural da atividade econômica empreendida.

O trabalhador que, no âmbito residencial de outrem, execute tarefas que objetivem lucro, ainda que de pequena monta, como por exemplo a produção e fornecimento de alimentação (marmitas) ou a entrega de mensagens, não é doméstico.

O empregado doméstico jamais poderá ser contratado por uma pessoa jurídica, pois a relação de emprego doméstico é marcada pela pessoalidade também do empregador, que é a pessoa ou família. O empregador doméstico corresponde, sempre, à pessoa física ou ao conjunto de pessoas físicas que integram a família beneficiária dos serviços prestados. A expressão *família*, aqui, tem um sentido mais abrangente do

(6) TST, 3ª Turma, RR n. 119-2002-47-03-00, DJ 13.2.2004: "DIARISTA — VÍNCULO EMPREGATÍCIO — AUSÊNCIA DO REQUISITO DA CONTINUIDADE. (...) A Lei n. 5.859/1972, que dispõe sobre a profissão de empregado doméstico, exige deste a prestação de serviços 'de natureza contínua', no âmbito residencial da pessoa ou família. A controvérsia cinge-se a estabelecer se o serviço realizado duas vezes por semana atende ao requisito da continuidade exigido pela Lei. A jurisprudência firma-se no sentido de não considerar contínuo o trabalho efetuado em poucos dias na semana (...)."

(7) TRT da 2ª Região, 4ª Turma, Ron. n. 00016-2006-313-02-00-6, DOESP, 9.6.2006: "Doméstica. Trabalho em três dias semanais e prestados ao longo de vários anos. Vínculo empregatício reconhecido. A continuidade prevista no art. 1º da Lei n. 5.859/1972, como elemento essencial à relação de emprego doméstico, caracteriza-se pelo comparecimento durante toda a semana ou, ao menos, na maior parte dos dias, à exceção dos domingos. À míngua de critérios objetivos na lei e que possam servir de parâmetro para tal conclusão, a jurisprudência tem se orientado no sentido de considerar empregado doméstico o trabalhador que preste serviços em pelo menos três dias na semana e para a mesma residência. Trata-se de construção jurisprudencial que adotou referido parâmetro por entendê-lo perfeitamente indicativo do requisito da continuidade e que se traduz no diferencial entre o trabalho na condição de verdadeiro empregado doméstico e o de simples diarista".

que aquele que se extrai do Direito Civil, pois compreende um conjunto de indivíduos que vivem juntos, sob o mesmo teto, sejam unidos por vínculos legais ou naturais de parentesco e afetividade ou não. Três estudantes que residam em um imóvel comum, sem quaisquer vínculos parentais entre si, constituem, para os efeitos da relação de emprego doméstico, uma família.

No caso da família, independentemente de quem anote o contrato de trabalho na carteira de trabalho e previdência social do empregado doméstico, a figura do empregador corresponde à coletividade familiar que reside num mesmo âmbito, que pode incluir, portanto, os cônjuges, seus filhos e outras pessoas que com eles residam. A condição de empregador será, portanto, imanente a cada uma das pessoas, individualmente consideradas, que formam o núcleo familiar beneficiário dos serviços do trabalhador doméstico.

A onerosidade também é elemento fático-jurídico sem o qual não se configura a relação de emprego doméstico. Todo empregado é um trabalhador que presta serviços mediante uma retribuição economicamente mensurável. Caso os serviços sejam executados gratuitamente, pela sua própria natureza, não se configurará a relação de emprego. Existem situações limítrofes, que não dispensam a análise casuística.

Assim, por exemplo, a hipótese comum da *filha de criação*, cuja guarda, adoção ou tutela não é legalmente concretizada, que se dedica às atividades de limpeza da residência familiar. Há que verificar, no caso concreto, se o serviço é prestado gratuitamente em função de um vínculo de solidariedade, eminentemente afetivo, em decorrência da natureza do vínculo de afinidade que se estabelece no âmbito da família, ou não, correspondendo a um vínculo obrigacional. Aqui, temos que considerar que a onerosidade não se descaracteriza pelo fato de não haver pagamento em dinheiro à *filha de criação*, podendo consubstanciar-se o salário na concessão de outras vantagens *in natura* cujo valor nele se possa exprimir, como alimentação, habitação, educação e vestuário.

Em síntese, a relação de emprego doméstico constitui modalidade singular de relação de emprego, caracterizando-se:

a) pela acentuada pessoalidade na relação entre as partes;

b) pelo fato de o contrato ter por objeto a prestação de serviços de natureza não lucrativa;

c) pelo fato de o contrato ter por objeto a prestação de serviços de natureza contínua; e

d) por voltar-se a atividade para o âmbito residencial do empregador.

O art. 7º, *a*, da Consolidação das Leis do Trabalho dispõe que os preceitos nela contidos não se aplicam aos trabalhadores domésticos, salvo quando for, em cada caso, expressamente determinado o contrário.

O art. 7º da Constituição, observados os termos do seu parágrafo único, assegura os seguintes direitos aos trabalhadores domésticos:

a) salário mínimo;

b) irredutibilidade do salário;

c) décimo terceiro salário;

d) repouso semanal remunerado, preferencialmente aos domingos;

e) gozo de férias anuais remuneradas com, pelo menos, um terço a mais do que o salário normal;

f) licença à gestante, sem prejuízo do emprego e do salário, com a duração de cento e vinte dias;

g) licença-paternidade;

h) aviso prévio proporcional ao tempo de serviço, sendo no mínimo de 30 dias, nos termos da lei; e

i) aposentadoria e integração à Previdência Social.

A Lei n. 10.208/2001 facultou ao empregador doméstico a inclusão dos seus empregados domésticos no programa do Fundo de Garantia do Tempo de Serviço. Na hipótese de inclusão do empregado doméstico no programa, este passa a fazer jus, se despedido sem justa causa, à percepção do adicional de 40% (quarenta por cento) sobre os valores atualizados dos depósitos efetuados pelo empregador e à habilitação no benefício do seguro-desemprego.

A Lei n. 11.324/2006 ampliou os benefícios devidos aos trabalhadores domésticos da seguinte forma:

a) é vedado ao empregador doméstico efetuar descontos no salário do empregado por fornecimento de alimentação, vestuário, higiene ou moradia, salvo, em relação à moradia, quando esta corresponder a local diverso da residência em que ocorrer a prestação de serviço e desde que essa possibilidade tenha sido expressamente acordada entre as partes;

b) o empregado doméstico tem direito a férias anuais remuneradas de 30 dias com a sua remuneração acrescida em pelo menos um terço, após cada período de 12 (doze) meses de trabalho prestado à mesma pessoa ou família. Quanto às férias, cumpre observar que a Convenção n. 132 da OIT sobre férias, ratificada pelo Brasil em 23.9.1998, é aplicável ao empregado doméstico também, já que a ratificação dessa Convenção não teve nenhuma ressalva quanto aos empregados domésticos;

c) o empregado doméstico tem direito a repouso nos dias feriados; e

d) é vedada a dispensa arbitrária ou sem justa causa da empregada doméstica gestante, desde a confirmação da gravidez até 5 (cinco) meses após o parto.

Além disso, consideram-se atualmente justas causas para fins de extinção do contrato de trabalho do empregado doméstico, as hipóteses previstas no art. 482 da Consolidação das Leis do Trabalho, com exceção das alíneas *c* e *g* e do seu parágrafo único:

— ato de improbidade;

— incontinência de conduta ou mau procedimento;

— condenação criminal do empregado, passada em julgado, caso não tenha havido suspensão da execução da pena;

— desídia no desempenho das respectivas funções;

— embriaguez habitual ou em serviço;

— ato de indisciplina ou de insubordinação;

— abandono de emprego;

— ato lesivo da honra ou da boa fama praticado no serviço contra qualquer pessoa, ou ofensas físicas, nas mesmas condições, salvo em caso de legítima defesa, própria ou de outrem;

— ato lesivo da honra ou da boa fama ou ofensas físicas praticadas contra o empregador e superiores hierárquicos, salvo em caso de legítima defesa, própria ou de outrem;

— prática constante de jogos de azar.

Por fim, a partir da Emenda Constitucional n. 72, de 2013, são assegurados à categoria dos trabalhadores domésticos os direitos previstos nos incisos IV VI, VII, VIII, X, XIII, XV, XVI, XVII, XVIII, XIX, XXI, XXII, XXIV, XXVI, XXX, XXXI e XXXIII do art. 7º da Constituição e, atendidas as condições estabelecidas em lei e observada a simplificação do cumprimento das obrigações tributárias, principais e acessórias, decorrentes da relação de trabalho e suas peculiaridades, os previstos nos incisos I, II, III, IX, XII, XXV e XXVIII do art. 7º da Constituição, além da sua integração à previdência social.

Havendo prestação concomitante de atividades de índole doméstica e de outro caráter, urbano ou rural, como na hipótese da faxineira que trabalha, concomitantemente, em um estabelecimento destinado à residência do empregador e também à exploração de uma atividade comercial, ou da cozinheira que, na propriedade rural, prepara a alimentação da família do empregador e, concomitantemente, dos demais empregados, prevalece a relação de trabalho ordinária, mais ampla, urbana ou rural, condição mais favorável para o trabalhador.

Por fim, cumpre lembrar que a OIT editou a Convenção n. 189, sobre trabalho doméstico, que aumenta o rol de direitos e proteções aos empregados domésticos. A Convenção n. 189, sobre trabalho doméstico, editada em 2011, tem apenas um ratificação[8]. Essa Convenção, que ainda não entrou em vigor pela falta do número mínimo de ratificações, define o trabalho doméstico, no art. 1º, como aquele realizado no lar ou lares ou para tais lares e trabalhador doméstico é toda pessoa que realize um trabalho doméstico dentro de uma relação de trabalho de forma não ocasional ou esporádica e dispõe sobre vários direitos que devem ser assegurados aos empregados domésticos.

Servidor Público

As pessoas que trabalham para a Administração Pública direta e indireta de qualquer dos Poderes da União, dos Estados, do Distrito Federal e dos Municípios podem ter as suas relações de trabalho com a Fazenda Pública que as remunera regrada pela Consolidação das Leis do Trabalho ou por lei específica. No primeiro caso, caracteriza-se o emprego público; no segundo, o vínculo estatutário.

A Constituição de 1988, ao referir-se, em diversos momentos, a servidores públicos e não a *funcionários públicos*, como se dava sob a égide das constituições anteriores, deixou claro que o legislador constituinte recepcionou a vertente segundo a qual *servidor público* é gênero, de que o *empregado público* é mera espécie. Mas, se ambos podem ser categorizados como servidores em sentido lato, é relevante a distinção entre o servidor público *stricto sensu* e o empregado público para os efeitos da Consolidação das Leis do Trabalho.

Os servidores públicos *stricto sensu* são investidos em cargo público, criado por lei. A sua vinculação funcional à Administração Pública rege-se por normas estatutárias de Direito Público, Administrativo, desprovidas da natureza tutelar típica ao Direito do Trabalho, de forma que os preceitos da Consolidação das Leis do Trabalho não se aplicam a tais trabalhadores e os dissídios concernentes às relações que envolvem os servidores públicos *stricto sensu* não estão sujeitos à Justiça do Trabalho. Não compete, nos termos da medida cautelar referendada pelo Tribunal Pleno do Supremo Tribunal Federal na ADI n. 3.395-6-DF, à Justiça do Trabalho julgar os dissídios instaurados entre o Poder Público e os seus servidores estatutários. Apenas para tais efeitos, equiparam-se aos servidores públicos *stricto sensu* as pessoas nomeadas para o exercício de cargo em comissão declarado em lei de livre nomeação e exoneração, sem vínculo efetivo com a Administração Pública.

No entanto, em relação ao pessoal celetista, chamados de *empregados públicos*, o vínculo estabelecido com a Administração Pública rege-se pelas disposições da Consolidação das Leis do Trabalho e os dissídios concernentes às relações que envolvem os empregados públicos estão sujeitos à Justiça do Trabalho: a Administração Pública, ao contratar empregados públicos, age na condição de simples empregador, sujeitando-se

(8) Conforme dados fornecidos no *site* da OIT, atualizados até 1º.8.2012, apenas o Uruguai ratificou tal Convenção.

em quase tudo ao regime jurídico próprio das empresas privadas quanto aos respectivos direitos e obrigações trabalhistas.

Ao admitir pessoal pelo regime celetista, entretanto, a Administração Pública (inclusive as empresas públicas e sociedades de economia mista) fica adstrita à observância de determinados preceitos de ordem administrativa e constitucional:

a) a investidura em emprego público, salvo na hipótese de contratação em regime especial, por tempo determinado para atender a necessidade temporária de excepcional interesse público (art. 37, IX, da Constituição), depende de aprovação prévia em concurso público, sob pena de nulidade do ato (art. 37, II e § 2º, da Constituição e Súmula n. 363 do Tribunal Superior do Trabalho[9]);

b) mesmo na hipótese de necessidade temporária de excepcional interesse público, a contratação de pessoal deverá ser precedida, sempre que possível, de procedimento seletivo simplificado, pois a Administração Pública deve observar, na contratação de pessoal, os princípios de legalidade, impessoalidade, moralidade, publicidade e eficiência; por isso, tais contratações somente poderão ser realizadas sem prévio processo seletivo quando o interesse público assim o determinar;

c) o ato de admissão de pessoal pela Administração Pública é um ato complexo, ato que decorre do concurso de vontades de dois órgãos, somente se aperfeiçoando o ato admissional com o exame da sua legalidade para fins de registro pelo Tribunal de Contas, que vincula e obriga a Administração;

d) o despedimento do empregado público deve ser motivado, sendo absolutamente defeso à Administração Pública o despedimento arbitrário, pois não se trata, aqui, de ato dado à discricionariedade do administrador[10];

e) a remuneração do pessoal contratado pela Administração Pública está sujeita a um limite máximo, constitucionalmente fixado; e

f) o empregado público detém estabilidade provisória durante o período eleitoral[11].

Trabalhador Estrangeiro

A Consolidação das Leis do Trabalho contém diversos preceitos versando sobre a nacionalização do trabalho, tendentes à proteção do trabalhador brasileiro. Entre as suas disposições mais relevantes, encontra-se a exigência de que 2/3 (dois terços) dos empregados da empresa seja de trabalhadores nacionais. As disposições da Consolidação das Leis do Trabalho devem ser confrontadas, no entanto, com as disposições da Constituição, sobretudo em função do princípio maior da igualdade. Portanto, ressalvadas as reservas constitucionais quanto aos direitos do estrangeiro e as disposições legais que objetivam propiciar ao trabalhador nacional uma real igualdade diante dos estrangeiros no acesso ao mercado de trabalho, as normas de nacionalização do trabalho, presentes na Consolidação das Leis do Trabalho, não foram recepcionadas pela Constituição de 1988.

---

(9) TST, Súmula n. 363: "CONTRATO NULO. EFEITOS. A contratação de servidor público, após a CF/1988, sem prévia aprovação em concurso público, encontra óbice no respectivo art. 37, II e § 2º, somente lhe conferindo direito ao pagamento da contraprestação pactuada, em relação ao número de horas trabalhadas, respeitado o valor da hora do salário mínimo, e dos valores referentes aos depósitos do FGTS".

(10) STF, MS n. 21.485-DF: "COPEL — SOCIEDADE DE ECONOMIA MISTA — DISPENSA DE SEUS EMPREGADOS CONDICIONADA À NECESSÁRIA MOTIVAÇÃO — A dispensa de servidor público admitido por concurso público, ainda que regido pela CLT, deve, necessariamente, ser motivada (princípio da legalidade — art. 37, II, da CF), sob pena de invalidade. Do contrário, seria o mesmo que admitir a possibilidade de o administrador admitir num dia e dispensar no outro, fraudando, assim, a ordem de classificação dos candidatos".

(11) Cf. Lei n. 7.773/1989, art. 15.

O trabalhador estrangeiro que exercerá, exerce ou exerceu atividade remunerada em um país no qual não é nacional é considerado trabalhador migrante (art. 2º, n. 1, da Convenção Internacional sobre a Proteção dos Direitos de Todos os Trabalhadores Migrantes e dos Membros das suas Famílias, ONU, 1990). No Brasil, o CNIG (Conselho Nacional de Imigração) é o órgão responsável por coordenar e orientar as atividades de imigração, formulando a respectiva política.

Não é permitido, entretanto, ao estrangeiro com visto de turista, de trânsito ou temporário de estudante, o exercício de atividade remunerada no Brasil. Excepcionalmente, faculta-se à pessoa natural de país limítrofe, domiciliada em cidade contígua ao território nacional, estudar e trabalhar nos municípios fronteiriços, permitindo-se a respectiva entrada no país mediante simples prova da identidade.

O titular de visto permanente que tenha sido admitido para atividade profissional certa e em determinada região não poderá alterar essas condições, salvo com autorização prévia do Ministério da Justiça, ouvido o Ministério do Trabalho e Emprego.

São atividades expressamente vedadas ao estrangeiro ser responsável, orientador intelectual ou administrativo de navios nacionais, empresas de jornalismo, de televisão e de radiodifusão; ser corretor de navios, de fundos públicos, leiloeiro e despachante aduaneiro; participar da administração de sindicato, associação profissional ou entidade fiscalizadora de profissão regulamentada; ser prático de portos. Aos portugueses aplica-se apenas a primeira restrição.

A Lei n. 7.183/1984 atribui privativamente a brasileiros a profissão de aeronauta, ressalvando os casos previstos no Código Brasileiro de Aeronáutica: o exercício de função não remunerada a bordo de aeronave de serviço aéreo privado; comissários no serviço aéreo internacional em número que não exceda 1/3 (um terço) dos que estiverem a bordo, a menos que haja acordo bilateral de reciprocidade; e, em caráter provisório, por no máximo seis meses, instrutores de voo, quando não houver tripulantes brasileiros qualificados.

3) RELAÇÕES DE TRABALHO *LATO SENSU*: TRABALHADOR TEMPORÁRIO. TRABALHADOR AVULSO. TRABALHADOR EVENTUAL. TRABALHADOR COOPERATIVADO. TRABALHADOR VOLUNTÁRIO. TRABALHADOR RELIGIOSO. CABO ELEITORAL. ESTAGIÁRIO. MÉDICO RESIDENTE. TRABALHADOR PRISIONAL. TRABALHADOR AUTÔNOMO.

Relações de trabalho *lato sensu*

Na medida em que a relação de emprego é uma espécie do gênero relações de trabalho, algumas relações de trabalho, embora se assemelhem à relação de emprego, com essas não se confundem. As principais relações de trabalho *lato sensu* são: o trabalho autônomo, o trabalho eventual, o trabalho temporário e o trabalho avulso.

Trabalhador Temporário

Nos termos da Lei n. 6.019/1974 (regulamentada pelo Decreto n. 73.841/1974), trabalho temporário é aquele prestado por pessoa física, com a intermediação obrigatória de uma empresa de trabalho temporário, a outra empresa, para atender à necessidade transitória de substituição de seu pessoal regular e permanente ou a acréscimo extraordinário de serviços.

O contrato de trabalho celebrado entre a empresa de trabalho temporário e o trabalhador temporário colocado à disposição de uma empresa tomadora ou cliente deverá ser celebrado, necessariamente, por escrito, e dele deverão constar, expressamente, os direitos conferidos aos trabalhadores temporários por lei.

O contrato da empresa de trabalho temporário com a empresa ou entidade tomadora em relação a um mesmo empregado não poderá exceder de três meses, admitindo-se, todavia, uma única prorrogação do contrato de trabalho temporário, por igual período, nas seguintes condições:

a) prestação de serviço destinado a atender a necessidade transitória de substituição de pessoal regular e permanente, excedente de três meses; ou

b) manutenção das circunstâncias que geraram o acréscimo extraordinário dos serviços e ensejaram a realização do contrato de trabalho temporário, após três meses.

A prorrogação será automaticamente autorizada pelo Ministério do Trabalho e Emprego, desde que a empresa tomadora ou cliente comunique ao respectivo órgão local, na vigência do contrato temporário inicialmente pactuado, a ocorrência de qualquer uma das condições para a prorrogação.

A continuidade da prestação de serviços, após três meses ou, conforme o caso, após o término do período de prorrogação, na mesma empresa tomadora ou ciente, acarretará a formação de vínculo empregatício direto entre o trabalhador e a empresa tomadora, a partir do dia imediato ao do término legal do contrato temporário mantido com a empresa de trabalho temporário.

O funcionamento da empresa de trabalho temporário dependerá de registro junto ao MTE e a validade da contratação temporária, em qualquer caso, dependerá de comprovação das circunstâncias excepcionais que a autorizaram, ou seja, da efetiva necessidade transitória de substituição de pessoal regular e permanente ou do acréscimo extraordinário de serviços. Trata-se de ônus da empresa cliente (tomadora) a demonstração concreta de tais requisitos, sob pena de configurar-se a intermediação ilícita de mão de obra (*marchandage*).

Além de outros direitos, é assegurado ao trabalhador temporário o direito à percepção de remuneração equivalente àquela percebida pelos empregados de mesma categoria da empresa tomadora ou cliente, calculados à base horária, garantida, em qualquer hipótese, a percepção do salário mínimo.

No caso de falência da empresa de trabalho temporário, a empresa tomadora ou cliente é solidariamente responsável pela remuneração e indenização do trabalhador, relativamente ao período em que o mesmo esteve sob as suas ordens.

Trabalhador Avulso

Trabalhador avulso é a pessoa física que, por intermédio de uma entidade de classe ou órgão gestor de mão de obra, presta serviços, sem vínculo de emprego, a diversas empresas. O trabalho avulso caracteriza-se, portanto, pela intermediação obrigatória do sindicato profissional ou, no caso do trabalho portuário avulso, do órgão gestor de mão de obra (OGMO), bem como pelo fato de que o trabalhador avulso presta as suas atividades profissionais a diversos tomadores, sem se fixar especificamente a qualquer um deles: a prestação é não eventual para o trabalhador, mas é, em regra, eventual em relação a cada um dos tomadores individualmente considerados.

A Constituição de 1988 estendeu aos trabalhadores avulsos todos os direitos trabalhistas atribuídos aos empregados urbanos e rurais (art. 7º, inciso XXXIV). Naturalmente, não havendo vínculo empregatício entre o trabalhador avulso e o tomador de seus serviços, não há que falar em anotação do contrato na carteira de trabalho e previdência social do trabalhador.

As Leis ns. 8.212/1991 e 8.213/1991 definem como trabalhador avulso aquele que presta, a diversas empresas, sem vínculo empregatício, serviços de natureza urbana ou rural definidos no Regulamento da Previdência Social. Complementando o preceito contido nas leis previdenciárias, o regulamento, aprovado pelo Decreto n. 3.048/1999, esclarece que é trabalhador avulso aquele que, sindicalizado ou não, presta serviço de natureza urbana ou rural a diversas empresas, sem vínculo empregatício, com a intermediação obrigatória do órgão gestor de mão de obra ou do sindicato da sua categoria profissional.

A Lei n. 12.023/2009 dispõe sobre as atividades de movimentação de mercadorias em geral e sobre o trabalho avulso não portuário e define as atividades de movimentação de mercadorias como aquelas desenvolvidas em áreas urbanas ou rurais sem vínculo empregatício, mediante intermediação obrigatória do sindicato da categoria, por meio de Acordo ou Convenção Coletiva de Trabalho para execução das atividades (art. 1º) para cargas e descargas de mercadorias a granel e ensacados, costura, pesagem, embalagem, enlonamento, ensaque, arrasto, posicionamento, acomodação, reordenamento, reparação da carga, amostragem, arrumação, remoção, classificação, empilhamento, transporte com empilhadeiras, paletização, ova e desova de vagões, carga e descarga em feiras livres e abastecimento de lenha em secadores e caldeiras, operações de equipamentos de carga e descarga, pré-limpeza e limpeza em locais necessários à viabilidade das operações ou à sua continuidade (art. 2º da lei em comento). Essas atividades podem ser exercidas por trabalhadores com vínculo empregatício ou por trabalhadores avulsos (art. 3º).

Cabe ao sindicato elaborar a escala de trabalho e as folhas de pagamento dos trabalhadores avulsos, com a indicação do tomador do serviço e dos trabalhadores que participaram da operação (art. 4º), sendo deveres do sindicato intermediador: divulgar as escalas de trabalho dos avulsos, com a observância do rodízio entre os trabalhadores, proporcionar equilíbrio na distribuição das equipes e funções, visando à remuneração em igualdade de condições de trabalho para todos e a efetiva participação dos trabalhadores não sindicalizados, repassar os valores devidos e pagos pelos tomadores do serviço, relativos à remuneração do trabalhador avulso, exibir para os tomadores da mão de obra avulsa e para as fiscalizações competentes os documentos que comprovem o efetivo pagamento das remunerações devidas aos trabalhadores avulsos, zelar pela observância das normas de segurança, higiene e saúde no trabalho e firmar Acordo ou Convenção Coletiva de Trabalho para normatização das condições de trabalho (art. 5º).

Os tomadores de serviços devem pagar ao sindicato os valores devidos pelos serviços prestados ou dias trabalhados, acrescidos dos percentuais relativos a repouso remunerado, 13º salário e férias acrescidas de um terço, bem como os adicionais extraordinários e noturnos, efetuar tais pagamentos no prazo máximo de 72 horas úteis, contadas a partir do encerramento do trabalho requisitado, assim como recolher os valores devidos ao Fundo de Garantia do Tempo de Serviço, observando o prazo legal (art. 6º), sendo tais tomadores, inclusive, solidariamente responsáveis pela remuneração do trabalho contratado e pelo recolhimento dos encargos fiscais e sociais, bem como das contribuições ou de outras importâncias devidas à Seguridade Social, no limite do uso que fizerem do trabalho avulso intermediado pelo sindicato (art. 8º), além de serem responsáveis pelo fornecimento dos Equipamentos de Proteção Individual e por zelar pelo cumprimento das normas de segurança no trabalho (art. 9º).

Enquanto, tradicionalmente, o trabalho avulso depende da intermediação do sindicato, para o trabalho portuário avulso demonstra-se imprescindível a participação do órgão gestor de mão de obra portuária (OGMO).

A disciplina legal da atividade portuária, atualmente, é dada pela Lei n. 8.630/1993 (Lei de Modernização dos Portos), que tem por objetivo principal a redução da interferência estatal no setor portuário, privilegiando um modelo semiprivado que deflagra uma maior flexibilidade na contratação de trabalhadores portuários, reduzindo a tradicional força corporativa das entidades sindicais representativas dessa categoria. A Lei n. 12.023/2009 não é aplicável aos trabalhadores avulsos portuários por exclusão expressa dessa lei em seu art. 11. A gestão da mão de obra portuária passou, com a Lei n. 8.630/1993, para os operadores portuários, deixando de ser prerrogativa dos sindicatos.

São exemplos de trabalhadores avulsos:

a) o trabalhador que exerce atividade portuária de capatazia, estiva, conferência e conserto de carga, vigilância de embarcação e bloco;

b) o trabalhador de estiva de mercadorias de qualquer natureza, inclusive carvão e minério;

c) o trabalhador em alvarenga (embarcação para carga e descarga de navios);

d) o amarrador de embarcações;

e) o ensacador de café, cacau, sal e similares;

f) o trabalhador na indústria de extração de sal;

g) o carregador de bagagem em porto;

h) o prático de barra em porto;

i) o guindasteiro; e

j) o classificador, o movimentador e o empacotador de mercadorias em portos.

A administração do fornecimento de mão de obra portuária é de responsabilidade do órgão de gestão de mão de obra (OGMO) de cada um dos portos organizados. O órgão de gestão de mão de obra, portanto, tem a atribuição de elaborar a escala de rodízio dos trabalhadores portuários avulsos, distribuindo-os entre os diversos tomadores possíveis, e de zelar pela proteção do trabalhador portuário, inclusive responsabilizando-se pela arrecadação e rateio das vantagens trabalhistas entre os trabalhadores avulsos.

O trabalho portuário envolve as seguintes atividades, entre outras:

a) capatazia (atividade de movimentação de mercadorias na área portuária, compreendendo o recebimento, a conferência, o transporte interno, a manipulação, a arrumação e a entrega das mesmas, bem como a atividade de carga e descarga efetuada por aparelhamento portuário em embarcações);

b) estiva (atividade de movimentação de mercadorias no interior das embarcações, bem como a atividade de carga e descarga efetuada com equipamentos de bordo em embarcações);

c) conferência (atividade de contagem e verificação de mercadorias);

d) conserto (atividade de reparo e restauração de embalagens de mercadorias);

e) vigilância (atividade de fiscalização de entrada e saída de pessoas a bordo das embarcações, bem como de movimentação de mercadorias nos locais de acesso ou no interior da embarcação); e

f) bloco (atividade de limpeza e conservação de embarcações).

O trabalho portuário poderá ser executado por trabalhadores com vínculo empregatício, contratados por prazo indeterminado, ou por trabalhadores avulsos. Na primeira hipótese, deverão ser privilegiados na contratação os trabalhadores portuários avulsos registrados junto ao órgão de gestão de mão de obra.

As atribuições do órgão gestor são, basicamente, as seguintes:

a) administrar o fornecimento da mão de obra do trabalhador portuário, inclusive do trabalhador avulso;

b) manter, com exclusividade, o cadastro do trabalhador portuário e o registro do trabalhador portuário avulso;

c) promover o treinamento e a habilitação profissional do trabalhador portuário, inscrevendo-o no respectivo cadastro;

d) selecionar e registrar o trabalhador portuário avulso;

e) estabelecer o número de vagas, a forma e a periodicidade para acesso ao registro do trabalhador portuário avulso;

f) expedir os documentos de identificação do trabalhador portuário;

g) arrecadar e repassar, aos respectivos beneficiários, os valores devidos pelos operadores portuários, relativos à remuneração do trabalhador portuário avulso e aos correspondentes encargos fiscais, sociais e previdenciários;

h) aplicar, quando couber, as normas disciplinares previstas em lei, contrato, convenção ou acordo coletivo de trabalho;

i) promover a formação profissional e o treinamento multifuncional do trabalhador portuário; e

j) zelar pelas normas de saúde, higiene e segurança no trabalho portuário avulso.

O órgão de gestão de mão de obra não responde pelos prejuízos causados pelos trabalhadores portuários avulsos aos tomadores de serviços ou a terceiros; todavia, responde pela remuneração devida ao trabalhador portuário avulso, solidariamente com os respectivos operadores portuários.

Trabalhador Eventual

Eventual é o trabalhador que presta serviços de natureza urbana ou rural, ocasionais ou transitórios, a um ou mais tomadores de serviço diversos, ainda que de forma subordinada, por pequeno período de tempo, não se inserindo a sua atividade, normalmente, nas atividades regulares ou corriqueiras da empresa.

O trabalhador eventual diferencia-se do empregado justamente pelo aspecto temporal, ocasional ou transitório, da prestação de seus serviços. Por outro lado, embora se assemelhe ao trabalhador avulso, não há intermediação na sua contratação.

Um exemplo tradicional é a figura do *chapa*, trabalhador em serviços de carga e descarga que aguarda, por vezes na companhia de outros trabalhadores, em local determinado, conhecido por *ponto de chapa*, possível convocação para a prestação de trabalho eventual e específico, pontual, remunerado por tarefa.

Chapa é o trabalhador autônomo e eventual que, no âmbito do transporte rodoviário de cargas, presta serviços de carga ou descarga a diversas empresas, por conta própria, sem vínculo empregatício e sem intermediação de terceiros. Além de trabalhar na carga ou descarga, o "chapa" também pode servir como uma espécie de "guia" aos motoristas rodoviários, auxiliando-os sobretudo nas grandes regiões metropolitanas, a encontrarem o ponto de carga ou descarga de mercadorias. Na Classificação Brasileira de Ocupações (CBO), o código 7832-15, subespécie do grupo 7832 (trabalhadores de cargas e descargas de mercadorias), é reservado aos chapas: "carregador de caminhão, carregador de vagões, carregador e descarregador de caminhões, chapa (movimentador de mercadoria), chapa arrumador de caminhões, chapa de caminhão".

O chapa típico habitualmente aguarda, por vezes na companhia de outros chapas, em locais estratégicos, à beira de rodovias ou vias urbanas de grande tráfego, ou na proximidade de armazéns gerais, fábricas ou portos secos, conhecidos por "pontos de chapa", o serviço. Normalmente, o chapa é contratado e remunerado por tarefa, diretamente pelo motorista de caminhão. É autônomo porque, por conta própria, exerce a sua atividade profissional, tendo autonomia na organização e prestação de seu trabalho, que se desenvolve com independência no ajuste e na execução; é eventual porque a prestação é ocasional e transitória, atendendo a diversas empresas.

Embora o chapa seja, ordinariamente, trabalhador autônomo e eventual, nada impede que se forme uma relação empregatícia entre o chapa e o tomador dos seus serviços, desde que presentes, na relação, os pressupostos do art. 3º da CLT. A fixação do trabalhador (chapa) em um dos tomadores, pela pessoalidade, continuidade e subordinação, descaracterizam a autonomia e a eventualidade da prestação e, em consequência, caracterizam o vínculo empregatício. Da mesma forma, a contratação do trabalhador por pessoa interposta, tratando-se de prestação pessoal e subordinada de serviços, faz com que o vínculo empregatício forme-se diretamente com o tomador, pois o direito do trabalho veda a contratação de trabalhadores por empresa interposta, a figura do *marchandage*. A *locação de mão de obra*, configurada na conduta daquele que angaria trabalhadores e os coloca à disposição de um empresário, de quem recebem ordens de serviço, não é procedimento lícito, formando-se o vínculo de emprego diretamente com o tomador. Por isso, a atividade do chapa não está sujeita a intermediação de terceiros; se estiver, possibilita-se a configuração de uma efetiva relação empregatícia entre o chapa e o tomador de serviços.

No caso dos pequenos empreiteiros, como, por exemplo, pedreiros, eletricistas e encanadores, normalmente não há formação de vínculo de emprego doméstico, qualificando-se o trabalho como ocasional, transitório ou esporádico.

Trabalhador Cooperativado

O parágrafo único do art. 442 da Consolidação das Leis do Trabalho, inserido pela Lei n. 8.949/1994, dispunha que qualquer que seja o ramo de atividade da sociedade cooperativa, não existia vínculo empregatício entre ela e seus associados, nem entre estes e os tomadores de serviços daquelas.

Esse parágrafo único do art. 442 da CLT foi revogado pela Lei n. 12.690, de 19 de julho de 2012, que dispõe sobre a organização e o funcionamento das Cooperativas de Trabalho e institui o Programa Nacional de Fomento às Cooperativas de Trabalho — PRONACOOP.

Essa lei define as cooperativas de trabalho como a sociedade constituída por trabalhadores para o exercício de suas atividades laborativas ou profissionais com proveito comum, autonomia e autogestão para obterem melhor qualificação, renda, situação socioeconômica e condições gerais de trabalho (art. 2º), excluindo-se da aplicação da Lei em comento, expressamente, as cooperativas de assistência à saúde na forma da legislação de saúde suplementar, as cooperativas que atuam no setor de transporte regulamentado pelo poder público e que detenham, por si ou por seus sócios, a qualquer título, os meios de trabalho, as cooperativas de profissionais liberais cujos sócios exerçam as atividades em seus próprios estabelecimentos, assim como as cooperativas de médicos cujos honorários sejam pagos por procedimento (art. 1º, parágrafo único).

A autonomia deverá ser exercida de forma coletiva e coordenada, mediante a fixação, em assembleia geral, das regras de funcionamento da cooperativa e da forma de execução dos trabalhos, considerando-se a autogestão como o processo democrático no qual a assembleia geral define as diretrizes para o funcionamento e as operações da cooperativa, e os sócios decidem sobre a forma de execução dos trabalhos, nos termos da lei.

A cooperativa de trabalho deverá reger-se pelos seguintes princípios e valores: adesão voluntária e livre, gestão democrática, participação econômica dos membros, autonomia e independência, educação, formação e informação, intercooperação, interesse pela comunidade, preservação dos direitos sociais, do valor social do trabalho e da livre iniciativa, não precarização do trabalho, respeito às decisões de asssembleia e participação na gestão em todos os níveis de decisão de acordo com o previsto em lei e no Estatuto Social (art. 3º).

A cooperativa de trabalho pode ser de produção, quando constituída por sócios que contribuem com trabalho para a produção em comum de bens e a cooperativa detém, a qualquer título, os meios de produção e de serviço, quando constituída por sócios para a prestação de serviços especializados a terceiros, sem a presença dos pressupostos da relação de emprego e pode ser constituída com número mínimo de sete sócios.

Para evitar fraudes à legislação trabalhista, o art. 5º da Lei n. 12.690/1912 determina que a cooperativa de trabalho não possa ser utilizada para intermediação de mão de obra subordinada.

Aproximando mais a figura do cooperativado à figura do empregado, a lei analisada determinou que a cooperativa de trabalho deve garantir aos sócios os seguintes direitos, além de outros que a assembleia geral venha a instituir: retiradas não inferiores ao piso da categoria profissional e, na ausência deste, não inferiores ao salário mínimo, calculadas de forma proporcional às horas trabalhadas ou às atividades desenvolvidas, duração do trabalho normal não superior a 8 (oito) horas diárias e 44 (quarenta e quatro) horas semanais, exceto quando a atividade, por sua natureza, demandar a prestação de trabalho por meio de plantões ou escalas, facultada a compensação de horários, repouso semanal remunerado, preferencialmente aos domingos, repouso anual remunerado, retirada para o trabalho noturno superior à do diurno, adicional sobre a retirada para as atividades insalubres ou perigosas, seguro de acidente de trabalho, salvo no caso de cooperativado eventual (art. 7º).

Para a garantia de tais direitos, a cooperativa de trabalho deverá buscar meios, inclusive mediante provisionamento de recursos, com base em critérios que devem ser aprovados em assembleia geral, podendo criar, além dos fundos obrigatórios previstos em lei, também em assembleia geral, outros fundos, inclusive rotativos, com recursos destinados a fins específicos, fixando o modo de formação, custeio, aplicação e liquidação. Pode haver estabelecimento de carências para a fruição de determinados direitos.

As atividades identificadas com o objeto social da cooperativa de trabalho, quando prestadas fora do estabelecimento da cooperativa, deverão ser submetidas a uma coordenação com mandato nunca superior a um ano ou ao prazo estipulado para a realização dessas atividades, eleita em reunião específica pelos sócios que se disponham a realizá-las, em que serão expostos os requisitos para sua consecução, os valores contratados e a retribuição pecuniária de cada sócio partícipe.

As normas de saúde e segurança do trabalho previstas na legislação em vigor e em atos normativos expedidos pelas autoridades competentes deverão ser observadas pelas cooperativas de trabalho, sendo que o contratante da cooperativa responde solidariamente pelo cumprimento dessas normas quando os serviços forem prestados no seu estabelecimento ou em local por ele determinado.

A cooperativa de trabalho poderá adotar por objeto social qualquer gênero de serviço, operação ou atividade, desde que previsto no seu estatuto social, sendo obrigatório o uso da expressão "Cooperativa de Trabalho" na denominação social da cooperativa, podendo, inclusive, participar de procedimentos de licitação pública que tenham por escopo os mesmos serviços, operações e atividades previstas em seu objeto social.

A admissão de sócios na cooperativa estará limitada consoante as possibilidades de reunião, abrangência das operações, controle e prestação de serviços e congruente com o objeto estatuído.

Para o cumprimento dos seus objetivos sociais, o sócio poderá exercer qualquer atividade da cooperativa, conforme deliberado em assembleia geral.

Além da realização da Assembleia Geral Ordinária e Extraordinária, a Cooperativa de Trabalho deverá realizar anualmente, no mínimo, mais uma assembleia geral especial para deliberar, entre outros assuntos especificados no edital de convocação, sobre gestão da cooperativa, disciplina, direitos e deveres dos sócios, planejamento e resultado econômico dos projetos e contratos firmados e organização do trabalho.

O destino das sobras líquidas ou o rateio dos prejuízos será decidido em Assembleia Geral Ordinária.

As cooperativas de trabalho deverão estabelecer, em Estatuto Social ou Regimento Interno, incentivos à participação efetiva dos sócios na Assembleia Geral e eventuais sanções em caso de ausências injustificadas.

O *quorum* mínimo de instalação das assembleias gerais será de: dois terços do número de sócios, em primeira convocação, metade mais um dos sócios, em segunda convocação e cinquenta sócios ou, no mínimo, vinte por cento do total de sócios, prevalecendo o menor número, em terceira convocação, exigida a presença de, no mínimo, quatro sócios para as cooperativas que possuam até dezenove sócios matriculados, sendo as decisões das assembleias consideradas válidas quando contarem com a aprovação da maioria absoluta dos sócios presentes. No entanto, se comprovada fraude ou vício nas decisões das assembleias, serão elas nulas de pleno direito, aplicando-se, conforme o caso, a legislação civil e penal.

A assembleia geral especial deverá ser realizada no segundo semestre do ano, com a notificação pessoal dos sócios para participação das assembleias com antecedência mínima de dez dias de sua realização ou, na impossibilidade de notificação pessoal, por via postal, respeitada a antecedência da realização da assembleia. Na impossibilidade de realização das notificações pessoal e postal, os sócios serão notificados mediante edital afixado na sede e em outros locais previstos nos estatutos e publicado em jornal de grande circulação na região da sede da cooperativa ou na região onde ela exerça suas atividades, respeitada a antecedência prevista no *caput* deste artigo.

É vedado à cooperativa de trabalho distribuir verbas de qualquer natureza entre os sócios, exceto a retirada devida em razão do exercício de sua atividade como sócio ou retribuição por conta de reembolso de despesas comprovadamente realizadas em proveito da cooperativa. A cooperativa de trabalho deverá deliberar, anualmente, na assembleia geral ordinária, sobre a adoção ou não de diferentes faixas de retirada dos sócios, sendo que, no caso de fixação de faixas de retirada, a diferença entre as de maior e as de menor valor deverá ser fixada na assembleia.

O conselho de administração será composto por, no mínimo, três sócios, eleitos pela assembleia geral, para um prazo de gestão não superior a quatro anos, sendo obrigatória a renovação de, no mínimo, um terço do colegiado, ressalvada a hipótese do art. 16 desta Lei.

Há presunção de intermediação de mão de obra subordinada quando a relação contratual estabelecida entre a empresa contratante e as Cooperativas de Trabalho não cumprir o disposto no § 6º do art. 7º desta Lei[12].

A constituição ou utilização de Cooperativa de Trabalho para fraudar deliberadamente a legislação trabalhista, previdenciária acarretará aos responsáveis as sanções penais, cíveis e administrativas cabíveis, sem prejuízo da ação judicial visando à dissolução da cooperativa, ficando inelegível para qualquer cargo em cooperativa de trabalho, pelo período de até cinco anos, contado a partir da sentença transitada em julgado, o sócio, dirigente ou o administrador condenado pela prática das fraudes efetuadas.

Institui-se, também, mediante essa lei, em seu art. 19, o Programa Nacional de Fomento às Cooperativas de Trabalho — PRONACOOP, com a finalidade de promover o desenvolvimento e a melhoria do desempenho econômico e social da Cooperativa de Trabalho e apoiar: a produção de diagnóstico e plano de desenvolvimento institucional para as Cooperativas de Trabalho dele participantes, a realização de acompanhamento técnico visando ao fortalecimento financeiro, de gestão, de organização do processo produtivo ou de trabalho, bem como à qualificação dos recursos humanos, a viabilização de linhas de crédito, o acesso a mercados e à comercialização da produção, o fortalecimento institucional, a educação cooperativista e a constituição de cooperativas centrais, federações e confederações de cooperativas, assim como outras ações que venham a ser definidas por seu Comitê Gestor no cumprimento da finalidade estabelecida no *caput* deste artigo.

(12) "As atividades identificadas com o objeto social da Cooperativa de Trabalho prevista no inciso II do *caput* do art. 4º desta Lei, quando prestadas fora do estabelecimento da cooperativa, deverão ser submetidas a uma coordenação com mandato nunca superior a 1 (um) ano ou ao prazo estipulado para a realização dessas atividades, eleita em reunião específica pelos sócios que se disponham a realizá-las, em que serão expostos os requisitos para sua consecução, os valores contratados e a retribuição pecuniária de cada sócio partícipe".

A Cooperativa de Trabalho constituída antes da vigência da Lei n. 12.690/1912 terá prazo de 12 meses, contado de sua publicação, para adequar seus estatutos às disposições nela previstas e assegurar aos sócios as garantias previstas nos incisos I, IV, V, VI e VII do *caput* do art. 7º desta Lei, conforme deliberado em Assembleia Geral.

A cooperativa de trabalho ou de serviços nasce da vontade de seus membros. Na hipótese, os trabalhadores, com autonomia, organizam-se para a prestação de serviços a terceiros em regime associativo, reunindo esforços em comum acordo. À cooperativa cabe organizar (dirigir e fiscalizar) e remunerar o trabalho livre dos seus associados: as tarefas são distribuídas entre os cooperativados e os ganhos da sociedade cooperativa são rateados de forma proporcional aos esforços de cada um. Os trabalhadores cooperativados não são, portanto, empregados da cooperativa; se não for descaracterizada a relação associativa, não se pode falar na existência de uma relação de emprego entre o trabalhador e a cooperativa, ou entre aquele e o tomador de serviços da cooperativa.

Irregularidades na relação cooperativa, todavia, podem ensejar o reconhecimento de uma efetiva relação de emprego, quer entre o trabalhador e a cooperativa, quer entre o trabalhador e o tomador de serviços daquela, desde que presentes os pressupostos necessários à configuração de uma relação de emprego com o tomador de serviços ou com a própria cooperativa.

A fixação de um trabalhador em um dos tomadores, por exemplo, pela continuidade ou pela subordinação, ou a perda da diversidade da clientela, fixando-se a cooperativa em um único tomador, descaracterizam a relação cooperativa. Da mesma forma, a ausência de real *affectio societatis* entre os cooperativados, que não se realiza sem autonomia, também infirma o vínculo associativo, dando causa ao reconhecimento de uma relação empregatícia.

Além disso, o Direito do Trabalho veda a contratação de trabalhadores por empresa interposta, a figura do *marchandage*. A locação de mão de obra, portanto, configurada na conduta daquele que angaria trabalhadores, ainda que sob o véu de suposta relação cooperativa, e os coloca simplesmente à disposição de um empresário, de quem recebem as ordens de serviço, não é procedimento lícito, formando-se o vínculo de emprego diretamente com o tomador.

Para fins trabalhistas, as cooperativas igualam-se aos demais empregadores em relação aos seus empregados (ou seja, em relação aos empregados da cooperativa).

No meio rural, o trabalho cooperado é inválido para os efeitos da relação de trabalho, pois o art. 4º da Lei n. 5.889/1973 equipara ao empregado rural toda pessoa que habitualmente, em caráter profissional, execute serviços de natureza agrária por conta alheia.

Trabalhador Voluntário

O trabalho gratuito não é objeto da relação de emprego, nem de proteção pelo Direito do Trabalho. A Lei n. 9.608/1998 considera serviço voluntário a atividade não remunerada, prestada por pessoa física a entidade pública de qualquer natureza ou a instituição privada de fins não lucrativos e define, no parágrafo único do art. 1º, trabalhador voluntário como a pessoa física que presta serviços pessoais de natureza habitual, ou não, à entidade pública de qualquer natureza, excluídas as sociedades de economia mista e as empresas públicas, ou à instituição privada de fins não lucrativos que tenha objetivos cívicos, culturais, educacionais, científicos, recreativos ou de assistência social, inclusive mutualidade, sob o controle ou a coordenação destas, sem intenção onerosa e com ânimo benevolente.

Conforme o art. 2º da Lei n. 9.608/1998, o serviço voluntário será exercido mediante a celebração de termo de adesão entre a entidade, pública ou privada, e o prestador do serviço.

O serviço voluntário deverá ser exercido mediante a prévia celebração de termo de adesão entre a entidade, pública ou privada, e o prestador do serviço voluntário, dele devendo constar o objeto e as condições de seu exercício. O prestador do serviço voluntário poderá ser ressarcido pelas despesas que comprovadamente realizar no desempenho das atividades voluntárias, mas não poderá receber qualquer contraprestação econômica, em dinheiro ou em utilidades cujo valor nele se possa exprimir, pela prestação do trabalho (art. 3º da lei em comento).

Trabalhador Religioso

O padre ou pastor não se vincula à sua Igreja ou Templo mediante vínculo de emprego, pois o trabalho religioso não caracteriza relação de emprego, tampouco relação de trabalho. A atividade religiosa é desenvolvida desinteressadamente e não como meio de obtenção de utilidades econômicas: trata-se de uma prestação imanente ao próprio voto religioso, sem expectativa de efetiva contraprestação de natureza econômica. Os seus propósitos são ideais, o exercício de uma vocação; o fim a que se destina é de ordem espiritual e não profissional. O trabalho religioso, em regra, não é desenvolvido para a instituição, mas, sim, para a comunidade religiosa. Portanto, não há contrato de trabalho na prestação de serviços religiosos ou de qualquer outra natureza quando prestados por membros da igreja, se tais membros estão vinculados àquelas instituições por votos próprios de dedicação exclusiva, num plano espiritual(13).

Nada obsta, todavia, que, havendo na relação todos os elementos fático-jurídicos que caracterizam a relação de emprego, reconheça-se tal existência, sobretudo quando o trabalho é prestado pelo padre ou pastor em atividades de cunho econômico, como em escolas ou hospitais, ainda que mantidos pela Igreja ou Templo(14).

Cabo Eleitoral

Cabo eleitoral é o indivíduo que trabalha, mediante remuneração ou não, em campanhas eleitorais com o intuito de obter votos para certo partido ou candidato. Pode trabalhar para o candidato ou partido contratante por questões ideológicas ou não. Nos termos do art. 100 da Lei n. 9.504/1997, a contratação de pessoal para prestação de serviços nas campanhas eleitorais não gera vínculo de emprego com o candidato ou partido político contratante. O preceito, logicamente, aplica-se apenas ao trabalho concernente às campanhas eleitorais, não se estendendo àqueles auxiliares que prestem serviços, a qualquer título, a agentes políticos no exercício do mandato eletivo (veradores, deputados, senadores, prefeitos, governadores) e/ou a partidos políticos em outros momentos.

Estagiário

Para aperfeiçoamento e complementação da formação acadêmica e técnico-profissional do estudante, na sua preparação para o trabalho, ele pode ser aceito em estabelecimentos públicos ou particulares como

---

(13) Nesse sentido, o § 13 do art. 22 da Lei n. 8.212/1991, dispondo a respeito das parcelas que integram o salário de contribuição previdenciário, esclarece que não se considera como remuneração direta ou indireta os valores despendidos pelas entidades religiosas e instituições de ensino vocacional com ministro de confissão religiosa, membros de instituto de vida consagrada, de congregação ou de ordem religiosa em face do seu mister religioso ou para sua subsistência, desde que fornecidos em condições que independam da natureza e da quantidade do trabalho executado. Nesse sentido, ainda, o seguinte acórdão: "PASTOR RELIGIOSO. VÍNCULO DE EMPREGO COM A IGREJA. INEXISTÊNCIA. O trabalho realizado na qualidade de Pastor possui cunho religioso e não constitui objeto de um contrato de emprego, pois insuscetível de avaliação econômica, já que precipuamente destinado ao conforto e à orientação espiritual dos fiéis, bem como à divulgação do Evangelho. Não existem interesses distintos ou opostos, como no contrato de trabalho. As pessoas que prestam trabalho religioso fazem-no em nome de sua fé e de sua vocação, testemunhando sua generosidade em prol da comunidade religiosa, e não para a Igreja a qual pertencem. Também inexistente a obrigação das partes, posto que espontâneo e voluntário o cumprimento dos deveres religiosos, eis que o labor, nessa condição especial, encontra-se imbuído do espírito de fé, crença e vocação, sem a conotação material que envolve o trabalhador" (TRT da 3ª Região-MG, 8ª Turma, Proc. n. RO n. 00077-2007-141-03-00-1, DJMG de 14.7.2007).

(14) Nesse sentido, o seguinte acórdão: "VÍNCULO DE EMPREGO. PASTOR EVANGÉLICO. Presentes, *in casu*, os elementos caracterizadores do liame empregatício (art. 3º, CLT), impõe-se o reconhecimento da existência de relação jurídica de emprego" (TRT da 2ª Região-SP, 6ª Turma, Proc. n. RO n. 02990206145-1999, DOESP de 16.6.2000).

estagiário, sem vínculo empregatício, tendo a sua singular situação jurídica regrada pelas disposições da Lei n. 11.788/2008, que, avançando em relação à legislação anterior, aproximou o contrato de estágio da legislação trabalhista; não se aplicam ao estagiário, trabalhador atípico, no entanto, os direitos e garantias previstos no art. 7º da Constituição e na CLT, pois não se está, no caso, ordinariamente, diante de uma relação de emprego[15].

O estágio é ato educativo escolar supervisionado voltado para a preparação para o trabalho produtivo de educandos, desenvolvido no ambiente de trabalho. O estágio deve fazer parte do projeto pedagógico do curso, além de integrar o itinerário formativo do educando, e visa ao aprendizado de competências próprias da atividade profissional e à contextualização curricular.

O estágio pode ser obrigatório, quando estiver previamente incluído no projeto acadêmico do curso, inclusive como requisito imprescindível para a aprovação do aluno e a obtenção do correspondente diploma, ou não obrigatório, quando puder ser desenvolvido como atividade opcional, complementar. Eventualmente, atividades de extensão, de monitorias e de iniciação científica na educação superior poderão ser equiparadas ao estágio, se assim previstas no projeto pedagógico do curso. Qualquer que seja a modalidade, todavia, o estágio não gera vínculo empregatício, tampouco filiação previdenciária compulsória, podendo o estagiário, por ato volitivo, inscrever-se como segurado facultativo na Previdência Social.

Podem celebrar contrato, como estagiários, os estudantes regularmente matriculados e frequentando o ensino regular, inclusive na modalidade a distância (EAD), em instituições de educação superior, de educação profissional, de ensino médio, de educação especial (oferecida para educandos portadores de necessidades especiais) e dos anos finais do ensino fundamental (quinta a oitava séries) na modalidade profissional de educação de jovens e adultos (EJA, oferecida com o propósito de desenvolver o ensino fundamental e médio para aqueles que não estão mais em idade escolar regular). A realização de estágios aplica-se também aos estudantes estrangeiros regularmente matriculados em cursos superiores no país, autorizados ou reconhecidos, observado o prazo do visto temporário de estudante, na forma da legislação aplicável (art. 4º da Lei n. 11.788).

Para os estudantes portadores de deficiência, a Lei n. 11.788, art. 17, § 5º, estabeleceu cotas de dez por cento das vagas oferecidas pela parte concedente do estágio.

Não há referência na lei à idade mínima (tampouco à máxima) para estagiar, mas segundo a Constituição, secundada pelo Estatuto da Criança e do Adolescente, é proibido o exercício de atividade profissional antes dos 16 (dezesseis) anos, salvo na condição de aprendiz (contrato especial previsto no art. 428 da Consolidação das Leis do Trabalho), que não se confunde com a de estagiário. Como o estágio é voltado para a preparação para o trabalho produtivo e é desenvolvido no ambiente de trabalho, o estudante deve contar com, pelo menos, 16 (dezesseis) anos ao iniciar o estágio.

Quando o educando for relativamente incapaz (educandos menores ou com deficiência mental, por exemplo), o contrato será firmado pelo seu representante ou assistente legal.

Podem celebrar contrato, como concedentes de estágio, as pessoas jurídicas de direito privado e os órgãos da administração pública direta, autárquica e fundacional de qualquer dos Poderes da União, dos Estados, do Distrito Federal e dos Municípios, bem como profissionais liberais de nível superior, como advogados, arquitetos, contabilistas, dentistas, médicos etc., registrados em seus respectivos conselhos de fiscalização profissional. Quando o contrato de estágio for celebrado por órgãos da Administração Pública direta, autárquica e fundacional de qualquer dos Poderes da União, dos Estados, do Distrito Federal e dos Municípios, impõe-se a prévia aprovação do estudante em processo seletivo simplificado, em que seja assegurada a observância dos princípios constitucionais da impessoalidade, da moralidade, da publicidade e da isonomia.

(15) Para os contratos celebrados e executados anteriormente à vigência da Lei n. 11.788, ainda são aplicáveis os preceitos da Lei n. 6.494/1977.

O estágio, tanto na hipótese do estágio obrigatório quanto na do estágio não obrigatório, não cria vínculo empregatício ou previdenciário de qualquer natureza, desde que observados os seguintes requisitos:

a) matrícula e frequência regular do educando em curso de educação superior, de educação profissional, de ensino médio, de educação especial e nos anos finais do ensino fundamental, na modalidade profissional da educação de jovens e adultos, atestados pela instituição de ensino;

b) celebração de termo de compromisso entre o educando, a parte concedente do estágio e a instituição de ensino;

c) compatibilidade entre as atividades desenvolvidas no estágio e aquelas previstas no termo de compromisso; e

d) acompanhamento efetivo pelo professor orientador da instituição de ensino e por supervisor da parte concedente, comprovado por vistos nos relatórios periódicos de atividades do estagiário e por menção de aprovação final.

O descumprimento de qualquer desses requisitos ou de qualquer outra obrigação contida no termo de compromisso caracteriza vínculo de emprego do educando com a parte concedente do estágio para todos os efeitos da legislação trabalhista e previdenciária. Assim, *v.g.*, ficará caracterizado o vínculo empregatício se o estagiário:

a) não estiver matriculado no — e frequentando o — ensino regular;

b) não houver celebrado o termo de compromisso com a parte concedente do estágio e/ou a instituição de ensino;

c) executar, para a parte concedente do estágio, atividades substancialmente incompatíveis com o projeto pedagógico do seu curso, com o seu itinerário formativo e/ou com aquelas previstas no termo de compromisso; ou

d) executar atividades sem orientação de professor da instituição de ensino e/ou supervisão da parte concedente.

Sendo, embora, inobservados os requisitos acima, o desvirtuamento do contrato de estágio não gerará vínculo empregatício com os órgãos da Administração Pública direta, autárquica e fundacional de qualquer dos Poderes da União, dos Estados, do Distrito Federal e dos Municípios, em virtude do disposto no art. 37, II (*a investidura em cargo ou emprego público depende de aprovação prévia em concurso público de provas ou de provas e títulos, de acordo com a natureza e a complexidade do cargo ou emprego, na forma prevista em lei, ressalvadas as nomeações para cargo em comissão declarado em lei de livre nomeação e exoneração*) e § 2º (*A não observância do disposto nos incisos II e III implicará a nulidade do ato e a punição da autoridade responsável, nos termos da lei)*, da Constituição (TST-OJ-SDI1 n. 366). Se requeridas, poderão ser estendidas ao estagiário, nessa situação, apenas aquelas parcelas previstas na Súmula n. 363 do TST, que dispõe que "A contratação de servidor público, após a CF/1988, sem prévia aprovação em concurso público, encontra óbice no respectivo art. 37, II e § 2º, somente lhe conferindo direito ao pagamento da contraprestação pactuada, em relação ao número de horas trabalhadas, respeitado o valor da hora do salário mínimo, e dos valores referentes aos depósitos do FGTS".

Os agentes de integração públicos e privados podem auxiliar as instituições de ensino e as partes cedentes de estágio mediante condições previamente acordadas, sendo-lhes vedada a cobrança de quaisquer valores dos estudantes a título de taxa ou remuneração pelos serviços de integração, devendo ser observada, no caso de contratação com recursos públicos, a legislação que estabelece as normas gerais de licitação. Sua participação na contratação do estágio não é obrigatória, mas, se existir, o agente de integração fará parte do termo de compromisso de estágio, na condição de interveniente. Em nenhuma hipótese, todavia, poderá atuar como representante de alguma das três partes envolvidas no estágio (estagiário, concedente ou instituição de ensino).

Cabe aos agentes de integração, como auxiliares no processo de aperfeiçoamento do instituto do estágio:

a) identificar oportunidades de estágio;

b) ajustar suas condições de realização;

c) fazer o acompanhamento administrativo;

d) encaminhar negociação de seguros contra acidentes pessoais; e

e) cadastrar os estudantes.

Os agentes de integração serão responsabilizados civilmente se indicarem estagiários para a realização de atividades não compatíveis com a programação curricular estabelecida para cada curso, assim como estagiários matriculados em cursos ou instituições para as quais não há previsão de estágio curricular.

O procedimento prévio mais importante a cargo da instituição de ensino é a inclusão do estágio no projeto pedagógico de cada curso. Caso contrário, o estudante ficará impedido de estagiar. Obtido o estágio, a instituição de ensino participará obrigatoriamente do mesmo, devendo o seu representante legal firmar o termo de compromisso de estágio, indicando as condições de adequação do estágio à proposta pedagógica do curso, à etapa e modalidade da formação escolar do estudante e ao horário e calendário escolar.

Além disso, a instituição de ensino deverá indicar um professor orientador responsável pelo acompanhamento do estágio, avaliar as instalações da parte concedente do estágio e sua adequação à formação cultural e profissional do educando, exigir do educando a apresentação periódica (no máximo a cada seis meses) de relatório das suas atividades e comunicar à parte concedente do estágio, no início do período letivo, as datas de realização de avaliações escolares ou acadêmicas.

As pessoas jurídicas de direito privado e os órgãos da administração pública direta, autárquica e fundacional de qualquer dos Poderes da União, dos Estados, do Distrito Federal e dos Municípios, bem como profissionais liberais de nível superior devidamente registrados em seus respectivos conselhos de fiscalização profissional, podem oferecer estágio, observadas as seguintes obrigações:

a) celebrar termo de compromisso com a instituição de ensino e o educando, zelando por seu cumprimento;

b) ofertar instalações que tenham condições de proporcionar ao educando atividades de aprendizagem social, profissional e cultural;

c) indicar funcionário de seu quadro de pessoal, com formação ou experiência profissional na área de conhecimento desenvolvida no curso do estagiário, para orientar e supervisionar até 10 (dez) estagiários simultaneamente;

d) contratar em favor do estagiário seguro contra acidentes pessoais, cuja apólice seja compatível com valores de mercado, conforme fique estabelecido no termo de compromisso;

e) por ocasião do desligamento do estagiário, entregar termo de realização do estágio com indicação resumida das atividades desenvolvidas, dos períodos e da avaliação de desempenho;

f) manter à disposição da fiscalização documentos que comprovem a relação de estágio; e

g) enviar à instituição de ensino, com periodicidade mínima de 6 (seis) meses, relatório de atividades, com vista obrigatória ao estagiário.

A jornada de atividade em estágio será definida de comum acordo entre a instituição de ensino, a parte concedente e o aluno estagiário ou seu representante legal, devendo constar do termo de compromisso, ser compatível com as atividades escolares e não ultrapassar:

a) 4 (quatro) horas diárias e 20 (vinte) horas semanais, no caso de estudantes de educação especial e dos anos finais do ensino fundamental, na modalidade profissional de educação de jovens e adultos;

b) 6 (seis) horas diárias e 30 (trinta) horas semanais, no caso de estudantes do ensino superior, da educação profissional de nível médio e do ensino médio regular.

O estágio relativo a cursos que alternam teoria e prática, nos períodos em que não estão programadas aulas presenciais, poderá ter jornada de até 40 (quarenta) horas semanais, desde que isso esteja previsto no projeto pedagógico do curso e da instituição de ensino.

Se a instituição de ensino adotar verificações de aprendizagem periódicas ou finais (provas), nos períodos de avaliação, a carga horária do estágio será reduzida pelo menos à metade, segundo estipulado no termo de compromisso, para garantir o bom desempenho do estudante. Assim, no período de provas no curso acadêmico, a jornada do estagiário será reduzida à metade (pelo menos) da jornada normal. A liberação no período de provas é obrigatória desde que a instituição de ensino envie o cronograma das avaliações no início do período letivo. As horas não trabalhadas, entretanto, poderão ser descontadas da bolsa-auxílio.

Para os estágios obrigatórios na área da saúde, realizados em períodos semestrais, bimestrais ou mensais, nos quais não há aulas presenciais, o limite pode ser de até 40 horas semanais.

A duração do estágio, na mesma parte concedente, não poderá exceder 2 (dois) anos, exceto quando se tratar de estagiário com deficiência. O tempo máximo de estágio é de dois anos em uma mesma empresa, portanto, embora o estagiário possa cumular diversos contratos de estágio ao longo do tempo, em diferentes empresas.

O estagiário poderá receber bolsa ou outra forma de contraprestação que venha a ser acordada, em valor apurado de forma mensal, diária ou horária, sendo compulsória a sua concessão, bem como a do auxílio-transporte, caso o educando necessite de transporte no deslocamento residência-local de estágio e vice-versa, na hipótese de estágio não obrigatório. Na hipótese de estágio obrigatório, essas vantagens são facultativas à entidade concedente. A eventual concessão ao educando de benefícios relacionados a transporte, alimentação e saúde, entre outros, por si só, não caracteriza vínculo empregatício.

É assegurado ao estagiário, sempre que o estágio tenha duração igual ou superior a 1 (um) ano, período de 30 (trinta) dias de recesso, a ser gozado preferencialmente durante suas férias escolares. O recesso deverá ser remunerado, quando o estagiário receber bolsa ou outra forma de contraprestação, e os dias de recesso serão concedidos de forma proporcional nos casos de o estágio ter duração inferior a 1 (um) ano.

O número máximo de estagiários em relação ao quadro de pessoal (conjunto de trabalhadores empregados existentes no estabelecimento) das entidades concedentes de estágio deverá atender às seguintes proporções, exceto nas hipóteses de estágios de nível superior e de nível médio profissional (a cota é para ensino médio presencial e à distância, educação especial e EJA, não havendo cota para estágios de nível superior e de nível médio profissional)[16]:

a) de 1 (um) a 5 (cinco) empregados: 1 (um) estagiário;

b) de 6 (seis) a 10 (dez) empregados: até 2 (dois) estagiários;

(16) Observa-se, no entanto, a necessidade já mencionada, mesmo nos casos de estágios de nível superior e nível médio profissional, de um funcionário orientador e supervisor para até dez estagiários simultaneamente.

c) de 11 (onze) a 25 (vinte e cinco) empregados: até 5 (cinco) estagiários;

d) acima de 25 (vinte e cinco) empregados: até 20% de estagiários (quando o cálculo do percentual resultar em fração, este poderá ser arredondado para o número inteiro imediatamente superior).

Na hipótese de a parte concedente contar com várias filiais ou estabelecimentos, os quantitativos serão calculados e aplicados a cada um deles individualmente.

Aplica-se ao estagiário a legislação relacionada à saúde e segurança no trabalho, sendo sua implementação de responsabilidade da parte concedente do estágio. Assim, são obrigatórios os exames médicos admissional, periódico e demissional, na mesma forma que os realizados pelos empregados efetivos que estão submetidos às mesmas condições ambientais do trabalho. O estagiário deve receber, ainda, equipamentos de proteção individual, com o objetivo de protegê-lo de agentes ambientais nocivos à sua saúde, físicos, químicos ou biológicos.

Médico Residente

A residência médica é uma modalidade de ensino de pós-graduação (Lei n. 6.932/1981). O médico residente é considerado trabalhador autônomo, não se formando vínculo empregatício entre o médico residente e a entidade que concede o estágio de residência médica.

Trabalhador Prisional

O trabalho prisional consiste na prestação de serviços, por trabalhadores condenados a pena privativa de liberdade, gerenciada por terceiros. Embora o trabalhador preso esteja sob a administração do Estado, por meio de um regime de direito público, muitas vezes a mão de obra prisional vem a ser utilizada por empresas privadas.

O trabalho constitui um direito do apenado, mas não necessariamente um dever, pois a Constituição veda a aplicação da pena de trabalhos forçados, sob qualquer pretexto.

O trabalho pode ser interno, ou seja, dentro do estabelecimento penal, ou externo, nos casos de presos condenados em definitivo, com pena em regime semiaberto. No caso de trabalho externo, esse deverá ser autorizado pela direção do estabelecimento prisional, condicionado à análise da aptidão, disciplina e responsabilidade do preso, desde que haja o cumprimento mínimo de um sexto da pena.

Nos casos de preso condenado em definitivo, com regime fechado, o trabalho só poderá ser interno, podendo haver trabalho externo apenas nos casos de obras públicas realizadas por órgãos da Administração Pública direta ou indireta, com as cautelas devidas para que não haja fuga.

Sob um enfoque estritamente penal, o trabalho prisional é um instrumento de reabilitação e reinserção social não sujeito ao regime da Consolidação das Leis do Trabalho. A Lei de Execução Penal garante ao preso, apenas, os seguintes direitos trabalhistas:

a) precauções relativas à higiene e à segurança da atividade laboral;

b) remuneração mediante prévia tabela, não podendo ser inferior a 3/4 (três quartos) do salário mínimo;

c) jornada de trabalho que não seja inferior a seis, nem superior a oito horas, com descanso nos domingos e feriados; e

d) inclusão na Previdência Social.

Além disso, o trabalho no sistema prisional também é visto como benefício na execução da pena privativa de liberdade, atentando-se para a remição da pena, que trata de abreviar, pelo trabalho, parte do tempo da condenação. A contagem do tempo se dá à razão de um dia de pena por três dias de trabalho.

No entanto, o caminho ressocializante do trabalho deve atentar para a sua valorização dentro do mínimo constitucionalmente estabelecido, respeitando a pessoa do preso enquanto trabalhador e, por isso mesmo, sujeito de direitos condizentes com aquela condição.

Assim, é manifestamente abusivo o preceito contido na Lei de Execução Penal, segundo o qual o trabalho do preso não está sujeito ao regime da Consolidação das Leis do Trabalho. A ideia de negar os direitos do trabalhador livre ao preso, desde que compatíveis com a sua condição pessoal, viola os direitos fundamentais da pessoa, além de propiciar o enriquecimento sem causa do tomador dos respectivos serviços.

Trabalhador Autônomo

O trabalhador autônomo é a pessoa física que exerce, por conta própria, atividade econômica urbana ou rural com fins lucrativos ou não. Na relação de emprego, o empregado tem suas atividades dirigidas pelo empregador; o trabalhador autônomo, ao contrário, tem autonomia na organização e prestação de seu trabalho. O trabalho autônomo envolve independência no ajuste e na execução. O pressuposto da subordinação ou dependência, portanto, não existe quando a relação jurídica envolve a prestação de trabalho autônomo.

Alguns exemplos de contratos de trabalhos autônomos previstos em lei são: o contrato de prestação de serviços, previsto nos arts. 593 a 609 do CC de 2002, o contrato de empreitada, previsto nos arts. 610 a 626 do CC de 2002, o contrato de agência e distribuição, regulado pelos arts. 710 a 721 do CC de 2002 e o contrato de representação comercial, regulado pela Lei n. 4.886/1965.

4) EMPREGADOR: CONCEITO, CARACTERIZAÇÃO. ENTIDADES EQUIPARADAS AO EMPREGADOR. CARTÓRIOS NOTARIAIS E DE REGISTRO. SUCESSÃO DE EMPREGADORES. RESPONSABILIDADE TRABALHISTA SOLIDÁRIA E SUBSIDIÁRIA. GRUPO ECONÔMICO. CONSÓRCIO DE EMPREGADORES.

Empregador: conceito, caracterização

A definição legal de empregador é encontrada no art. 2º da Consolidação das Leis do Trabalho, que dispõe que "Considera-se empregador a empresa, individual ou coletiva, que, assumindo os riscos da atividade econômica, admite, assalaria e dirige a prestação pessoal de serviços".

O empregador é, em síntese, a empresa, individual ou coletiva, que, mediante contrato de trabalho, emprega um trabalhador em determinada atividade, assalariando-o. A Consolidação das Leis do Trabalho consagrou a integração e a vinculação do trabalhador à empresa, conjunto de bens materiais e imateriais implicados na obtenção de uma finalidade econômica, com ou sem fins lucrativos, independentemente da pessoa, física ou jurídica, que dirija essa atividade. A figura do empregador, assim, segundo a Consolidação das Leis do Trabalho, não concerne ao titular, pessoa física ou jurídica, do empreendimento econômico, mas ao próprio empreendimento.

A pessoalidade na relação de emprego, portanto, diz respeito, em regra, apenas à figura do empregado: a caracterização do empregador independe da sua efetiva personalidade jurídica, caracterizando-se como um ente despersonalizado, de modo que eventuais alterações subjetivas do contrato de trabalho, desde que no polo empresarial, não prejudicam a continuidade da relação de emprego, nos termos dos arts. 10 e 448 da Consolidação das Leis do Trabalho.

Por outro lado, a Consolidação das Leis do Trabalho deixa claro, no seu art. 2º, que correm exclusivamente por conta do empregador os riscos inerentes à exploração da atividade econômica, o que impossibilita a transferência, ainda que parcial, de eventuais prejuízos para o empregado. Destaca-se, aqui, o caráter *forfetário* da relação de emprego: derivada da palavra francesa *forfait* (*preço feito*), a expressão é utilizada para identificar a característica segundo a qual o empregador deve pagar o salário ao empregado independentemente do fato de auferir lucro ou obter os resultados pretendidos.

O contrato de trabalho é, pois, sobretudo um contrato de *atividade*, e não de resultado, em relação às obrigações do empregado, pois este não se compromete com os resultados da sua atividade.

Destaca-se, novamente, a alteridade como pressuposto elementar para a configuração da relação de emprego. A dependência de que trata o *caput* do art. 3º da Consolidação das Leis do Trabalho tem como contraponto, justamente, o fato de o empregador assumir, com exclusividade, os riscos da atividade econômica, colhendo os frutos do trabalho do empregado.

Recaindo, assim, exclusivamente sobre o empregador os riscos da atividade empresarial, a ele compete dirigir a atividade profissional do empregado, possuindo poderes de direção e de controle sobre essa atividade. A subordinação jurídica, que corresponde ao estado do empregado, de estar sujeito às ordens e à direção geral do empregador na execução dos serviços, decorre precisamente do fato de o empregado prestar serviços por conta alheia.

Entidades Equiparadas ao Empregador

O § 1º do art. 2º da Consolidação das Leis do Trabalho dispõe que "Equiparam-se ao empregador, para os efeitos exclusivos da relação de emprego, os profissionais liberais, as instituições de beneficência, as associações recreativas ou outras instituições sem fins lucrativos, que admitirem trabalhadores como empregados". Também o condomínio, se possuir empregados, será considerado empregador.

Tais entidades, na verdade, não *se equiparam* ao empregador; *são* empregadores. Quer se trate de empregador pessoa física ou jurídica, e independentemente da finalidade lucrativa ou não da atividade econômica explorada, é empregador toda a entidade para a qual uma pessoa física prestar serviços de natureza não eventual, sob dependência e mediante salário, ressalvado o caso da prestação de trabalho meramente doméstico.

Em síntese, equiparam-se à empresa, em relação aos seus empregados:

a) o profissional liberal;

b) a associação ou entidade de qualquer natureza ou finalidade; e

c) o condomínio.

Cartórios notariais e de registro

Segundo o art. 236, *caput*, da Constituição Federal de 1988, os serviços notariais e de registro são exercidos em caráter privado, por delegação do Poder Público. Esse dispositivo constitucional é regulamentado pela Lei n. 8.935/1994, que dispõe sobre os serviços notariais e de registro.

O titular de cartório não judicial, quando contrata trabalhadores para o exercício da atividade estatal delegada, equipara-se ao empregador, no tocante à relação jurídica que têm com seus empregados. Nesse sentido, o art. 20 da Lei n. 8.935/1994 determina que "Os notários e os oficiais de registro poderão, para o desempenho de suas funções, contratar escreventes, dentre eles escolhendo os substitutos, e auxiliares como empregados, com remuneração livremente ajustada e sob o regime de legislação do trabalho".

Não há dúvidas que o titular de cartórios notariais e de registro é equiparado a empregador. A controvérsia nasce quando há mudança na titularidade de determinado cartório não judicial, cindindo-se a doutrina e a jurisprudência em dois posicionamentos. De um lado, uma parte da doutrina e jurisprudência considera haver sucessão trabalhista típica, nos termos dos arts. 10 e 448 da CLT, ensejando responsabilização do novo titular do cartório, independentemente de o empregado ter trabalhado para ele ou não. Por outro lado, há quem entenda que a titulação de cartório não judicial depende de aprovação em concurso público de título e provas e não há transferência de patrimônio, não se operando a sucessão trabalhista e não ensejando, por tais motivos, responsabilização do titular pelos empregados que trabalharam apenas para o titular anterior do cartório não judicial.

Empregador Doméstico

O empregador doméstico é a pessoa física ou família que admite trabalhador doméstico para exercer serviços de natureza contínua, sem finalidade lucrativa, em proveito do respectivo âmbito residencial.

O empregador doméstico jamais poderá ser pessoa jurídica, pois a relação de emprego doméstico é marcada pela pessoalidade também no polo empregador. A expressão *família*, utilizada para qualificar o empregador doméstico, compreende um conjunto de indivíduos que vivem juntos, unidos por vínculos legais ou naturais de parentesco e afetividade ou não.

A ideia de família é imanente; independentemente de quem anote o contrato de trabalho na carteira de trabalho e previdência social do empregado doméstico, a figura do empregador corresponde à coletividade familiar que reside num mesmo âmbito, que pode incluir, portanto, os cônjuges, seus filhos e outras pessoas que com eles residam.

Sucessão de Empregadores

O empregador é, em síntese, a empresa, individual ou coletiva, que, celebrando tácita ou expressamente um contrato de trabalho, assalaria e emprega um trabalhador em determinada atividade, não se confundindo com o titular, pessoa física ou jurídica, daquele empreendimento.

O trabalhador, assim, está integrado e vinculado por força da relação de trabalho à própria empresa, conjunto de bens materiais e imateriais implicados na obtenção de uma finalidade econômica, independentemente da pessoa, física ou jurídica, que seja o respectivo proprietário.

Da despersonalização do empregador, para os efeitos da relação de emprego, decorre que eventuais alterações subjetivas do contrato de trabalho, desde que no polo empresarial, não prejudicam a continuidade da relação de emprego, nem os direitos subjetivos adquiridos pelos trabalhadores. Qualquer alteração na titularidade ou na estrutura jurídica da empresa, portanto, em regra, não afetará os contratos de trabalho celebrados com os respectivos empregados.

A Consolidação das Leis do Trabalho, nos seus arts. 10 e 448, dispõe, respectivamente, que *qualquer alteração na estrutura jurídica da empresa não afetará os direitos adquiridos por seus empregados* e que *a mudança na propriedade ou na estrutura jurídica da empresa não afetará os contratos de trabalho dos respectivos empregados.*

Assim, quer na hipótese de alteração da estrutura jurídica da empresa, como, por exemplo, na mudança do regime jurídico da empresa, quer na alteração da titularidade da empresa (sucessão), e mesmo nas hipóteses de fusão (operação pela qual se unem duas ou mais empresas com o objetivo de se formar uma nova, que lhes sucede em direitos e obrigações), incorporação (operação pela qual uma ou mais empresas são absorvidas por outra, que será sucessora destas em direitos e obrigações) ou cisão (operação pela qual uma empresa se divide, ensejado o surgimento de outras duas), os direitos trabalhistas mantêm-se íntegros.

Configura-se a sucessão de empresas quando há alteração na estrutura ou na titularidade da empresa, mantendo-se o conjunto patrimonial afetado a um fim econômico. A sucessão de empresas para efeitos de responsabilidade trabalhista é reconhecida pela doutrina e pela jurisprudência, por exemplo, entre arrendatários que se substituem na exploração do mesmo serviço e na encampação, absorção ou fusão de serviço ou de estabelecimento. Em todos os casos, a atividade empresarial é o elemento definidor: não se exige sequer a transferência da propriedade, já que o que se leva em conta para caracterizar a sucessão é o fato objetivo da continuidade da exploração do empreendimento.

A sucessão poderá operar-se, inclusive, no caso de falecimento do titular de empresa individual, caso, a par do falecimento da pessoa física, se dê a continuidade da exploração da atividade econômica pelos seus sucessores, ainda que sob outra razão social, caracterizada a continuidade do negócio, por exemplo, pela exploração da mesma atividade econômica, no mesmo local, com o mesmo acervo (arts. 10 e 448 da CLT).

Para a caracterização da sucessão trabalhista, é necessária, portanto, a transferência total ou parcial da unidade econômico-jurídica, que continua a ser explorada pelo novo proprietário.

A sucessão de empresas supõe, assim, a efetiva substituição dos sujeitos de uma relação jurídica: a transferência do acervo, como organização produtiva, impõe que o novo titular do empreendimento responda, em regra, pelos contratos de trabalho concluídos pelo antigo, a quem sucede, sendo irrelevante que o empregado tenha prestado ou não serviços ao sucessor, já que este assume o passivo trabalhista do acervo[17].

A vinculação do trabalhador à empresa é uma forma de garantir a satisfação dos direitos do empregado e, por isso, deve-se reconhecer que quem passa a explorar a empresa a que se encontrava vinculado o empregado é o responsável pelo contrato de trabalho, qualquer que seja a forma pela qual a empresa passe de um titular para outro, ressalvadas eventuais hipóteses para as quais a lei exclui, explicitamente, a configuração da sucessão, como na hipótese de aquisição do acervo durante o processamento de recuperação judicial ou na hipótese de arrematação na falência (Lei n. 11.101/2005).

Eventual acordo ou convenção realizado entre o sucessor e o sucedido, com o objetivo de excluir direitos dos trabalhadores, é inválido frente a estes e outros terceiros interessados. Nesse contexto, a cláusula que disponha que o antigo proprietário, sucedido, deverá arcar com os débitos trabalhistas existentes até a data da transferência do acervo não tem qualquer valor para o Direito do Trabalho, ficando resguardado ao sucessor, demandado pelo pagamento de dívidas trabalhistas, apenas o direito de regresso contra o antigo proprietário.

Há, todavia, pelo menos duas exceções ponderáveis à regra segundo a qual o novo titular do empreendimento responde pelos contratos de trabalho concluídos pelo antigo, a quem sucede:

a) em caso de desmembramento de Estados ou Municípios, o novo Estado ou Município criado responde pelos direitos trabalhistas dos respectivos empregados apenas a partir do período em que figurar como real empregador; em relação aos direitos trabalhistas adquiridos pelos respectivos empregados no período anterior ao desmembramento, o antigo Estado ou Município mantém-se responsável[18];

b) em caso de concessão de serviço público, havendo extinção do contrato de trabalho, a concessionária, na condição de sucessora, responde pelos direitos decorrentes do contrato de trabalho, sem prejuízo da responsabilidade subsidiária da antecessora pelos débitos trabalhistas contraídos até a

(17) Nesse sentido, por exemplo, a Orientação Jurisprudencial da SDI1-TST n. 261: "As obrigações trabalhistas, inclusive as contraídas à época em que os empregados trabalhavam para o banco sucedido, são de responsabilidade do sucessor, uma vez que a este foram transferidos os ativos, as agências, os direitos e deveres contratuais, caracterizando típica sucessão trabalhista".

(18) Orientação Jurisprudencial da SDI1-TST n. 92: "Em caso de criação de novo município, por desmembramento, cada uma das novas entidades responsabiliza-se pelos direitos trabalhistas do empregado no período em que figurarem como real empregador".

concessão; quanto ao contrato de trabalho extinto antes da concessão, a responsabilidade é exclusivamente da antecessora[19].

Responsabilidade Trabalhista Solidária e Subsidiária

Há responsabilidade trabalhista solidária quando duas ou mais empresas, individuais ou coletivas, estão igualmente obrigadas ao cumprimento de haveres trabalhistas concernentes ao mesmo contrato de trabalho, de forma que o cumprimento da obrigação pode ser cobrado pelo trabalhador de forma alternativa, de uma ou outra empresa, ou de ambas, inexistindo, em relação a estas, a obrigação de se observar um benefício de ordem.

Havendo solidariedade passiva, o credor tem direito a exigir e receber de um ou de alguns dos devedores, parcial ou totalmente, a dívida comum; se o pagamento houver sido parcial, todos os demais devedores solidários continuam obrigados pelo remanescente. E a propositura da ação pelo credor trabalhista contra um ou alguns dos devedores não importa renúncia em relação aos demais devedores solidários.

Há responsabilidade trabalhista subsidiária quando duas ou mais empresas, individuais ou coletivas, estão potencialmente obrigadas ao cumprimento de obrigações trabalhistas concernentes ao mesmo contrato de trabalho, mas é possível identificar-se um devedor principal, que deverá sofrer a cobrança em primeiro lugar, distinguindo-o do devedor subsidiário, cuja responsabilidade só emergirá na hipótese de inadimplência do devedor principal, assegurando-se-lhe a exceção do benefício de ordem: executado, poderá exigir que inicialmente sejam executados os bens do devedor principal, esgotando-se, contra este, os meios ordinários de execução forçada.

> TST-SUM-331: "I — A contratação de trabalhadores por empresa interposta é ilegal, formando-se o vínculo diretamente com o tomador dos serviços, salvo no caso de trabalho temporário (Lei n. 6.019, de 3.1.1974). II — A contratação irregular de trabalhador, mediante empresa interposta, não gera vínculo de emprego com os órgãos da Administração Pública direta, indireta ou fundacional (art. 37, II, da CF/1988). III — Não forma vínculo de emprego com o tomador a contratação de serviços de vigilância (Lei n. 7.102, de 20.6.1983) e de conservação e limpeza, bem como a de serviços especializados ligados à atividade-meio do tomador, desde que inexistente a pessoalidade e a subordinação direta. IV — O inadimplemento das obrigações trabalhistas, por parte do empregador, implica a responsabilidade subsidiária do tomador dos serviços quanto àquelas obrigações, desde que haja participado da relação processual e conste também do título executivo judicial. V — Os entes integrantes da Administração Pública direta e indireta respondem subsidiariamente, nas mesmas condições do item IV, caso evidenciada a sua conduta culposa no cumprimento das obrigações da Lei n. 8.666, de 21.6.1993, especialmente na fiscalização do cumprimento das obrigações contratuais e legais da prestadora de serviço como empregadora. A aludida responsabilidade não decorre de mero inadimplemento das obrigações trabalhistas assumidas pela empresa regularmente contratada. VI — A responsabilidade subsidiária do tomador de serviços abrange todas as verbas decorrentes da condenação referentes ao período da prestação laboral".

Grupo Econômico

Segundo o § 2º do art. 2º da Consolidação das Leis do Trabalho:

> *Sempre que uma ou mais empresas, tendo, embora, cada uma delas, personalidade jurídica própria, estiverem sob a direção, controle ou administração de outra, constituindo grupo industrial, comercial ou de qualquer outra atividade econômica, serão, para os efeitos da relação de emprego, solidariamente responsáveis a empresa principal e cada uma das subordinadas.*

(19) Orientação Jurisprudencial da SDI1-TST n. 225: "Celebrado contrato de concessão de serviço público em que uma empresa (primeira concessionária) outorga a outra (segunda concessionária), no todo ou em parte, mediante arrendamento, ou qualquer outra forma contratual, a título transitório, bens de sua propriedade: I — em caso de rescisão do contrato de trabalho após a entrada em vigor da concessão, a segunda concessionária, na condição de sucessora, responde pelos direitos decorrentes do contrato de trabalho, sem prejuízo da responsabilidade subsidiária da primeira concessionária pelos débitos trabalhistas contraídos até a concessão; II — no tocante ao contrato de trabalho extinto antes da vigência da concessão, a responsabilidade pelos Direitos dos trabalhadores será exclusivamente da antecessora".

São basicamente dois os elementos necessários à configuração do grupo econômico:

a) direção, controle, coordenação ou administração de uma empresa por outra, embora tendo cada uma delas personalidade jurídica própria; e

b) exercício de uma atividade econômica.

O grupo pode ser hierarquizado (vertical), quando se identifica uma empresa, individual ou coletiva, que controla as demais, ou pode formar-se por coordenação (horizontal), quando, embora não haja controle direto de uma sobre as outras, haja unidade de objetivo empresarial.

No grupo de empresas, cada empresa conserva a sua personalidade e o seu patrimônio, ainda que o empregador seja o grupo de empresas no seu todo. Nesse contexto, a prestação de serviços a mais de uma empresa do mesmo grupo econômico, durante a mesma jornada de trabalho, por si só, não caracteriza a coexistência de mais de um contrato de trabalho, salvo ajuste em contrário[20].

Trata-se, aqui, todavia, de responsabilidade solidária, o que importa dizer que qualquer das empresas integrantes do grupo econômico pode ser compelida, sem benefício de ordem, ao cumprimento da obrigação.

Consórcio de Empregadores

Figura instituída primeiramente pela Portaria n. 1.964/1999, posteriormente, a Lei n. 10.256/2001 instituiu a figura do *consórcio simplificado de produtores rurais*, formado pela união de empregadores produtores rurais pessoas físicas que outorguem a um deles poderes para contratar, gerir e despedir trabalhadores empregados para a prestação de serviços, exclusivamente, aos integrantes do consórcio, mediante documento registrado em cartório de títulos e documentos.

Tal lei tem como objetivo a diminuição da informalidade e rotatividade da mão de obra no meio rural. Mediante o documento registrado, o empregado pode ser contratado por vários empregadores rurais, sendo que o consórcio de empregadores será seu empregador.

Formando-se um consórcio de empregadores para a contratação de um ou mais trabalhadores, dele decorre a responsabilidade solidária de cada um dos associados pelos haveres trabalhistas para com o empregado, que estará obrigado, nos limites da sua jornada de trabalho, a prestar serviços para todos os empregadores associados.

5) TRABALHO RURAL: EMPREGADO RURAL. EMPREGADOR RURAL. TRABALHADOR RURAL. CONTRATO DE TRABALHO RURAL POR PEQUENO PRAZO. PARCEIRO AGRÍCOLA OU PECUÁRIO. EMPREGADO DE SÍTIO DE LAZER. TRABALHADOR RURAL EVENTUAL. PARENTES DO EMPREGADO RURAL. EMPREITEIRO RURAL.

Trabalho rural: Empregado Rural

As relações de trabalho rural foram inicialmente regradas pela Lei n. 4.214/1963 (Estatuto do Trabalhador Rural), sendo atualmente regradas, em termos gerais, pela Lei n. 5.889/1973, regulamentada pelo Decreto n. 73.626/1974, e subsidiariamente pela Consolidação das Leis do Trabalho.

(20) TST, Súmula n. 129: "A prestação de serviços a mais de uma empresa do mesmo grupo econômico, durante a mesma jornada de trabalho, não caracteriza a coexistência de mais de um contrato de trabalho, salvo ajuste em contrário".

Segundo a Convenção n. 141 da Organização Internacional do Trabalho, trabalhador rural é aquele que se dedica, em região rural, a atividades agrícolas ou artesanais ou a serviços similares ou conexos. No Brasil, a par do disposto na Convenção n. 141, a definição de trabalhador rural para os efeitos da relação de emprego é encontrada no art. 2º da Lei n. 5.889/1973, que dispõe: "Empregado rural é toda pessoa física que, em propriedade rural ou prédio rústico, presta serviços de natureza não eventual a empregador rural, sob a dependência deste e mediante salário".

Para caracterizar-se o empregado rural é necessário, portanto, verificarmos, antes, o que dispõe o art. 3º da mesma Lei: "Considera-se empregador rural (...) a pessoa física ou jurídica, proprietária ou não, que explore atividade agroeconômica, em caráter permanente ou temporário, diretamente ou através de prepostos e com auxílio de empregados".

É a atividade econômica explorada pelo empregador, portanto, que vai definir a natureza do trabalho, urbano ou rural, e, assim, a condição do empregado, urbano ou rural. Será rural o trabalho prestado ao empregador em atividade rural, ainda que em prédio rústico (prédio encravado em zona urbana, mas destinado à exploração de atividade agroeconômica), salvo na hipótese de *categoria diferenciada*. Inclui-se na atividade agroeconômica, ainda, a exploração industrial em estabelecimento agrário, desde que, nos termos do Decreto n. 73.626/1974, a atividade industrial apenas compreenda a transformação inicial do produto, sem alterar a sua natureza, a exemplo do beneficiamento e preparo da matéria-prima para posterior venda ou industrialização e do aproveitamento dos subprodutos de tais operações. A simples moagem da cana de açúcar ou do café, por exemplo, ainda que rudimentarmente industrial, inclui-se na atividade agroeconômica para fins da relação de emprego.

Nesse sentido é a OJ n. 419 da SDI-1 do E. TST que dispõe que "Considera-se rurícola empregado que, a despeito da atividade exercida, presta serviços a empregador agroindustrial (art. 3º, § 1º, da Lei n. 5.889, de 8 de junho de 1973), visto que, neste caso, é a atividade preponderante da empresa que determina o enquadramento".

O art. 7º, *b*, da Consolidação das Leis do Trabalho dispõe que os preceitos nela contidos não se aplicam aos trabalhadores rurais, salvo quando for, em cada caso, expressamente determinado em contrário. O preceito não foi recepcionado, pois o art. 7º da Constituição de 1988 tratou de equiparar os direitos trabalhistas e previdenciários dos trabalhadores urbanos e rurais. Assim, a Lei n. 5.889/1973 permanece em vigor apenas no que não contrariar os direitos constitucionalmente assegurados aos trabalhadores rurais, aplicando-se, de forma subsidiária, às relações de emprego rural, as disposições da Consolidação das Leis do Trabalho, em tudo o que for compatível com as peculiaridades da atividade rural.

A distinção entre empregados urbanos e rurais perdeu quase todo o sentido com o advento da Constituição de 1988 e, posteriormente, com a Emenda Constitucional n. 28/2000, que instituiu a prescrição quinquenal também para os rurícolas[21]. No entanto, subsistem pequenas peculiaridades no regramento das relações de trabalho rural que devem ser destacadas:

a) trabalho noturno: é aquele executado entre 21h de um dia e 5h do dia seguinte, na lavoura, e entre 20h de um dia e 4h do dia seguinte, na pecuária; o adicional é de 25% (vinte e cinco por cento) e não há redução horária (a hora noturna do trabalho rural tem a duração normal de 60 minutos);

b) intervalo intrajornada: para o rurícola, o § 1º do art. 5º do Decreto n. 73.626/1974 dispõe que "Será obrigatória, em qualquer trabalho contínuo de duração superior a 6 (seis) horas, a concessão de um intervalo mínimo de 1 (uma) hora para repouso ou alimentação", observados, contudo, os usos e costumes da região. Não há, portanto, duração fixa, variando a duração do intervalo segundo os usos e costumes da região; havendo expressa ressalva na carteira de trabalho e previdência social, não serão

(21) Sobre a aplicação da prescrição do rurícola, ver a OJ n. 417 da SDI-1 do E.TST "Não há prescrição total ou parcial da pretensão do trabalhador rural que reclama direitos relativos a contrato de trabalho que se encontrava em curso à época da promulgação da Emenda Constitucional n. 28, de 26.5.2000, desde que ajuizada a demanda no prazo de cinco anos de sua publicação, observada a prescrição bienal".

computadas como de efetivo exercício as interrupções do trabalho quando o serviço é caracteristicamente intermitente, como costuma acontecer, por exemplo, na criação extensiva de gado de corte;

c) aviso prévio trabalhado: a duração mínima foi unificada em 30 dias, aplicando-se também ao trabalhador rural a proporcionalidade prevista na Lei n. 12.506, de 11.10.2011; no entanto, persiste a diferenciação concernente à sistemática de trabalho no curso do aviso prévio, que, no caso do rurícola, importa ter ele o direito de, durante o aviso prévio trabalhado, ausentar-se do serviço um dia por semana, sem prejuízo do respectivo salário;

d) desocupação do imóvel: extinto o vínculo, tem o empregado rural o prazo de 30 dias para desocupar a casa fornecida pelo empregador;

e) descontos salariais: até 20% (vinte por cento) do salário mínimo pela ocupação da moradia, dividindo-se o valor proporcionalmente entre os trabalhadores quando mais de um empregado residir no mesmo local, sendo vedada, todavia, a moradia coletiva de famílias; até 25% (vinte e cinco por cento) do salário mínimo pelo fornecimento de alimentação sadia e farta, atendidos os preços vigentes na região;

f) plantação subsidiária: a plantação subsidiária ou intercalar (cultura secundária), a cargo do empregado, quando de interesse também do empregador, será objeto de contrato em separado; e

g) frequência à escola: a propriedade rural com mais de 50 famílias de trabalhadores de qualquer natureza é obrigada a manter escola primária gratuita, com classes divididas em grupos de até 40 crianças.

Empregador Rural

O empregador rural, nos termos da Lei n. 5.889/1973, é a pessoa física ou jurídica, proprietária ou não, que explora atividade agroeconômica, em caráter permanente ou temporário, diretamente ou por meio de prepostos e com auxílio de empregados.

Para que haja, portanto, a caracterização do empregador como rural, o que importa é o exercício, por este, de atividade agroeconômica. É a atividade econômica explorada, e não a localização do estabelecimento, que vai definir a natureza do trabalho, urbano ou rural. Será rural o trabalho prestado ao empregador em atividade rural ou em prédio rústico, prédio incrustado na zona urbana, mas destinado à exploração de atividade agroeconômica.

Contrato de trabalho rural por pequeno prazo

A Lei n. 11.718/2008 introduziu nova modalidade de contratação de trabalhador rural, dispondo que o produtor rural pessoa física poderá realizar a contratação de trabalhador rural por pequeno prazo, para o exercício de atividades de natureza temporária. A contratação de trabalhador rural por pequeno prazo só poderá ser realizada por produtor rural pessoa física, proprietário ou não, que explore diretamente atividade agroeconômica, e são assegurados ao trabalhador rural contratado por pequeno prazo, além de remuneração equivalente à do trabalhador rural permanente, os demais direitos de natureza trabalhista. A validade da contratação nessa modalidade, no entanto, depende de prévia negociação coletiva, autorizando-se a contratação por convenção ou acordo coletivo de trabalho.

O contrato de trabalho por pequeno prazo deverá ser formalizado mediante a inclusão do trabalhador na GFIP (Guia de Recolhimento do FGTS e Informações à Previdência Social) e a anotação do contrato de trabalho na carteira de trabalho e previdência social e em Livro ou Ficha de Registro de Empregados, ou mediante contrato escrito, em 2 (duas) vias, uma para cada parte, onde conste, no mínimo:

a) expressa autorização em acordo coletivo ou convenção coletiva para a contratação nesta modalidade;

b) identificação do produtor rural e do imóvel rural onde o trabalho será realizado e indicação da respectiva matrícula para fins previdenciários; e

c) identificação do trabalhador, com indicação do respectivo Número de Inscrição do Trabalhador (NIT).

Tal contratação não poderá superar 2 (dois) meses, dentro de cada período de 1 (um) ano, pois a contratação de trabalhador rural por pequeno prazo que, dentro do período de 1 (um) ano, superar a duração total de 2 (dois) meses fica convertida em contrato de trabalho por prazo indeterminado, observando-se os termos da legislação aplicável.

Parceiro Agrícola ou Pecuário

A parceria agrícola ou pecuária é atualmente regrada pelo Estatuto da Terra (Lei n. 4.504/1964). O referido diploma disciplina os contratos de parceria, estatuindo, inclusive, a quota-limite do proprietário na participação dos frutos, segundo a natureza de atividade agropecuária e as facilidades oferecidas ao parceiro. É imprescindível atentar, no contrato, para a autonomia de que se deve revestir a vontade do parceiro na decisão a respeito *do que*, *quanto* e *como* cultivar, sem o que se caracterizará a prestação de serviços por conta alheia (dependência), desvirtuando-se a parceria.

Por outro lado, nos contratos rurais que prevejam o pagamento do trabalhador, parte em dinheiro e parte em percentual no resultado da lavoura cultivada ou do gado tratado, a atividade é considerada uma prestação de serviço, regulada pela legislação trabalhista, sempre que a direção dos trabalhos seja de inteira e exclusiva responsabilidade do proprietário rural, receptor do serviço a quem cabe o risco da atividade econômica, assegurando-se ao trabalhador, ao menos, a percepção do salário mínimo no cômputo das duas parcelas: dinheiro e parcelas *in natura*.

Empregado de Sítio de Lazer

Não havendo, na propriedade rural, exploração de atividade agroeconômica com fins lucrativos, o vínculo estabelecido entre o empregado e o empregador tem natureza doméstica.

Trabalhador Rural Eventual

O art. 17 da Lei n. 5.889/1973 atribui ao trabalhador rural eventual os mesmos direitos nela previstos para o empregado rural.

Parentes do Empregado Rural

Os usos e costumes podem levar, em alguns casos, o trabalhador rural a empregar, com a ciência do empregador, na execução das suas atividades, auxiliares como o cônjuge e os filhos. Em relação a tais auxiliares, a formação do vínculo de emprego com o empregador rural dependerá da verificação, nas respectivas relações individuais, dos pressupostos necessários à caracterização da relação de emprego, especialmente da dependência, admitindo-se, todavia, que a subordinação seja delegada pelo empregador a um dos empregados, que por conta daquele requisita e dirige a prestação pessoal de serviços de seus familiares. É relevante destacar que o contrato de trabalho pode formar-se tacitamente, de forma que a simples anuência tácita do tomador de serviços com a prestação das atividades pode gerar uma situação que corresponda à relação de emprego.

Empreiteiro Rural

A típica empreitada não se leva a cabo sob dependência direta e, portanto, não se confunde com a relação de emprego por não haver subordinação do trabalhador ao proprietário da terra, podendo valer-se o empreiteiro, ainda, da contratação direta de auxiliares, em prejuízo do requisito da pessoalidade.

Direito Processual do Trabalho

II

Mauro Schiavi

Parte I — Das partes e dos procuradores no processo do trabalho: 1. Das partes no Processo do Trabalho. 2. Da representação e assistência das partes na Justiça do Trabalho. 3. Da regularização da representação processual. 4. Do *jus postulandi* da parte da Justiça do Trabalho. 5. Do advogado e da procuração no Processo do Trabalho. 6. Da procuração *apud acta*. 7. Da substituição processual. 8. Do litisconsórcio no Processo do Trabalho. 9. Da assistência judiciária e justiça gratuita no Processo do Trabalho. Parte II — Do Ministério Público do Trabalho: 1. Conceito e origem. 2. Princípios do Ministério Público. 3. Do Ministério Público do Trabalho. 4. Da competência e atribuições do Ministério Público do Trabalho. 5. Formas de atuação do Ministério Público do Trabalho. 6. Inquérito Civil Público.

PARTE I
DAS PARTES E DOS PROCURADORES NO PROCESSO DO TRABALHO

1. DAS PARTES NO PROCESSO DO TRABALHO

A doutrina costuma utilizar a expressão *sujeitos do processo* para designar todas as pessoas que nele atuam como as partes, o juiz e os servidores do judiciário e os auxiliares da justiça (perito, depositário, intérprete etc.).

No aspecto processual, as partes são quem pede a tutela jurisdicional (autor) e em face de quem a tutela é postulada (réu).

Para muitos autores, o conceito de parte se estende para todos os sujeitos que participam do processo em contraditório e que possam sofrer os efeitos da decisão. Nesse sentido, a visão de Fredie Didier Júnior(1):

> "Parte processual é quem está na relação jurídica processual, assumindo qualquer das situações jurídicas processuais, atuando com parcialidade e podendo sofrer alguma consequência com a decisão final. Esse é o conceito que deve ser utilizado. A parte processual pode ser parte na demanda (demandante e demandado) e a auxiliar, coadjuvante, que é o assistente".

No Processo do Trabalho, por tradição histórica, as partes recebem a denominação de reclamante (demandante) e reclamado (demandado). Tal denominação vem da época em que a Justiça do Trabalho era administrativa, não pertencendo ao Poder Judiciário.

Assevera a melhor doutrina que o termo correto de qualificação das partes é demandante e demandado, pois o ato de demandar é incondicionado. Por mais absurda ou ilegítima a pretensão, haverá o direito de demandar.

Com a propositura da inicial, são qualificadas as partes e fixados os limites subjetivos da lide (individualizados os polos ativo e passivo da relação jurídica processual), pois a decisão a ser proferida vinculará apenas as partes do processo (art. 472 do CPC).

Para estarem em juízo, as partes devem possuir a chamada *capacidade.* A capacidade é a aptidão para adquirir direitos e obrigações. Adquirida a personalidade com o nascimento com vida, toda pessoa passa a ser capaz de direitos e obrigações.

Segundo a classificação da doutrina, a capacidade, para fins processuais, subdivide-se em:

a) *capacidade de direito ou de ser parte:* toda pessoa, desde que tenha adquirido a personalidade, tem capacidade de ser parte, para figurar nos polos ativo ou passivo de uma reclamação trabalhista.

Nesse sentido dispõem os arts. 1º e 2º do CCb, *in verbis:*

Art. 1º do CC: "Toda pessoa é capaz de direitos e deveres na ordem civil".

Art. 2º do CC. "A personalidade civil da pessoa começa do nascimento com vida; mas a lei põe a salvo, desde a concepção, os direitos do nascituro".

b) *capacidade de fato* ou *ad processum:* é a capacidade de estar em juízo sem necessidade de representação ou assistência (é denominada também pela doutrina de *legitimatio ad processum*), ou seja, de estar em juízo por si só.

(1) *Curso de Direito Processual Civil.* 7. ed. Salvador: Podivm, 2007, p. 190.

Somente têm capacidade para estar em juízo, na Justiça do Trabalho, as pessoas maiores de 18 anos. Os incapazes serão representados e os relativamente incapazes serão assistidos, nos termos da lei civil.

Nesse sentido dispõe o art. 7º do CPC, *in verbis:*

> "Toda pessoa que se acha no exercício dos seus direitos tem capacidade para estar em juízo".

No mesmo sentido é o art. 792 da CLT:

> "Os maiores de 18 anos e menores de 21 anos e as mulheres casadas poderão pleitear perante a Justiça do Trabalho sem assistência de seus pais, tutores e maridos".

O referido art. 792 encontra-se parcialmente revogado pelo art. 5º, da CF, que igualou homens e mulheres em direitos e obrigações, e também o art. 5º do CC de 2002, que reduziu a maioridade para 18 anos.

Os menores emancipados também têm a capacidade *ad processum*, nos termos do art. 5º do CCb que resta aplicável ao Direito Material e Processual do Trabalho (arts. 8º e 769 da CLT).

Dispõe o art. 5º, do CCb:

> "A menoridade cessa aos dezoito anos completos, quando a pessoa fica habilitada à prática de todos os atos da vida civil.
>
> Parágrafo único. Cessará, para os menores, a incapacidade:
>
> I — pela concessão dos pais, ou de um deles na falta do outro, mediante instrumento público, independentemente de homologação judicial, ou por sentença do juiz, ouvido o tutor, se o menor tiver dezesseis anos completos; II — pelo casamento; III — pelo exercício de emprego público efetivo; IV — pela colação de grau em curso de ensino superior; V — pelo estabelecimento civil ou comercial, ou pela existência de relação de emprego, desde que, em função deles, o menor com dezesseis anos completos tenha economia própria".

Quanto ao inciso V do art. 5º do CC que prevê a emancipação do menor em razão da relação de emprego e desde que, em razão dela, o menor tenha economia própria, pensamos que a menoridade cessará pela existência do vínculo de emprego, caso o menor receba um salário mínimo por mês. Embora se possa dizer que o menor que recebe apenas um salário mínimo não tem economia própria, acreditamos que a finalidade da lei ao conceder a emancipação legal foi no sentido de deferir a emancipação ao menor que apresenta maior maturidade em razão das responsabilidades inerentes ao contrato de emprego.

Portanto, desde que receba um salário mínimo e exista a relação de emprego, o menor de 18 anos e maior de 16 anos estará emancipado de pleno direito, inclusive para postular em juízo sem necessidade de representação ou assistência, independentemente de declaração judicial de emancipação.

No nosso sentir, apesar de o salário mínimo ser muito baixo no Brasil, segundo disposição constitucional, ele atende às necessidades do trabalhador (art. 7º, IV, da CF). De outro lado, o menor empregado estará emancipado a partir de 16 anos completos, pois o trabalho é proibido antes dessa idade (art. 7º, XXIII, da CF).

c) *capacidade postulatória* ou *jus postulandi:* é a capacidade para postular em juízo, em causa própria ou defendendo terceiros.

2. DA REPRESENTAÇÃO E ASSISTÊNCIA DAS PARTES NA JUSTIÇA DO TRABALHO

Há a representação processual quando alguém vem a juízo, autorizado por lei, a postular em juízo em nome de outrem, defendendo em nome alheio interesse alheio.

Pensamos que a Consolidação adotou o gênero representação (v. arts. 791 e 793 da CLT), cujas espécies são a representação *stricto sensu*, dos incapazes, e a assistência, para os relativamente incapazes.

Conforme o art. 8º do CPC: "Os incapazes serão representados ou assistidos por seus pais, tutores ou curadores, na forma da lei civil".

Os incapazes, absolutamente, serão representados em juízo, pois não possuem aptidão para praticar, por si mesmos, os atos do processo. O Código Civil brasileiro elenca os incapazes no art. 3º, que assim dispõe:

> "São absolutamente incapazes de exercer pessoalmente os atos da vida civil: I — os menores de dezesseis anos; II — os que, por enfermidade ou deficiência mental, não tiverem o necessário discernimento para a prática desses atos; III — os que, mesmo por causa transitória, não puderem exprimir sua vontade".

Os relativamente incapazes, por possuírem um grau maior de discernimento, poderão manifestar suas vontades, mas devem estar assistidos em juízo. O assistente não representa o relativamente incapaz, apenas o assiste, o auxilia para que manifeste sua vontade com maior discernimento.

Os relativamente incapazes estão elencados no art. 4º do CC que assim dispõe:

> "São incapazes, relativamente a certos atos, ou à maneira de os exercer: I — os maiores de dezesseis e menores de dezoito anos; II — os ébrios habituais, os viciados em tóxicos, e os que, por deficiência mental, tenham o discernimento reduzido; III — os excepcionais, sem desenvolvimento mental completo; IV — os pródigos. Parágrafo único. A capacidade dos índios será regulada por legislação especial".

O empregado, por ser pessoa física, deve figurar no polo ativo e o empregador, pessoa física ou jurídica, deve figurar no polo passivo, podendo, em audiência, ser representados, nos termos do art. 843 da CLT.

Dispõe o referido art. 843, da CLT:

> "Na audiência de julgamento deverão estar presentes o reclamante e o reclamado, independentemente do comparecimento de seus representantes salvo, nos casos de Reclamatórias Plúrimas ou Ações de Cumprimento, quando os empregados poderão fazer-se representar pelo Sindicato de sua categoria. § 1º — É facultado ao empregador fazer-se substituir pelo gerente, ou qualquer outro preposto que tenha conhecimento do fato, e cujas declarações obrigarão o proponente. § 2º — Se por doença ou qualquer outro motivo poderoso, devidamente comprovado, não for possível ao empregado comparecer pessoalmente, poderá fazer-se representar por outro empregado que pertença à mesma profissão, ou pelo seu sindicato".

A CLT, no § 2º, do art. 843, prevê uma única hipótese de o processo prosseguir sem a presença do autor, qual seja, o motivo "ponderoso", para alguns, motivo "poderoso".

Para a maioria dos autores, a representação mencionada no artigo acima transcrito é eficaz tão somente para requerer o adiamento da sessão, e o consequente arquivamento, não podendo o representante depor e confessar fato em desfavor do reclamante. Nesse sentido:

> O disposto no § 2º do art. 843 da CLT visa tão somente a evitar o arquivamento do processo, impondo, em caso de motivo ponderoso, o adiamento da audiência. Não autoriza a representação para todas as fases do processo,

mesmo porque o depoimento é pessoal e em se tratando do empregado não pode ser prestado por interposta pessoa (TRT, 3ª R., RO n. 3.378/1992, Ac. 2ª T., 9.2.1993, rel. Juiz Murilo de Moraes, *in* LTr 5805/589).

Ausência do reclamante — Audiência inaugural — Representação. Havendo motivo relevante, devidamente justificado, o reclamante pode se fazer substituir em audiência por outro empregado que pertença à mesma profissão ou pelo seu Sindicato, mas com a finalidade específica de adiar a sessão para evitar o arquivamento. A representação do reclamante pelo Sindicato não transfere a este legitimidade para prestar depoimento em nome do reclamante ausente, não havendo que se falar em aplicação da pena de confissão, na hipótese. A consequência está estampada no art. 844 da CLT, que determina o arquivamento da reclamação pela ausência injustificada do autor (TRT 3ª R. — 6ª T. — RO n. 481/2003.064.03.00-7 — Rela. Emília Facchini — DJMG 13.11.2003 — p. 15).

Não obstante o respeito que merece o entendimento acima transcrito, com ele não concordamos. Com efeito, o § 2º do art. 843 da CLT não diz que a presença do representante do empregado é limitada a apenas requerer o adiamento. De outro lado, o referido dispositivo legal fala em "representação", sendo certo que é da essência da representação que o representante pratique atos processuais no interesse do representado, presumivelmente segundo a vontade deste último. De outro lado, que utilidade teria o dispositivo legal, se a representação tivesse somente o escopo de evitar o arquivamento. Caso o autor esteja doente ou não possa comparecer, seu advogado poderá alegar o fato, e o juiz adiar a sessão, mediante comprovação do motivo no prazo assinalado pelo Juiz.

Sob outro enfoque, a lei diz que o empregado poderá fazer-se representar por outro empregado que pertença à mesma profissão ou pelo seu Sindicato, o que denota que o representante deve ter conhecimento dos fatos, já que somente um outro empregado na mesma situação do autor pode conhecer a realidade do trabalho do autor, ou o Sindicato. Se os poderes do representante fossem somente para adiar a audiência, não haveria necessidade de a lei especificar empregado da mesma profissão ou Sindicato de sua categoria.

O empregador poderá ser representado em audiência pelo gerente, ou qualquer outro preposto que tenha conhecimento do fato, e cujas declarações obrigarão o preponente.

Preposto é o representante do empregador em audiência.

Analisando-se o § 1º do art. 843 da CLT, constata-se que a nomeação de preposto é faculdade do empregador. Portanto, a preposição é voluntária, entretanto, as declarações do preposto vincularão o proponente. De outro lado, a lei exige que o preposto tenha conhecimento dos fatos, ainda que não os tenha presenciado. Basta que tenha ciência dos fatos pessoalmente ou por informações de terceiros. Não obstante, não encerra penalidade específica para esse desconhecimento. Entretanto, são pacíficas tanto a doutrina como a jurisprudência no sentido de que o desconhecimento dos fatos pelo preposto acarreta a confissão ficta, nos termos dos arts. 345 e 348 e seguintes do CPC.

A praxe forense trabalhista e a jurisprudência consagraram a necessidade de o preposto apresentar a Carta de Preposição em audiência. Embora a lei não exija que o preposto apresente carta de preposição, a praxe trabalhista consagrou tal obrigatoriedade em razão das consequências que a atuação do preposto em audiência pode acarretar ao empregador.

O preposto representa o empregador em audiência, podendo praticar todos os atos processuais de representação neste ato processual.

Caso o reclamado não tenha advogado, poderá o preposto apresentar defesa oral, realizar reperguntas para o reclamante e as testemunhas, aduzir razões finais (art. 791 da CLT), e realizar propostas de acordo. Deve, outrossim, caso entenda o juiz, prestar depoimento (art. 848 da CLT).

A preposição exaure-se na audiência. Desse modo, o preposto não poderá praticar outros atos processuais no processo, como os recursos.

Mostra-se polêmica a seguinte questão. Deve o preposto ser empregado da reclamada?

A CLT não prevê tal exigência, conforme o art. 843, § 1º, mencionado anteriormente. Desse modo, muitos doutrinadores sustentam a desnecessidade de o preposto ser empregado da reclamada, podendo o empregador fazer-se representar em audiência por qualquer preposto que tenha conhecimento dos fatos. Caso o preposto não saiba dos fatos, o empregador correrá o risco da confissão.

Dentre os argumentos apontados pela doutrina, que entende ser desnecessária a condição de empregado do preposto, destacamos: a) falta de previsão legal, pois o art. 843, § 1º, da CLT não exige que o preposto seja empregado; b) obstar o acesso à justiça do empregador, que não pode nomear empregado para representá-lo em juízo; c) uma pessoa próxima ao empregador pode conhecer com maior riqueza de detalhes os fatos da relação de emprego do que um empregado; d) risco exclusivo do empregador em nomear preposto que não saiba dos fatos.

Os que entendem que o preposto deve ser empregado do reclamado elencam, entre outros, os seguintes fundamentos: a) necessidade efetiva de o preposto conhecer os fatos que se passam na empresa; b) princípio da oralidade do processo do trabalho; c) busca da verdade real no processo do trabalho, uma vez que o empregado preposto tem potencialmente maiores possibilidades de relatar a realidade do contrato de trabalho; d) evitar a "indústria" de prepostos profissionais; e) moralização do processo do trabalho.

O TST pacificou a questão por meio da Súmula n. 377, recentemente alterada, dispondo:

"PREPOSTO. EXIGÊNCIA DA CONDIÇÃO DE EMPREGADO — Exceto quanto à reclamação de empregado doméstico, ou contra micro ou pequeno empresário, o preposto deve ser necessariamente empregado do reclamado. Inteligência do art. 843, § 1º, da CLT e do art. 54 da Lei Complementar n. 123, de 14 de dezembro de 2006".

No nosso sentir, embora a lei não exija que o preposto seja empregado, a interpretação teleológica e sistemática dos arts. 843 e 844 da CLT em cotejo com o princípio da oralidade nos sinaliza no sentido de que, efetivamente, o preposto deva ser empregado para que conheça os fatos da causa e facilite o acesso do juízo aos fatos pertinentes e relevantes do processo.

Por isso, concordamos com a Súmula n. 377 do C. TST, pois propicia que o juiz do Trabalho possa, potencialmente, conhecer melhor a realidade do contrato de trabalho, uma vez que de suma importância o depoimento pessoal da parte para o processo do trabalho, que, acima de tudo, é um "processo de partes". Além disso, moraliza o processo, evitando o ingresso de *prepostos profissionais* que, ao invés de esclarecer os fatos, vem a juízo com a preocupação precípua de defender os interesses do empregador.

Desse modo, à luz da Súmula n. 377, do TST, salvo para o empregador doméstico e para as microempresas, o preposto, além da Carta de Preposição, deve comparecer à audiência com a CTPS. Caso não porte a Carteira de Trabalho, deverá o juiz conceder prazo para juntada, nos termos do art. 13 do CPC.

Quanto ao doméstico, o empregador na verdade é a entidade familiar. Desse modo, qualquer pessoa da família pode atuar como preposto. De outro lado, se houver outros empregados na residência, é conveniente que o empregado figure como preposto. Por isso, pensamos correta a Súmula n. 377 no aspecto.

Para as micro e pequenas empresas, a lei não exige a condição de empregado do preposto. Com efeito, dispõe o art. 54, da LC n. 123, de 14.12.2006:

É facultado ao empregador de microempresa ou de empresa de pequeno porte a fazer-se substituir ou representar perante a Justiça do Trabalho por terceiros que conheçam dos fatos, ainda que não possuam vínculo trabalhista ou societário.

Tem por objetivo o referido dispositivo facilitar o acesso à justiça das pequenas e microempresas em razão do número reduzido de empregados que possuem. Não obstante, o preposto dessas empresas, ainda que não empregado, deve conhecer os fatos (art. 843, § 1º, da CLT). Nesse sentido, a seguinte ementa:

> "Preposto de pessoa física ou de empresa individual. O empregador, pessoa física ou empresa individual, pode fazer-se substituir por preposto, consoante § 1º do art. 843 da CLT. Onde a lei não distingue, não cabe ao intérprete distinguir" (TRT/SP n. 02970161790 — Ac. 8ª T. — n. 02980164229 — rel. Raimundo Cerqueira Ally — DOE 17.4.1998) (RDT 10/1998 — p. 49).

Em se tratando de controvérsias que não envolvam a relação de emprego (EC n. 45/2004), pensamos não ser exigível a condição de empregado do preposto, uma vez que não se está discutindo vínculo de emprego, bastando apenas que o preposto conheça os fatos referentes à relação de trabalho discutida no processo.

Desse modo, estamos de acordo com a Súmula n. 377 do TST, com um pequeno ajuste, qual seja: para as controvérsias decorrentes da relação de trabalho, ou seja, *as que não envolvem a relação de emprego, o preposto não necessita ser empregado do reclamado.*

Dispõe o § 1º do art. 791 da CLT:

> "Nos dissídios individuais os empregados e empregadores poderão fazer-se representar por intermédio do sindicato, advogado, solicitador ou provisionado, inscrito na Ordem dos Advogados do Brasil".

O referido dispositivo não trata de representação legal para suprir incapacidade, mas sim da representação voluntária ou convencional, cumprindo às pessoas mencionadas no § 1º do art. 791, da CLT atuar em nome do empregado ou empregador em juízo, desde que autorizadas por ele.

Em se tratando de reclamação plúrima, qual seja: vários reclamantes no polo ativo postulando matéria comum (mesmos pedidos que têm suporte em causa de pedir comum), que não exigir dilação probatória, a jurisprudência tem admitido que um reclamante compareça em audiência representando os demais, ou seja formada uma comissão de reclamantes representando os demais.

Constituindo o empregador empresa, deverá ser representado por seus sócios ou quem determinar seus estatutos.

O art. 12 do CPC, que trata da representação para fins processuais, aplica-se integralmente ao Processo do Trabalho. Dispõe o referido dispositivo legal:

> "Serão representados em juízo, ativa e passivamente:
>
> I — a União, os Estados, o Distrito Federal e os Territórios, por seus procuradores;
>
> II — o Município, por seu Prefeito ou procurador;
>
> III — a massa falida, pelo síndico;
>
> IV — a herança jacente ou vacante, por seu curador;
>
> V — o espólio, pelo inventariante;
>
> VI — as pessoas jurídicas, por quem os respectivos estatutos designarem, ou, não os designando, por seus diretores;
>
> VII — as sociedades sem personalidade jurídica, pela pessoa a quem couber a administração dos seus bens;
>
> VIII — a pessoa jurídica estrangeira, pelo gerente, representante ou administrador de sua filial, agência ou sucursal aberta ou instalada no Brasil (art. 88, parágrafo único);
>
> IX — o condomínio, pelo administrador ou pelo síndico.
>
> § 1º Quando o inventariante for dativo, todos os herdeiros e sucessores do falecido serão autores ou réus nas ações em que o espólio for parte.
>
> § 2º As sociedades sem personalidade jurídica, quando demandadas, não poderão opor a irregularidade de sua constituição.
>
> § 3º O gerente da filial ou agência presume-se autorizado, pela pessoa jurídica estrangeira, a receber citação inicial para o processo de conhecimento, de execução, cautelar e especial".

Dispõe o art. 793 da CLT:

"A reclamação trabalhista do menor de 18 anos será feita por seus representantes legais e, na falta destes, pela Procuradoria da Justiça do Trabalho, pelo Sindicato, pelo Ministério Público estadual ou curador nomeado pelo juízo".

Conforme o referido dispositivo legal, o menor de 18 anos será representado na Justiça do Trabalho.

A Consolidação das Leis do Trabalho não faz distinção entre assistência e representação. No entanto, conforme já nos posicionamos, o art. 793 da CLT adota o gênero representação, que envolve a representação e a assistência. Desse modo, pensamos que o menor entre 16 anos e 18 anos será assistido na Justiça do Trabalho por seus representantes legais e, na falta destes, pela Procuradoria da Justiça do Trabalho, pelo Ministério Público Estadual ou curador nomeado pelo juízo. O menor de 16 anos será representado em juízo pelas referidas pessoas.

Parte da doutrina tem defendido a desnecessidade da intervenção do Ministério Público do Trabalho quando o menor estiver devidamente assistido ou representado pelos seus representantes legais. Outros defendem que, mesmo quando o menor tiver representante legal, o juiz do Trabalho deve provocar a intervenção do Ministério Público do Trabalho como *custos legis* nos termos do art. 82, I, do CPC.

Pensamos que, se o menor estiver devidamente representado ou assistido em juízo, o juiz do Trabalho somente deverá provocar a intervenção do Ministério Público do Trabalho quando os interesses do menor colidirem com os de seu representante.

Se o menor não tiver representante legal, não houver Procuradoria da Justiça do Trabalho, ele será representado pelo Ministério Público Estadual ou por curador nomeado em juízo.

Em alguns casos, em localidades distantes, se o menor não tiver representante, a jurisprudência tem admitido que o advogado possa atuar como curador nomeado pelo próprio juiz do Trabalho, representando o menor em todos os atos processuais.

3. DA REGULARIZAÇÃO DA REPRESENTAÇÃO PROCESSUAL

A irregularidade na representação processual acarreta a extinção do processo sem resolução do mérito, por ausência de pressuposto processual de validade da relação jurídica processual (art. 267, IV, do CPC).

Quando o juiz do Trabalho verificar ausência de representação ou defeito desta, deverá conceder prazo razoável (de 5 a 10 dias) para que a parte realize a regularização da representação processual, restando perfeitamente aplicável ao Processo do Trabalho (art. 769 da CLT) o disposto no art. 13 do CPC, *in verbis:*

"Verificando a incapacidade processual ou a irregularidade da representação das partes, o juiz, suspendendo o processo, marcará prazo razoável para ser sanado o defeito. Não sendo cumprido o despacho dentro do prazo, se a providência couber: I — ao autor, o juiz decretará a nulidade do processo; II — ao réu, reputar-se-á revel; III — ao terceiro, será excluído do processo".

Nas audiências trabalhistas, é comum o juiz do Trabalho conceder prazo de 48 horas para a reclamada juntar carta de preposição aos autos ou a procuração, quando o empregador não as apresenta em audiência. Embora a lei não exija que o preposto apresente carta de preposição, a praxe trabalhista consagrou tal obrigatoriedade em razão das consequências que a atuação do preposto em audiência pode acarretar ao empregador.

A jurisprudência não tem admitido, acertadamente, a regularização da representação processual na fase recursal, conforme se constata da redação da Súmula n. 383 do C. TST, *in verbis:*

> "MANDATO. ARTS. 13 E 37 DO CPC. FASE RECURSAL. INAPLICABILIDADE. I — É inadmissível, em instância recursal, o oferecimento tardio de procuração, nos termos do art. 37 do CPC, ainda que mediante protesto por posterior juntada, já que a interposição de recurso não pode ser reputada ato urgente; II — Inadmissível na fase recursal a regularização da representação processual, na forma do art. 13 do CPC, cuja aplicação se restringe ao Juízo de 1º grau".

No mesmo sentido, a seguinte ementa:

> Nulidade — Art. 795 da CLT — Incidência — Preclusão. A parte que pretende ver declarada nulidade da representação processual deve argui-la na primeira oportunidade em que falar nos autos, conforme preconizado no art. 795 da CLT — Deixando de fazê-lo, resta suplantada a matéria pela preclusão — Relação de emprego — Ônus da prova. A CLT considera empregado "toda pessoa física que prestar serviços de natureza não eventual a empregador, sob dependência deste e mediante salário" (art. 3º). Necessário, pois, que tais elementos estejam presentes em um contrato de trabalho que, na definição de Orlando Gomes, é "(...) a convenção pela qual um ou vários empregados, mediante certa remuneração e em caráter não eventual, prestam trabalho pessoal em proveito e sob direção de empregador" (*in* Contrato Individual de Trabalho, Forense, 1994, p. 118). A negativa peremptória de labor em benefício da empresa devolve ao reclamante a incumbência de provar a ocorrência dos requisitos expostos no art. 3º da CLT (art. 818 da CLT c/c art. 333, I, do CPC), ônus do qual não se desincumbiu. Infrutífera a prova operária, não há falar em reconhecimento da relação de emprego. Recurso parcialmente conhecido e desprovido. (TRT 10ª R. — 3ª T. — RO n. 809.2003.017.10.00-0 — Rela. Márcia M. C. Ribeiro — DJDF 28.5.2004 — p. 39) (RDT n. 6 — junho de 2004).

4. DO *JUS POSTULANDI* DA PARTE DA JUSTIÇA DO TRABALHO

Jus postulandi é uma locução latina que indica o direito de falar, em nome das partes, no processo. No Direito Romano, o pretor criou três ordens: a uns era proibido advogar; a outros, só em causa própria; a terceiros, em prol de certas pessoa e para si mesmo (Digesto, 3, 1, 1, 2)[2]

Sob o aspecto processual: o *jus postulandi* é a capacidade de postular em juízo conferida à própria parte na Justiça do Trabalho, nos termos do que dispõe o art. 791, da CLT, *in verbis*:

> "Os empregados e os empregadores poderão reclamar pessoalmente perante a Justiça do Trabalho e acompanhar as suas reclamações até o final.
>
> Sempre foi polêmica a questão do *jus postulandi* da parte na Justiça do Trabalho. Há quem o defenda, argumentando que é uma forma de viabilizar o acesso do trabalhador à Justiça, principalmente aquele que não tem condições de contratar um advogado. Outros defendem sua extinção, argumentando que, diante da complexidade do Direito Material do Trabalho e do Processo do Trabalho, já não é possível a parte postular sem advogado, havendo uma falsa impressão de acesso à justiça deferir à parte a capacidade postulatória.

(2) *In:* MARTINS, Sérgio Pinto. *Direito Processual do Trabalho.* 33 ed. São Paulo: Atlas, 2012, p. 190.

No nosso sentir, com a EC n. 45/04 e a vinda de outras ações para a Justiça do Trabalho que não são oriundas da relação de emprego, não mais se justifica a existência do *jus postulandi*, até mesmo pelo fato da complexidade das relações jurídicas que decorrem da relação de emprego.

A manutenção do art. 791 da CLT, em razão de que em algumas regiões do país não há número suficiente de advogados, o que inviabilizaria o acesso do trabalhador à Justiça, não se justifica, pois o próprio Código de Processo Civil já prevê a solução para tal situação. Com efeito, dispõe o art. 36 do CPC: "A parte será representada em juízo por advogado legalmente habilitado. Ser-lhe-á lícito, no entanto, postular em causa própria, quanto tiver habilitação legal ou, não a tendo, no caso de falta de advogado no lugar ou recusa ou impedimento dos que houver".

Parte significativa da doutrina tem defendido a manutenção do *jus postulandi* da parte na Justiça do Trabalho a fim de facilitar o acesso do trabalhador à justiça.

Nesse sentido a seguinte ementa:

Processo trabalhista — Princípio do *jus postulandi*. No processo do trabalho vigora o *jus postulandi*. Não é obrigatório, portanto, que a parte se faça acompanhar por procurador. É o que se infere da CLT, art. 843: "na audiência de julgamento deverão estar presentes o reclamante e o reclamado, independentemente do comparecimento de seu representante (...)". (grifou-se). (TRT 3ª R. — 6ª T. — RO n. 778/2005.084.03.00-4 — rel. Ricardo Antônio Mohallem — DJ 8.6.2006 — p. 13) (RDT n. 7 — julho de 2006).

Em que pese o respeito que merece o entendimento acima, pensamos que o empregado assistido por advogado tem maiores possibilidades de êxito no processo, assegurando o cumprimento do princípio constitucional do acesso real à Justiça do Trabalho, e também a uma ordem jurídica justa. Não se pode interpretar a lei pelas exceções. Hoje, a parte não estar assistida por advogado na Justiça do Trabalho é exceção. De outro lado, diante da complexidade das matérias que envolvem o cotidiano do Direito do Trabalho e da Justiça do Trabalho, a não assistência por advogado, ao invés de facilitar, acaba dificultando o acesso, tanto do trabalhador como do tomador de serviços, à Justiça.

Nossa experiência prática com o *jus postulandi* na Justiça do Trabalho não nos anima a defendê-lo, pois, quando as duas partes estão sem advogado, dificilmente a audiência não se transforma numa discussão entre reclamante e reclamado por desentendimentos pessoais alheios ao processo e dificilmente se consegue conter os ânimos das partes.

De outro lado, conforme o art. 791 da CLT, o *jus postulandi* na Justiça do Trabalho somente é observado para as ações relativas à relação de emprego e também para a pequena empreitada (art. 652, III, da CLT). Para as demais ações relativas à relação de trabalho, em nosso sentir, o trabalhador necessita de advogado.

Em sentido contrário, posicionou-se a 1ª Jornada de Direito Material e Processual do Trabalho, realizada em novembro de 2007, por meio do Enunciado n. 67, abaixo transcrito:

"*JUS POSTULANDI*. ART. 791 DA CLT. RELAÇÃO DE TRABALHO. POSSIBILIDADE. A faculdade de as partes reclamarem, pessoalmente, seus direitos perante a Justiça do Trabalho e de acompanharem suas reclamações até o final, contida no art. 791 da CLT, deve ser aplicada às lides decorrentes da relação de trabalho".

Atualmente, a questão está disciplinada na Súmula n. 425 do Tribunal Superior do Trabalho que tem a seguinte redação:

"*JUS POSTULANDI* NA JUSTIÇA DO TRABALHO. ALCANCE — Resolução n. 165/2010, DEJT divulgado em 30.4.2010 e 3 e 4.5.2010. O *jus postulandi* das partes, estabelecido no art. 791 da CLT, limita-se às Varas do Trabalho e aos Tribunais Regionais do Trabalho, não alcançando a ação rescisória, a ação cautelar, o mandado de segurança e os recursos de competência do Tribunal Superior do Trabalho".

Doravante, se o trabalhador não tiver condições financeiras de contratar um advogado e o Sindicato de sua categoria não puder atendê-lo, o Estado, por meio de seus órgãos de prestação de assistência judiciária gratuita, deverá prestar assistência jurídica gratuita ao trabalhador para propositura de recursos de revista e embargos junto ao TST, mandados de segurança, ações cautelares e rescisórias.

5. DO ADVOGADO E DA PROCURAÇÃO NO PROCESSO DO TRABALHO

O advogado compõe a categoria dos sujeitos do processo, pois atua na relação jurídica processual, praticando atos de representação da parte, mas não se confunde com esta.

Dispõe o art. 133 da CF:

> "O advogado é indispensável à administração da Justiça, sendo inviolável por seus atos e manifestações no exercício da profissão, nos limites da lei".

No nosso sentir, como é frase já consagrada na Ordem dos Advogados do Brasil, *não se faz justiça sem advogado.* Além de ele ser indispensável à Administração da Justiça, também é indispensável ao acesso real e efetivo do cidadão à Justiça, principalmente na Justiça do Trabalho, onde a cada dia as questões de direito material do trabalho se tornam mais complexas e também o Processo do Trabalho a cada dia se torna mais sofisticado.

De outro lado, o advogado, como primeiro juiz da causa, tem a missão de orientar o cliente e até mesmo avaliar se a demanda deve ser proposta ou não, evitando que a parte possa ingressar com um processo sem qualquer possibilidade de êxito, e também cumpre a ele esclarecer à parte sobre os riscos e benefícios do processo.

No nosso sentir, a parte sem a assistência do advogado na Justiça do Trabalho tem uma falsa ilusão de acesso à Justiça, quando, na verdade, está ingressando num Mundo de regras e prazos rígidos, em que o desconhecimento do processo pode comprometer seriamente o direito de quem postula.

Nesse sentido, destacamos a seguinte ementa:

> Advogado — Atuação imprescindível para a administração da Justiça. O advogado, indispensável à administração da Justiça, é defensor do Estado Democrático de Direito, da cidadania, da moralidade pública, da justiça e da paz social, subordinando a atividade do seu Ministério privado à elevada função pública que exerce, e tem como deveres: preservar, em sua conduta, a honra, a nobreza e a dignidade da profissão, zelando pelo seu caráter de essencialidade e indispensabilidade; atuar com destemor, independência, honestidade, decoro, veracidade, lealdade, dignidade e boa-fé; velar por sua reputação pessoal e profissional (art. 2º e parágrafo único do Código de Ética do Advogado). (TRT — 12ª R. — 3ª T. — Ac. n. 1.264/2002 — Rela. Ione Ramos — DJSC 7.2.2002 — p. 173).

Não obstante, conforme já pacificado pela Jurisprudência, o advogado, na Justiça do Trabalho, é dispensável, diante da redação do art. 791, da CLT, sendo facultativa a sua contratação pela parte, consoante assevera o § 1º do art. 791 da CLT, *in verbis:*

> "Nos dissídios individuais os empregados e os empregadores poderão fazer-se representar por intermédio do sindicato, advogado, solicitador ou provisionado, inscrito na Ordem dos Advogados do Brasil".

Embora o § 1º do art. 791 da CLT faça menção a provisionado, ele equivale, hoje, ao estagiário. O estagiário não pode atuar em juízo sem a presença do advogado e, portanto, não pode representar a parte na Justiça do Trabalho, uma vez que a postulação em juízo é ato privativo do bacharel em Direito regularmente inscrito na Ordem dos Advogados do Brasil (art. 1º, da Lei n. 8.906/1994). O estagiário, que porta a carteira, inscrito na OAB, pode praticar atos processuais acompanhado do advogado e sob responsabilidade deste (art. 3º, § 2º, da Lei n. 8.906/1994). Desacompanhado, o estagiário poderá somente fazer carga do processo (retirá-lo da secretaria) e requerer a juntada de documentos aos autos.

A procuração é o instrumento do mandato. O advogado somente pode postular em juízo se possuir procuração assinada pelo cliente (mandante).

Excepcionalmente, o advogado pode postular em juízo sem procuração a fim de evitar perecimento do direito, comprometendo-se a juntar a procuração no prazo máximo de 15 dias.

Nesse sentido dispõe o art. 37 do CPC, que resta aplicável ao Processo do Trabalho, por força do art. 769, da CLT, *in verbis*:

> "Sem instrumento de mandato, o advogado não será admitido a procurar em juízo. Poderá, todavia, em nome da parte, intentar ação, a fim de evitar decadência ou prescrição, bem como intervir, no processo, para praticar atos reputados urgentes. Nestes casos, o advogado se obrigará, independentemente de caução, a exibir o instrumento de mandato no prazo de 15 (quinze) dias, prorrogável até outros 15 (quinze), por despacho do juiz. Parágrafo único. Os atos, não ratificados no prazo, serão havidos por inexistentes, respondendo o advogado por despesas e perdas e danos".

A procuração passada ao advogado com a cláusula *ad judicia* confere-lhe amplos poderes para postular em juízo, não necessitando de reconhecimento de firma do outorgante. Não obstante, para receber citação inicial, confessar, reconhecer a procedência do pedido, transigir, desistir, renunciar ao direito sobre que se funda a ação, receber, dar quitação e firmar compromisso, os poderes devem estar expressos na procuração.

Dispõe o art. 38 do CPC:

> "A procuração geral para o foro, conferida por instrumento público, ou particular assinado pela parte, habilita o advogado a praticar todos os atos do processo, salvo para receber citação inicial, confessar, reconhecer a procedência do pedido, transigir, desistir, renunciar ao direito sobre que se funda a ação, receber, dar quitação e firmar compromisso".

A Lei n. 11.419/2006, que acrescentou o parágrafo único ao art. 38 do CPC, possibilita a certificação digital da assinatura na procuração. Dispõe o referido dispositivo legal:

> A procuração pode ser assinada digitalmente com base em certificado emitido por Autoridade Certificadora credenciada, na forma da lei específica.

O advogado se compromete a informar, em juízo, eventuais alterações no seu endereço para recebimento de intimações, conforme dispõe o art. 39 do CPC, aplicável ao Processo do Trabalho, por força do art. 769 da CLT:

> "Compete ao advogado, ou à parte quando postular em causa própria: I — declarar, na petição inicial ou na contestação, o endereço em que receberá intimação; II — comunicar ao escrivão do processo qualquer mudança de endereço. Parágrafo único. Se o advogado não cumprir o disposto no § 1º deste artigo, o juiz, antes de determinar a citação do réu, mandará que se *supra* a omissão no prazo de 48 (quarenta e oito) horas, sob pena de indeferi-

mento da petição; se infringir o previsto no § 2º, reputar-se-ão válidas as intimações enviadas, em carta registrada, para o endereço constante dos autos".

Nos termos recente da Súmula n. 427 do Tribunal Superior do Trabalho, havendo pedido expresso de que as intimações e publicações sejam realizadas exclusivamente em nome de determinado advogado, a comunicação em nome de outro profissional constituído nos autos é nula, salvo se constatada a inexistência de prejuízo.

A procuração pode ser substabelecida a outro advogado, ou seja, transferida para que outro advogado possa a atuar no feito. O substabelecimento pode se dar *com reserva de poderes*, continuando o advogado anterior a atuar no processo, ou *sem reservas de poderes*, deixando o advogado anterior de atuar no processo. No aspecto o TST, editou a OJ n. 349, da SDI-I do C. TST, *in verbis*:

"A juntada de nova procuração aos autos, sem ressalva de poderes conferidos ao antigo patrono, implica revogação tácita do mandato anterior".

Nos termos da OJ n. 373, da SDI-I do C. TST, é inválido o instrumento de mandato firmado em nome de pessoa jurídica que não contenha, pelo menos, o nome da entidade outorgante e do signatário da procuração, pois estes dados constituem elementos que os individualizam.

Sobre o subtabelecimento da procuração, o Tribunal Superior do Trabalho uniformizou jurisprudência a respeito, por meio da Súmula n. 395, que segue:

MANDATO E SUBSTABELECIMENTO. CONDIÇÕES DE VALIDADE (conversão das Orientações Jurisprudenciais ns. 108, 312, 313 e 330 da SBDI-1) — Resolução n. 129/2005, DJ 20, 22 e 25.4.2005

I — Válido é o instrumento de mandato com prazo determinado que contém cláusula estabelecendo a prevalência dos poderes para atuar até o final da demanda. (ex-OJ n. 312 da SBDI-1 — DJ 11.8.2003)

II — Diante da existência de previsão, no mandato, fixando termo para sua juntada, o instrumento de mandato só tem validade se anexado ao processo dentro do aludido prazo. (ex-OJ n. 313 da SBDI-1 — DJ 11.8.2003)

III — São válidos os atos praticados pelo substabelecido, ainda que não haja, no mandato, poderes expressos para substabelecer (art. 667, e parágrafos, do Código Civil de 2002). (ex-OJ n. 108 da SBDI-1 — inserida em 1º.10.1997)

IV — Configura-se a irregularidade de representação se o substabelecimento é anterior à outorga passada ao substabelecente. (ex-OJ n. 330 da SBDI-1 — DJ 9.12.2003).

6. DA PROCURAÇÃO *APUD ACTA*

A procuração *apud acta*, também chamada de tácita, é o mandato passado em audiência perante o juiz do Trabalho. Na praxe forense trabalhista, a procuração *apud acta* sempre fora reconhecida em prestígio à celeridade, economia e simplicidade processuais.

Desse modo, na presença do juiz, em audiência, há consignação em ata da procuração passada *apud acta*.

Pensamos, em razão de ser passada perante o juiz do Trabalho, que tal procuração somente poderá conter os poderes inerentes à cláusula *ad judicia*. Os poderes especiais do art. 38 do CPC, para transigir, renunciar etc., devem estar expressos na ata de audiência no ato de nomeação.

Alguns autores distinguem o mandato tácito da procuração *apud acta*, não obstante, pensamos que ambos têm o mesmo significado.

Defendendo a distinção, vale consignar a opinião de Carlos Henrique Bezerra Leite[(3)]:

> "Embora a jurisprudência majoritária não faça distinção entre mandato tácito e mandato *apud acta*, parece factível dizer que o mandato tácito decorre de um conjunto de atos praticados pelo advogado em nome da parte ou da sua simples presença em audiência, embora nos autos não conste o instrumento de mandato. No mandato tácito, o mandatário, isto é, o advogado, estará autorizado apenas a praticar os atos inerentes aos poderes da cláusula *ad judicia* (...). Já o mandato *apud acta* exsurge pela presença do advogado em juízo em nome da parte, desde que o ato de nomeação do patrono da parte seja somente registrado na data correspondente. No mandato *apud acta* também devem ser observadas as restrições do art. 38 do CPC, em função de que os poderes do advogado são apenas os da cláusula *ad judicia*, salvo se houver previsão expressa de outorga de poderes especiais no própria ata de audiência".

O TST, acertadamente, não permite o substabelecimento da procuração tácita, aplicando-se o mesmo raciocínio para procuração *apud acta*, conforme a OJ n. 200, da SDI-I, do C. TST, *in verbis*:

> "Mandato tácito. Substabelecimento inválido".

A CLT, recentemente alterada pela Lei n. 12.437 de julho de 2011, passou a disciplinar o instituto no § 3º do art. 791, *in verbis*:

> "A constituição de procurador com poderes para o foro em geral poderá ser efetivada, mediante simples registro em ata de audiência, a requerimento verbal do advogado interessado, com anuência da parte representada".

Diante da redação do referido dispositivo legal, a procuração *apud acta*, depende de requerimento do advogado em audiência, concordância da parte representada, e registro na ata de audiências, outorgando-se ao advogado os poderes para o foro em geral, sem os poderes especiais para receber citação inicial, confessar, reconhecer a procedência do pedido, transigir, desistir, renunciar ao direito sobre que se funda a ação, receber, dar quitação e firmar compromisso.

7. DA SUBSTITUIÇÃO PROCESSUAL

A substituição processual, também chamada de legitimidade extraordinária ou anômala, consiste na possibilidade de alguém vir a juízo postular em nome próprio direito alheio. Tal instituto não se confunde com a representação processual, pois o substituto age em nome próprio.

Dispõe o art. 6º do CPC:

> "Ninguém poderá pleitear, em nome próprio, direito alheio, salvo quando autorizado por lei".

(3) *Curso de Direito Processual do Trabalho*. 9. ed., 2011, p. 438.

Como nos ensina Amauri Mascaro Nascimento, a substituição processual trata-se de uma transferência da titularidade do direito de ação. Por se tratar de transferência do referido direito, sua pertinência é restrita e extraordinária. Justifica-se para alguns quando há uma correlação de interesses entre substituto e o substituído. Outros entendem, de modo mais amplo, desnecessária a correlação. A substituição seria, nesse caso, mera opção legislativa. Basta que a lei permita e poderá ocorrer.

No nosso sentir, diante da falta de exigência legal, basta que a lei autorize, para que o substituto processual possa atuar em juízo, independentemente de qualquer relação jurídica de direito material entre substituído e substituto.

O Direito Processual Civil brasileiro somente permite a substituição processual legal, sendo inválida cláusula contratual que obrigue o substituto a agir.

O substituto, defendendo direito alheio, poderá praticar todos os atos processuais (postular, responder, recorrer, executar a decisão), exceto transigir, renunciar e reconhecer juridicamente o pedido, pois o direito não lhe pertence. De outro lado, havendo anuência do substituído, o substituto poderá renunciar ou transigir.

A legitimidade do substituído é concorrente (pois o direito lhe pertence), podendo integrar a lide na qualidade de assistente litisconsorcial.

O referido instituto não se confunde com representação processual, pois o representante defende em nome alheio direito alheio, vale dizer: age como verdadeiro mandatário da parte. Já o substituto defende em nome próprio direito alheio.

7.1 A substituição processual pelo sindicato no Direito Processual do Trabalho

Dispõe o art. 8º, III, da CF:

> "Ao sindicato cabe a defesa dos direitos e interesses coletivos ou individuais da categoria, inclusive em questões judiciais ou administrativas".

Durante muito tempo, a jurisprudência, principalmente, do Tribunal Superior, foi refratária ao admitir que o referido dispositivo constitucional consagrava a substituição processual pelo Sindicato, argumentando que o Sindicato somente poderia substituir processualmente os membros da categoria mediante autorização de lei infraconstitucional.

Nesse sentido, dispunha a Súmula n. 310 do C. TST, hoje cancelada, *in verbis*:

> "SUBSTITUIÇÃO PROCESSUAL. SINDICATO. CANCELADA — Resolução n. 119/2003, DJ 1.10.2003 — I — O art. 8º, inciso III, da Constituição da República não assegura a substituição processual pelo sindicato; II — A substituição processual autorizada ao sindicato pelas Leis ns. 6.708, de 30.10.1979, e 7.238, de 29.10.1984, limitada aos associados, restringe-se às demandas que visem aos reajustes salariais previstos em lei, ajuizadas até 3.7.1989, data em que entrou em vigor a Lei n. 7.788; III — A Lei n. 7.788/1989, em seu art. 8º, assegurou, durante sua vigência, a legitimidade do sindicato como substituto processual da categoria; IV — A substituição processual autorizada pela Lei n. 8.073, de 30.7.1990, ao sindicato alcança todos os integrantes da categoria e é restrita às demandas que visem à satisfação de reajustes salariais específicos resultantes de disposição prevista em lei de política salarial; V — Em qualquer ação proposta pelo sindicato como substituto processual, todos os substituídos serão individualizados na petição inicial e, para o início da execução, devidamente identificados pelo número da Carteira de Trabalho e Previdência Social ou de qualquer documento de identidade; VI — É lícito aos substituídos integrar a lide como assistente litisconsorcial, acordar, transigir e renunciar, independentemente de autorização ou anuência do substituto; VII — Na liquidação da sentença exequenda, promovida pelo substituto, serão individualizados os valores devidos a cada substituído, cujos depósitos para quitação serão levantados através

de guias expedidas em seu nome ou de procurador com poderes especiais para esse fim, inclusive nas ações de cumprimento; VIII — Quando o sindicato for o autor da ação na condição de substituto processual, não serão devidos honorários advocatícios.

Posteriormente, em razão de vários pronunciamentos do Supremo Tribunal em sentido contrário, e também da posição majoritária da doutrina, o Tribunal Superior do Trabalho acabou por cancelar a referida Súmula n. 310, sendo o entendimento atual da jurisprudência trabalhista no sentido de que o inciso III, do art. 8º, da CF consagrou a substituição processual pelo Sindicato de forma ampla no Processo do Trabalho".

Nesse sentido, destacamos a seguinte ementa:

CONSTITUCIONAL. SUBSTITUIÇÃO PROCESSUAL. SINDICATO. ART. 8º, III, DA CF/88. PRECEDENTE DO PLENÁRIO. ACÓRDÃO NÃO PUBLICADO. ALTERAÇÃO NA COMPOSIÇÃO DO STF. ORIENTAÇÃO MANTIDA PELA CORTE.

I — O Plenário do Supremo Tribunal Federal deu interpretação ao art. 8º, III, da Constituição, e decidiu que os sindicatos têm legitimidade processual para atuar na defesa de todos e quaisquer direitos subjetivos individuais e coletivos dos integrantes da categoria por ele representada.

II — A falta de publicação do precedente mencionado não impede o julgamento imediato de causas que versem sobre a mesma controvérsia, em especial quando o entendimento adotado é confirmado por decisões posteriores. — A nova composição do Tribunal não ensejou a mudança da orientação seguida. — Agravo improvido. AgR no RECXTRA n. 189.264-1 DF — STF — Ricardo Lewandowski — ministro relator. DJU de 23.2.2007 — (DT — Abril/2007 — vol. 153, p. 256).

Desse modo, de acordo com a atual posição do STF, pensamos que o art. 8º, III, consagrou a substituição processual dos membros da categoria (associados e não associados) para os direitos individuais homogêneos dos substituídos, vale dizer: os que têm origem comum, pois se originam do mesmo fato, cujos titulares são determinados e o interesse é divisível.

O art. 81, da Lei n. 8.078/1990, que é aplicável ao Processo do Trabalho (art. 769 da CLT), define, por meio de interpretação autêntica, os interesses individuais homogêneos. Com efeito, aduz o referido dispositivo legal:

"A defesa dos interesses e direitos dos consumidores e das vítimas poderá ser exercida em juízo individualmente, ou a título coletivo.

Parágrafo único. A defesa coletiva será exercida quando se tratar de:

(...) III — interesses individuais homogêneos, assim entendidos os decorrentes de origem comum".

Como exemplos de interesses ou direitos individuais homogêneos na esfera trabalhista, objeto de defesa pelo Sindicato por meio da substituição processual, temos pedidos de pagamento de adicionais de periculosidade e insalubridade a trabalhadores de uma empresa, pagamento de horas extras etc.

Para a defesa dos interesses coletivos e difusos, a doutrina tem-se posicionado no sentido de ser autônoma a legitimação do sindicato por força do inciso III do art. 8º, da CF, vale dizer: atuar o Sindicato como representante legal da categoria, cujo mandato é dado pela lei (*ad liten*). Nesse sentido, destacamos as seguintes ementas:

Substituição processual — Amplitude — Legitimação sindical. A teor da Carta Magna de 1988 (art. 8º, III) é ampla a prerrogativa de substituição processual pelo sindicato, abrangendo, subjetivamente, os integrantes da categoria, e, objetivamente, seus direitos individuais homogêneos, a par dos direitos coletivos da comunidade de trabalhadores. A interpretação restritiva da Súmula n. 310/TST foi cancelada pelo Tribunal

Superior do Trabalho. (TRT 3ª R. — 1ª T. — RO na defesa n. 503/2005.061.03.00-1 — rel. Mauricio J. Godinho Delgado — DJMG 3.2.2006 — p. 3) (RDT 03 — março de 2006).

Substituição processual — Sindicato. A substituição processual assegurada ao sindicato abrange não só a defesa dos interesses coletivos da categoria, como também os interesses individuais homogêneos dos trabalhadores que a integram, considerados como direitos subjetivos, cujos titulares são determinados ou determináveis. Este instituto representa considerável avanço na solução judicial das lesões de massa, ao permitir o exame da violação que atinge várias pessoas em um único processo e tem como fundamento três princípios: 1) facilitação do acesso à Justiça; 2) harmonização das decisões judiciais; 3) economia dos atos processuais. O ajuizamento de várias ações de cumprimento pelo sindicato, como substituto processual, com identidade de partes, pedido e causa de pedir mediante indicação de um número muito reduzido de substituídos, contraria todos os princípios acima. A conduta importará elevação excessiva no número de casos a ser apreciados, além de conduzir a decisões conflitantes. Considera-se, por isso, que o ajuizamento da ação nessas condições não consubstancia substituição processual, mas apenas ação plúrima, de molde a exigir procuração firmada pelos titulares. Ausente esse documento, o processo há de ser extinto, sem julgamento do mérito, nos termos do art. 267, IV, do CPC. (TRT 3ª R. — 6ª T. — RO n. 863/2005.034.03.00-0 — rel. Rodrigo Ribeiro Bueno — DJMG 2.2.2006 — p. 13) (RDT 03 — março de 2006).

Pensamos que a intenção do inciso III do art. 8º da CF foi de, efetivamente, conferir ao Sindicato a possibilidade de atuar de forma ampla na qualidade de substituto processual dos direitos individuais homogêneos da categoria, visando a: conferir máxima efetividade ao dispositivo constitucional; facilitar o acesso à Justiça do Trabalho dos trabalhadores; evitar a proliferação de ações individuais sobre a mesma matéria; impedir que o empregado sofra retaliações do empregador ao ingressar com uma ação individual durante a vigência do contrato de trabalho; promover a efetividade dos direitos sociais previstos na Constituição Federal e resguardar a dignidade da pessoa humana do trabalhador e os valores sociais do trabalho.

Ao contrário do que entendem alguns, acreditamos que o Sindicato não possa substituir processualmente um único trabalhador, pois é missão institucional e constitucional do Sindicato defender os interesses individuais e coletivos da categoria (art. 8º, III, da CF) e não um único trabalhador. Para tal desiderato, existe o instituto da representação processual (art. 791, § 1º, da CLT) e também a prestação da assistência judiciária pelo Sindicato.

Proposta a Ação para a defesa de interesses individuais homogêneos, o Sindicato deve publicar Editais e dar ciência a todos os membros da categoria para que, se quiserem, possam intervir no feito, ou requererem a suspensão de suas ações individuais sobre a mesma matéria para aguardar o desfecho da ação coletiva, nos termos do art. 94, da Lei n. 8.078/1990, *in verbis*:

> "Proposta a ação, será publicado edital no órgão oficial, a fim de que os interessados possam intervir no processo como litisconsortes, sem prejuízo de ampla divulgação pelos meios de comunicação social por parte dos órgãos de defesa do consumidor".

7.2 Do rol de substituídos

Dispunha o inciso V da Súmula n. 310, V, do C. TST, hoje revogado:

> "Em qualquer ação proposta pelo sindicato como substituto processual, todos os substituídos serão individualizados na petição inicial e, para o início da execução, devidamente identificados pelo número da Carteira de Trabalho e Previdência Social ou de qualquer documento de identidade".

Atualmente, a jurisprudência não vem exigindo o rol de substituídos juntado à inicial quando o Sindicato atua como substituto processual dos trabalhadores da categoria, em razão da autorização constitucional para a defesa de direitos individuais homogêneos. Além disso, não há efetividade em se exigir a individualização dos substituídos na inicial, pois tal acontecerá na liquidação e futura execução. De outro lado, a finalidade da substituição processual é a obtenção de sentença genérica, não obstando o direito individual de ação do substituído.

Nesse sentido o Enunciado n. 77, da 1ª Jornada de Direito Material e Processual do Trabalho:

> "AÇÃO CIVIL PÚBLICA. INTERESSES INDIVIDUAIS HOMOGÊNEOS. LEGITIMAÇÃO DOS SINDICATOS. DESNECESSIDADE DE APRESENTAÇÃO DE ROL DOS SUBSTITUÍDOS.
>
> I — Os sindicatos, nos termos do art. 8º, III, da CF, possuem legitimidade extraordinária para a defesa dos direitos e interesses — individuais e metaindividuais — da categoria respectiva em sede de ação civil pública ou outra ação coletiva, sendo desnecessária a autorização e indicação nominal dos substituídos.
>
> II — Cabe aos sindicatos a defesa dos interesses e direitos metaindividuais (difusos, coletivos e individuais homogêneos) da categoria, tanto judicialmente quanto extrajudicialmente.
>
> III — Na ausência de sindicato, é da federação respectiva a legitimidade extraordinária para a defesa dos direitos e interesses da categoria e, na falta de ambos, da confederação.
>
> IV — O art. 16 da Lei da ação civil pública contraria toda a filosofia e sistemática das ações coletivas. A decisão proferida nas ações coletivas deve ter alcance, abrangência e eficácia em toda área geográfica afetada, seja em todo o território nacional (âmbito nacional) ou em apenas parte dele (âmbito suprarregional), conforme a extensão do ato ilícito e/ou do dano causado ou a ser reparado".

7.3 *Liquidação e execução da decisão genérica*

A sentença proferida na ação em que se postula a defesa de interesses individuais homogêneos é genérica, conforme dispõe o art. 95, da Lei n. 8.078/1990, *in verbis:*

> Em caso de procedência do pedido, a condenação será genérica, fixando a responsabilidade do réu pelos danos causados.

Cumpre destacar, entretanto, que a generalidade da sentença se dá quanto ao valor (*quantum debeatur*) e quanto aos titulares individuais do direito, mas quanto à obrigação de indenizar ela é certa (*an debeatur*).

Nos termos do art. 97, da Lei n. 8.078/1990, a liquidação e a execução de sentença poderão ser promovidas pela vítima e seus sucessores, assim como pelos legitimados de que trata o art. 82.

Conforme o citado art. 97, a liquidação e execução para os direitos individuais homogêneo, pode ser coletiva ou individual. Se fora coletiva, os legitimados a propor a ação de conhecimento (art. 82, da Lei n. 8.078/1990), poderão liquidar a decisão e executá-la, na qualidade de substitutos processuais.

Para muitos autores, a liquidação da ação coletiva para a defesa de interesses individuais homogênos deve ser realizada, necessariamente, por artigos, pois há necessidade de se alegar e provar fato novo. Nesse sentido determinava o art. 97, parágrafo único da Lei n. 8.078/1990 que foi vetado pelo Presidente da República.

De nossa parte, a liquidação para os interesses individuais homogêneos pode ser realizada por cálculos, artigos ou arbitramento, devendo o juiz condutor da liquidação optar pelo meio mais eficaz no caso concreto ou até mesmo utilizar mais de uma modalidade de liquidação.

Aplicáveis, também, na hipótese, os sistemas da Constituição Federal, da Lei de Ação Civil Pública e, principalmente, do Código de Defesa do Consumidor, conforme o Enunciado n. 8, da Jornada Nacional de Execução Trabalhista, *in verbis*:

> *AÇÕES COLETIVAS. LIQUIDAÇÃO DE SENTENÇA. Na liquidação de sentença nas ações coletivas para tutela de interesses individuais homogêneos (substituição processual), aplica-se o microssistema do processo coletivo brasileiro (Constituição Federal arts. 8º, 129, III, § 1º; Lei n. 7.347/1985 e Lei n. 8.078/1990).*

Como na decisão os substituídos não são nominados, eles devem ser individualizados na liquidação e na subsequente execução.

Embora a Súmula n. 310 tenha sido cancelada, pensamos que, na liquidação, deva ser aplicado o entendimento vazado no seu inciso VII, que assim dispõe: "Na liquidação da sentença exequenda, promovida pelo substituto, serão individualizados os valores devidos a cada substituído, cujos depósitos para quitação serão levantados através de guias expedidas em seu nome ou de procurador com poderes especiais para esse fim, inclusive nas ações de cumprimento."

Sendo assim, transitada em julgado a decisão, o juiz do Trabalho deverá conceder um prazo razoável para que todos os substituídos sejam individualizados e especificados os créditos de cada um na liquidação. Os que não se habilitarem não perderão o direito, apenas não poderão executar o crédito no processo em questão.

8 DO LITISCONSÓRCIO NO PROCESSO DO TRABALHO

O litisconsórcio consiste na autorização legal para que mais de uma pessoa figure no polo ativo, no polo passivo ou em ambos os polos da relação jurídica processual. Desse modo, teremos nos polos ativo, passivo, ou nos dois, mais de um autor ou mais de um réu.

No processo civil, vigora o princípio da singularidade das partes, vale dizer: somente podem postular em juízo um autor e um réu. Somente quando a lei autorizar, mais de uma parte poderá litigar nos polos ativo, passivo ou em ambos.

Segundo a doutrina, o litisconsórcio subdivide-se:

a) *quanto à formação:*

1. Inicial: quando ele está formado já na propositura da ação;

2. Ulterior: forma-se quando já instaurado processo. Por exemplo, quando há intervenção de terceiros espontânea ou provocada.

b) *quanto à obrigatoriedade:*

1. Facultativo: quando a formação do litisconsórcio se dá por opção das partes. O litisconsórcio facultativo está disciplinado no art. 46 do CPC, *in verbis:*

> "Duas ou mais pessoas podem litigar, no mesmo processo, em conjunto, ativa ou passivamente, quando: I — entre elas houver comunhão de direitos ou de obrigações relativamente à lide; II — os direitos ou as obrigações derivarem do mesmo fundamento de fato ou de direito; III — entre as causas houver conexão pelo objeto ou pela causa de pedir; IV — ocorrer afinidade de questões por um ponto comum de fato ou de direito".

2. Necessário: quando a lei exige a presença de mais de um litigante no processo, compondo os polos ativo, passivo ou ambos, como condição de validade do processo.

c) *quanto aos polos:*

1. Ativo: mais de um litigante no polo ativo;

2. Passivo: mais de um litigante no polo passivo;

3. Misto: mais de um litigante nos dois polos do processo.

d) *quanto aos efeitos:*

1. Simples: a decisão pode ser diferente para ambos os litisconsortes;

2. Unitário: decisão uniforme para ambos os litisconsortes.

Sendo assim, o autor pode formular pedidos em face de dois ou mais réus, pedindo ao juiz que se não for possível condenar o primeiro que condene o segundo e assim sucessivamente.

Dispõe o art. 48 do CPC:

> "Salvo disposição em contrário, os litisconsortes serão considerados, em suas relações com a parte adversa, como litigantes distintos; os atos e as omissões de um não prejudicarão nem beneficiarão os outros".

Conforme o referido dispositivo legal, os litisconsortes são tratados como litigantes distintos em relação à parte contrária, entretanto, os atos de um litisconsorte podem beneficiar o outro, caso a matéria seja comum. Por exemplo, no caso de revelia de um litisconsorte, se o outro litisconsorte contestar a lide, sendo comum a matéria, não se aplicarão, em face do litisconsorte ausente, os efeitos da revelia (art. 320, I, do CPC). O mesmo se dá em face do recurso interposto por um dos litisconsortes quando a matéria for comum (art. 509 do CPC). Entretanto, as omissões de um dos litisconsortes não prejudicam os demais.

Conforme o art. 49 do CPC, cada litisconsorte tem o direito de promover o andamento do processo e todos devem ser intimados dos respectivos atos.

A Consolidação das Leis do Trabalho tem um único artigo que trata do tema, que é o art. 842, *in verbis:*

> "Sendo várias as reclamações e havendo identidade de matéria, poderão ser acumuladas num só processo, se se tratar de empregados da mesma empresa ou estabelecimento".

Dispõe o referido dispositivo sobre o litisconsórcio ativo facultativo, pois a opção pelo litisconsórcio é faculdade dos trabalhadores.

Em razão de o Processo do Trabalho, como regra, apresentar vários pedidos decorrentes de um mesmo contrato de trabalho, pensamos que o litisconsórcio ativo somente possa ser admitido quando houver identidade de matérias (causa de pedir) e identidade de pedidos. Caso contrário, haverá o comprometimento da rápida solução do processo e dificuldade na produção da prova.

Caso vários trabalhadores postulem direitos diferentes, ainda que em face do mesmo reclamado, pensamos que deva o juiz do Trabalho determinar o desmembramento da reclamação, pois a instrução de pedidos diversos no mesmo processo comprometerá a rápida solução da lide.

Por força do permissivo do art. 769 da CLT, aplicam-se ao Processo do Trabalho as disposições do litisconsórcio previstas no Código de Processo Civil.

Dispõe o art. 47 do CPC:

"Há litisconsórcio necessário, quando, por disposição de lei ou pela natureza da relação jurídica, o juiz tiver de decidir a lide de modo uniforme para todas as partes; caso em que a eficácia da sentença dependerá da citação de todos os litisconsortes no processo. Parágrafo único. O juiz ordenará ao autor que promova a citação de todos os litisconsortes necessários, dentro do prazo que assinar, sob pena de declarar extinto o processo".

O litisconsórcio necessário justifica-se quando a lei exige, ou em razão da natureza da relação jurídica, ou dos efeitos da decisão que possa ter efeitos na esfera jurídica de terceiros, que eles figurem ou no polo ativo ou no polo passivo do processo.

No Processo do Trabalho, não é frequente a exigência do litisconsórcio necessário. Como exemplo, podemos citar a Ação Anulatória de Normas Convencionais, em que devem figurar como litisconsortes necessários os sindicatos que firmaram o instrumento normativo coletivo; no mandado de segurança, deve figurar como litisconsorte necessário a parte a quem a concessão da ordem de segurança pode prejudicar.

Discute-se na doutrina como resolver o impasse se a lei exigir que mais de um litigante figure no polo ativo da relação jurídica processual como condição de validade do processo, uma vez que ninguém pode ser obrigado a litigar contra sua vontade. Nesta hipótese, têm entendido a doutrina e a jurisprudência que basta que o litisconsorte necessário, que deve figurar no polo ativo, seja citado para participar do processo, para que o requisito da lei esteja suprido.

Dispõe o art. 47 do CPC que a decisão do litisconsórcio necessário deve ser unitária para ambos os litisconsortes. Portanto, a decisão deve ser única para todos os litisconsortes. Não obstante, em algumas hipóteses de litisconsórcio necessário, a decisão pode ser diversa para ambos os litisconsortes (ação de usucapião em que devem ser citados todos os vizinhos), ou seja, não será uniforme), vale dizer: litisconsórcio simples.

A jurisprudência tem sido rígida quanto à necessidade de intervenção do litisconsorte passivo necessário no Processo do Trabalho, conforme se constata pela redação das seguintes ementas:

Ação rescisória — Litisconsórcio passivo necessário — Citação por edital. Tratando-se de litisconsorte passivo necessário, a negligência processual da parte quanto ao atendimento dos requisitos da citação por edital, consagrados no art. 232 do CPC, impede o regular fluxo do procedimento, tornando impositiva a extinção *in totum* do processo, sem exame do mérito, por aplicação dos arts. 47, parágrafo único, e 267, IV, ambos do CPC. (TRT 10ª R. — TP — Ag n. 865/1996.000.10.40-7 — rel. Douglas A. Rodrigues — DJDF 15.8.2003 — p. 2) (RDT n. 9 — Setembro de 2003).

Litisconsórcio passivo necessário. Deve ser mantida a decisão de primeiro grau que julgou extinto o processo sem o julgamento do mérito, porquanto a autora não providenciou a integração à lide da litisconsorte passiva necessária, por ela indicada na própria petição inicial, inclusive com requerimento expresso para que a mesma fosse citada. Não se deve olvidar que a causa deve ser processada e decidida levando-se em consideração os termos em que é proposta. Recurso conhecido e não provido. As partes apeladas são da lavra da Exma. juíza-relatora". (TRT 10ª R. — 2ª T. — AP n. 1.355/1997.019.10.00-8 — Rela. Heloísa P Marques — DJDF 1º.8.2003 — p. 22) (RDT n. 9 — Setembro de 2003).

O litisconsórcio multitudinário *(expressão de Cândido Rangel Dinamarco)* configura-se quando o excessivo número de litigantes no litisconsórcio ativo facultativo pode comprometer a rápida tramitação do processo e provocar tumultos no bom andamento da relação processual.

Nesse sentido, dispõe o parágrafo único do art. 46 do CPC:

O juiz poderá limitar o litisconsórcio facultativo quanto ao número de litigantes, quando este comprometer a rápida solução do litígio ou dificultar a defesa. O pedido de limitação interrompe o prazo para resposta, que recomeça da intimação da decisão. (Acrescido pela Lei n. 8.952/1994)

Nesse sentido, destacamos as seguintes ementas:

Litisconsórcio — Formação. O art. 842 da CLT faculta aos empregados a acumulação de ações contra o mesmo empregador desde que com o mesmo objeto. É verdade que o juiz pode limitar o litisconsórcio facultativo quanto ao número de litigantes, quando este comprometer a rápida solução do litígio ou dificultar a defesa (art. 46, parágrafo único, do CPC). Contudo, se o juiz entender inviável a formação do litisconsórcio, não pode declarar a extinção do processo, posto que este provimento não se harmoniza com os preceitos legais que regem a espécie, com virtual ofensa à norma prevista no art. 5º, inciso XXXV, da Constituição Federal. Recurso provido parcialmente, para determinar o desmembramento da reclamatória plúrima em ações individuais. (TRT 12ª R. — 2ª T. — RO n. 778/2003.015.10.00-4 — rel. José Ribamar O. Lima Júnior — DJDF 14.11.2003 — p. 6) (RDT n. 1 — Janeiro de 2004).

LITISCONSÓRCIO ATIVO. DESMEMBRAMENTO. EXTINÇÃO SEM RESOLUÇÃO DE MÉRITO. RECURSO ORDINÁRIO. CABIMENTO. 2. DECISÃO QUE DETERMINA DESMEMBRAMENTO. FACULDADE DO JUIZ. PARÁGRAFO ÚNICO DO ART. 46 DO CPC. 1. A decisão que extingue o feito em relação a todos os demais reclamantes, exceção daquele que "encabeça", não é interlocutória, pois põe fim à pretensão daqueles outros à obtenção do bem da vida que pretendem seja tutelado. Dá-se provimento ao Agravo de Instrumento, para o efeito de dar prosseguimento ao conhecimento do recurso ordinário. 2. O desmembramento é faculdade do juiz, nos termos do parágrafo único do art. 46 do Código de Processo Civil, o qual analisa as características e peculiaridades da ação, assim sendo contratos com prazos de vigências diversos, valores diversos dos benefícios percebidos, e via de consequência, tornaria complexa a liquidação. Apelo improvido. (TRT/SP — 02270200907302013 — AIRO — Ac. 1ª T. — 20100427086 — rel. Celso Ricardo Peel Furtado de Oliveira — DOE 10.6.2010)

Dispõe o art. 191 do CPC:

Quando os litisconsortes tiverem diferentes procuradores, ser-lhes-ão contados em dobro os prazos para contestar, para recorrer e, de modo geral, para falar nos autos.

A jurisprudência, no nosso sentir acertadamente, firmou entendimento de não ser aplicável o disposto no art. 191 do CPC ao Processo do Trabalho em razão dos princípios da celeridade e simplicidade que norteiam o Processo do Trabalho. Nesse sentido, destacamos a OJ n. 310, da SDI-I, do C. TST, *in verbis:*

Litisconsortes. Procuradores distintos. Prazo em dobro. Art. 191 do CPC. Inaplicável ao Processo do Trabalho. A regra contida no art. 191 do CPC é inaplicável ao Processo do Trabalho, em face da sua incompatibilidade com o princípio da celeridade inerente ao Processo do Trabalho.

No mesmo sentido, a seguinte ementa:

Agravo de instrumento — Recurso — Litisconsortes passivos — Procuradores distintos — Prazo em dobro — Inaplicabilidade do art. 191 do CPC. 1. Hipótese em que a segunda reclamada interpõe embargos sustentando a tempestividade do recurso de revista, por entender que dispunha, à luz do art. 191 do CPC, de prazo em dobro para recorrer, uma vez que conta com procurador diverso do procurador de sua litisconsorte. 2. O Direito Processual Comum apenas poderá ser aplicado subsidiariamente ao Processo do Trabalho naquilo em que estiver em perfeita consonância com as normas e princípios processuais trabalhistas. Assim, inaplicável ao Processo do Trabalho a regra que consagra o prazo em dobro para recorrer aos litisconsortes com procuradores distintos, dada sua incompatibilidade com o princípio da celeridade que norteia todo o Processo do Trabalho. 3. Se o legislador pretendesse conferir tratamento diferenciado aos litisconsortes com procuradores diferentes em relação aos prazos recursais, tê-lo-ia feito de forma expressa, tal qual a disposição que confere o prazo em dobro aos entes da Administração Pública direta, autárquica e fundacional (art. 1º, inciso III, do Decreto-lei n. 779/69) (TST; ERR n. 589.260/ 99; Ac. SDI-1; rel. min. João Oreste Dalazen; in DJ 9.5.2003). Agravo de Instrumento conhecido e desprovido. (TST — 3ª T. — AIRR n. 26.292/2002.900.04.00-2 — rel. Alberto Luiz B. de F Pereira — DJ 22.8.2003 — p. 533) (RDT n. 9 — Setembro de 2003).

9 DA ASSISTÊNCIA JUDICIÁRIA E JUSTIÇA GRATUITA NO PROCESSO DO TRABALHO

O art. 5º, XXXV, da CF consagra o chamado princípio da inafastabilidade da jurisdição ou do acesso à Justiça.

Diz o art. 5º, LXXIV, da CF que o Estado prestará assistência judiciária gratuita aos que comprovarem insuficiência de recursos.

A doutrina costuma diferenciar a *assistência judiciária gratuita* da *Justiça gratuita*. Segundo a doutrina, a assistência judiciária é gênero do qual a justiça gratuita é espécie.

A Assistência Judiciária Gratuita é o direito da parte de ter um advogado do Estado gratuitamente, bem como estar isenta de todas as despesas e taxas processuais.

A Justiça gratuita é o direito à gratuidade de taxas judiciárias, custas, emolumentos, honorários de perito, despesas com editais etc. Não terá a parte direito a advogado do Estado, mas não pagará as despesas do processo.

Nos termos do art. 3º, da Lei n. 1.060/1950, a assistência judiciária compreende as taxas judiciárias, os emolumentos, despesas com publicações, transporte de testemunhas, honorários de advogado e peritos.

No Processo do Trabalho, a Assistência Judiciária Gratuita está disciplinada no art. 14, § 1º, da Lei n. 5.584/1970, que assim dispõe:

> "Na Justiça do Trabalho, a assistência judiciária a que se refere a Lei n. 1.060, de 5 de fevereiro de 1950, será prestada pelo sindicato da categoria profissional a que pertencer o trabalhador. § 1º — A assistência é devida a todo aquele que perceber salário igual ou inferior ao dobro do mínimo legal, ficando assegurado igual benefício ao trabalhador de maior salário, uma vez provado que sua situação econômica não lhe permite demandar, sem prejuízo do sustento próprio ou da família".

Desse modo, desde que preenchidos os requisitos do referido dispositivo, quais sejam: declaração de miserabilidade, ou percepção de salário não superior a dois mínimos, a assistência judiciária será prestada pelo Sindicato da categoria, sendo o empregado associado ou não.

Para fazer jus à Justiça gratuita, o empregado deve receber salário não superior a dois mínimos ou fazer declaração de seu estado de miserabilidade, de próprio punho ou por seu advogado.

Nesse sentido é o art. 1º, da Lei n. 7.115/83:

> "A declaração destinada a fazer prova de vida, residência, pobreza, dependência econômica, homonímia ou bons antecedentes, quando firmada pelo próprio interessado ou por procurador bastante e sob as penas da lei, presume-se verdadeira".

No mesmo sentido a OJ n. 331, da SDI-I, do C. TST:

> "Desnecessária a outorga de poderes especiais ao patrono da causa para firmar declaração de insuficiência econômica, destinada à concessão dos benefícios da Justiça Gratuita".

A CLT, no art. 790, § 3º, possibilita ao juiz do Trabalho conceder o benefício ao empregado que receba salário não superior a dois mínimos. Dispõe o referido dispositivo legal:

> "É facultado aos juízes, órgãos julgadores e presidentes dos tribunais do trabalho de qualquer instância conceder, a requerimento ou de ofício, o benefício da Justiça gratuita, inclusive quanto a traslados e instrumentos, àqueles que perceberem salário igual ou inferior ao dobro do mínimo legal, ou declararem, sob as penas da lei, que não estão em condições de pagar as custas do processo sem prejuízo do sustento próprio ou de sua família".

O benefício da justiça gratuita deve ser requerido, como regra, na inicial ou na defesa, pois o requerimento está sujeito à impugnação pela parte contrária. Entretanto, a jurisprudência majoritária posicionou-se no sentido de que o requerimento pode ser formulado em qualquer fase do processo, pois a ruína financeira da parte pode ocorrer a qualquer momento. Nesse sentido é a OJ n. 269, da SDI-I, do TST, *in verbis*:

Justiça gratuita. Requerimento de isenção de despesas processuais. Momento oportuno. (Inserida em 27.9.2002) O benefício da justiça gratuita pode ser requerido em qualquer tempo ou grau de jurisdição, desde que, na fase recursal, seja o requerimento formulado no prazo alusivo ao recurso.

9.1 Do deferimento da justiça gratuita ao empregador

A Constituição Federal não restringe, para efeitos de concessão da assistência judiciária gratuita, os polos em que as partes se encontram no Processo, seja ativo ou passivo. Por isso, pensamos ser inconstitucional não se deferir à parte que figura no polo passivo de reclamação trabalhista os benefícios da Justiça Gratuita quando presentes os pressupostos legais. Além disso, na prática, temos observado que, muitas vezes, o reclamado está em pior situação econômica que o reclamante.

Não obstante, a jurisprudência trabalhista, inclusive do TST, firmou-se no sentido de não ser devida a assistência judiciária gratuita ao empregador diante da disposição do art. 14 da Lei n. 5.584/1970, que diz ser devida a assistência judiciária gratuita apenas ao trabalhador que ganhe até dois salários mínimos ou comprove seu estado de miserabilidade.

No aspecto, relevante destacar as seguintes ementas:

Benefício da Justiça gratuita ao empregador — Impossibilidade — Deserção. Pela disposição literal do parágrafo único do art. 2º da Lei n. 1.060/1950 (Considera-se necessitado, para os fins legais, todo aquele cuja situação econômica não lhe permita pagar as custas do processo e os honorários de advogados, sem prejuízo do sustento próprio ou da família — grifei), não é possível concluir que as pessoas jurídicas sejam beneficiárias da gratuidade dos serviços judiciários. A referência ao próprio sustento ou da família não legitima interpretação ampliativa como pretende a recorrente, porque é extreme de dúvida que a garantia constitucional é restrita à pessoa natural ou física. O princípio da igualdade não socorre o inconformismo da parte, porque a norma constitucional do art. 5º, *caput* e LXXIV cogita da igualdade substancial, e não à mera igualdade formal. Por outro lado, não há óbice ao exercício do direito constitucional de ação ou qualquer afronta ao princípio de acesso à justiça; foi respeitado o princípio do devido processo legal dentro dos parâmetros estabelecidos pelo legislador que estabeleceu os limites, pressupostos e requisitos para seu exercício, frente à instrumentalidade do processo. Assim, as eventuais dificuldades financeiras da pessoa jurídica não a dispensam da realização do depósito recursal. Nesse sentido, importa reconhecer que o art. 5º, inciso LV, da Constituição Federal, ao assegurar às partes o direito à ampla defesa e à utilização dos recursos a ela inerentes, não pode ser interpretado de forma literal, já que o termo recursos engloba, no caso, toda a atividade processual, reunindo o direito à produção de provas e o regular exercício do contraditório, sendo certo que a definição de quais meios serão utilizados para o exercício da ampla defesa são determinados, em cada caso, pela legislação infraconstitucional. Destarte, ausentes pressupostos objetivos de admissibilidade do recurso, tendo em vista que a agravante não recolheu o depósito recursal. Recurso conhecido e não provido. (TRT — 15ª R. — 5ª T. — AIRO n. 1.194/2005.136.15.01-2 — rel. José Antônio Pancotti — DJ 6.10.2006 — p. 46) (RDT n. 11 — novembro de 2006).

Justiça gratuita — Concessão do benefício ao empregador. Na Justiça do Trabalho, o benefício da justiça gratuita deve ser concedido somente ao empregado, por expressa disposição legal (art. 790, § 3º, CLT c/c art. 14, § 1º, Lei n. 5.584/1970), pois é ele quem recebe salários. Ao empregador somente será deferido em se tratando de microempresa onde o patrimônio pessoal se confunde com aquele da pessoa jurídica, mas este não é o caso dos autos. De outra sorte, é relevante destacar que, ainda que ao empregador fosse deferido o benefício pretendido, a gratuidade o eximiria tão somente do pagamento das despesas processuais, aí incluídas as custas, mas nunca o isentaria de proceder ao depósito recursal, pois se trata de garantia do juízo. Agravo de instrumento não provido. (TRT — 15ª R. — 3ª T. — AIRO n. 2.190/2004.003.15.01-1 — rel. Lorival Ferreira dos Santos — DJ 4.5.2007 — p. 28) (RDT n. 06 — junho de 2007).

Pensamos que o art. 14 da Lei n. 5.584/1970 não veda que se conceda a Justiça Gratuita ao empregador, pois esta não se confunde com a assistência judiciária gratuita, que é mais ampla, sendo o direito ao patrocínio profissional de um advogado em juízo custeado pelo Estado e na esfera do Processo do Trabalho, pelo Sindicato. De outro lado, o § 3º do art. 790 da CLT não restringe o benefício da Justiça gratuita ao empregado.

Ora, a Justiça Gratuita é o direito à gratuidade das taxas judiciárias, custas, emolumentos, honorários de perito, despesas com editais etc. Para obtê-la, deve a parte comprovar a miserabilidade por declaração pessoal (Lei n. 7.115/1983 ou por declaração do advogado — Lei n. 1.060/1950 e OJ n. 331, da SDI-I, do C. TST). Desse modo, se o empregador demonstrar que está em ruína financeira, o benefício da Justiça Gratuita deverá ser-lhe deferido.

No sentido do deferimento dos benefícios da Justiça Gratuita ao empregador, relevante destacar a seguinte ementa:

> Justiça gratuita — Concessão à pessoa jurídica — Possibilidade — Depósito recursal — Exigibilidade. Conquanto admissível a concessão das benesses da Justiça gratuita a sujeito integrante do polo empresarial da relação de emprego (art. 5º, LXXIV, da CF), a tal modo liberando-o do pagamento das custas processuais, entre os benefícios contemplados na Lei n. 1.060/1950 (art. 3º) não se inclui o depósito recursal exigido no art. 899 da CLT. Por isso, enquanto não sobrevenha legislação em contrário (CF, art. 5º, II), o depósito recursal haverá de ser observado, sob pena de não conhecimento dos recursos interpostos pelos sujeitos a tanto obrigados. Recurso parcialmente conhecido e parcialmente provido. (TRT — 10ª R. — 3ª T. — RO n. 157/2007.008.10.00-6 — rel. Juiz Douglas Alencar Rodrigues — DJ 4.4.2008 — p. 1109) (RDT n. 5 — maio de 2008).

Beneficiário da Justiça Gratuita, o empregador não pagará as custas para recorrer, mas não ficará isento do depósito recursal, que não tem natureza jurídica de taxa processual e sim de um pressuposto objetivo do recurso, não estando englobado pelos benefícios da Justiça Gratuita. Além disso, o art. 5º, LV, da CF, não assegura o princípio do duplo grau de jurisdição, devendo a parte, quando recorrer, observar os pressupostos objetivos e subjetivos de recorribilidade.

Nesse sentido, cumpre destacar as seguintes ementas:

> Agravo de instrumento — Recurso de revista — Justiça gratuita — Empregador — Deserção. Na Justiça do Trabalho, a concessão da justiça gratuita está relacionada à figura do empregado, conforme se infere do art. 14 da Lei n. 5.584/1970. Assim, a justiça gratuita, também prevista no art. 790, § 3º, da CLT, é benefício concedido ao hipossuficiente que não puder demandar sem o comprometimento do sustento próprio e de sua família. Embora excepcionalmente admita-se a hipótese de extensão dessa benesse ao empregador pessoa física que não explore atividade econômica, é imprescindível a comprovação da hipossuficiência, já que, não se tratando de empregado, a parte não se beneficia da presunção legal de pobreza. Mesmo se se entendesse que a Lei n. 1.060/1950 não tivesse excluído o empregador do benefício da assistência judiciária, certo que ela, em seu art. 3º, isenta o beneficiário apenas do pagamento das despesas processuais, não alcançando o depósito recursal (art. 899, § 1º, da CLT), que tem por escopo a garantia do juízo. Em vista dessa particularidade, não se há falar que o não recebimento do recurso, por deserto, implica afronta a regras constitucionais, que, embora garantam a apreciação, pelo Poder Judiciário, de lesão ou ameaça de direito, não excluem as normas infraconstitucionais que regulamentam a interposição de recurso. Agravo de instrumento desprovido. (TST — 6ª T. — AIRR n. 720/2004.004.21.40-2 — rel. min. Mauricio Godinho Delgado — DJ 6.6.2008 — p. 223) (RDT n. 8 de agosto de 2008).

> Justiça gratuita — Depósito recursal. De ordinário, no processo do trabalho, a isenção do pagamento das custas é concedida apenas ao trabalhador que perceba até dois salários mínimos, ou que comprove, na forma da lei, a impossibilidade de assumir as despesas processuais, sem prejuízo do sustento próprio e da família, como se infere da inteligência do art. 14 da Lei n. 5.584/1970, § 3º, do art. 790 da CLT, com a redação dada pela Lei n. 10.537/2002 e OJ's ns. 304 e 331, ambas da SDI-I do TST. Em casos especialíssimos, timidamente, a jurisprudência tem se inclinado a flexibilizar a regra legal, ainda assim, limitada à isenção das custas processuais, porquanto não se pode estender o benefício ao depósito recursal, já que esse tem finalidade própria, de garantia da execução, diversa de taxa judiciária ou quaisquer outras despesas previstas em lei, para efeito de assistência judiciária. Não comprovado

o respectivo recolhimento, nega-se provimento ao agravo de instrumento que pretendeu destrancar recurso ordinário deserto. (TRT — 3ª R. — 2ª T. — AIRO n. 2.439/2006.147.03.40-0 — rel. Anemar Pereira Amaral — DJ 3.10.2007 — p. 11) (RDT n. 11 de novembro de 2007).

JUSTIÇA GRATUITA — EMPREGADOR DOMÉSTICO — ALCANCE, APENAS, DAS CUSTAS PROCESSUAIS — OBRIGATORIEDADE DO DEPÓSITO RECURSAL. De acordo a iterativa jurisprudência do C. TST, embora seja cabível, em tese, a concessão de gratuidade de justiça aos empregadores domésticos que declaram validamente a sua situação de miserabilidade jurídica, o certo é que o referido benefício limita-se às custas, que são despesas processuais, não alcançando, entretanto, o depósito recursal, que visa à garantia do Juízo da causa. Recurso Ordinário patronal não conhecido, por deserto. (TRT/SP — 02448200847102002 — RO — Ac. 5ª T. 20100305991 — rel. Anelia Li Chum — DOE 23.4.2010)

Não obstante, cumpre destacar que, em casos excepcionais, no caso de empregador pessoa física ou firma individual em estado de insuficiência econômica, poderá o Tribunal dispensar o empregador do depósito recursal, valendo-se dos princípios da proporcionalidade e razoabilidade e do acesso à justiça no caso concreto.

Nesse sentido, cumpre destacar a seguinte ementa da mais alta Corte trabalhista brasileira:

Ementa: I) AGRAVO DE INSTRUMENTO — BENEFÍCIO DA JUSTIÇA GRATUITA — EMPREGADOR PESSOA FÍSICA — ISENÇÃO DO DEPÓSITO RECURSAL — POSSIBILIDADE. 1. A Lei n. 1.060/1950, que estabelece as normas para a concessão da assistência judiciária gratuita aos necessitados, assenta no parágrafo único do art. 2º que, para os fins legais, considera-se necessitado aquele cuja situação econômica não lhe permita pagar as custas do processo e os honorários de advogado sem prejuízo do sustento próprio. 2. Na hipótese vertente, o Reclamado, pessoa física, postulou o direito à gratuidade de justiça e apresentou declaração de que não pode arcar com as despesas do processo sem prejuízo do sustento próprio, com fulcro na referida lei. 3. O Regional negou o pedido, ao fundamento de que a jurisprudência do TST segue no sentido da inaplicabilidade da justiça gratuita com relação ao depósito recursal. 4. Quanto ao tema, vale destacar que esta Turma entendeu possível a dispensa do referido depósito na hipótese de insuficiência econômica do empregador pessoa física, conforme consta dos autos do PROC. TST-RR n. 932/2004-043-12-40.1, assentando que a dispensa do depósito recursal se justifica, na hipótese de insuficiência econômica, como sendo condição de revisão de eventual sentença injusta ou ilegal, representando apenas a não exigência temporária do pagamento dos débitos trabalhistas que forem judicialmente reconhecidos, até que transite em julgado a decisão, em situação análoga à da multa do art. 557, § 2º, do CPC. 5. Assim, tendo o Reclamado, pessoa física, postulado o direito à gratuidade de justiça e apresentado declaração de que não pode arcar com as despesas do processo sem prejuízo do sustento próprio, com fundamento na Lei n. 1.060/1950, verifica-se a possibilidade de deferimento do pleito. II) DECISÃO INTERLOCUTÓRIA — IRRECORRIBILIDADE IMEDIATA — RAZÕES RECURSAIS QUE NÃO ATACAM OS FUNDAMENTOS DO DESPACHO DENEGATÓRIO DO SEGUIMENTO DO RECURSO DE REVISTA — DESFUNDAMENTAÇÃO — ÓBICE DA SÚMULA N. 422 DO TST. Não tendo o agravo de instrumento investido contra o fundamento do despacho denegatório do seguimento do recurso de revista (no caso, a Súmula n. 214 do TST, em face da decisão recorrida ser interlocutória), falta-lhe a necessária motivação, tropeçando no óbice da Súmula n. 422 do TST, porque desfundamentado. Agravo de instrumento desprovido. (AIRR n. 435/2006071-03-40.3 — Data de Julgamento: 24.6.2008 — relator ministro: Ives Gandra Martins Filho — 7ª T. — DJ 15.8.2008).

PARTE II
DO MINISTÉRIO PÚBLICO DO TRABALHO

1. CONCEITO E ORIGEM

Como destaca Hugo Nigro Mazzilli[4]), a expressão "ministério público" já se encontrava em textos romanos clássicos. No sentido, porém, de referir-se à instituição, a expressão francesa *ministère public* passou a ser usada com frequência nos provimentos legislativos do século XVIII, ora para designar as funções próprias daquele ofício público, ora para referir-se a um magistrado específico, incumbido do poder-dever de exercitá-lo, ora, enfim, para dizer respeito ao seu ofício.

Não há uniformidade na doutrina sobre quando surgiu o Ministério Público. Para alguns, foi no Egito, para outros, na França, mas o certo é que ao longo dos anos a instituição foi crescendo e adquirindo importância vital na defesa da ordem jurídica, dos direitos indisponíveis e do Estado Democrático de Direito.

Conforme as palavras de Calamandrei, no Ministério Público se exerce a magistratura e a advocacia ao mesmo tempo, pois o promotor é tão imparcial como o juiz na defesa do ordenamento jurídico, mas tão combativo como o advogado quando postula um direito.

Segundo o art. 127 da CF, "o Ministério Público é instituição permanente, essencial à função jurisdicional do Estado, incumbindo-lhe a defesa da ordem jurídica, do regime democrático e dos interesses sociais e individuais indisponíveis".

A Constituição de 1988 desvinculou o Ministério Público do poder executivo, transformando-o em uma instituição autônoma e permanente. Por isso, alguns sustentam ser ele o quarto poder da República.

Longe de se limitar ao papel a ele tradicionalmente reservado na persecução criminal, e ao contrário de sustentar interesses individuais ou dos governantes, o Ministério Público está hoje consagrado, com autonomia e independência funcional da instituição e de seus órgãos, à defesa dos interesses sociais e individuais indisponíveis, da ordem jurídica e do regime democrático. Passou, pois, a ser órgão de proteção das liberdades públicas constitucionais, da defesa de direitos indisponíveis, da garantia do contraditório[5].

2. PRINCÍPIOS DO MINISTÉRIO PÚBLICO

Dispõe o § 1º do art. 127 da CF:

"São princípios institucionais do Ministério Público a unidade, a indivisibilidade e a independência funcional".

Conforme o referido dispositivo, são princípios do Ministério Público:

a) Unidade: Os membros do Ministério Público pertencem a um só órgão, sob direção de uma única chefia;

b) Indivisibilidade: Conforme destaca Hugo Nigro Mazzilli[6]), indivisibilidade significa que seus membros podem ser substituídos uns pelos outros não arbitrariamente, mas segundo a forma estabelecida na lei. Nesse sentido, não há unidade ou indivisibilidade entre os membros de Ministérios Públicos diversos, só dentro de cada Ministério Público;

c) Independência funcional: O Ministério Público possui autonomia para atuar nos limites da sua competência constitucional na defesa do interesse público. De outro lado, não há hierarquia entre

(4) MAZZILLI, Hugo Nigro. *Introdução ao Ministério Público.* São Paulo: Saraiva, 1997, p. 2.

(5) *Introdução ao Ministério Público do Trabalho.* São Paulo: Saraiva, 1997, p. 21.

(6) *Op. cit.*, p. 23.

os membros da instituição. Como adverte Bezerra Leite[7]: apenas no aspecto administrativo, ante a natural chefia exercida pelo procurador-geral (poderes de designação, disciplina funcional etc.), bem como (por delegação) pelos procuradores-chefes, é que se pode falar em hierarquia, e, ainda assim, desde que observadas as prescrições legais, em virtude do princípio da legalidade, que norteia os atos da Administração Pública;

d) Princípio do promotor natural: Por ser o Ministério Público instituição autônoma e independente, não estando vinculado a qualquer outro poder, autores defendem a existência do princípio do promotor natural, que tem as mesmas razões do princípio do juiz natural.

Como menciona Carlos Henrique Bezerra Leite[8], "o princípio do promotor natural decorre da interpretação sistêmica do Texto Constitucional. Vale dizer, o princípio do promotor natural está albergado nos arts. 5º, XXXVI e LIII, 127 e 129, I, da Constituição Federal, e assenta-se nas cláusulas da independência funcional e da inamovibilidade dos membros da instituição. Além disso, esse princípio 'quer significar que o jurisdicionado tem a garantia constitucional de ver-se processado e julgado pelas autoridades competentes previamente estabelecidas nas leis processuais e de organização judiciária'".

Nos termos do § 2º do art. 127 da CF, "ao Ministério Público é assegurada autonomia funcional e administrativa, podendo, observado o disposto no art. 169, propor ao Poder Legislativo a criação e extinção de seus cargos e serviços auxiliares, provendo-os por concurso público de provas ou de provas e títulos, a política remuneratória e os planos de carreira; a lei disporá sobre sua organização e funcionamento".

3. DO MINISTÉRIO PÚBLICO DO TRABALHO

Dispõe o art. 128 da CF:

"O Ministério Público abrange:

I. O Ministério Público da União, que compreende:

a) o Ministério Público Federal;

b) o Ministério Público do Trabalho;

c) o Ministério Público Militar;

d) o Ministério Público do Distrito Federal e Territórios;

II — Os Ministérios Públicos dos Estados.

§ 1º — O Ministério Público da União tem por chefe o Procurador-Geral da República, nomeado pelo Presidente da República dentre integrantes da carreira, maiores de trinta e cinco anos, após a aprovação de seu nome pela maioria absoluta dos membros do Senado Federal, para mandato de dois anos, permitida a recondução".

Conforme dispõe o citado dispositivo constitucional, o Ministério Público do Trabalho faz parte do Ministério Público da União, tendo sua estrutura federalizada, sendo regido pela Constituição Federal e pela LC n. 75/1993, que dispõe sobre o Ministério Público da União, a qual revogou tacitamente os arts. 736 a 757 da CLT. Conforme o § 5º do art. 128 da CF, os membros do Ministério Público do Trabalho têm as mesmas garantias da magistratura, quais sejam:

a) *vitaliciedade:* após dois anos de exercício, não podendo perder o cargo senão por sentença judicial transitada em julgado;

(7) *Ministério Público do Trabalho.* 2. ed. 2002, p. 29.

(8) *Curso de Direito Processual do Trabalho.* 5. ed. São Paulo: LTr, 2007, p. 56.

b) *inamovibilidade:* salvo por motivo de interesse público, mediante decisão do órgão colegiado competente do Ministério Público, pelo voto da maioria absoluta de seus membros, assegurada ampla defesa;

c) *irredutibilidade de subsídio:* fixado na forma do art. 39, § 4º, e ressalvado o disposto nos arts. 37, X e XI, 150, II, 153, III, 153, § 2º, I.

Outrossim, estão sujeitos às seguintes vedações:

a) receber, a qualquer título e sob qualquer pretexto, honorários, percentagens ou custas processuais;

b) exercer a advocacia;

c) participar de sociedade comercial, na forma da lei;

d) exercer, ainda que em disponibilidade, qualquer outra função pública, salvo uma de magistério;

e) exercer atividade político-partidária;

f) receber, a qualquer título ou pretexto, auxílios ou contribuições de pessoas físicas, entidades públicas ou privadas, ressalvadas as exceções previstas em lei.

São órgãos do Ministério Público do Trabalho, segundo o art. 85 da LC n. 75/1993:

I — o Procurador-Geral do Trabalho;
II — o Colégio de Procuradores do Trabalho;
III — o Conselho Superior do Ministério Público do Trabalho;
IV — a Câmara de Coordenação e Revisão do Ministério Público do Trabalho;
V — a Corregedoria do Ministério Público do Trabalho;
VI — os Subprocuradores-Gerais do Trabalho;
VII — os Procuradores Regionais do Trabalho;
VIII — os Procuradores do Trabalho.

Conforme o art. 86 da LC n. 75/1993, a carreira do Ministério Público do Trabalho será constituída pelos cargos de Subprocurador-Geral do Trabalho, Procurador Regional do Trabalho e Procurador do Trabalho.

O cargo inicial da carreira é o de Procurador do Trabalho e o do último nível o de Subprocurador-Geral do Trabalho.

O ingresso na carreira do Ministério Público, conforme o § 3º, do art. 129, da CF, far-se-á mediante concurso público de provas e títulos, assegurada a participação da Ordem dos Advogados do Brasil em sua realização, exigindo-se do bacharel em Direito, no mínimo, três anos de atividade jurídica e observando-se, nas nomeações, a ordem de classificação.

Os procuradores do trabalho são efetivos a partir da posse, não havendo a existência do cargo de procurador do trabalho substituto. Entretanto, a vitaliciedade somente é adquirida após dois anos de exercício no cargo.

4. DA COMPETÊNCIA E ATRIBUIÇÕES DO MINISTÉRIO PÚBLICO DO TRABALHO

As hipóteses de atuação do Ministério Público do Trabalho (competências) estão basicamente elencadas no art. 83, da LC n. 75/1993, que assim dispõe:

> "Compete ao Ministério Público do Trabalho o exercício das seguintes atribuições junto aos órgãos da Justiça do Trabalho:
>
> I — promover as ações que lhe sejam atribuídas pela Constituição Federal e pelas leis trabalhistas;

II — manifestar-se em qualquer fase do processo trabalhista, acolhendo solicitação do juiz ou por sua iniciativa, quando entender existente interesse público que justifique a intervenção;

III — promover a ação civil pública no âmbito da Justiça do Trabalho, para defesa de interesses coletivos, quando desrespeitados os direitos sociais constitucionalmente garantidos;

IV — propor as ações cabíveis para declaração de nulidade de cláusula de contrato, acordo coletivo ou convenção coletiva que viole as liberdades individuais ou coletivas ou os direitos individuais indisponíveis dos trabalhadores;

V — propor as ações necessárias à defesa dos direitos e interesses dos menores, incapazes e índios, decorrentes das relações de trabalho;

VI — recorrer das decisões da Justiça do Trabalho, quando entender necessário, tanto nos processos em que for parte, como naqueles em que oficiar como fiscal da lei, bem como pedir revisão dos Enunciados da Súmula de Jurisprudência do Tribunal Superior do Trabalho;

VII — funcionar nas sessões dos Tribunais Trabalhistas, manifestando-se verbalmente sobre a matéria em debate, sempre que entender necessário, sendo-lhe assegurado o direito de vista dos processos em julgamento, podendo solicitar as requisições e diligências que julgar convenientes;

VIII — instaurar instância em caso de greve, quando a defesa da ordem jurídica ou o interesse público assim o exigir;

IX — promover ou participar da instrução e conciliação em dissídios decorrentes da paralisação de serviços de qualquer natureza, oficiando obrigatoriamente nos processos, manifestando sua concordância ou discordância, em eventuais acordos firmados antes da homologação, resguardado o direito de recorrer em caso de violação à lei e à Constituição Federal;

X — promover mandado de injunção, quando a competência for da Justiça do Trabalho;

XI — atuar como árbitro, se assim for solicitado pelas partes, nos dissídios de competência da Justiça do Trabalho;

XII — requerer as diligências que julgar convenientes para o correto andamento dos processos e para a melhor solução das lides trabalhistas;

XIII — intervir obrigatoriamente em todos os feitos nos segundo e terceiro graus de jurisdição da Justiça do Trabalho, quando a parte for pessoa jurídica de Direito Público, Estado estrangeiro ou organismo internacional.

5. FORMAS DE ATUAÇÃO DO MINISTÉRIO PÚBLICO DO TRABALHO

5.1 Judicial

5.1.1 Qualidade de parte ou agente

Em juízo, na qualidade de parte (ou agente), cumpre ao Ministério Público as seguintes atribuições, nos termos do art. 83 da LC n. 75/1993:

a) promover as ações que lhe sejam atribuídas pela Constituição Federal e pelas leis trabalhistas;

b) promover a ação civil pública no âmbito da Justiça do Trabalho, para defesa de interesses coletivos, quando desrespeitados os direitos sociais constitucionalmente garantidos;

c) propor as ações cabíveis para declaração de nulidade de cláusula de contrato, acordo coletivo ou convenção coletiva que viole as liberdades individuais ou coletivas ou os direitos individuais indisponíveis dos trabalhadores;

d) propor as ações necessárias à defesa dos direitos e interesses dos menores, incapazes e índios, decorrentes das relações de trabalho;

e) recorrer das decisões da Justiça do Trabalho, quando entender necessário, tanto nos processos em que for parte, como naqueles em que oficiar como fiscal da lei, bem como pedir revisão dos Enunciados da Súmula de Jurisprudência do Tribunal Superior do Trabalho;

f) instaurar instância em caso de greve, quando a defesa da ordem jurídica ou o interesse público assim o exigir;

g) promover mandado de injunção, quando a competência for da Justiça do Trabalho.

Em juízo, destaca-se a atuação do Ministério Público do Trabalho na defesa dos interesses difusos e coletivos por meio da ação civil pública.

Acreditamos, embora haja divergência na doutrina e jurisprudência, que possa o Ministério Público defender, por meio de ação coletiva, interesses individuais homogêneos, que são subespécies de interesses transindividuais (art. 81 da Lei n. 8.078/1990).

Constitui função institucional do Ministério Publico, conforme disposto no inciso III do art. 129 da CF, *in verbis*:

> "Promover o inquérito civil e a ação civil pública, para a proteção do patrimônio público e social, do meio ambiente e de outros interesses difusos e coletivos".

Acreditamos que o referido dispositivo ao aludir a *outros interesses difusos e coletivos* quis abranger os interesses individuais homogêneos.

Nesse sentido destacamos as seguintes ementas:

> Ministério Público — Ilegitimidade ativa *ad causam*. O papel do Ministério Público, na defesa da ordem jurídica e dos interesses difusos e coletivos dos hipossuficientes, vem sendo realçado cada vez mais na nova legislação. A jurisprudência, inclusive, vem admitindo a legitimidade do *Parquet*, quando se trata de defender direitos individuais homogêneos, que são aqueles que têm a mesma origem no tocante aos fatos geradores, origem idêntica essa que recomenda a defesa de todos a um só tempo. Destina-se ao Ministério Público um extraordinário valor na defesa da cidadania, numa sociedade marcadamente de massa e sob os influxos de uma nova atmosfera cultural. No entanto, não havendo o intuito de preservação da ordem jurídica, do interesse difuso e coletivo e não sendo o caso de direitos individuais homogêneos, não há como reconhecer a legitimidade do Ministério Público para esta ação, uma vez que cada um dos empregados pode ser individualizado e apresentar características de trabalho diferentes, inexistindo prova de que todos exerciam a mesma função dita insalubre. (TRT — 10ª R. — 1ª T. — Ac. n. 1.555.2001.801.10.00-5 — rel. Pedro Luís V. Foltran — DJDF 10.1.2003 — p. 7).

> MINISTÉRIO PÚBLICO DO TRABALHO — AÇÃO CIVIL PÚBLICA — INTERESSES INDIVIDUAIS HOMOGÊNEOS — CONTRATAÇÃO DE TRABALHADORES — COOPERATIVA — FRAUDE. COMPETÊNCIA DA JUSTIÇA DO TRABALHO. No âmbito da Justiça do Trabalho a tutela relativa aos interesses coletivos, quando desrespeitados direitos sociais consagrados na Constituição Federal de 1988, vem disciplinada pela Lei Complementar n. 75/1993, pela qual a ação civil pública foi estendida como mecanismo de proteção aos interesses transindividuais relativamente aos direitos dos trabalhadores, ou seja, inserindo-se na esfera das relações de trabalho, sua apreciação é delegada à Justiça do Trabalho. Inteligência dos arts. 1º, inciso V, da Lei n. 7.345/1985, 6º, inciso VII, alínea *d* e 83, inciso III, ambos da Lei Complementar n. 75/1993. LEGITIMIDADE DO MPT. O ajuizamento da Ação Civil Pública pelo Ministério Público do Trabalho é decorrência da lógica constitucional que atribui ao Parquet a titularidade da defesa dos interesses individuais homogêneos, difusos e coletivos socialmente relevantes dos trabalhadores, pelo que, as disposições contidas nos arts. 127 e 129, III, da Magna Carta, 6º e 83 da Lei Complementar n. 75/1993 e 1º, inciso V, da Lei n. 7.347/1985 e, atribuem plena legitimidade e interesse ao Órgão Ministerial para interpor a presente ação, não havendo falar em ilegitimidade"ad causam". FRAUDE. As cooperativas de trabalho, pela sua natureza, são associações criadas e formadas por trabalhadores de determinado segmento profissional que juntam forças para oferecer seus préstimos. O cooperativismo encontra-se regulado pela Lei n. 5.764, de 16.12.1971 (com alterações dada pela Lei n. 6.981, de 30.3.1982), além dos arts. 34 e 442, parágrafo único, ambos da CLT, e pelos arts. 5º, inciso XVIII e 174, ambos da Carta Magna. A proposta de cooperativismo está estritamente voltada ao bem comum dos cooperados. Assim sendo, as cooperativas multiprofissionais, que mantêm integrantes das mais distintas funções e atividades, vão contra sua própria natureza, já que o legítimo agrupamento cooperativo tem como intuito integrar trabalhadores de uma única especialidade para juntos gerirem seus próprios interesses, não sendo, portanto, possível fazer a gestão comum, face aos interesses tão distintos dos seus componentes. Incidente a hipótese do art. 9º da CLT. DANO MORAL COLETIVO. INDENIZAÇÃO.

Constatada a fraude na contratação, o reconhecimento do dano moral coletivo e sua adequada reparação se inserem dentre as mais recentes evoluções da teoria da responsabilidade civil pela qual a reparação extrapatrimonial se afigura de natureza objetiva. Muito embora a reparação do dano a direitos transidividuais quase sempre apresente o elemento de culpabilidade, a obrigação de indenizar independe da constatação da culpa, vez que os efeitos deletérios do abalo moral coletivo precipitam condutas de teor discriminatório, abusivo ou fraudulento, que naturalmente impõe o dever de reparar. Recursos Ordinários da Cooperativa, da Empresa tomadora dos serviços (e do Ministério Público do Trabalho a que se nega provimento. (TRT/SP — 00749005820065020261 (00749200626102006) — RO — Ac. 13ª T. 20110787620 — rel. CÍNTIA TÁFFARI — DOE 27.6.2011).

Temos assistido à maciça atuação do Ministério Público do Trabalho, por meio da ação civil pública, nos seguintes segmentos:

a) combate ao trabalho em situações degradantes;

b) erradicação do trabalho infantil;

c) combate às cooperativas fraudulentas;

d) proteção ao meio ambiente do trabalho;

e) proteção à dignidade e à saúde do trabalhador;

f) combate às contratações da Administração Pública sem concurso público;

g) combate a todas as formas de desvirtuamento da relação de emprego: trabalhadores contratados por intermédio de pessoa jurídica, falsos autônomos, eventuais, prestadores de serviços etc.

Além disso, o Ministério Público do Trabalho tem tido relevante papel na representação dos menores em juízo (art. 793 da CLT), propositura de ações rescisórias, quando há colusão das partes para fraudar a lei, propositura de ações anulatórias de cláusulas de acordos e convenções coletivas quando elas violem os direitos fundamentais do trabalhador e as garantias mínimas trabalhistas, e nos dissídios de greve em atividades essenciais (art. 114, § 3º, da CF), em que atuam maciçamente na defesa da ordem jurídica, buscando a solução do conflito coletivo.

5.1.2 Fiscal da lei (custos legis) *ou interveniente*

Como fiscal da lei *(custos legis)*, o Ministério não atuará como parte, mas interveniente, a fim de que o ordenamento jurídico seja cumprido, bem como o interesse público.

Na qualidade de *custos legis*, o Ministério Público fará manifestações nos autos, na forma de parecer, bem como poderá fazer requerimentos e recorrer da decisão.

Nos termos do art. 83, da LC n. 75/1993, são hipóteses de atuação do Ministério Público do Trabalho na qualidade de fiscal da lei:

a) manifestar-se em qualquer fase do processo trabalhista, acolhendo solicitação do juiz ou por sua iniciativa, quando entender existente interesse público que justifique a intervenção;

b) recorrer das decisões da Justiça do Trabalho, quando entender necessário, tanto nos processos em que for parte, como naqueles em que oficiar como fiscal da lei, bem como pedir revisão dos Enunciados da Súmula de Jurisprudência do Tribunal Superior do Trabalho;

c) funcionar nas sessões dos Tribunais Trabalhistas, manifestando-se verbalmente sobre a matéria em debate, sempre que entender necessário, sendo-lhe assegurado o direito de vista dos processos em julgamento, podendo solicitar as requisições e diligências que julgar convenientes;

d) intervir obrigatoriamente em todos os feitos nos segundo e terceiro graus de jurisdição da Justiça do Trabalho, quando a parte for pessoa jurídica de Direito Público, Estado estrangeiro ou organismo internacional.

Como fiscal da lei, o Ministério Público do Trabalho tem a independência e discricionariedade para avaliar a pertinência de intervir ou não no feito.

As hipóteses de intervenção do Ministério Público do Trabalho mencionadas no art. 83 da LC n. 75/1993 são exemplificativas, pois há inúmeras outras hipóteses em que ele pode atuar buscando o cumprimento da lei e do ordenamento jurídico.

Nesse sentido o inciso II do art. 83 da LC n. 75/1993:

"Manifestar-se em qualquer fase do processo trabalhista, acolhendo solicitação do juiz ou por sua iniciativa, quando entender existente interesse público que justifique a intervenção".

No aspecto, relevante destacar as seguintes ementas:

Ministério Público do Trabalho — Ilegitimidade para recorrer. A atuação do Ministério Público do Trabalho é obrigatória nos feitos de jurisdição da Justiça do Trabalho apenas quando a parte for pessoa jurídica de direito público, estado estrangeiro ou organismo internacional ou, ainda, como fiscal da lei, quando existir interesse público que justifique a sua intervenção, nos exatos termos em que estabelecem os arts. 127, *caput*, da CF/88, e 83, inciso VI, da Lei Complementar n. 75/1993. Na hipótese dos autos, o Ministério Público do Trabalho não tem legitimidade para recorrer, pois interpôs revista para defender interesse privado da Petróleo Brasileiro S.A. — Petrobras, sociedade de economia mista, dotada de personalidade jurídica de direito privado, que se encontra regularmente representada por advogado que manifestou recurso contra o acórdão do Tribunal Regional. Recurso de revista provido para restabelecer a decisão proferida pelo TRT. (TRT — SBDI1 — E-RR n. 325.272/96-5 — rel. min. Rider Nogueira de Brito — DJ 3.8.2001 — p. 407) (RDT 9/2001 — p. 76).

Ministério Público do Trabalho — Intervenção obrigatória. Nos termos do inciso II do art. 83 da Lei Complementar n. 75/1993, compete ao Ministério Público do Trabalho intervir no processo trabalhista, em qualquer fase em que se encontre, por solicitação do juiz ou por sua iniciativa, quando entender que há interesse público a proteger. Se no processo de cognição, a intervenção não se verificou, vindo a ser efetivada apenas na fase executória, por duas vezes, sendo a 1ª através de vista concedida pelo juiz e a 2ª quando da emissão de parecer no agravo de petição, a irregularidade foi sanada. (TRT — 3ª R. — SE — Ap. n. 1.482/1998 — Rela. juíza Alice Monteiro de Barros — DJMG 27.11.1998 — p. 4) (RDT 1/1999 — p. 63)

5.2 *Extrajudicial*

As hipóteses de atuação extrajudicial do Ministério Público do Trabalho estão previstas, exemplificativamente, no art. 84 da LC n. 75/1993, que assim dispõe:

"Incumbe ao Ministério Público do Trabalho, no âmbito das suas atribuições, exercer as funções institucionais previstas nos Capítulos I, II, III e IV do Título I, especialmente:

I — integrar os órgãos colegiados previstos no § 1º do art. 6º, que lhes sejam pertinentes;

II — instaurar inquérito civil e outros procedimentos administrativos, sempre que cabíveis, para assegurar a observância dos direitos sociais dos trabalhadores;

III — requisitar à autoridade administrativa federal competente, dos órgãos de proteção ao trabalho, a instauração de procedimentos administrativos, podendo acompanhá-los e produzir provas;

IV — ser cientificado pessoalmente das decisões proferidas pela Justiça do Trabalho, nas causas em que o órgão tenha intervido ou emitido parecer escrito;

V — exercer outras atribuições que lhe forem conferidas por lei, desde que compatíveis com sua finalidade".

Temos assistido a uma atuação extrajudicial intensa do Ministério Público do Trabalho por meio de dois instrumentos: o inquérito civil público e o termo de ajuste de conduta.

6. INQUÉRITO CIVIL PÚBLICO

O inquérito civil público consiste num procedimento extrajudicial de natureza inquisitória, em que o Ministério Público do Trabalho busca provas e dados para propor eventual ação civil pública ou tentar firmar um termo de ajuste de conduta.

Na visão de Hugo Nigro Mazzilli[9], "o inquérito civil é uma investigação administrativa prévia a cargo do Ministério Público, que se destina a colher elementos de convicção para que o próprio órgão ministerial possa identificar se ocorre circunstância que enseja eventual propositura de ação civil pública ou coletiva".

Para Raimundo Simão de Melo[10]: "é o Inquérito Civil trabalhista um procedimento administrativo e inquisitorial, informal, a cargo do Ministério Público do Trabalho, destinado a investigar sobre a ilegalidade do ato denunciado, a colher elementos de convicção para ajuizamento da Ação Civil Pública ou de qualquer outra medida judicial e, convencido o órgão condutor, da irregularidade denunciada, a tomar do inquirido termo de ajustamento de conduta às disposições legais".

O inquérito civil público é peça facultativa para o Ministério Público, pois caso já tenha elementos suficientes, poderá instaurar ação civil pública sem ele. Nesse sentido dispõe o § 1º do art. 8º da Lei n. 7.347/1985: "O Ministério Público poderá instaurar, sob sua presidência, inquérito civil, ou requisitar, de qualquer organismo público ou particular, certidões, informações, exames ou perícias, no prazo que assinalar, o qual não poderá ser inferior a 10 (dez) dias úteis".

Há discussões na doutrina e jurisprudência sobre estar o inquérito civil público sujeito ao chamado *crivo do contraditório*. Autores há que sustentam a necessidade do contraditório, pois se trata de um procedimento administrativo. Outros autores, aos quais nos filiamos, defendem a inaplicabilidade do contraditório no inquérito, pois se trata, na verdade, de sindicância de natureza inquisitiva e não de um procedimento administrativo. Além disso, o inquérito poderá ser integralmente impugnado em juízo quando do ingresso da Ação Civil Pública.

De outro lado, a natureza inquisitiva do Inquérito Civil Público se justifica para que os elementos de prova e convicção do Procurador do Trabalho possam ser obtidos com maior celeridade e efetividade, à semelhança do que ocorre com o Inquérito Policial.

No aspecto, defende Carlos Henrique Bezerra Leite[11]:

> "Ora, dados os pontos de semelhança entre o inquérito policial e o inquérito civil, que ambos constituem peças informativas que se destinam à instrução de futura ação penal ou civil pública, não seria errôneo enquadrar ambos, à luz do direito administrativo, como sindicância administrativa facultada, no primeiro caso, à autoridade policial e, no segundo ao MP. Admitida a natureza jurídica de sindicância do IC, tem-se, como consequência a desnecessidade, em qualquer de suas fases, da observância dos princípios constitucionais do contraditório e ampla defesa".

Nesse sentido é visão de Raimundo Simão de Melo[12]:

> "De modo contrário, sustenta Ibraim Rocha que o inquérito civil é mais que mero procedimento, é autêntico processo administrativo, em sentido amplo, nele devendo existir o contraditório, embora mitigado porque presente um dos sujeitos abrangidos pela nova categoria constitucional dos acusados em geral, já que passível de composição dos conflitos, compreendido no substrato do contrato e consenso legitimador da atual Carta Constitucional. Mas, *data venia*, parece elastecedora demais a interpretação do ilustre autor, baseada, como se vê, na possibilidade de composição do conflito como sustentáculo do contraditório. É que, como já aludido e é basilar, a composição feita nos autos de um inquérito civil ou de qualquer outro procedimento administrativo, inclusive a cargo dos outros órgãos públicos legitimados (art. 5º, § 6º, da LACP), não é *obrigatória*".

(9) *Inquérito Civil*. São Paulo: Saraiva, 1999, p. 46.
(10) *Ação Civil Pública na Justiça do Trabalho*. 4. ed. São Paulo: LTr, 2012, p. 59.
(11) *Ministério Público do Trabalho*. 5. ed. São Paulo: LTr, 2011. p. 280.
(12) MELO, Raimundo Simão de. *Ação Civil Pública na Justiça do Trabalho*. São Paulo: LTr, 2002.

Direito Coletivo do Trabalho

II

Vera Lucia Carlos

1. Entidades sindicais: conceito, natureza jurídica, estrutura, funções, requisitos de existência e atuação, prerrogativas e limitações. Garantias sindicais. Sistemas sindicais: modalidades e critérios de estruturação sindical; o problema no Brasil. 2. Negociação coletiva. Função. Níveis de negociação. Instrumentos normativos negociados: acordo coletivo e convenção coletiva de trabalho. Efeitos das cláusulas. Cláusulas obrigacionais e cláusulas normativas. Incorporação das cláusulas nos contratos de emprego. 3. Atividades do Sindicato. Condutas antissindicais: espécies e consequências. 4. A greve no direito brasileiro.

1. ENTIDADES SINDICAIS: CONCEITO, NATUREZA JURÍDICA, ESTRUTURA, FUNÇÕES, REQUISITOS DE EXISTÊNCIA E ATUAÇÃO, PRERROGATIVAS E LIMITAÇÕES. GARANTIAS SINDICAIS. SISTEMAS SINDICAIS: MODALIDADES E CRITÉRIOS DE ESTRUTURAÇÃO SINDICAL; O PROBLEMA NO BRASIL.

1.1 Entidades sindicais

A palavra sindicato deriva do latim *syndicius*, sendo utilizada no direito grego a palavra *Sundikós*, com o significado do que assiste em juízo ou justiça comunitária, a doutrina aponta também sua origem francesa *syndicat*, embora a expressão síndico tenha sido encontrada anteriormente no direito romano para designar mandatários, encarregados de representar uma coletividade. Mais tarde, em 1791, a Lei Chapellier empregou o vocábulo "síndico" como sinônimo de sujeito diretivo de grupos profissionais, para referir-se as associações clandestinas organizadas após a Revolução Francesa de 1789. A palavra sindicato passou a ser usada na Europa a partir de 1830 para referir-se a classe de trabalhadores ou a trabalhadores de diversos ofícios, dando origem à denominação sindicato operário, que era associação de trabalhadores do mesmo ofício.

No direito brasileiro, sindicato é a denominação que se dá para as associações de primeiro grau representativas da categoria profissional ou econômica.

1.2 Conceito

Não encontramos no ordenamento jurídico laboral o conceito de sindicato, mas para a doutrina sindicato é uma associação de pessoas físicas ou jurídicas que exercem atividade profissional ou econômica com a finalidade de defender os interesses individuais e coletivos de seus membros ou categoria.[(1)]

O conceito acima transcrito foi escolhido porque, sob o ponto de vista didático, aponta a natureza jurídica do sindicato, sujeitos, e o tipo de interesse que, por força da Constituição Federal, está legitimado a defender.

É certo também que não se pode confundir o sindicato com os órgãos de Classe ou Ordem Profissional, como OAB, CREA, CRECI etc., estes últimos têm natureza jurídica de pessoa jurídica de direito público (autarquia) e têm por finalidade disciplinar e fiscalizar do exercício da profissão, enquanto que os sindicatos não têm atribuição de fiscalizar a categoria, apenas a incumbência de defendê-la. Também no que se refere à filiação em sindicatos, é facultativa, enquanto o registro no órgão de classe é obrigatória, pois trata-se de uma condição para o exercício da profissão.

1.3 Natureza jurídica

Só é possível afirmar a natureza jurídica do sindicato após ser analisado o direito positivo de cada país, isto porque há países em que o sindicato é classificado como pessoa jurídica de direito público, em vista do fato de inexistir autonomia, tratando-se de um órgão incorporado na esfera jurídica do Estado. Em outros países, o sindicato é pessoa jurídica de direito privado com autonomia plena, onde não há lugar para interferências estatais.

Em nosso país, até a promulgação da Carta Constitucional vigente, era possível sustentar que o sindicato tinha personalidade jurídica de direito público, pois exercia função delegada pelo Estado. Mas no momento presente, de acordo com norma constitucional vigentes as entidades sindicais devem ser enquadradas como **pessoa jurídica de direito privado**, em vista da autonomia conferida aos sindicatos em face

(1) MARTINS, Sérgio Pinto. *Direito do Trabalho*, 22. ed., São Paulo: Atlas, 2006. p. 696.

do Estado, eis que foi expressamente assegurada a proibição de intervenção e interferência do Estado na vida das entidades sindicais.

Na realidade, são entes privados, que representam os interesses particulares para defesa dos interesses destes, na modalidade de associação, mas com características especiais e específicas que lhe são conferidas pela ordem constitucional, que o distingue das associações de direito civil, tendo como personalidade jurídica de direito sindical (associação sindical).

1.4 Estrutura Sindical Interna

A Convenção n. 87 da Organização Internacional do Trabalho, art. 3º, assegura aos sindicatos o direito de elaborar os seus estatutos e regulamentos administrativos. No entanto, este direito sofre a interferência do direito interno de diversos países.

No Brasil, a estrutura interna dos sindicatos é disciplinada pela Consolidação das Leis do Trabalho, que enumera de forma minuciosa quais os órgãos o sindicato deve ter, estabelecendo o número de dirigentes, *quorum* para assembleias e processo eleitoral, incompatibilizando-se com o princípio da não interferência do Estado na organização sindical, estabelecido na Constituição Federal de 1988.

Ainda sobre a incompatibilidade da norma celetista com o princípio da liberdade sindical, importante ressaltar as lições de José Cláudio Monteiro de Brito, que assim se expressa: "os estatutos, desde que guardem respeito aos princípios e normas constitucionais e legais, podem livremente dispor sobre a administração do sindicato, sobre seus dirigentes e sobre suas atividades, sem restrições"(2)

A Consolidação das Leis do Trabalho, no art. 522, estabelece que a administração do sindicato será exercida pelos seguintes órgãos:

— **Diretoria** — Composta por no mínimo 3 (três) e no máximo 7 (sete) membros eleitos pela Assembleia Geral;

— **Conselho Fiscal** — composto por 3 membros eleitos

— **Assembleia Geral — Órgão deliberativo ou "órgão soberano da entidade sindical"(3) formado pelos sócios do Sindicato.**

Conforme já mencionado, em um sistema de liberdade sindical como o nosso, a estrutura administrativa do sindicato deveria ser autodeterminada pelos estatutos de cada entidade, aprovado pela Assembleia, adequado segundo as necessidades de cada organização, isto porque essas necessidades variam de acordo com o tipo de sindicato, número de representados, base de representação e espaço geográfico em que está legitimado a atuar. Este foi de início o entendimento doutrinário e jurisprudencial adotado. No entanto, tal orientação não prevaleceu diante do abuso cometido por alguns sindicatos na fixação do número de dirigentes, com o fim de assegurar o direito de estabilidade no emprego conferido pela norma Constitucional para grande número de trabalhadores. Por essa razão, a jurisprudência sedimentada pelo Tribunal Superior do Trabalho vem afirmando que as disposições do art. 522 da Consolidação das Leis do Trabalho não são incompatíveis com a Constituição Federal de 1988.

Este entendimento jurisprudencial tem sido criticado pela doutrina, pois é certo que o ordenamento jurídico não acolhe as condutas que importam em exercício abusivo de direito, e por essa razão, caso os estatutos estabeleçam número abusivo de dirigentes sindicais, a garantia estabilitária conferida pela ordem jurídica só se aplicaria ao número de dirigentes previstos na lei. Para outra parte da doutrina, só a ordem jurídica deveria retificar o ato abusivo fixando o número de dirigentes estáveis.

(2) *A Sindicalização no Serviço Público*. Curitiba: Gênesis, 1996. p. 65/66

(3) MAGANO Octavio Bueno. *Manual de Direito do Trabalho*. volume III. *Direito Coletivo do Trabalho*. 2. ed., São Paulo. LTr. 1990. p. 112.

De acordo com a regra do art. 522 da CLT, o Conselho Fiscal é composto por três membros, e exercerá as funções de fiscalização da gestão financeira do sindicato, e como não defenderá os interesses dos integrantes da categoria, não foi beneficiado com o direito de estabilidade no emprego. Neste sentido, a OJ n. 365 do TST: ***ESTABILIDADE PROVISÓRIA. MEMBRO DE CONSELHO FISCAL DE SINDICATO. INEXISTÊNCIA****. Membro de conselho fiscal de sindicato não tem direito à estabilidade prevista nos arts. 543, § 3º, da CLT e 8º, VIII, da CF/1988, porquanto não representa ou atua na defesa de direitos da categoria respectiva, tendo sua competência limitada à fiscalização da gestão financeira do sindicato (art. 522, § 2º, da CLT).*

Em relação aos Delegados Sindicais, o art. 517 da CLT dispõe que os Sindicatos poderão ser distritais, municipais, intermunicipais, estaduais e interestaduais. Excepcionalmente, e atendendo às peculiaridades de determinadas categorias ou profissões, o ministro do Trabalho poderá autorizar o reconhecimento de Sindicatos nacionais. No entanto, considerando-se que de acordo com o disposto no art. 8, inciso II, a base mínima do sindicato é um município, está derrogada a possibilidade de criação de sindicatos distritais, acolhendo-se as demais disposições da lei, ou seja: os sindicatos atualmente podem ser municipais, intermunicipais, estaduais e interestaduais.

Foram revogada também as disposições do § 1º do referido artigo, que estabelece que o ministro do Trabalho outorgará e delimitará a base territorial do Sindicato, pois após a norma constitucional vigente quem delimita a base territorial é a categoria.

Também foi recepcionado o § 2º do art. 517, que estabelece a possibilidade de o Sindicato instituir delegacias ou seções para melhor proteção dos associados e da categoria econômica ou profissional ou profissão liberal representada.

De acordo com o disposto no art. 523 da CLT, os Delegados Sindicais destinados à direção das delegacias ou seções instituídas na forma estabelecida no § 2º do art. 517 serão designados pela diretoria dentre os associados radicados no território da correspondente delegacia, e por esta razão estes trabalhadores não são titulares de estabilidade no emprego.

Importante lembrar que existem entendimentos doutrinários no sentido de que, se os delegados sindicais foram eleitos pelos trabalhadores da região onde se localiza a Delegacia ou subsede, terão estabilidade no emprego com fundamento na Convenção n. 135 da OIT, mais este entendimento não foi acolhido pelo TST, conforme Súmula n. 369, onde se tem que: *O delegado sindical não e beneficiário da estabilidade provisória prevista no art. 8º, VIII da CF, a qual é dirigida exclusivamente aqueles que exerçam ou ocupem cargos de direção nos sindicatos submetidos a processo eletivo.*

1.5 Estrutura Externa — Sistema Confederativo

A estrutura externa da organização sindical brasileira, ou seja, o sistema Confederativo, pode ser comparada a uma pirâmide, que se constitui pelos sindicatos em seu piso, das federações em seu meio, e das confederações em sua cúpula.

As federações e as confederações são denominadas pela Consolidação das Leis do Trabalho, organizações sindicais de grau superior, e possuem a mesma natureza jurídica dos sindicatos, ou seja: são pessoas jurídicas de direito privado, do gênero associação, de personalidade jurídica de direito sindical.

Aplicam-se para as entidades sindicais de grau superior o princípio da liberdade sindical, bem como as restrições decorrentes do princípio da unicidade sindical

As Federações estão previstas no art. 533 da Consolidação das Leis do Trabalho, têm como base territorial o Estado e sua sede fica localizada na Capital dos estados. São formadas por grupos de atividades, devendo congregar no mínimo cinco sindicatos, desde que representem a maioria absoluta de um ramo de atividade ou profissões idênticas e similares. Excepcionalmente, as federações podem ter representatividade interestadual ou nacional. Mas a regra geral é a federação estadual.

Por sua vez, as Confederações estão previstas no art. 535 da Consolidação das Leis do Trabalho. São entidades de grau superior, formadas por ramo de atividade (Indústria, Comércio, Transportes etc.), têm como base territorial o âmbito nacional e sua sede na Capital Federal. São formadas com pelo menos 3 (três) Federações.

Atualmente as Confederações vêm desempenhando um importante papel, opinam sempre que houver impugnação no processo de criação de sindicatos, sendo que em caso de impugnação por parte da confederação, ficará prejudicado o pedido de registro do novo sindicato no Ministério do Trabalho e Emprego, o que não impede o interessado de discutir a impugnação perante o judiciário.

1.6 *Estrutura Interna das Federações e Confederações*

As entidades sindicais de grau superior têm como atribuição coordenar as atividades da entidade de grau inferior, sendo certo que a representação da categoria cabe ao sindicato. Podem existir acordos nacionais (exemplo Acordo Nacional dos Bancários), mas para ser aplicado em determinada base territorial deverá ser assinado pelo sindicato representante da categoria na referida base territorial. A lei (art. 611 § 3º da CLT) autoriza supletivamente que estas entidades representem os interesses da categoria, quando não organizadas em sindicato (Federações) e quando inexistir federação (Confederação). Tem-se, portanto, que o legislador adotou o princípio da supletividade ou complementaridade, somente quando inexistir órgão legitimado a representar a categoria, que as entidades de grau superior poderão fazê-lo.

São órgãos internos das federações e confederações: a **Diretoria**, constituída de no mínimo três membros, sendo que a lei não fixa o número máximo: **o Conselho Fiscal**, que terá três membros, ambos serão eleitos pelo Conselho de Representantes para um mandato de três anos, e o terceiro órgão é o **Conselho de Representantes**, formado pelas delegações dos sindicatos ou federações filiadas, constituída cada delegação de dois membros com mandato de três anos, sendo que cada delegação tem direito a apenas um voto nas deliberações.

1.7 *Centrais Sindicais*

São organizações formadas pelas união de sindicatos com a finalidade defender interesses dos trabalhadores em nível de intercategorias, numa linha horizontal, que abrange trabalhadores pertencentes a diversas categorias, e base de atuação, quase sempre todo o território nacional

1.7.1 *Natureza Jurídica*

Grande parte da doutrina afirma que as Centrais Sindicais não integram o Sistema Confederativo, não possuindo personalidade sindical, mas sim natureza jurídica de Associação Civil, sem poderes de representação das categorias profissionais ou econômicas em razão do Princípio Constitucional da Unicidade Sindical e da representação por categoria

1.7.2 *Centrais Sindicais no Ordenamento Jurídico*

As Centrais Sindicais foram proibidas em 1930, por ocasião da implantação do Estado Novo, e por essa razão no nosso sistema sindical, ou seja no sistema confederativo brasileiro, não lhe foi assegurado um lugar ou qualquer tipo de regulamentação.

Apesar da proibição existente, no início dos anos 1960, por decisão dos trabalhadores, foi criado o Comando Geral dos Trabalhadores — CGT, de orientação contrária à que vinha sendo seguida pela Confederação Nacional dos Trabalhadores da Indústria, órgão não setorial, mas geral, que comandou várias manifestações de trabalhadores, entre elas a greve de 1960, que envolveu a paralisação de aproximadamente

400.000 (quatrocentos mil) trabalhadores e, também, greves políticas. Posteriormente, no início dos governos militares por volta de 1964, a Confederação Nacional dos Trabalhadores da Indústria foi dissolvida.

Em 1981 foi realizada a I Conferência Nacional da Classe Trabalhadora, conhecida como o I CONCLAT, e nesta conferência surgiu a ideia da criação de uma Central Sindical, com a finalidade de defender os interesses dos trabalhadores. No entanto, surgiram divergências entre os líderes, sobre o caráter que deveria ter a referida Central Sindical; por essa razão, nas conferências seguintes, foram criadas duas centrais sindicais, a Central Única dos Trabalhadores — CUT e a Coordenação da Classe Trabalhadora — CONCLAT, e no ano de 1986 foi criada a Central Geral dos Trabalhadores — CGT.

Analisando as disposições constitucionais, verificamos que o legislador constituinte não as autorizou, nem tampouco proibiu expressamente a sua criação, e diante da omissão, alguns doutrinadores afirmam a inexistência de impedimento ao reconhecimento das centrais sindicais como entidades integrantes da estrutura sindical brasileira(4).

Considerando o disposto no art. 8º da Constituição Federal onde se tem assegurado o princípio da liberdade de associação, tem-se que as Centrais Sindicais estão amparadas em nosso ordenamento jurídico, ainda que não na condição de representante da categoria, função conferida aos sindicatos, mesmo porque, a Portaria n. 3.100, de 1985, do Ministério do Trabalho e Emprego, revogou a anterior proibição de Centrais Sindicais, e o Decreto n. 1.617, de 4 de abril de 1995, reconhece as Centrais Sindicais CUT, CGT e a Força Sindical como entidades que compõem o Conselho Nacional do Trabalho.

Apesar de não integrar o sistema confederativo sindical, existem leis que se referem à participação institucional das Centrais Sindicais como representante dos trabalhadores em diversos órgãos, como, por exemplo, o Conselho Curador do FGTS (art. 3º da Lei n. 8.036/1990); Conselho Nacional da Previdência Social (Lei n. 8.213/1991); Conselho Deliberativo do Fundo de Amparo ao Trabalhador (Lei n. 7.998/1990, art. 18, § 3º etc. Ressalte-se, no entanto, que o STF vem entendendo que, por não se tratar, ainda, de uma entidade de classe de âmbito nacional reconhecida pelo ordenamento jurídico vigente, não tem legitimidade para propor ação direta de inconstitucionalidade.

A legalização das Centrais Sindicais deu-se por meio da Lei n. 11.648, de 2008, que entrou em vigor na data de sua publicação, em 1º de abril de 2008, e analisando a exposição de motivos, concluímos que a nova Lei resultou de entendimento entre o Governo e trabalhadores para corrigir a situação antes existente, de elevado número de Centrais organizadas paralelamente às disposições legais.

De acordo com o parágrafo único do artigo primeiro da mencionada lei, podemos afirmar que se considera central sindical, a entidade associativa de direito privado, de feição geral dos trabalhadores, constituída em âmbito nacional, composta por organizações sindicais de trabalhadores, com a finalidade de:

I — coordenar a representação dos trabalhadores por meio das organizações sindicais a ela filiadas; e

II — participar de negociações em fóruns, colegiados de órgãos públicos e demais espaços de diálogo social que possuam composição tripartite, nos quais estejam em discussão assuntos de interesse geral dos trabalhadores.

Tem-se, portanto, que as Centrais Sindicais não irão concorrer com os sindicatos ou comprometer suas prerrogativas de negociação coletiva, porque o seu papel será o de caráter político-institucional, com vistas a representar e articular os interesses do conjunto de seus representados, cabendo às confederações, federações e sindicatos a tarefa efetiva de promover a negociação coletiva em seus respectivos âmbitos de representação.

(4) NASCIMENTO, Amauri Mascaro. *Curso de Direito Sindical.* São Paulo: Saraiva, 1989. p. 143.

As centrais não estão legitimadas para a negociação coletiva. Assim, à falta de autorização legal, as negociações continuam a ser praticadas nos níveis anteriores sem nenhum tipo de modificação, mas estarão aptas para participar de negociações em órgãos tripartites, que são, como é sabido, aqueles integrados pelas três partes interessadas na questão trabalhista, Governo, empresas e trabalhadores.

Portanto, continuariam autorizados para atuar diretamente na negociação coletiva os sindicatos e, na sua falta, as federações e confederações como vem ocorrendo, mas nada impedirá a participação das Centrais Sindicais em pactos sociais.

Os pactos sociais resultam de entendimentos aos quais, nos países de língua espanhola, dá-se o nome de concertação social. Tem finalidade predominantemente programática, mas também organizacional. Denominam-se também concertação social, mas esta é o procedimento, e pacto social, o instrumento resultante da negociação.

As Centrais Sindicais poderão praticar o diálogo social sob outras formas, não pela pactuação de acordos ou convenção coletiva de trabalho, atribuição esta que continua sem alterações em nosso sistema sindical.

De acordo com a exposição de motivos da referida lei, alguns conselhos e colegiados de órgãos públicos já preveem a participação das Centrais Sindicais como representantes dos trabalhadores em seus atos constitutivos, e o que se pretende é uma política comum para a incorporação dessas entidades nesses espaços, evitando, assim, a arbitrariedade na indicação das representações dos trabalhadores.

Dentre esses órgãos citem-se o Conselho Deliberativo do Fundo de Amparo ao Trabalhador — CODEFAT, o Conselho Curador do Fundo de Garantia do Tempo de Serviço — CCFGTS e a Comissão Tripartite de Relações Internacionais, integrantes da estrutura funcional do Ministério do Trabalho e Emprego.

Desse modo, foi normatizado algo que já se verifica na prática social, a atuação efetiva das Centrais superpostas às estruturas categorias situadas abaixo destes, porém com uma nova exigência da maior importância, os critérios de representatividade que terão de necessariamente preencher para que tenham acesso ao repasse dos recursos provenientes da contribuição sindical.

Também se verifica que as centrais são órgãos unilaterais não tendo correspondente no mesmo nível no lado dos empregadores (não existem centrais sindicais de empregadores). No entanto, nada impede que entidades sindicais patronais criem uma Central Sindical com suporte nos mesmos fundamentos com os quais até agora se mantiveram existentes a Centrais de Trabalhadores.

Também por força da mencionada lei foram alterados os arts. 589, 590, 591 e 593 da Consolidação das Leis do Trabalho, e as centrais representativas serão financiadas (10% da parte que cabia ao Ministério do Trabalho e Emprego, da Conta Emprego e Salário, administrada pelo FAT) com recursos provenientes da contribuição sindical dos trabalhadores, ex-imposto sindical, sendo:

Para a confederação 5% (cinco por cento); para Central Sindical 10% (dez por cento); para a federação 15% (quinze por cento); para o sindicato 60% (sessenta por cento); para a Contra Especial Emprego e Salário 10% (dez por cento).

O que mudou é a repartição dos 20% da Conta Especial Emprego e Salário, dos quais as Centrais ficarão com a metade em valores, cujos cálculos para alguns somam elevadas cifras.

Contudo, para recebê-los a Central Sindical deverá atender aos requisitos de representatividade previstos na legislação, ou seja:

I — filiação de, no mínimo, 100 (cem) sindicatos distribuídos nas 5 (cinco) regiões do País;

II — filiação em pelo menos 3 (três) regiões do País de, no mínimo, 20 (vinte) sindicatos em cada uma;

III — filiação de sindicatos em, no mínimo, 5 (cinco) setores de atividade econômica; e

IV — filiação de sindicatos que representem, no mínimo, 7% (sete por cento) do total de empregados sindicalizados em âmbito nacional.

O parágrafo único do art. 5 também estabelece que: "O índice previsto no inciso IV *caput* deste artigo será de 5% (cinco por cento) do total de empregados sindicalizados em âmbito nacional no período de 24 (vinte e quatro) meses a contar da publicação desta Lei".

Analisando a lei que regulamenta as centrais sindicais, tem-se que os requisitos consistem no número mínimo de sindicatos filiados, no total de empregados sindicalizados no País, na distribuição regional dos sindicatos em regiões do País e nos setores da atividade econômica que servem de base de sua representação, houve uma grande preocupação por parte do legislador em torná-las entes que efetivamente representem os interesses dos trabalhadores em âmbito nacional, e essa preocupação levou a lei a exigir requisitos de representatividade. Algumas Centrais hoje existentes não os preencherão e a tendência é a da diminuição do número de Centrais, pois é sabido que apenas três ou quatro Centrais preencherão os requisitos de representatividade, e as demais terão que se fundir com outras para que não desapareçam.

O sindicato de trabalhadores indicará ao Ministério do Trabalho e Emprego a Central Sindical a que estiver filiado como beneficiária da respectiva contribuição sindical, para fins de destinação de créditos. A deliberação deverá ser interna e democrática, no caso dos sindicatos por meio de assembleias sindicais, no caso de Federações e Confederações, através dos respectivos Conselhos.

A forma da filiação não é descrita pela lei, logo, serão válidas as adesões pela forma que os que se filiarem ou as Centrais que se filiarem decidirem entre si, evidentemente a forma escrita e a ata de aprovação da assembleia ou da reunião do Conselho de Representantes.

Não havendo sindicato, nem entidade sindical de grau superior ou central sindical, a contribuição sindical será creditada integralmente à "Conta Especial Emprego e Salário", e também, não havendo indicação de central sindical, os percentuais que lhe caberiam serão destinados à "Conta Especial Emprego e Salário".

As percentagens atribuídas às entidades sindicais de grau superior e às centrais sindicais serão aplicadas de conformidade com o que dispuserem os respectivos conselhos de representantes ou estatutos, e os recursos destinados às centrais sindicais deverão ser utilizados no custeio das atividades de representação geral *dos trabalhadores decorrentes de suas atribuições legais.*

A lei não exige registro das Centrais no Cadastro Nacional das Entidades Sindicais. Porém, as Centrais terão que preencher requisitos de representatividade, e o órgão competente para a sua aferição é o Ministério do Trabalho e Emprego.

Logo, não basta, para ser representativa e ter direito à parcela da receita destinada pela lei às Centrais, o registro em cartório civil de pessoas jurídicas. As Centrais que se mantiverem com esse registro serão associações não sindicais, mas não Centrais Sindicais representativas, porque não submeteram ao MTE a verificação do cumprimento das exigências legais para que existam com tal *status.*

A Central terá que demonstrar perante o Ministério do Trabalho que cumpre os pressupostos legais que a validam e autorizam a receber a sua quota-parte da contribuição sindical, demonstrando as filiações de sindicatos em regiões, nas regiões um número mínimo de sindicatos e em setores de atividades também um número mínimo de sindicatos a ela filiados, sem o que não poderá ser declarada representativa e não será uma Central financiada.

1.8 Criação e Registro de Sindicato

A Constituição Federal de 1988, no art. 8º inciso I, dispõe que "a lei não poderá exigir autorização do Estado para a fundação do sindicato, ressalvado o registro no órgão competente, vedadas ao poder público a interferência e intervenção na organização sindical". Tem-se, portanto, que o legislador constituinte adotou a mesma diretriz prevista na Convenção n. 87 da Organização Internacional do Trabalho, que determina expressamente que os sindicatos podem ser constituídos sem qualquer autorização expressa do Estado.

No entanto, a liberdade de criar sindicatos é limitada pelo princípio da unicidade sindical, de maneira que a entidade sindical só poderá ser criada se inexistir na sua base territorial sindicato que represente os interesses da categoria. Outro limite à criação de entidade sindical é o sistema confederativo, pois só poderá ser criada entidade sindical que integre o sistema confederativo: sindicato, federação e confederação.

Respeitados estes limites, é livre a criação de entidades sindicais, podendo os interessados convocar a assembleia geral que deliberará sobre a sua criação. Desse modo, não foram recepcionada pela Constituição Federal, as disposições do art. 520 da Consolidação das Leis do Trabalho, que prevee a carta de reconhecimento da associação profissional, desaparecendo também a exigência de prévia fundação de uma associação não sindical para posterior transformação em sindicato.

Após a deliberação da assembleia, será redigido o estatuto e levado a registro no cartório das pessoas jurídicas de direito civil e, em seguida, exige a Constituição Federal o registro dos estatutos da entidade sindical a ser criada no órgão competente. O legislador constituinte não definiu o órgão próprio para registro do sindicato, mas a jurisprudência, através das Súmulas ns. 677 do STF, Orientação jurisprudencial n. 15, reconheceram que o registro deve ser feito perante o Ministério do Trabalho e Emprego.

Para esse fim, foram editadas várias portarias pelo Ministério do Trabalho e Emprego que estabelecem o procedimento e requisitos para o registro de sindicatos, perante o Cadastro Nacional das Entidades Sindicais, apresentando a documentação à Superintendência Regional do Trabalho e Emprego da unidade da Federação onde se localiza a sede da entidade sindical.

Ressalte-se que a aquisição da personalidade jurídica sindical, bem como da qualidade de representante da categoria pelo sindicato, depende do registro perante o Ministério do Trabalho e Emprego.

O art. 7º da Convenção n. 87 da Organização Internacional do Trabalho dispõe que a exigência de registro, desde que não implique autorização prévia e não interfira no direito de trabalhadores e empregadores de criar entidades e dar-lhes a organização que desejarem, não configura atentado à liberdade sindical.

Assim, quando uma entidade pretende seu registro, protocola o pedido devidamente instruído com os documentos perante o Ministério do Trabalho e Emprego, dá publicidade deste ato, em jornal de grande circulação no Estado ou Estados abrangidos pela pretensa base territorial, e no Diário Oficial.

Após ter sido protocolado o pedido de registro, a Secretária de Relações do Trabalho procederá a análise da sua admissibilidade, verificando se os representados constituem categorias nos termos da Lei, bem como a existência, no Cadastro Nacional das Entidades sindicais de representantes da mesma categoria, na mesma base territorial. Após a verificação da regularidade do pedido e dos documentos apresentados, será publicado no Diário Oficial da União, para fins de publicidade e abertura de prazo de 30 (trinta) dias para eventuais impugnações perante o próprio Ministério do Trabalho.

A impugnação é um meio de assegurar a manifestação e a defesa da parte de outros sindicatos contra a violação do princípio da unicidade sindical, pois podem surgir disputas de representação sindical, de invasão de base territorial ou de outras categorias.

Havendo impugnação, o Secretário das Relações do Trabalho procederá o exame da sua admissibilidade e, conhecida a impugnação o Ministério do Trabalho, deixa de acolher o pedido de registro, cabendo às partes interessadas dirimir o conflito pela via consensual, através da autocomposiçao no próprio MTE (seção III da Portaria n. 186/2008) ou, se for o caso, movimentar as vias judiciais para ser analisado o mérito da impugnação, cabendo à Justiça do Trabalho decidir se procede ao não a impugnação. Da decisão judicial dependerá a efetivação do registro, sendo certo que o pedido de arquivamento permanecerá sobrestado até que o Ministério do Trabalho e Emprego seja notificado do acordo ou da decisão judicial.

Importante ressaltar que o exame de admissibilidade do pedido de registro ou das impugnações restringem-se à análise dos aspectos formais, por exemplo: se o requerente atende o disposto nos arts. 511, 534, 535 da CLT, se o pedido de registro está devidamente instruído, a tempestividade da impugnação, representatividade do impugnante etc., não cabe ao Ministério do Trabalho e Emprego analisar ou intervir sobre a conveniência ou oportunidade da criação, desmembramento, dissociação ou situações semelhantes, pois no momento sua atuação tornou-se meramente cadastral do registro de sindicatos

O mesmo procedimento é adotado quando se tratar de pedido de registro de entidades de grau superior, modificação de representação, desmembramento de categoria, alteração de base territorial.

A concessão de registro sindical ou da alteração estatutária será publicada no Diário Oficial da União, cujos dados serão incluídos no Cadastro Nacional de Entidades Sindicais, os quais deverão permanecer atualizados, e em seguida será expedida a certificação do registro com os dados constantes no Cadastro de Registro das Entidades Sindicais.

A liberdade de associação não se restringe à liberdade de criação de entidades sindicais, mas também está relacionada com a liberdade de desmembramento, fusão, incorporação ou até mesmo extinção da respectiva associação.

1.9 Funções

As entidades sindicais são associações criadas com a finalidade de coordenar e defender os interesses da categoria. Assim, para que possam se desincumbir de suas atribuições, estão legitimadas a exercer as funções de representação, função negocial ou regulamentar, e ainda a função assistencial.

A função de **representação** é apontada pela doutrina como a principal delas, e pode ser desdobrada em dois planos: o **coletivo e o individual**. No plano **coletivo**, o sindicato representa grupos, sendo essa a sua natural atribuição. Assim, quer perante o Estado, quer perante os empregadores ou outros órgãos, cabe ao sindicato atuar como intérprete das pretensões do grupo à frente do qual se põe e cujas reivindicações e posições encaminhará; no plano **individual**, o sindicato cumpre funções representativas, com maiores ou menores limitações: participando de processos judiciais, e conforme disposto no art. 513 da CLT, temos que **é prerrogativa dos sindicatos representar, perante autoridades administrativas e judiciárias, os interesses gerais da categoria ou os interesses individuais dos associados relativos à atividade ou profissão exercida.**

Também se tem certo que, quanto à área de atuação, a representação do sindicato pode ser: extrajudical ou judicial. A representação judicial se dá para a defesa dos interesses individuais ou da categoria, pois a Constituição Federal, no art. 8º, inciso III, assegurou ao sindicato a defesa dos interesses coletivos e individual da categoria, inclusive em questões judiciais e administrativas. Assim, em algumas situações o sindicato está autorizado a representar judicialmente os interesses da categoria, e em outras, tem legitimação extraordinária para atuar na condição de substituto processual na defesa dos interesses da categoria.

Importante ressaltar que o referido diapositivo constitucional de início gerou grandes discussões no plano doutrinário e jurisprudencial, entendendo alguns que a Magna Carta havia autorizado a substituição processual ampla e irrestrita aos sindicatos, e outros afirmavam uma interpretação mais restritiva à possibilidade de substituição processual pelos entes sindicais. O Tribunal Superior do Trabalho, de início adotou a tese restritiva, consubstanciada na Súmula n. 310, autorizando a substituição processual apenas nas hipóteses autorizadas por lei.

A questão foi levada ao Supremo Tribunal Federal, que concedeu uma interpretação mais ampliativa, assegurando ao sindicato a substituição processual geral e irrestrita, reconhecendo a legitimação extraordinária do sindicato para atuar como substituto processual, postulando em nome próprio na defesa dos interesses dos integrantes da categoria que representa.

Em respeito à decisão da mais alta corte de justiça, o Tribunal Superior do Trabalho, por meio da Resolução n. 119/2003, cancelou o Enunciado n. 310 que impedia a substituição processual ampla e irrestrita do sindicato na defesa dos interesses individuais e coletivos da categoria.

No que se refere à função negocial tem-se que, incentivada pela Convenção n. 98 da OIT, também foi recepcionada pela nossa Carta Constitucional, no art. 7, inciso XXVI, e ainda, incisos XIII, XIV, que condicionam a validade da flexibilização de alguns direitos trabalhistas a participação dos sindicatos através de negociação coletiva. Nos termos do disposto no inciso VI, do art. 8º da Constituição da República, a **função negocial** é prerrogativa exclusiva dos sindicatos, salvo na hipótese de a categoria estiver inorganizada em sindicato, inibindo a função negocial das entidades de classe de grau superior e das centrais sindicais, bem como de grupos ou comissão de fábrica.

Ainda que, segundo parte da doutrina, esta não seja função própria do sindicato, **a função assistencial**, ou seja, a atribuição de prestar serviços médicos, odontológicos e educacionais aos representados, esta função vem tratada no art. 514 da CLT, que elenca, entre os deveres do sindicato, a manutenção de serviços de assistência judiciária para os associados, sendo certo também que no parágrafo único, alínea, *b*, dispõe que é dever do sindicato fundar e manter escolas de alfabetização e pré-vocacionais.

A Lei n. 5.584/1970, no art. 14, também deixa consignado que a assistência judiciária em juízo seja prestada pelo sindicato àqueles que não tenham condições de ingressar com ação, sendo devida a todo aquele que perceber salário igual ou inferior ao dobro do mínimo legal, ficando assegurado igual benefício ao trabalhador que perceber salário superior, desde que comprove que sua situação econômica não lhe permite demandar sem prejuízo do sustento próprio ou da família. Por força do disposto no art. 18 da mesma lei, a assistência deverá ser prestada, ainda que o trabalhador não seja sócio do sindicato.

Ainda existe previsão legal da atribuição da entidade sindical de prestar assistência nas rescisões dos empregados com mais de um ano de emprego (art. 477 da CLT) e dos estáveis demissionários (art. 500 da CLT), sendo certo que a assistência deve ser prestada a todos os empregados da categoria, independentemente da condição de associado, sendo proibida a cobrança de qualquer taxa de homologação tanto dos empregados quanto do empregador.

Em relação à **função econômica**, é certo que existem países que admitem que os sindicatos exerçam atividade econômica, por exemplo, nos Estados Unidos os sindicatos são acionistas de empresas, financiam campanhas políticas. Na Alemanha, a DGB, central sindical, possui o controle acionário de um grande banco daquele país.

Em sede de direito brasileiro, no entanto, a Consolidação das Leis do Trabalho, no art. 564, veda expressamente aos sindicatos o exercício da função econômica direta, ou indiretamente, ao fundamento de que os sindicatos têm por finalidade defender os interesses da categoria, e não a exploração de atividade econômica, lucrativa.

Alguns doutrinadores afirmam que o referido preceito legal não está mais em vigor, diante da sua incompatibilidade com os princípios da liberdade sindical, e da autonomia sindical, pois se a norma constitucional atribuiu às entidades sindicais autonomia administrativa, não prevalece a legislação infraconstitucional que estabelece norma em sentido contrário, afirmando assim a possibilidade de ser exercida função econômica pelo sindicato, desde que lícitas e necessárias para o cumprimento da sua finalidade de coordenar e defender os interesses da categoria.

O exercício da **função política** também está expressamente proibido no art. 521, letra *d* da Consolidação das Leis do Trabalho, de maneira que de acordo com a norma consolidada as entidades sindicais não poderiam fazer política partidária, nem se dedicar à política, por tratar-se de função própria dos partidos políticos, sendo atribuição dos sindicatos representar e defender os interesses da categoria, independentemente da corrente partidária adota por seus integrantes.

A Organização Internacional do Trabalho, em resolução sobre a independência do Movimento Sindical de 26 de junho de 1952, deixa certo que a atuação política do sindicato não deve comprometer sua finalidade, ainda que não negue a possibilidade de a função política ser exercida pelos sindicatos.

É certo também que no direito comparado, verifica-se a possibilidade do exercício da função política pelos sindicatos em vários países.

Por fim, merece destaque o entendimento de grande parte da doutrina, no sentido de que todas as normas restritivas do exercício da atividade sindical constantes da CLT, que não foram reproduzidas na Constituição Federal, são atentatórias ao princípio da liberdade sindical e da não interferência do Estado nas relações sindicais, afirmando ainda que, desde que os sindicatos não se desviem da sua principal atribuição que é a defesa dos interesses da categoria.

1.10 Garantias Prerrogativas e Limitações

O direito à sindicalização poderia ficar ameaçado, se o ordenamento jurídico não assegurasse adequada proteção aos trabalhadores.

O art. 1º da Convenção n. 98 da OIT: "Os trabalhadores deverão gozar de adequada proteção contra todo ato de discriminação tendente a menoscabar a liberdade sindical em relação com seu emprego".

Em consonância com os termos estabelecido na referida Convenção, a norma Constitucional vigente, assim como a Consolidação das Leis do Trabalho, contêm preceitos que visam proteger o dirigente sindical sendo:

1.10.1 Normas de Proteção ao Direito de Associação

Ao trabalhador foram asseguradas as seguintes medidas de proteção ao seu direito de sindicalização, que se encontram arroladas no art. 544 da Consolidação das Leis do trabalho, sendo que as mais importantes são:

a) Direito de ingressar em sindicato

O direito de livre ingresso no sindicato encontra-se regulado no art. 540, da lei consolidada, onde se tem: "A toda empresa ou indivíduo que exerçam, respectivamente, atividade ou profissão, desde que satisfaçam as exigências desta lei, assiste o direito de ser admitido no sindicato da respectiva categoria, salvo o caso de falta de idoneidade, devidamente comprovada com recurso para o Ministério do Trabalho".

Esse preceito reproduz, como se vê, o princípio universal de liberdade sindical, enunciado na Convenção n. 87 da OIT, no entanto, deve ser observado que o referido direito não vem sendo totalmente observado, uma vez que no sistema brasileiro, o profissional, seja ele empregado, empregador ou trabalhador autônomo, não goza da liberdade de se filiar ao sindicato de sua escolha, uma vez que prevalece entre nós a regra do sindicato único.

Também não tem mais aplicação a ressalva nele contida de recurso para o Ministério do Trabalho, pois hoje se tem certo que o referido recurso só pode ser dirigido e decidido pelo Judiciário.

Como condição de ingresso no sindicato, estabelece o legislador as seguintes exigências:

a) Exercício de atividade ou profissão

b) A idoneidade do candidato.

Desta forma, o inativo, o clérigo, o estudante, o turista não podem ingressar em sindicato, já que supostamente não exercem atividade econômica ou profissão que lhe corresponda. No que diz respeito ao aposentado, deve ser lembrado à regra do art. 8º, VII, da Constituição de 1988, onde se tem de maneira expressa que "o aposentado filiado tem direito a votar e ser votado nas organizações sindicais". Por essa razão, não se pode impedir a filiação de aposentado, ainda que, enquanto na ativa, não possuísse a condição de associado.

O legislador ao se referir à falta de idoneidade quis deixar certo que falta de aptidão moral do candidato importa na falta de condição para o exercício de atividade sindical.

Questão de grande importância é a de saber se os estatutos podem estabelecer outras restrições ao ingresso no sindicato, além das previstas em lei.

A doutrina vem entendendo que num regime de autêntica liberdade sindical, cada entidade deve gozar efetivamente do poder de estabelecer condições quanto à maneira de composição de seus quadros sociais, pois que o direito de elaborar livremente os respectivos estatutos e de organizar a própria administração, constitui consectários da liberdade sindical. No entanto, tem-se certo também, que as referidas condições não podem ser discriminatórias, considerando-se como tais as que impeçam o ingresso no sindicato por motivo de ideologia política, de credo religioso, ou de cor, de sexo, de nacionalidade.

b) Direito de não sofrer discriminação

Assim como não se concebe que o candidato à admissão em sindicato seja discriminado em virtude de suas opiniões políticas, de sua religião, de sua raça ou de sua cor, do seu sexo, ou de sua nacionalidade, assim também não se pode admitir que sofra os mesmos tipos de discriminações, pelo fato de se encontrar investido na condição de associado.

De acordo com a norma celetista, a empresa que despedir, suspender ou rebaixar de categoria o empregado, ou lhe reduzir o salário, para impedir que se associe ao sindicato, organize associação sindical ou exerça os direitos inerentes à condição de sindicalizado, fica sujeita à penalidade..."

Ainda se tem certo que não pode haver privilégios entre os associados, e por essa razão todos devem sujeitar-se a contribuições de igual valor e igualdade de condições no exercício das prerrogativas sociais.

c) Direito de exercer influência nas deliberações dos órgãos sindicais

Todo o associado tem o direito de participação no processo de escolha dos administradores do sindicato, e de participar das assembleias de associados para a formulação de diretrizes gerais do sindicato, e aprovação das cláusulas do estatuto do sindicato, votar sobre as cláusulas que serão objetos da negociação coletiva, da deflagração da greve etc.

d) Direito de controlar a gestão financeira do sindicato

O associado deve ter assegurado o direito de ter acesso aos documentos e contas do sindicato, bem como de participar das assembleias que delibera sobre a sua aprovação ou rejeição;

e) Direito de recorrer contra decisões lesivas a seus interesses

Direito de impugnar, mediante recurso, as decisões lesivas ao seu interesse.

f) Direito ao uso dos serviços sociais

g) Direito de votar e ser votado

1.10.2 Direitos dos associados

Há de se registrar que a CLT não só protege a sindicalização, mas também procura incentivá-la concedendo preferência ao trabalhador sindicalizado nas seguintes hipóteses tratadas no art. 544, tais como:

a) para admissão nos trabalhos de empresa que explore serviços públicos ou mantenha contrato com os poderes públicos;

b) para ingresso em funções públicas ou assemelhadas; em caso de cessação coletiva de trabalho, por motivo de fechamento de estabelecimento;

c) nas concorrências para a aquisição de casa própria, pelo Plano Nacional de Habitação ou por intermédio de quaisquer instituições públicas; nos loteamentos urbanos ou rurais, promovidos pela União, por seus órgãos da administração direta ou indireta ou sociedades de economia mista;

d) na locação ou compra de imóveis, de propriedade de pessoa de direito público ou sociedade de economia mista, quando sob ação de despejo em tramitação judicial; na concessão de empréstimos simples concedidos pelas agências financeiras do Governo ou a eles vinculadas;

e) na aquisição de automóveis, outros veículos e instrumentos relativos ao exercício da profissão, quando financiados pelas autarquias, sociedades de economia mista ou agências financeiras do Governo;

f) para admissão nos serviços portuários e anexos, na forma da legislação específica;

g) na concessão de bolsas de estudo para si ou para seus filhos, obedecida a legislação que regule a matéria.

Aos empresários sindicalizados assegurou-se preferência, em igualdade de condições, nas concorrências para exploração de serviços públicos, bem como nas concorrências para fornecimento às repartições federais, estaduais e municipais e às entidades paraestatais.

Importante ainda analisar se os privilégios concedidos pela legislação brasileira ao trabalhador sindicalizado poderiam ser tidos como atentatórios à liberdade de não fazer parte do sindicato, sobretudo, depois do advento da Constituição de 1988.

Para parte da doutrina não, ao fundamento de as referidas cláusulas estão em consonância com o compromisso assumido pelos Estados filiados à OIT de prestigiar os objetivos por esta perseguidos, entre os quais se tem o de incrementar e incentivar a sindicalização. Outros, no entanto, afirmam que estas cláusulas sindicais devem ser impostas nos estatutos elaborados pelos próprios sindicatos, constituindo pois expressão de sua autonomia, ao passo que os incentivos à sindicalização, promovidos pelo Estado, consubstanciam clara interferência deste na vida sindical, o que, em princípio, revela-se incompatível com a regra de não interferência da Convenção n. 87, da OIT.

Há várias resoluções do Comitê de Liberdade Sindical, do Conselho de Administração, da OIT, no sentido de que constituem violações à liberdade sindical o favoritismo ou as preferências concedidas a uma determinada organização profissional.

1.10.3 Cargo de Administração Sindical

O legislador exige também a prova de qualidade de sindicalizado para o exercício de qualquer função representativa na categoria econômica ou profissional, em órgão oficial de deliberação coletiva, bem como para o gozo dos favores ou isenções tributárias. (Artigo 547)

Importante mencionar que o art. 540, § 1º da CLT, assinala a perda do direito de associado trabalhador que deixar a profissão. No entanto, não se pode confundir o trabalhador que deixou a profissão com o desempregado, e conforme disposto no § 2º do mesmo artigo, o desempregado ou o convocado para o serviço militar não perdem os direitos sindicais, mais não podem exercer cargo de dirigente sindical, ressaltando-se que o aposentado, por força do disposto no art. 8º da CFVI, não foi recepcionado pela CF.

1.10.4 Normas de Proteção ao Dirigente Sindical

Com a finalidade de assegurar o livre exercício das funções de dirigente sindical, a Constituição vigente e a CLT asseguram aos dirigentes sindicais os seguintes direitos:

a) Estabilidade no emprego do empregado eleito para ocupar o cargo de dirigente sindical

Adotando a mesma diretriz da mencionada norma internacional, estabelece a Constituição de 1988, no art. 8º, VII, que: "É vedada a dispensa do empregado sindicalizado a partir do registro da candidatura a cargo de direção ou representação sindical e, se eleito, ainda que suplente, até um ano após o final do mandato, salvo se cometer falta grave nos termos da Lei". A mesma regra de proteção já vinha assegurada na Consolidação das Leis do Trabalho no art. 543 § 3º, juntamente com outras regras que deverão ser observadas para ser assegurado ao dirigente sindical a estabilidade vejamos:

Art. 543. (...)

§ 3º Fica vedada a dispensa do empregado sindicalizado ou associado, a partir do momento do registro de sua candidatura a cargo de direção ou representação de entidade sindical ou de associação profissional, até 1 (um) ano após o final do seu mandato, caso seja eleito, inclusive como suplente, salvo se cometer falta grave devidamente apurada nos termos desta Consolidação. (Redação dada pela Lei n. 7.543, de 2.10.1986, DOU 3.10.1986)

§ 4º Considera-se cargo de direção ou de representação sindical aquele cujo exercício ou indicação decorre de eleição prevista em lei.

§ 5º Para os fins deste artigo, a entidade sindical comunicará por escrito à empresa, dentro de 24 (vinte e quatro) horas, o dia e a hora do registro da candidatura do seu empregado e, em igual prazo, sua eleição e posse, fornecendo, outrossim, a este, comprovante no mesmo sentido. O Ministério do Trabalho fará no mesmo prazo a comunicação no caso da designação referida no final do § 4º.

Conforme entendimento jurisprudencial já sedimentado pelo Tribunal Superior do Trabalho, constante da Súmula n. 369, a comunicação ao empregador do registro da candidatura do dirigente sindical, e sua eleição e posse, é formalidade essencial para a aquisição do direito de estabilidade no emprego. Consiste em solenidade *ad substantiam* do ato jurídico e não apenas *ad probationem tantum*. Integra o ato jurídico que só se completará quando todas as formalidades legais forem observadas.

A jurisprudência do Tribunal Superior do Trabalho, constante da Súmula n. 379, deixa certo também que a forma de ser apurada a falta grave a que se refere o legislador, para a rescisão do contrato por justa causa do trabalhador eleito dirigente sindical, é o inquérito para apuração de falta grave. Importante mencionar o entendimento jurisprudencial do TST OJ n. 137, que deixa certo que constitui direito líquido e certo do empregador a suspensão do empregado, ainda que detentor de estabilidade sindical, até a decisão final do inquérito.

Oportuno ressaltar, também, que a mencionada Súmula n. 369 do TST estabelece que devem ser observados os seguintes parâmetros:

a) (...)

b) O art. 522 da CLT, que limita a sete o número máximo de dirigentes sindicais estáveis, foi recepcionado pela Constituição Federal de 1988;

c) O empregado de categoria diferenciada eleito dirigente sindical só goza de estabilidade se exercer na empresa atividade pertinente à categoria profissional do sindicato para o qual foi eleito dirigente;

Em relação à regra contida na letra *c* da Súmula, tem-se que o entendimento jurisprudencial levou em conta que a finalidade da garantia é a de proteger o interesse da categoria profissional a que pertença o representante, assegurando ao trabalhador a possibilidade de negociar coletivamente, no interesse da categoria que representa na empresa;

d) Havendo extinção da atividade empresarial no âmbito da base territorial do sindicato, não há razão para subsistir a estabilidade;

e) O registro da candidatura do empregado a cargo de dirigente sindical durante o período de aviso prévio, ainda que indenizado, não lhe assegura a estabilidade.

Ressalte-se que a estabilidade sindical não é pessoal, mas sim objetiva, visa a proteger mais os interesses da entidade que representa do que o interesse do trabalhador, e por essa razão não lhe é permitido trocar o direito de permanência no emprego pelo recebimento de indenização, ainda que muitas vezes seja induzido a fazê-lo.

Também há de se concluir que a referida garantia não prevalece em caso de passar o dirigente sindical a exercer a sua atividade em local diverso do da sede de seu sindicato.

Tampouco goza de estabilidade provisória o dirigente sindical destituído de suas funções de dirigente sindical. A aquisição do direito de estabilidade depende da condição de dirigente representante da categoria, no exercício das suas funções estatutárias, no gozo dos direitos sindicais (pressupostos subjetivos).

Em regra, a estabilidade em causa se estende até um ano após o final do mandato, mas em caso de destituição, tal garantia já não mais se justifica porque, nos expressos termos do item VIII, do art. 530 da CLT, o dirigente destituído se torna inelegível para cargos de representação sindical, o que significa, em outras palavras, não terá legitimidade para ser o agente de atuação do interesse coletivo.

Em relação à possibilidade de reeleição do dirigente sindical, a CLT é, apesar de estabelecer que o dirigente de CIPA só pode ser reeleito uma única vez, omissa no que se refere ao dirigente sindical, deixando a matéria para ser regulamentada nos estatutos do sindicato

b) Direito de não ser transferido

Com a finalidade ainda de assegurar o exercício das funções de dirigente sindical, o art. 543 da CLT proíbe a transferência do membro eleito dirigente sindical para lugar que dificulte ou torne impossível o desempenho de suas atribuições sindicais, e no § 1º estabelece que perderá o mandato se a transferência for solicitada pelo trabalhador dirigente sindical.

> **Art. 543** — O empregado eleito para cargo de administração sindical ou representação profissional, inclusive junto a órgão de deliberação coletiva, não poderá ser impedido do exercício de suas funções, nem transferido para lugar ou mister que lhe dificulte ou torne impossível o desempenho das suas atribuições sindicais. (Redação dada pelo Decreto-lei n. 229, de 28.2.1967, DOU 28.2.1967)
>
> **§ 1º** O empregado perderá o mandato se a transferência for por ele solicitada ou voluntariamente aceita.

c) Direito de se afastar do emprego para exercer atividades sindicais

Outra norma de proteção à sindicalização é a regra contida no § 2º do art. 543 da CLT, que estabelece a autorização para que ocorra a suspensão do contrato de trabalho por iniciativa do dirigente, ainda que sem a anuência do empregador, para o desempenho de atividades do sindicato, toda a vez que se tornar necessário.

> **Art. 543.** O empregado eleito para cargo de administração sindical ou representação profissional, inclusive junto a órgão de deliberação coletiva, não poderá ser impedido do exercício de suas funções, nem transferido para lugar ou mister que lhe dificulte ou torne impossível o desempenho das suas atribuições sindicais
>
> (...)
>
> **§ 2º** Considera-se de licença não remunerada, salvo assentimento da empresa ou cláusula contratual, o tempo em que o empregado se ausentar do trabalho no desempenho das funções a que refere este artigo.

2. *Estabilidade de Dirigente das Entidades de Classe de grau superior*

De acordo com o art. 543, § 3º, da CLT, a garantia no emprego atinge empregado eleito para cargo de direção ou representação de entidade sindical ou associação profissional. O art. 533 pertencente à Seção V, relativo às associações sindicais de grau superior e ao Capítulo I, da instituição Sindical, do Título V, da organização sindical, regulamenta que constituem associações sindicais de grau superior as federações e confederações organizadas nos termos da Lei. Pela própria definição estabelecida pela CLT, a federação é associação sindical de grau superior, e, portanto, os eleitos para cargo de sua direção estão abrangidos pela garantia prevista no art. 543, § 3º, da CLT.

2. NEGOCIAÇÃO COLETIVA. FUNÇÃO. NÍVEIS DE NEGOCIAÇÃO. INSTRUMENTOS NORMATIVOS NEGOCIADOS: ACORDO COLETIVO E CONVENÇÃO COLETIVA DE TRABALHO. EFEITOS DAS CLÁUSULAS. CLÁUSULAS OBRIGACIONAIS E CLÁUSULAS NORMATIVAS. INCORPORAÇÃO DAS CLÁUSULAS NOS CONTRATOS DE EMPREGO.

1 Negociação coletiva

A Convenção n. 154 da Organização Internacional do Trabalho define negociação coletiva como procedimento destinado à elaboração de Contratos Coletivos de Trabalho, tendo por fim fixar condições de trabalho e emprego e, ainda, regular as relações entre empregador e trabalhadores ou entre as suas organizações representativas.

Tem-se, portanto, que a **Negociação Coletiva é um procedimento desenvolvido entre o Sindicato da Categoria Profissional e o Sindicato da Categoria Econômica ou uma ou mais empresas, com a finalidade de solucionar conflitos trabalhistas.**

Trata-se de fórmula autocompositiva de solução de conflitos, pelos próprios interessados, sem a interferência de terceiros.

A Constituição Federal de 1988, no art. 6º, estabelece que é obrigatória a participação dos Sindicatos nas negociações coletivas.

No entanto, o reconhecimento constitucional do acordo coletivo, que é celebrado pelo sindicato da categoria profissional com uma ou mais empresas, faz presumir que a exigência constitucional se refere a participação obrigatória apenas do sindicato dos trabalhadores.

2 Níveis de negociação

As negociações coletivas podem ocorrer em nível de categoria econômica e profissional, representados pelos sindicatos dessas categorias na base territorial; ou em âmbito de empresa, mediante entendimentos mantidos entre o sindicato dos trabalhadores e, diretamente, uma ou mais empresas da categoria.

LIMITES DA AUTONOMIA PRIVADA COLETIVA

A autonomia privada coletiva, no âmbito do Direito do Trabalho, é identificada como o poder reconhecido às entidades sindicais de se organizarem, de se autorregularem, de negociarem regras abstratas aplicáveis às relações de trabalho de seus representados, de representarem os interesses individuais e coletivos dos componentes do grupo e de defenderem esses interesses através de ações diretas, como a greve (autotutela).

Autonomia privada coletiva voltada à negociação e a pactuação de normas aplicáveis às relações individuais de trabalho também é conhecido como pluralismo jurídico do direito do trabalho.

No entanto, a existência da autonomia privada coletiva não excluiu do direito do trabalho a regulação heterônoma, pois nosso país adota a tradição romano-germânica. Em sede de direito do trabalho, a legislação passou a ter outras funções: estabelecer as garantias mínimas de proteção, inderrogáveis na contratação individual; estabelecer condições para a atuação livre dos sindicatos; estimular a negociação coletiva, como forma de se obter melhores condições de trabalho.

Um segundo aspecto a ser considerado, é que a negociação coletiva de trabalho só pode ter por objeto o ajuste de condições que incidam sobre os contratos de trabalho, que disciplinem relações entre os sindicatos convenentes, ou que se refiram à própria convenção ou acordo coletivo de trabalho (duração, prorrogação, modificação, multa por descumprimento etc.). Questões estranhas ao contrato de trabalho e às partes envolvidas na negociação não são pertinentes.

Tal limitação está implícita na Constituição Federal, que cria a entidade sindical como uma espécie particular de associação com objetivos próprios relacionados a trabalhadores e empregadores, em suas relações de trabalho (art. 8º da CF), deixando questões de interesse político para os partidos políticos (art. 17 da CF) e outros interesses para as associações comuns e as cooperativas (art. 5º, incisos XVII, XVIII, XIX, XX e XXI da CF).

Ratificação da Convenção n. 151 da OIT

O Brasil formalizou à direção da Organização Internacional do Trabalho (OIT), no dia 15 de junho de 2010, a adesão do país à Convenção n. 151, norma internacional que garante organização sindical aos servidores públicos e a atuação deles no processo de negociação coletiva.

A Convenção n. 151 normatiza as relações de trabalho na administração pública, em especial, no que diz respeito ao direito de organização, e prevê garantias às organizações de trabalhadores do setor público, bem como estabelece parâmetros para a fixação e a negociação das condições de trabalho, para a solução de conflitos e para o exercício dos direitos civis e políticos.

Ao promulgá-las, o Congresso fez duas ressalvas. A primeira estende a expressão "pessoas empregadas pelas autoridades públicas", constante na Convenção n. 151, aos diversos níveis de governo e às várias relações de trabalho. Isto é, vale tanto para servidores públicos federais regidos pela Lei n. 8.112/1990 ou pela CLT, quanto para os servidores dos âmbitos estadual e municipal, regidos pela legislação específica de cada um.

Na outra ressalva, estabelece que as organizações de trabalhadores abrangidas pela Convenção são apenas aquelas organizações "constituídas nos termos do art. 8º da Constituição Federal".

Para Amauri Mascaro Nascimento, as normas que são ajustadas em decorrência da negociação coletiva "têm maior possibilidade de atender as peculiaridades de cada setor econômico e profissional ou cada empresa para qual é instituída. A legislação é geral, uniforme para toda a sociedade. A negociação é específica para segmentos menores. Permite a autorregulamentação de detalhes que a lei, norma de ordem geral, para toda a sociedade, não pode nem deve reger"(5), estas poderiam ser em síntese as vantagens dos instrumentos normativos negociados que serão analisados a seguir

Resultado da Autonomia Privada Coletiva

Quando as partes interessadas chegam a um bom termo e conseguem um ajuste de seus interesses, o resultado é formalizado no documento que recebe o nome de Convenção Coletiva de Trabalho, tenha a negociação se dado em nível de Categoria, se em nível de empresa será formalizado através de acordo coletivo. Destaca-se, também, que o legislador Constituinte, no art. 7º, inciso XXVI, da Constituição Federal, deixa certo o reconhecimento formal desses instrumentos normativos.

A Negociação Coletiva, como forma de solucionar conflitos trabalhistas, constitui-se em um dos mais importantes métodos de solução de conflitos coletivos na sociedade moderna

(5) *Compêndio de Direito Sindical.* 2. ed. São Paulo: LTr, 2000.

Convenção Coletiva de Trabalho e Acordo coletivo — Conceito

O art. 611 da Consolidação das Leis do Trabalho define Convenção Coletiva de Trabalho dispondo: "é o acordo de caráter normativo pelo qual dois ou mais sindicatos representantes de categorias econômicas e profissionais estipulam condições de trabalho aplicáveis, no âmbito das respectivas representações, às relações individuais de trabalho".

O Acordo Coletivo de Trabalho está definido no parágrafo único do art. 611 da CLT, que dispõe: "é o acordo de caráter normativo celebrado por sindicato da categoria profissional com uma ou mais empresas da categoria econômica correspondente, estipulando condições de trabalho a serem aplicadas no âmbito das empresas acordantes".

Analisando o contido no texto legal, verificamos a preocupação do legislador em apontar os principais aspectos dos referidos instrumentos normativos, mostra de forma clara e inequívoca a natureza jurídica, os sujeitos legitimados, bem como o âmbito de aplicação das cláusulas estipuladas, permitindo de plano concluir que se trata de instrumentos idênticos que diferem entre si quanto ao âmbito de abrangência e signatários.

Denominação

Não existe uniformidade na doutrina a respeito da denominação dada ao instrumento normativo pelo qual os sindicatos ajustam, de regra, melhores condições de trabalho. Alguns adotam a denominação Contrato Coletivo, outros preferem Convênio Coletivo.

No ordenamento jurídico brasileiro, em alguns dispositivos legais, utiliza-se da expressão contrato coletivo de trabalho como sinônimo de Convenção e Acordo coletivo de trabalho, e a antiga redação do art. 611 da Consolidação das Leis do Trabalho empregava a expressão contrato coletivo, ao referir-se às convenções coletivas de trabalho. No entanto, no momento, a denominação utilizada pelo legislador é convenção coletiva, quando se tratar de norma firmada pelos sindicatos para ser aplicada no âmbito da categoria, e acordo coletivo quando sua aplicação for restrita ao âmbito de uma ou mais empresas.

O Decreto n. 19.770, de 19.3.1931, sobre "sindicalização das classes patronais e operárias", foi o primeiro instrumento legislativo a versar sobre normas coletivas do trabalho; ele conferiu aos sindicatos "a faculdade de firmarem ou sancionarem convenções ou contratos de trabalho dos seus associados, com outros sindicatos profissionais, com empresas e patrões, nos termos da legislação que, a respeito, for decretada" (art. 7º), bem como facultou "aos sindicatos de patrões, de empregados e de operários celebrar, entre si, acordos e convenções para defesa e garantia dos interesses recíprocos, devendo ser tais acordos e convenções, antes de sua execução, serem ratificados pelo Ministério do Trabalho, Indústria e Comércio" (art. 10º).

A expressão "convenção coletiva de trabalho" foi inserida no ordenamento jurídico brasileiro pelo Decreto n. 21.761, de 23.8.1932 ("Institui a convenção coletiva de trabalho"), que a definiu como o "ajuste relativo às condições do trabalho, concluído entre um ou vários empregadores e seus empregados, ou entre sindicatos ou qualquer outro agrupamento de empregadores e sindicatos, ou qualquer outro agrupamento de empregados".

Esse Decreto não distinguia nominalmente entre acordo e convenção coletiva; a expressão convenção coletiva era utilizada para designar tanto o convênio coletivo celebrado por sindicatos quanto por grupos de empregados e empregadores. Os convênios coletivos não abrangiam toda a categoria, pois eram restritos aos membros das entidades convenentes. Era prevista a possibilidade de qualquer agrupamento de empregadores ou empregados de uma mesma região ou do mesmo ramo profissional aderir à convenção coletiva, desde que com o consentimento das partes convenentes (art. 5º).

Natureza Jurídica

Encontramos na doutrina algumas teorias que procuram explicar a natureza jurídica da convenção coletiva e do acordo coletivo, sendo que as mais importantes são:

a) Teorias Contratualista ou Civilista

Os adeptos desta teoria afirmam a natureza jurídica contratual da convenção e do acordo coletivo ao fundamento de que sua origem emana da vontade das partes contratantes e sua aplicação é restrita para aqueles que se obrigaram ao firmar o instrumento normativo.

No entanto, não há uniformidade entre os civilistas a respeito da figura contratual em que estaria inserida a convenção e o acordo coletivo, existindo teses distintas construídas a partir das teorias do Contrato, do Mandato, da Gestão de Negócios, Estipulação em favor de terceiros etc.

a.1) Teoria do Mandato

A figura contratual do mandato é adotada por aqueles que afirmam que o sindicato, ao celebrar convenção coletiva, age como mandatário dos representados na defesa dos interesses individuais e coletivos.

Este teoria não foi aceita, pois entrava em choque com o princípio da liberdade sindical e autonomia privada coletiva do sindicato de representar não só os sócios do sindicato, mas também toda a categoria. O não associado do sindicato não outorga ao sindicato qualquer poder, pois sequer pode participar da assembleia onde serão discutidas e aprovadas as cláusulas da convenção coletiva, mas ainda assim a convenção será aplicada aos não sócios do sindicato.

a.2) Teoria da Estipulação em Favor de Terceiros

Aqueles que entendem trata-se de estipulação em favor de terceiros fundamentam sua tese, afirmando que a referida figura contratual consiste na elaboração de um ajuste entre duas pessoas, onde se acorda que as vantagens dele resultante reverter-se-á em benefício de uma terceira pessoa não participante da relação contratual, e no caso da convenção coletiva ou do acordo coletivo, o sindicato estaria apto a estipular condições de trabalho em favor de seus representados, considerados terceiros.

As críticas a esta teoria eram no sentido de que os associados do sindicato não poderiam ser considerados terceiros, pois tratava-se da própria coletividade que seria beneficiada, e também porque a convenção cria direitos e obrigações para toda a categoria que não poderiam ser considerados terceiros.

a.3) Teoria da Gestão de Negócios

A gestão de negócio é a figura contratual que consiste na intervenção de alguém na gerência de negócio alheio. Segundo os seguidores desta teoria, o sindicato atuaria como gestor de negócios dos integrantes da categoria, ou seja, dos interesses de seus representados.

Esta teoria recebeu críticas principalmente pelo fato de que o gestor de negócio deve assumir o negócio a ser gerido de maneira voluntária e espontânea, enquanto o sindicato tem o dever legal de defender os interesses da categoria, e também porque na gestão de negócios há a possibilidade de os donos do negócio não ratificarem os atos praticados pelo gerente quando contrário a seus interesses, enquanto nas convenções coletivas e acordos coletivos, uma vez autorizado pela assembleia, os trabalhadores não poderão individualmente questionarem suas cláusulas.

a.4) Teoria do Contrato Inominado

Diante das críticas recebidas em relação a cada teoria apresentada, os Contratualistas concluíram a impossibilidade de se confundir a convenção coletiva com as modalidades contratuais típicas de direito civil, afirmando a natureza jurídica de contrato inominado; ou seja, a convenção e o acordo coletivo seriam uma modalidade de contrato que ainda não havia sido devidamente nominado.

b) Teorias Regulamentares ou Publicistas

Os que afirmam a natureza regulamentar, ou Publicistas, entendem que as teorias civilistas clássicas não se enquadram ao conceito de convenção coletiva de trabalho e acordo coletivo, tendo em vista seu caráter normativo, pois estabelecem regras que são aplicáveis aos membros de um grupo ou profissão, fixando modelos que servirão de norma na estipulação de contratos individuais de trabalho e também porque não se destinam a criar situações subjetivas.

A teoria regulamentar procura explicar a natureza jurídica da convenção coletiva, não como um contrato, mas levando em conta seu efeito, que é normativo, pois suas cláusulas serão aplicadas coercitivamente para os integrantes da categoria, sócios e não sócios do sindicato. "Tal teoria tem um aspecto publicístico, proveniente do corporativismo italiano"(6). A teoria regulamentar se subdivide em:

b.1) Teoria da Lei Delegada

Segundo esta teoria, a convenção coletiva constitui resultado de uma delegação legislativa do Estado, afirma que ao celebrar a convenção coletiva os sindicatos desempenham funções delegadas do Estado para legislar sobre normas que serão aplicadas nas relações de trabalho. Esta teoria foi aceita por Segadas Vianna, que entende que "a extracontratualidade decorre de a convenção Coletiva ser considerada um ato individual de alcance jurídico individual e ato subjetivo. Torna-se lei delegada por obrigar a todos inominadamente, mas não tem o poder de derrogar as normas estatais, podendo entretanto ampliar os benefícios previstos em lei e criar outros. Não se trata de um contrato, posto que por este criam-se relações jurídicas individuais, o que não ocorre na convenção coletiva"(7).

b.2) Teoria da Instituição Corporativa ou Teoria Institucionalista

Esta teoria tem forte influencia da doutrina francesa (Emmanuel Gounot, entre outros) e fundamenta o poder de produção de normas jurídicas nas instituições e corporações, veem o sindicato como uma espécie de corporação. Os institucionalistas atribuem a característica normativa as convenção e o acordo coletivo como decorrência de um poder assegurado pela ordem jurídica a uma instituição, que no caso seria ao sindicato. A força normativa da convenção coletiva advém da autonomia sindical

Para a teoria institucionalista, a instituição dá origem ao direito. A instituição é o substrato sociológico e conferidor da força normativa ao regramento do grupo, que obriga a todos os seus membros. Suas normas constituem as regras estruturais e funcionais do grupo

Segundo as lições de Gounot, a convenção coletiva constitui a carta ou o estatuto de uma instituição cuja base social é o agrupamento profissional. O fato de pertencer a essa instituição automaticamente submete o indivíduo ao cumprimento das regras constantes nos instrumentos normativos negociados.

b.3) Teoria Regulamentar

Os seguidores desta teoria afirmam que a Convenção Coletiva não se enquadra nos modelos contratuais clássicos do direito civil, pois sua força normativa e sua eficácia se dão em âmbito ultracontraentes. Trata-se de uma lei profissional que se aplicaria para os sócios e não sócios do sindicato, e, como uma verdadeira lei, possui força normativa abrangente de pessoas que não participaram diretamente do processo de sua formação. Os adeptos desta teoria têm a convenção coletiva como um regulamento interno das condições de trabalho e da profissão, tal como ocorre com a lei.

c) Teoria Mista ou do Ato Normativo

"A teoria mista parte do pressuposto de que há verdades a serem consideradas tanto do lado dos contratualistas quanto dos normativistas, embora considere cada uma das correntes, analisadas isoladamente,

---

(6) MARTINS, Sergio Pinto. *Direito do trabalho.* 22. ed. São Paulo: Atlas, 2005.

(7) SÜSSEKIND, Arnaldo Lopes; TEIXEIRA FILHO, João de Lima; MARANHÃO, Délio; VIANNA, Segadas. *Instituições de Direito do Trabalho.* 18. ed. atualizada por Arnaldo Süssekind e João de Lima Teixeira Filho. São Paulo: LTr, 1997. p. 1.162.

seja insuficiente para a explicação do fenômeno, o que força reconhecer que a convenção coletiva possui características peculiares e originas nos quadros do direito, constituindo um ato *sui generis*, híbrido, de contrato e lei".[8]

A teoria mista é a mais aceita na doutrina. Seus seguidores afirmam que, pela sua formação, a convenção coletiva de trabalho seria contratual, porque emana do acordo de vontades e pelo seu conteúdo e efeitos, assemelha-se à norma jurídica, pois alcança não só seus signatários como também outras pessoas. Segundo Amaury Mascaro Nascimento, "a convenção coletiva de trabalho deve ser entendida como norma jurídica de natureza econômico-profissional"[9], e conforme Francesco Carnelutti, "tem corpo de contrato e alma de lei"; a mesma linha é seguida ainda por Deguitt, que vê a convenção coletiva como "ato regra", ou seja, ato jurídico com força normativa.

Legitimação para firmar convenção coletiva

A principal função do sindicato, como já analisado, é representar os interesses da categoria, sendo, portanto, o titular do direito de celebrar convenções coletivas, tem-se, portanto, que o Sindicato é o sujeito legitimado, pela ordem jurídica, a celebrar a Convenção Coletiva.

Sob o ponto de vista da Empresa, a legitimação pode ser do Sindicato da Categoria Econômica ou diretamente pelo representante da empresa, quando se tratar de acordo coletivo.

Conforme as lições de Ronaldo Lima dos Santos, "ao reconhecer explicitamente o acordo coletivo, o constituinte albergou uma figura jurídica consolidada nas relações de trabalho, isto é, uma norma coletiva elaborada sem a presença da entidade sindical patronal", e ainda segundo o referido autor, "a previsão constitucional dos acordos coletivos compatibiliza-se com a Resolução n. 91 da Organização Internacional do Trabalho, que, sob a denominação genérica contrato coletivo, prevê a possibilidade de elaboração de um convênio coletivo diretamente por um empregador ou por um grupo de empregadores, figura que equivale aos acordos coletivos de trabalho previstos pelo legislador constituinte e há muito consagrado no ordenamento jurídico brasileiro."[10]

Legitimação Subsidiária

O art. 611, § 2º dispõe que "as Federações e, na falta destas, as Confederações representativas de categoria econômicas ou profissionais poderão celebrar convenções coletivas de trabalho para reger as relações das categorias a elas vinculadas, inorganizada em sindicatos, no âmbito de suas representações".

Assim, somente se a categoria não for organizada em Sindicato é que se atribui legitimidade para a Federação negociar e celebrar Convenção Coletiva de Trabalho, inexistindo também a Federação, assume a legitimidade a correspondente confederação. Isto significa que a inexistência de sindicato na base territorial é condição para legitimar subsidiariamente estas entidades a firmarem convenções ou acordos coletivos.

Legitimação Substitutiva

O art. 8º, inciso VI, da Constituição Federal estabelece a obrigatoriedade da participação dos sindicatos nas negociações coletivas de trabalho. Por outro lado, analisando as disposições constantes do art. 617, § 1º da Consolidação das Leis do Trabalho, temos que "esgotado este prazo, poderão os interessados prosseguir diretamente com a negociação coletiva até o final".

---

(8) MAGANO, Octavio Bueno. *Convenção Coletiva de Trabalho*. p. 59, citado por Ronaldo Lima dos Santos, *idem*, p. 168/169.
(9) *Idem*.
(10) *Idem*, p. 199/200.

Assim, conclui-se que expirado o prazo de **8** (oito) dias e não tendo o sindicato se desincumbido do encargo recebido, poderão os interessados dar conhecimento do fato à Federação a que estiver vinculado o sindicato e, em falta dessa, à correspondente Confederação para que, no mesmo prazo, assuma a direção dos entendimentos, tratando-se no caso de legitimação substitutiva.

Questiona-se na doutrina sua recepção pela Constituição Federal de 1988, se as disposições constantes do art. 617, § 1º da Consolidação das Leis do Trabalho que autoriza os interessados prosseguirem diretamente com a negociação coletiva até o final foi recepcionado pela constituição vigente, diante da exigência expressa da participação do Sindicato nas negociações coletivas.

Parte da doutrina afirma a sua incompatibilidade com a Magna Carta, sustentando que não há possibilidade de negociação pelos trabalhadores sem a participação do sindicato. Ao tratar sobre o assunto, José Cláudio Monteiro de Brito Filho afirma que "a inércia do sindicato não justifica a atuação das entidades sindicais de grau superior, e ainda que aponta que os sujeitos da contratação coletiva são: sindicatos, empresas, federações e confederações[11].

Outros afirmam ser aplicável a referida norma, mesmo após a promulgação da Constituição vigente, pois, no caso, há interesse dos trabalhadores que poderiam ficar prejudicados pela omissão dos seus representantes, sustentando-se que na hipótese poderiam os trabalhadores até firmar acordo e convenção coletiva (611 § 2º da CLT).

Importante as lições de Carlo Moreira de Luca, citadas na obra de Ronaldo Lima dos Santos: "a norma do art. 617 da CLT continua em vigor, por estabelecer regra excepcional, de resto compatível com os preceitos constitucionais"[12].

A obrigatoriedade da participação do sindicato na negociação coletiva não tem por finalidade fortalecer o sindicato, mas sim a autonomia privada coletiva por meio da representação sindical; assim, quando esta mesma representação contradiz as finalidades perseguidas pelo preceito constitucional, não deve ser privilegiada.

Por fim, é importante mencionar que a Lei n. 7.783/1989 (Lei de Greve) permite a assembleia geral de trabalhadores, na falta de entidade sindical, deliberar sobre o movimento grevista, constituindo comissão de trabalhadores para negociar e deliberar sobre a greve.

Efeitos das Cláusulas

A seguir vamos tratar do conjunto de matéria, normas e condições de trabalho que vêm estabelecidas nos instrumentos normativos negociados, a natureza das cláusulas que os compõem.

Analisando a doutrina trabalhista, verificamos o que não há uma unanimidade a respeito das classificações quanto aos tipos de cláusulas a serem inseridos na convenção e no acordo coletivo.

Entendemos que a classificação adotada por Kaskel e Hueki-Nipperdey citada por Segadas Viana é a que se apresenta mais completa. O referido autor classifica as normas que compõem as convenções e acordos coletivos em três grupos: a) envoltura que são as regras sobre a forma, duração, terminação e revisão; b) o elemento normativo, isto é, o conjunto de normas destinadas a reger o contrato de trabalho; e c) o elemento obrigatório, constituído pelas disposições que fixam obrigações que assume cada uma das partes contratantes"[13].

---

(11) *Idem*, obra citada p. 173, 174.

(12) *Idem*, p. 201.

(13) SÜSSEKIND, Arnaldo *et al. Instituições de Direito do Trabalho*. 17 ed., vol. 2. São Paulo: LTr, 1997. p. 1.164.

Importante frisar ainda os outros dois tipos fundamentais de cláusulas, que pela sua importância são costumeiramente apontados pela doutrina:

a) **Cláusulas Obrigacionais** — São cláusulas que criam direitos e deveres entre os que celebraram a Convenção ou o Acordo Coletivo: trata-se de cláusulas em que estabelecem obrigações recíprocas, do tipo multas pelo descumprimento; dever de informação de admissão e dispensas, quadro de avisos do sindicato, permissão para se distribuir panfletos do sindicatos etc. Para alguns doutrinadores, estas cláusulas são cláusulas contratuais.

b) **Cláusulas Normativas** — São cláusulas em que se estabelecem as regras e as condições que se aplicarão às relações individuais de trabalho existentes ou que virão a existir no curso do prazo de validade da norma coletiva. Estas cláusulas são a essência das normas coletivas. Ex.: Reajustes salariais, adicionais, gratificações, pisos salariais, assistência médica, seguro de vida, estabilidades etc.

Alguns doutrinadores apontam ainda a existência de Cláusula de Paz, ao fundamento de que toda a convenção e acordo coletivo trazem implícitos a Cláusula de Paz, pois a celebração do ajuste tem como fim pacificar os conflitos de trabalho, e também alguns afirmam a existência de Cláusulas sociais, assim entendidas aquelas que estabeleçam regras para a solução de futuros conflitos.

Ronaldo Lima dos Santos[14] aponta ainda a existência de cláusulas operacionais autorizativas, ou seja, cláusulas pelas quais as partes legitimam a adoção de um instituto ou procedimento, previsto em lei, mas que tem a sua implementação ou validade condicionada à regulamentação por norma coletiva. Normas onde se conjugam a heteronomia estatal com a autonomia privada coletiva. Exemplo cláusula que permite a contratação de jornada de trabalho de tempo parcial, suspensão do contrato de trabalho para frequentar curso de qualificação profissional (art. 476-A) etc.

O art. 613 da CLT aponta as cláusulas que podem ser denominadas de conteúdo mínimo a ser observado, dispondo sobre a obrigatoriedade de ser observados os seguintes requisitos na norma coletiva: a) designação dos sindicatos convenentes; b) prazo de vigência não superior a dois anos; c) categorias de trabalhadores abrangidos pelos respectivos dispositivos; d) condições ajustadas para reger as relações individuais de trabalho durante a vigência; e) normas para conciliação dos litígios; f) processo de prorrogação e revisão total ou parcial de seus dispositivos; g) direitos e deveres dos empregados e das empresas; h) penalidades para os sindicatos convenentes, os empregadores e as empresas, em caso de violação de seus dispositivos.

Condições de Validade das Normas Coletivas

Conforme mencionado anteriormente, a doutrina predominante reconhece que os instrumentos normativos quanto a sua formação têm a natureza jurídica de contrato, e quanto ao seu conteúdo e eficácia, equivalem a uma norma jurídica.

Desta forma, a validade dos instrumentos normativos devem observar os requisitos de validade dos contratos, e que podem ser divididos em extrínsecos e intrínsecos.

São requisitos de validade extrínsecos: agente capaz, objeto lícito e forma prescrita em lei.

a) Agente capaz — as entidades sindicais só estão legitimadas a firmar acordos e convenções coletivas, se tiverem personalidade jurídica de entidade sindical, que se considera adquirida após o registro no órgão competente do Ministério do Trabalho e Emprego.

b) Quanto à licitude do objeto, ou seja, deve haver uma conformidade do objeto com as regras jurídicas existentes.

(14) *Idem*, p. 214/215.

c) A forma é requisito essencial à validade da convenção coletiva e do acordo coletivo, tratando-se, portanto, de um negócio jurídico formal, não sendo válida a norma coletiva se não observadas as solenidades prescritas e ser obedecida a regra do art. 613 da CLT, onde se tem que a convenção coletiva e o acordo coletivo deverão ser celebrados por escrito, não podendo conter emendas ou rasuras, em tantas vias quantos forem os sindicatos convenentes, e uma via destinada ao arquivamento registro na Delegacia Regional do Trabalho.

Em relação aos requisitos intrínsecos, temos o consenso, ou seja, deve ser decorrente do acordo de vontades dos pactuantes, e também dos representados, assim entendidos, daqueles que serão atingidos pelo ajuste (trabalhadores e empregadores).

Nos termos do disposto no art. 612 da Consolidação das Leis do Trabalho, os sindicatos só poderão celebrar convenção e acordo coletivo por deliberação da Assembleia Geral especialmente convocada para votar sobre as cláusulas a serem firmadas na norma coletiva, dependendo a validade da mesma do comparecimento e votação em 1ª convocação, de 2/3 dos associados das entidades, e em 2ª convocação, de 1/3 dos mesmos. Quando a entidade sindical possuir mais de 5.000 associados, o *quorum* será de 1/8 dos associados em segunda convocação.

Importante mencionar que o art. 617 § 2º da norma celetista trata da Assembleia Geral para deliberar sobre acordo coletivo, estabelecendo que a presença e votação serão dos interessados, sócios ou não sócios do sindicato, estabelecendo ainda o mesmo *quorum* do art. 612 da CLT.

Questiona-se se estes dispositivos legais foram recepcionados pela Constituição pelo fato de representar uma forte interferência do Estado na estrutura sindical, e para parte da doutrina o *quorum* de deliberação deverá ser aquele previsto nos estatutos do sindicato.

Em sede de jurisprudência não há uniformidade de entendimentos, sendo certo a existência de grande numero de decisões da mais alta corte trabalhista, no sentido de que o art. 612, consolidado, que fixa *quorum* legal para a validade da assembleia geral no caso de convenção coletiva, não caracteriza qualquer interferência ou intervenção do Estado na estrutura sindical, tanto que não se insere no Título V da CLT que trata da Organização Sindical. Visa apenas a garantir que os instrumentos normativos representem com fidelidade os reais interesses da categoria titular dos direitos a serem defendidos pelo sindical e a sua não observância deixa sem validade a assembleia que aprovou as cláusulas da proposta.

Além dos requisitos de validade dos contratos, a convenção e os acordos coletivos de trabalho deverão obedecer ainda outros requisitos impostos por lei, que são: **registro e arquivo no órgão competente e publicidade**.

Nos termos do disposto no art. 614 da Consolidação das Leis do Trabalho, os sindicatos convenentes ou as empresas acordantes promoverão, conjunta ou separadamente, a remessa de uma via do instrumento normativo ao Ministério do Trabalho e Emprego (Secretaria de Emprego e Salário ou órgãos regionais do MTE) no prazo de **8 (oito)** dias, para conhecimento, registro e arquivamento.

É certo, no entanto, que o Ministério do Trabalho não tem legitimidade para analisar o conteúdo da norma ou emitir juízo de valor sobre o conteúdo da norma coletiva, tratando-se no caso de ato administrativo vinculado, meramente formal. Caso o agente administrativo identifique qualquer ilegalidade ou irregularidade, deverá denunciar o fato aos interessados e também ao Ministério Público do Trabalho para que sejam tomadas as medidas cabíveis.

Por outro lado, o § 1º do art. 614 da Consolidação das Leis do Trabalho estabelece que a norma coletiva (convenção e acordo coletivo) entrará em **vigor três dias após a data da entrega de uma via no Ministério do Trabalho**, e por essa razão tem-se certo que a não realização do depósito da via da norma coletiva na Delegacia Regional do Trabalho para registro e arquivamento, tornará inexigíveis as obrigações assumidas, pois o legislador vincula seus efeitos jurídicos ao depósito no Ministério do Trabalho, sem o depósito a norma coletiva fica desprovida de força normativa, o que não impede de as partes cumprirem seus preceitos por liberalidade. Isto significa que só pode ser exigido o comprimento da norma coletiva passado 3 (três) dias do pedido de registro, podendo ainda as partes fixarem outro prazo para a entrada em vigor, desde que não prejudique os direitos adquiridos pelos trabalhadores

A publicidade se dará com a divulgação da norma coletiva aos interessados pela afixação no prazo de 5 (cinco) dias de cópias autênticas da convenção coletiva ou do acordo coletivo nas entidades sindicais e também em local apropriado nas empresas e estabelecimentos. O não atendimento desta regra constitui infração de natureza administrativa

Eficácia da convenção coletiva de trabalho

Celebrado um instrumento normativo (acordo ou convenção coletiva), as cláusulas e condições ajustadas geram efeitos imediatos em todos os contratos de trabalho dos empregados da empresa em se tratando de acordo, bem como de todos os integrantes da categoria associados ou não dos sindicatos contratantes, devendo ser observados todos os direitos e obrigações contidas no ajuste coletivo.

O inciso XXVI, do art. 7º, da Constituição Federal reconhece a validade dos ajustes instrumentalizados através de convenções coletivas e acordos coletivos, vinculando as partes signatárias e por esta razão, se a convenção coletiva não for cumprida pelas empresas, poderá o empregado individualmente ou o Sindicato na condição de substituto processual da categoria ajuizar Ação de Cumprimento na Vara do Trabalho, juntando uma via do ajuste.

Conforme disposto no art. 619 da CLT, nenhuma disposição do contrato individual de trabalho que contrarie normas de convenção ou acordo coletivo de trabalho poderá prevalecer na execução do mesmo, sendo considerada nula de pleno direito. As cláusulas de convenção e acordo coletivo também não podem contrariar disposições de proteção ao trabalho, normas de ordem pública, relativas à moral e aos bons costumes, e também normas que violem a liberdade sindical.

A nulidade parcial de cláusula ilícita ou imoral não acarreta nulidade total da convenção coletiva ou do acordo coletivo. A nulidade será declarada, de ofício, ou mediante ação declaratório de nulidade proposta perante a Justiça do Trabalho, em processo submetido ao seu julgamento (art. 623, CLT).

Dispõe ainda o art. 620 da CLT que as condições estabelecidas em convenção, quando mais favoráveis, prevalecerão sobre as estipuladas em acordo, salvo nas hipóteses de flexibilização autorizada pela Constituição Federal, situação em que prevalecerá o acordo ainda que prejudicial aos integrantes da categoria, exemplo: acordo coletivo para redução salarial.

Os empregados e empresas que celebrarem contratos individuais de trabalho, estabelecendo condições contrárias ao ajustado na convenção ou acordo serão passíveis de multa, que deverá ser imposta ao empregado, em quantidade nunca superior à metade daquela que, nas mesmas condições, for estipulada para a empresa (art. 622, parágrafo único, CLT).

A eficácia **territorial** da convenção coletiva de trabalho tem como âmbito a base territorial das entidades convenentes, incidindo sobre todos os seus membros, sócios ou não dos sindicatos estipulantes, ou seja, a convenção coletiva possui efeito *erga omnes*, geral aplicável a toda a categoria, e não será aplicada territorialmente além dos limites da base territorial dos sindicatos convenentes.

Ressalta-se que há sindicatos com base territorial municipal, outros com base territorial intermunicipal, estadual, ou até mesmo nacional. Assim, existem convenções coletivas aplicadas em um município, outras com aplicação estadual, interestadual e, até mesmo, nacional, sempre se levando em conta a base territorial dos sindicatos convenentes.

Eficácia Temporal

Conforme já mencionado, o acordo e a convenção coletiva entrarão em vigor 03 dias após o depósito da cópia perante a Delegacia Regional do Trabalho (art. 614, § 1º/CLT) até a expiração do seu prazo, sendo certo que as partes podem dar efeito retroativo às suas declarações de vontade.

Prazo de Duração da Norma Coletiva

O prazo máximo de vigência das convenções coletivas e acordos coletivos é fixado por lei em dois anos. Na prática, são celebradas por apenas um ano. Contudo, por força de lei, podem ser revistas, prorrogadas, denunciadas, ou revogadas total ou parcialmente, desde que observadas as devidas formalidades. Transcorrido o prazo de vigência, as cláusulas ajustadas perdem sua eficácia em relação aos contratos de trabalho, prevalecendo a que estiver estipulada no novo instrumento normativo.

A jurisprudência do TST não tem admitido à estipulação de cláusula de prorrogação automática da norma coletiva, assim como a celebração de convenção ou acordo coletivo por prazo indeterminado.(15)

Considerando-se também que a redação atual do art. 615 da CLT estabelece que o processo de prorrogação deve obedecer ao mesmo processo de elaboração da norma coletiva (negociação coletiva, assembleia, depósito na DRT, publicidade etc.), não se admite a prorrogação tácita, podendo, no entanto, haver sucessivas prorrogações desde que obedecidas todas as formalidades legais.

Incorporação das Cláusulas nos Contratos de Emprego

A Incorporação das cláusulas das convenções e acordos coletivos definitivamente nos contratos de trabalho é muito discutida e divide os doutrinadores. Parte da doutrina, como é o caso de Delio Maranhão, Arnaldo Süssekind e Segadas Vianna, afirma que, uma vez trazendo a convenção coletiva, em seu bojo, norma benéfica ao trabalhador, tal norma se integra ao contrato de trabalho, dele passando a ser cláusula integrante e, cessada a vigência da Convenção Coletiva, o dispositivo já passou a ser condição do pacto laboral, tendo se incorporado ao patrimônio do trabalhador, não mais podendo ser alterado, ainda que o não renove o novo instrumento coletivo.

Os fundamentos apresentados pelos defensores da tese da incorporação no contrato de trabalho são o conteúdo do art. 468 da CLT, onde se tem a proibição expressa de alteração contratual que resulte em supressão de direitos e vantagens para o trabalhador, e ainda a noção de direito adquirido, sustentando que tais cláusulas, uma vez integrando o contrato individual de trabalho, por certo período de tempo, constituem-se em direito adquirido do trabalhador, só podendo ser substituídas por cláusulas mais benéficas, sob pena de alteração ilícita do contrato por ofensa ao estatuído no mencionado artigo consolidado.

Outros autores, contudo, afirmam que as cláusulas previstas em uma convenção coletiva só integram os contratos individuais de trabalho enquanto perdurar a vigência do instrumento coletivo que as trouxe, não se impondo mais ao empregador sua observância se não repetida no novo pacto coletivo, sob pena de violência ao que foi contratado no que concerne à vigência determinada.

No plano legislativo, importante ressaltar que a ultratividade das cláusulas de acordo ou convenção coletiva prevaleceu em nosso ordenamento jurídico em razão das disposições constantes no § 1º do art. 1º da Lei n. 8.542/1992, que prescrevia o efeito ultratemporal expressamente que "as cláusulas dos acordos e

---

(15) OJ n. 322 do TST — ACORDO COLETIVO DE TRABALHO. CLÁUSULA DE TERMO ADITIVO PRORROGANDO O ACORDO PARA PRAZO INDETERMINADO. INVÁLIDA. DJ 9.12.2003.

Nos termos do art. 614, § 3º, da CLT, é de 2 anos o prazo máximo de vigência dos acordos e das convenções coletivas. Assim sendo, é inválida, naquilo que ultrapassa o prazo total de 2 anos, a cláusula de termo aditivo que prorroga a vigência do instrumento coletivo originário por prazo indeterminado.

convenções coletivas de trabalho integravam os contratos individuais de trabalho e somente poderiam ser reduzidas ou suprimidas em posterior acordo, convenção ou contrato coletivo de trabalho. No entanto, a partir de julho de 1995, com a edição da Medida Provisória n. 1.079 e suas sucessivas reedições, que culminaram com a edição da Lei n. 10.192/2001, foi expressamente revogado o § 1º do art. 1º da Lei n. 8.542/1992, de maneira que, no momento, inexiste amparo jurídico para o reconhecimento da ultratividade da norma convencional.

Assim, podemos afirmar que o entendimento mais aceito no plano jurisprudencial é o esposado pela segunda corrente, vale dizer, se a nova convenção coletiva silenciou sobre cláusula prevista na anterior, tal cláusula não mais se aplica aos contratos de trabalho, não mais estando o empregador obrigado a respeitá-las.

Entendemos que a razão está com os partidários da segunda teoria pelas seguintes razões: Em primeiro lugar por já nascer a convenção coletiva com data prevista para o fim de sua vigência, por força do art. 613, II, combinado com o § 3º do art. 614, ambos da CLT; e ainda que não tem razão o empregado, ao alegar que a não observância da cláusula não repetida pela nova convenção constitui alteração de condições contratuais, posto que tais condições, quando se inseriram no contrato individual de trabalho, já traziam em seu bojo a data de seu próprio desentranhamento. Também há que se mencionar o fato de que, por ser a convenção coletiva fruto de negociações entre as partes que, obviamente, ao aceitarem determinadas exigências mútuas, fazem-no em atenção às circunstâncias existentes naquele momento, sendo que um dos fatores que certamente são sopesados é exatamente o prazo de duração da convenção (e, consequentemente, a duração de suas cláusulas). Ou seja, pode acontecer que o sindicato da categoria econômica aceitou a inclusão de determinada cláusula, apenas porque sabia que a mesma só perduraria durante aquele prazo da convenção coletiva, e jamais a aceitaria se soubesse que referida cláusula seria incorporada de forma permanente aos contratos individuais, de maneira que ao lado das vantagens da sua incorporação nos contratos individuais para os trabalhadores, tem-se a desvantagens de, isto ocorrendo de forma automática, desestimular os empregadores a aceitar, conceder mais direitos aos trabalhadores, pelo fato de serem incorporados definitivamente nos contratos de trabalho.

Por fim, entendemos que, diante da exigência da participação obrigatória dos sindicatos da categoria dos trabalhadores nas negociações coletivas, quando certa vantagem é suprimida (deixa de constar no novo instrumento normativo), por certo o representante da categoria profissional negociou e obteve, para a categoria, nova vantagem ou melhores condições para os trabalhadores, que será aplicada durante o prazo de vigência do novo instrumento.

Têm os Tribunais Trabalhistas se inclinado pela segunda das correntes, negando a obrigatoriedade de cláusula não renovada na atual Convenção Coletiva, inclusive com a pacificação da matéria pelo TST, através da Súmula n. 277, conforme a seguir:

> *SENTENÇA NORMATIVA — VIGÊNCIA — REPERCUSSÃO NOS CONTRATOS DE TRABALHO — As condições de trabalho alcançadas por força de sentença normativa vigoram no prazo assinado, não integrando, de forma definitiva, os contratos. (Enunciado n. 277, TST).*

Cláusulas ultranormativas ou vantagem individual adquirida

A expressão "ultranormativa" é utilizada para tratar das cláusulas de convenção e acordo coletivo que continuam a produzir efeitos mesmo após o termino do prazo de vigência da norma coletiva. Ou seja, são cláusulas que, embora a convenção ou o acordo coletivo que as previam tenham sido extintos pelo decurso do prazo de validade da norma, continuam a produzir efeitos nos contratos individuais de trabalho, beneficiando aquele trabalhador que preencheu todos os requisitos estabelecidos na norma para a aquisição de direitos.

É que as referidas cláusulas asseguram direitos aos trabalhadores individualmente considerados, adquirindo o direito de usufruí-los, mesmo tendo decorrido o prazo de vigência da norma que o assegurou. Exemplo: Estabilidade por 5 anos após o termino do mandato de dirigente sindical, a estipulação de prêmio a ser pago em quatro anos etc. cláusulas que asseguram o direito de estabilidade no emprego para o empregado acidentado. Neste sentido, as disposições da Orientação jurisprudencial n. 41 de tribunal Superior do Trabalho que estabelece: "Preenchidos todos os pressupostos para a aquisição da estabilidade decorrente de acidente do trabalho ou doença profissional, durante a vigência do instrumento normativo, goza o empregado de estabilidade no emprego, mesmo após o término da vigência deste". O direito à sindicalização poderia ficar ameaçado, se o ordenamento jurídico não assegurasse adequada proteção aos trabalhadores.

O art. 1º Da Convenção n. 98 da OIT: "Os trabalhadores deverão gozar de adequada proteção contra todo ato de discriminação tendente a menoscabar a liberdade sindical em relação com seu emprego".

Em consonância com os termos estabelecido na referida Convenção, a norma Constitucional vigente, assim como a Consolidação das Leis do Trabalho, contêm preceitos que visam a proteger o trabalhador no que se refere ao exercício do direito de filiação e também do dirigente sindical.

3. ATIVIDADES DO SINDICATO. CONDUTAS ANTISSINDICAIS: ESPÉCIES E CONSEQUÊNCIAS.

3.1 Atividades dos Sindicatos

A Constituição Federal vigente, no art. 8º, inciso III, dispõe que o sindicato está legitimado a tutelar os direitos individuais e coletivos da categoria.

Por outro lado, analisando as disposições constantes do mencionado dispositivo constitucional com aquelas constantes do art. 513, *a*, da CLT, verificamos que a única diferença entre ambos diz respeito ao âmbito dos interesses a proteger, ou seja, da categoria; e não apenas dos associados dos Sindicatos.

Para se desincumbir de suas atribuições constitucionais, ora o sindicato atua como representante da categoria, ora como substituto processual.

A substituição processual é forma de legitimação anômala e, pois, extraordinária. A substituição processual está prevista no art. 6º do CPC, segundo o qual: "Ninguém poderá pleitear, em nome próprio, direito alheio, salvo quando autorizado por lei". Referido instituto confere à parte "legitimidade extraordinária", podendo o substituto praticar todos os atos processuais, exceto a transação, a renúncia ou o reconhecimento do pedido, pois o direito material não lhe pertence, fazendo-se necessária, para esses atos, a anuência expressa do substituído.

No âmbito do direito laboral, antes da CF/88, a substituição processual era realizada pelo sindicato de forma limitada, restrita às hipóteses legais previstas à época: art. 195, § 2º, CLT; art. 872, parágrafo único, CLT, art. 3º, § 2º da Lei n. 6.708/1979, e art. 3º, § 2º da Lei n. 7.238/1984.

Como advento da CF/88, iniciou-se amplo debate sobre o tema, pois alguns entenderam que o art. 8º, III, da Carta Magna, que conferiu ao sindicato a "defesa dos direitos e interesses coletivos ou individuais da categoria, inclusive em questões judiciais ou administrativas", havia autorizado a substituição processual ampla e irrestrita aos sindicatos. No entanto, o TST, de início, adotou posição restritiva sobre o tema, consubstanciada na Súmula n. 310, no sentido de que a CF não havia assegurado substituição processual ampla e irrestrita aos sindicatos, apenas podendo agir nesta qualidade nos casos previstos na lei.

A questão chegou perante o STF, que por sua vez concedeu interpretação ampliativa à norma constitucional, proclamando a legitimidade extraordinária ampla e irrestrita na defesa dos interesses coletivos e individuais homogêneos da categoria, razão pela qual foi cancelada a Súmula n. 310 TST, demonstrando render-se aquele Tribunal ao posicionamento majoritário da doutrina e do STF, de forma que atualmente se tem certo que é ampla a substituição processual prevista no art. 8º, III da CF/88, conferida aos sindicatos na seara trabalhista.

Outra questão que tem dividido a doutrina e a jurisprudência trabalhista é saber se o sindicato tem legitimidade para tutelar interesses difusos na Justiça do Trabalho, entendendo alguns que os Sindicatos, por serem órgãos representativos dos interesses de um grupo determinado de pessoas — categoria profissional ou econômica —; não detêm legitimidade ativa para a tutela em juízo de direitos difusos, vez que estes, necessariamente, extrapolam o âmbito restrito dos grupos citados, atingindo pessoas indeterminadas não ligadas entre si ou a parte contrária por situação jurídica (serem empregados, por exemplo), mas apenas por situação fática (residiriam num mesmo bairro, prestarem o mesmo tipo de concurso etc.).

Outros, no entanto afirmam que os sindicatos podem tutelar não só direitos coletivos e individuais homogêneos, mas também os direitos difusos. Isto porque o art. 5º da Lei n. 7.347/1985, ao falar das associações, categoria na qual se enquadram os sindicatos, não lhes restringiam a tutela aos direitos coletivos e individuais homogêneos e onde o legislador não distinguiu não cabe ao intérprete fazê-lo. Ademais, trata-se, o sindicato, no aspecto político, de legítimo representante dos anseios, não só da categoria, mas de toda a sociedade civil.

3.2 Condutas antissindicais: espécies e consequências

No art. 1º da Convenção n. 98 da Organização Internacional do Trabalho (OIT) de 1949 (ratificada pelo Brasil em 1952 e com vigência a partir de 18 de novembro de 1953), destinada à tutela do direito de sindicalização e de negociação coletiva, encontra-se o trato principiológico do combate às práticas antissindicais.

A expressão atos antissindicais é ampla, pois engloba o foro sindical, os atos de discriminação antissindical e as práticas desleais. Os chamados atos antissindicais ou práticas antissindicais são condutas que afrontam o regular exercício da atividade sindical, são sistemáticas de desestímulo à sindicalização e desgaste da atuação do sindicatos, que entram em choque com o princípio da liberdade sindical.

A expressão foro sindical, que vem do espanhol *fuero sindical*, caracterizou-se, inicialmente, na estabilidade do representante sindical. Cabanellas explica que esta expressão, em momento posterior, passou a se confundir também com as prerrogativas e imunidade concedidas aos dirigentes sindicais, sendo um conjunto de garantias atribuídas aos representantes sindicais, como o de se afastar do emprego para exercer atividade sindical, a estabilidade sindical como proibição da dispensa sem justa causa, entre outros. Já as práticas desleais são condutas ilícitas do empregador, dificultando ou impedindo o exercício de direitos sindicais, bem como atos de discriminação sindical e de recusa injustificada quanto à negociação coletiva.

Os autores da conduta antissindical são geralmente os empregadores e as organizações sindicais patronais, outro sindicato de trabalhadores, empregados e às vezes até o Estado e até certo empregado prejudicando o livre e regular exercício das atividades sindicais.

Inspirado pelas ideias preconizadas pelas Convenções ns. 87 e 98, da OIT, o legislador constituinte na Constituição de 1988 inseriu no rol dos direitos e garantias fundamentais o direito à liberdade sindical, conforme redação conferida ao art. 8º da Constituição Federal de 1988, consubstanciado em, basicamente, três aspectos: a liberdade sindical coletiva (art. 8º, *caput* da CF/88), pela qual empresários e trabalhadores têm o direito de constituir sindicatos que os representem; a liberdade sindical individual, pela qual cada trabalhador ou empresário tem o direito de filiar-se ao sindicato de sua categoria e de se desfiliar (art. 8º, V da CF/88 e Convenção n. 98 da OIT); e, por fim, a autonomia sindical, correspondente à liberdade de organização interna e de funcionamento da associação sindical, bem como a faculdade de constituir federações, confederações e centrais, tudo sem a intervenção estatal (art. 8º, incisos I, II, II e IV).

Constitucionalmente assegurada a liberdade sindical, podemos afirmar que a vigência efetiva desta depende diretamente das medidas de proteção contra atos antissindicais adotadas pelo nosso ordenamento jurídico.

Observe-se, por oportuno, que a proteção aqui avençada, trata-se inclusive de um direito fundamental eleito pela Declaração da Filadélfia (1944) como um princípio fundamental básico da OIT, e identificada ainda como direito humano fundamental na Declaração Universal dos Direitos do Homem da Organização das Nações Unidas. Da mesma forma, os arts. 1º e 2º da Convenção Internacional do Trabalho n. 98 se referem à "adequada proteção contra todo ato de discriminação tendente a diminuir a liberdade sindical em relação ao seu emprego" (§ 1º, do art. 1º); à proteção contra a conduta patronal de condicionar o emprego à desfiliação ou a não filiação sindical (§ 2º, do art. 1º); à proibição contra a despedida por causa da filiação ou da afinidade sindical (§ 2º, do art. 1º); à garantia de que "as organizações de trabalhadores e de empregadores deverão gozar de adequada proteção contra todo ato de ingerência de umas contra as outras" (§ 1º do art. 2º).

No ordenamento jurídico vigente, encontra-se constitucionalmente reconhecido o **foro sindical no art. 8º, VIII,** ao vedar "a dispensa do empregado sindicalizado a partir do registro da candidatura a cargo de direção ou representação sindical e, se eleito, ainda que suplente, até um ano após o final do mandato, salvo se cometer falta grave nos termos da lei". Disposição semelhante se encontra no art. 543, § 3º da CLT. Nesta esteira, ainda, foram editadas as Súmulas ns. 369 e 379 do TST.

Ainda no mesmo art. 543 da CLT encontram outras normas que asseguram a liberdade no plano individual. No *caput* deste artigo está previsto o direito de não ser transferido para outra localidade que, dificulte ou torne impossível o exercício do exercício das suas funções sindicais, deixando certo a CLT que se a transferência se der a pedido do trabalhador, ele perderá o cargo de dirigente (§ 1º). O § 2º prevê o direito do se afastar do emprego para exercer as atividades sindicais, resultando em suspensão do contrato de trabalho quando precisar se ausentar para defender os interesses da categoria, salvo ajuste expresso de forma diferente em norma coletiva. Há, ainda, o direito do empregado de não ser discriminado por ser filiado ou não ao sindicato (§ 6º).

São protegidos, ainda, os dirigentes das Comissões Internas de Prevenção de Acidentes (CIPA), nos termos do art. 10, II, do Ato das Disposições Constitucionais Transitórias e do art. 165 da CLT, sendo vedada a dispensa arbitrária ou sem justa causa do empregado eleito para cargo de direção de CIPA, desde o registro de sua candidatura até um ano após o final de seu mandato.

Observa-se, assim, a importância e necessidade de se assegurar aos trabalhadores o chamado foro sindical, para que possam exercer, com liberdade, a atividade sindical, afastando qualquer tentativa de pressão externa em suas condutas. O ordenamento jurídico vigente prescreve diversas normas de garantias à liberdade sindical e contra práticas discriminatórias, regras que estão em consonância com os objetivos assumidos perante a OIT, cuja convenção 98 estabelece que os trabalhadores devem gozar de adequada proteção contra todo ato tendente a violar o princípio da liberdade sindical, bem como contra práticas discriminatórias no emprego (art. 1º).

Em consonância com os dispositivos e princípios constitucionais, restam também vedadas as condutas Estatais antissindicais, tais como o fomento de sindicatos comprometidos com os interesses de empregador. No plano legislativo, a vedação da criação de normas que contrariem os preceitos da liberdade sindical, também constituem exemplo do foro.

Enfim, múltiplas são as medidas de proteção contra atos antissindicais, sendo certo que tais medidas visam a materialização do direito de liberdade sindical, e a tutela pode se dar no aspecto coletivo ou individual.

O aspecto coletivo tem relação com o fato de a liberdade sindical expressar interesses de uma coletividade de trabalhadores, entes coletivos, e no aspecto individual se consubstancia quando o ato antissindical atinge diretamente a pessoa do trabalhador ou do empregador.

Os mecanismos de proteção estão previstos na lei, em norma coletiva e podem ser obtidos por meio de medidas de prevenção, reparação ou inibição do direito ameaçado e outras medidas gerais de proteção, ou seja:

a) Medidas de prevenção

A tutela preventiva antecede o ato lesivo, e em geral se caracteriza por medidas de comunicação, autorização ou comunicação da prática de determinado ato (tal como apreciação prévia de dispensa por órgão judicial como no inquérito para apuração de falta grave).

b) Mecanismos de reparação

Após a prática do ato que viola a liberdade sindical, pode ser buscada a medida reparatória, e poderá consistir em condenação do agente no pagamento de indenização por danos moral e material equivalente ao prejuízo causado. Exemplo: ação dirigida à reintegração do trabalhador, vítima de ato discriminatório e antissindical ou ainda indenizações equivalentes, neste sentido a regra do art. 659, X — que confere ao juiz do Trabalho a faculdade de conceder liminar para reintegração do dirigente sindical dispensado imotivadamente ou sem a instauração de inquérito para apuração grave, observando-se que conforme entendimento do TST consubstanciado na ***OJ n. 65 da SDI-I "não fere direito liquido e certo a determinação liminar de reintegração no empregado de dirigente sindical em face da previsão do X do 659.*** O ordenamento jurídico brasileiro contempla todas as modalidades de mecanismos de proteção em face doas atos sindicais.

Também é certo que, em caso de conduta discriminatória que resulte no rompimento do contrato de trabalho, o empregado poderá optar em ser reintegrado ou em receber indenização na forma tratada no art. 4º inciso II da Lei n. 9.029/1995.

c) Outros meios de proteção, tais como publicidade das práticas antissindicais, as sanções penais e administrativas, nada impedindo que esses mecanismos se apresentem de forma cumulada. Ressalte-se que a conduta antissindical pode tipificar crime previsto no art. 199 do Código Penal, que consiste na obstrução à participação em entidades sindicais.

Enfim, partindo da premissa de que a liberdade sindical é um direito fundamental decorrente do reconhecimento, por parte do Estado, do direito de associação dos trabalhadores, a outra conclusão não se admite chegar senão àquela mais ampliativa em relação ao foro sindical, para o fim de ampliar, em consonância com os princípios, convenções e leis adotadas pelo nosso País, sempre que possível, não só os sujeitos protegidos, como também a forma em que se dará tal proteção.

4. A GREVE NO DIREITO BRASILEIRO

A greve caracteriza-se como um fato social jurídico nos países democráticos, mas que produzem consequências econômicas e sociais. Nas lições de José Francisco Siqueira Neto, "a greve é a explicitação mais dramática de um conflito coletivo, o exercício regular de um direito que produz inúmeras e relevantes consequências jurídicas nas relações de trabalho e sociais, sobretudo nas sociedades modernas e democráticas, onde a manifestação dos direitos coletivos e a responsabilização por danos injustos ganham especial e crescente relevo na perspectiva da eliminação das desigualdades jurídicas sociais e do consequente aumento de eficácia do ordenamento jurídico enquanto instrumento de regulamentação das relações humanas"(16).

(16) NETO, José Francisco Siqueira. *Direito do Trabalho e Democracia.* São Paulo: LTr, 1996. p. 28.

Por esta razão há uma constante preocupação por parte dos legisladores em definir e regulamentar o exercício do direito de greve que vem tratado na Magna Carta vigente como um dos direitos fundamentais dos trabalhadores.

6.1 Definição

A definição da greve deve ser feita levando em conta as concepções existentes sobre o movimento. Amauri Mascaro Nascimento aponta a existência de duas concepções: a político trabalhista e a econômico profissional, sendo que a primeira é exercida contra o poder político, como forma de protesto contra a orientação política do governo; e na concepção econômica profissional a greve é um instrumento de ação sindical cuja esfera não transcende a das relações entre os trabalhadores e os empregadores, com o que fica afastada a sua utilização política contra o Estado ou com qualquer outra motivação estranha ao interesse estritamente trabalhista(17).

Ao tratar das concepções sobre a greve, José Cláudio Monteiro de Brito Filho afirma que a concepção político trabalhista corresponde ao modelo dinâmico: a greve seria um ato amplo de protesto, podendo ser utilizado pelos mais variados motivos, não tendo de ser, necessariamente voltada para a defesa de interesses do trabalhador no âmbito da relação capital-trabalho. E a concepção econômico profissional corresponde ao modelo trabalhista ou estático, compreende a greve como ato mais restrito, limitado à defesa dos interesses profissionais dos trabalhadores, admitindo-se dentro desta concepção, dois tipos de greve. O primeiro que chamamos de greve econômica e que seria ato de protesto voltado contra o empregador, em busca de melhoria ou manutenção de condições de trabalho, e o segundo que denominamos greve político econômica, e que seria aquela voltada contra atos do Estado, mas que se refletem diretamente na relação entre o capital e o trabalho. Para o autor, tanto a primeira quanto a segunda concepção refletem diretamente nas condições de trabalho e podem ser solucionadas pelo empregador, isto porque, para ele, ao se considerar como greve ato de protesto que tenha relação direta com as condições de trabalho e que possa ser solucionado pelo empregador.(18)

Da análise das disposições contidas nos arts. 9º da Constituição Federal,(19) e 3º e 5º da Lei n. 7.783/1989, conhecida como "Lei de Greve", verificamos que o legislador brasileiro adota a concepção econômico profissional.

Assim, somente a greve deflagrada com o objetivo de servir de base para as reivindicações dos trabalhadores de manutenção ou melhoria das condições de trabalho é que serão consideradas não abusivas, considerando-se abusivo o movimento deflagrado por outros motivos, por exemplo, por causas políticas.

6.2 Denominação

A origem da denominação **"greve"** é a palavra ***Grève*** do direito francês, que traduzida significa areal, cascalho. Segundo Sergio Pinto Martins, antes da canalização do rio Sena, em Paris, as cheias do rio depositavam pedras e gravetos numa praça, a qual se denominou de **Place de *Grève*.** Lugar onde se reuniam os trabalhadores à procura de emprego. Com o surgimento da paralisação do trabalho, os trabalhadores passaram a reunir-se na mesma praça em que faziam greve.

(17) *Compêndio de Direito Sindical*, 2. ed. São Paulo: LTr, 2000. p. 409.

(18) *Idem* p. 254.

(19) Art. 9º da Constituição Federal dispõe: "É assegurado o direito de greve, competindo aos trabalhadores decidir sobre a oportunidade de exercê-lo e sobre os interesses que devam por dele defender".

Art. 3º Da Lei n. 7.783/1989 "Frustrada a negociação coletiva ou verificada a impossibilidade de recurso da via arbitral, é facultada a cessação coletiva de trabalho. Parágrafo único. A entidade patronal correspondente ou os empregadores diretamente interessados serão notificados, com a antecedência mínima de 48 (quarenta e oito) horas, da paralisação".

6.3 Conceito

O art. 2º da Lei n. 7.783/1989 nos permite formular o seguinte conceito: greve é a suspensão temporária e pacífica total ou parcial da prestação de serviço pelo trabalhador com a finalidade de defender seus interesses, com vistas à obtenção de melhores condições de trabalho ou cumprimento de obrigações assumidas anteriormente pelo empregador.

6.4 Classificação da Greve

Existem várias classificações de greve: Amauri Mascaro Nascimento apresenta a seguinte classificação: greves típicas e greves atípicas: as primeiras observando-se os padrões clássicos e rotineiros, ou seja, aquelas que implicam cessação do trabalho, classificando-se quanto à duração em: por prazo determinado ou greve de advertência, de caráter preventivo (exemplo greve por vinte e quatro horas) ou por prazo indeterminado, assim entendidas aquelas cuja duração se dará até que as reivindicações sejam atendidas; e quanto à extensão, em greves por turnos e greve tampão. Greves atípicas são as que se identificam com formas de não colaboração, sem abstenção do trabalho, por exemplo, greve de zelo, na qual os trabalhadores executam o trabalho de modo detalhado e minucioso, com o fim de causar desorganização no processo produtivo da empresa, operação braços cruzados, caracterizada pela diminuição do volume de trabalho, redução do ritmo de trabalho, ou também com a total supressão da prestação de serviços, mantendo-se os trabalhadores nos locais de trabalho.

Ressalte-se que no ordenamento jurídico brasileiro, as greves atípicas em que não há suspensão do contrato de trabalho não estão amparadas pelo ordenamento jurídico, de forma que a não colaboração do trabalhador não pode ser tipificado como greve, sujeitando os trabalhadores às punições por desídia acarretando a rescisão do contrato de trabalho por justa causa.

Outras classificações encontradas na doutrina são: greve política: aquela deflagrada com a finalidade de atingir terceiro que não o empregador, não se encontrando revestida de qualquer finalidade reivindicatória de ordem contratual ou profissional, já que dirigida contra o Estado. A propósito do tema, pronunciou-se o C. TST nos termos seguintes:

> *"A greve política não é um meio de ação direta da classe trabalhadora em benefício de seus interesses profissionais, e, portanto, não está compreendida dentro do conceito de greve trabalhista. Entende-se por greve política, em sentido amplo, a dirigida contra os poderes públicos para conseguir determinadas reivindicações não suscetíveis de negociação coletiva" (TST-RO-DC n. 454.136/1998, Ac. SDDC, min. Valdir Righeto)*[20].

Outra modalidade de greve é a Greve de solidariedade, assim entendida aquela em que os trabalhadores paralisam suas atividades por solidariedade a outros trabalhadores que estão fazendo suas reivindicações.

6.5 Natureza Jurídica da Greve

Existem entendimentos de que a greve deve ser vista como um **fato social** um acontecimento que se desenvolve nas relações de trabalho, de natureza totalmente desvinculada do direito. Esta teoria é criticada ao fundamento de que, diante das normas jurídicas existentes com a finalidade de regulamentar a greve, não se pode admitir a greve como um simples fato social, mas sim seria um fato jurídico.

Outros afirmam a greve como uma liberdade, e neste caso não ficaria dependente de nenhuma lei, seria totalmente desvinculada do ordenamento jurídico e se justifica por si mesma. A crítica a esta teoria reside

(20) CARRION, Valentin. *Nova Jurisprudência em Direito do Trabalho*, 1º semestre, 2000. p. 245.

no fato de que o que garante ao trabalhador o exercício da greve é a norma jurídica, dispondo inclusive em que hipóteses ela poderá ser deflagrada, afirmando-se que a lei é a garantia da liberdade do exercício do direito de greve.

A análise da natureza jurídica da greve deve ser feita levando em conta o ordenamento jurídico vigente. Há países em que a greve é proibida e classificada como um delito, ato ilícito passível de repressão.

Em nosso ordenamento jurídico, já não se tem mais dúvida de que a natureza jurídica da greve é um direito constitucionalmente assegurado ao trabalhador (art. 9º da Constituição Federal) e vem regulada na Lei n. 7.783/1989, e sob o ponto de vista da pessoa do empregado, pode ser considerada como uma liberdade pública, pois o Estado tem o dever de assegurar o seu regular exercício.

Alguns doutrinadores afirmam que a greve é forma de autotutela dos trabalhadores em face das condições econômicas ou do descumprimento das obrigações contratuais pelo empregador, assim entendido a forma de solução do conflito coletivo, em que uma parte impõe à outra a solução do conflito.

Esta tese é criticada por parte da doutrina que afirma que a greve seria uma iniciativa dos trabalhadores e não uma forma de defesa. No entanto, o conceito de greve como autotutela deve ser visto como uma forma de defesa dos trabalhadores em face do descumprimento das obrigações legais e contratuais por parte do empregador. Esta é a tese de Alcalá Zamorra, citado por Amauri Mascaro Nascimento, que assim se expressa: "a greve tem um caráter defensivo que a situa como forma de autodefesa, assim compreendidas as autorizações da ordem jurídica para que alguém empreenda uma reação diante de uma atitude constrangedora, No caso, a reação é contra a resistência do empregador"[21].

6.6 *Efeitos da Greve no Contrato de Trabalho*

Sob o ponto de vista dos efeitos que provoca ao contrato de trabalho, por força de lei, a greve provoca a suspensão do contrato de trabalho, pois as disposições contidas no art. 7º *caput* da Lei n. 7.783/1989 tratam de forma expressa que, "observadas as condições previstas nesta lei, a participação em greve suspende o contrato de trabalho, devendo as relações obrigacionais durante o período do movimento ser regidas pelo acordo, convenção ou laudo arbitral ou decisão da Justiça do Trabalho".

Tem-se, portanto, que a lei de greve determina que, desde que obedecidas as disposições legais, haverá a paralisação dos efeitos dos contratos individuais de trabalho dos grevistas, de maneira que fica suspenso o dever dos empregados de prestar serviços e a obrigação do empregador de pagar salário, e ainda que durante a greve o empregador não poderá rescindir os contratos de trabalho dos empregados, nem admitir trabalhadores substitutos, salvo em se tratando de contratação de serviços necessários para a manutenção de máquinas e equipamentos durante a greve, importando assim em uma conquista dos trabalhadores, pois já houve um tendência de se entender que a paralisação dos serviços e a deflagração da greve se dava como intenção de se romper o contrato de trabalho.

Em relação à questão do pagamento dos salários do período de greve, a Lei n. 7.783/1989 modificou a legislação anterior (art. 20 da Lei n. 4.330/1994), que assegurava o direito ao salário durante o período da sua duração e o cômputo do período de paralisação como de trabalho efetivo, se fossem deferidas as reivindicações formuladas pelos empregados total ou parcialmente. A nova regulamentação legal deixou para a esfera negocial ajustar ou não o pagamento dos dias parados, e inexistindo acordo, não será devido o pagamento dos salários dos dias parados.

6.7 *A Titularidade do Direito de Greve*

Conforme disposto no art. 1º da Lei n. 7.783/1989, compete aos trabalhadores decidirem sobre a oportunidade do exercício do direito de greve. Trata-se portanto de um direito subjetivo individual dos traba-

(21) *Compêndio de Direito Sindical. Idem* p. 404.

lhadores, e ao contrário do que possa parecer não se trata de um direito assegurado aos sindicatos, nem um direito coletivo dos trabalhadores. O trabalhador individualmente tem o direito de deliberar sobre o exercício ou não do direito de greve.

Não se deve confundir o titular do direito de greve com o seu sujeito ativo. O titular é o trabalhador e o sujeito ativo, assim entendido aquele que por força de lei está legitimado a deflagrar o movimento que é o ente coletivo.

Este entendimento é muito bem apontado na doutrina de Arnaldo Süssekind, que deixa certo ser o sindicato o sujeito ativo da greve, ou melhor, qualquer entidade sindical (sindicato, Federação ou confederação) e na sua falta, uma comissão de negociação, reconhecendo porém ser dos trabalhadores o exercício do direito de greve, que serão representados pelo sindicato, que assume a posição de sujeito ativo do procedimento[22].

6.8 Oportunidade Natureza dos Interesses a Serem Defendidos Através Greve

Conforme já mencionamos anteriormente, a legislação brasileira adota em relação à greve a concepção econômico profissional, e por esta razão as disposições do art. 9º da Lei n. 7.783/1989, que estabelecem que compete aos trabalhadores decidir sobre a oportunidade e sobre os interesses a serem defendidos através da greve, deve ser analisada de forma sistemática, conduzindo o intérprete a concluir que o legislador está se referindo aos interesses que visem à melhoria das condições de trabalho ou ao cumprimento da legislação trabalhista, interesses profissionais, não se admitindo a greve por motivos políticos.

Isto significa que, como todo direito, o exercício do direito de greve não é ilimitado, os limites em relação aos interesses a serem defendidos são os interesses que dizem respeito às condições de trabalho, à melhoria das condições sociais dos trabalhadores, são interesses que podem ser atendidos pelo empregador. Desta forma, ainda que a Lei n. 7.783/1989 não faça referência expressa, entendemos que não será possível o exercício de greve para tutelar interesse político, eis que as reivindicações no caso só poderão ser atendidas pelo Estado, e não perante o empregador.

É certo também que o direito de greve deve observância dos requisitos estabelecidos na lei, sob pena de ser caracterizado o exercício abusivo do direito.

6.9 Origem e Evolução Histórica da Greve

Os movimentos coletivos de paralisação surgiram em razão da exploração da mão de obra do trabalhador, bem como das circunstâncias em que o trabalho era prestado. A greve passou a ser utilizada como forma de pressionar os empregadores, para que fossem atendidas algumas das pretensões reivindicadas pela classe dos trabalhadores.

Conforme mencionado pela professora Ione Frediane, em sua obra Direito de Greve nas Atividades Essenciais, (editora LTr) "em represália, os empregadores costumavam fechar seus estabelecimentos (circunstância que originou o *lockout*), despediam seus empregados e contratavam outros, mediante proteção policial, uma vez que tais conflitos, na maioria das vezes, assumiam natureza violenta".

As greves passaram a gerar um conflito social, sendo consideradas um ato ilícito e proibido. Essa proibição deu-se de maneira generalizada em toda a Europa e perdurou até o final do século XVIII[23].

Entretanto, apesar da proibição, e do fato de ser duramente reprimida com prisões e condenações em até pena morte, as greves continuavam a eclodir. A título de exemplo podemos citar o fato ocorrido na

(22) *Instituições de Direito do Trabalho*. 17. ed. vol. 2. São Paulo: LTr, 1997. p. 1.222/1.223.
(23) PINTO, José Augusto Rodrigues. *Direito Sindical e Coletivo do Trabalho*, p. 287.

Alemanha, em 1537, em que a repressão a uma greve eclodida em Colônia acarretou no enforcamento de inúmeros grevistas.

Também na França, durante movimento grevista que resultou em sérias consequências para indústria, foi aprovada a Lei Chapelier, 1791, que proibia coalizões, estabelecendo, ainda, punições para os empregadores que, porventura, viessem a contratar participantes do movimento paredista[24].

Somente em 1864, por força de lei promulgada em 25 de maio, sob o império de Napoleão III, é que foi abolido o delito de coalizão. Em virtude desse fato, foram fundados inúmeros partidos e sindicatos operários e, em 1936, instituído o regime de arbitragem obrigatória antes da deflagração de qualquer greve.

Nos Estados Unidos, o Clayton ACT reconheceu, em 1914, o direito de associação e coalizão. Já no México, o direito de greve foi reconhecido constitucionalmente em 1917.

Entretanto, somente com o Tratado de Versalhes, em 1919, e com a criação da Organização Internacional do Trabalho, é que o direito de associação (patronal e profissional) passou a ser reconhecido.

Deve-se ressaltar-se, porém, que durante os regimes políticos instalados na Itália, Alemanha e Espanha, no período que vai aproximadamente de 1926 a 1941, o direito de greve passou a ser proibido, voltando a ser restabelecido somente por volta de 1947.

Anos mais tarde, a Assembleia Geral das Nações Unidas, ao aprovar a Declaração Universal dos Direitos do Homem, em 1948, reconheceu o direito de organização sindical, na conformidade das regras insertas nos arts. XX, ns. 1 e 2 e XXIII, n. 4.

Dessa data em diante, os constantes movimentos paredistas ocorridos na Europa de maneira geral deram origem ao reconhecimento do direito de greve, inserindo-o como direito fundamental nas Constituições de diversos países, tais como em Portugal em 1976 e na Espanha em 1978.

6.10 *A Organização Internacional do Trabalho e o Direito de Greve*

No Direito Internacional, o Direito de Greve é reconhecido expressamente no art. 8º da Convenção Internacional das Nações Unidas sobre Direitos Econômicos Sociais e Culturais. Também está consagrado na Carta Social Europeia, no art. 6º, sendo tratado, ainda, no art. 27 da Carta Americana de Direitos Sociais.

No âmbito da Organização Internacional do Trabalho, não existe nenhuma Convenção ou Recomendação que reconhece o direito de greve ou trate dele de forma explícita, mas importante ressaltar que o Conselho de Administração da Organização Internacional do Trabalho em 1951 instituiu o Comitê de Liberdade Sindical, que tinha como atribuição proceder ao exame das queixas e reclamações referentes à violação dos direitos sindicais de maneira geral, especialmente no que diz respeito ao direito de greve.

Algumas decisões proferidas pelo Comitê de Liberdade Sindical da OIT acerca do exercício do direito de greve foram destacas por Georgenor de Sousa Franco Filho[25] em obra versando sobre o "Direito de Greve no Direito Comparado", transcritas a seguir:

> Verbete n. 360 — pelo qual o Comitê considerou-se competente para apreciar denúncias sobre direito de greve desde que afetem o exercício dos direitos sindicais;
>
> Verbete n. 362 — pelo qual o Comitê entendeu que a greve é um direito legítimo dos trabalhadores e de suas organizações para a defesa de seus interesses econômicos e sociais;
>
> Verbete n. 363 — entendendo que o direito de greve é essencial para a promoção e a defesa de interesses profissionais;

(24) SÜSSEKIND, Arnaldo. *Instituições de Direito do Trabalho*, v. 2, p. 1.220.

(25) FRANCO FILHO, Georgenor de Sousa. *Liberdade Sindical e Direito de Greve no Direito Comparado*. p. 93/1994.

Verbete n. 377 — considerando que, para a greve ser lícita, deve ser exercida em condições razoáveis e não limitar a ação das organizações sindicais;

Verbete n. 378 — dispondo que a existência de uma lei obrigando prévia conciliação e arbitragem para ser deflagrada a greve não poderia ser considerada como atentatória à liberdade sindical;

Verbete n. 381 — segundo o qual, na greve, é admissível pré-aviso ao empregador.

6.11 O Direito de Greve nas Constituições do Brasil

A Constituição Federal de 1824, apesar de assegurar a liberdade de trabalho, não fez qualquer referência às associações profissionais. Com o advento da República, em virtude de norma inserta no Código Penal de 1890, a greve era proibida e punida com pena de prisão.

A Constituição de 1891 assegurou a livre associação profissional, desde que para fins pacíficos, na conformidade da regra inserta no art. 72, § 8º. Nesse período constata-se a criação dos primeiros sindicatos agrícolas com a Lei n. 979/1903, sendo tal prerrogativa posteriormente reconhecida a todos os trabalhadores com a edição da Lei n. 1.607/1907.

A Carta Constitucional de 1934, além de reconhecer o direito de associação em sindicato, proclamou, ainda a autonomia do grupo sindical, admitindo o sistema de pluralidade sindical que perdurou até a edição da Lei n. 38 de 4.4.1935, que dispunha sobre a Segurança Nacional, reprimindo o direito de greve, que passou a ser conceituado como delito.

A Constituição de 1937 reafirmou a liberdade sindical, no entanto, restabeleceu o princípio da unidade sindical, deixando certo que no mesmo município só poderia haver um sindicato representativo de idêntica categoria patronal e profissional, ainda ao instituir a Justiça do Trabalho, considerou a greve e o *lockout* recursos antissociais nocivos ao trabalhador e ao capital e incompatíveis com os superiores interesses da produção nacional, na conformidade do disposto no art. 139. O Código Penal de 1940, seguindo as diretrizes do regime vigente, tipificou a participação em greve como crime contra a organização do trabalho. A seguir, em 1943, com a promulgação da Consolidação das Leis do Trabalho, condicionou-se a cessação de qualquer atividade à prévia autoridade do tribunal competente. Findo o "Estado Novo" com a eleição do Presidente Eurico Gaspar Dutra, foi reconhecido o direito de greve por força da declaração de Princípios Sociais da América, quando da realização da Conferência Internacional do Trabalho de Chapultepec, realizada no México em 1945, subscrita pelo Brasil.

A Magna Carta de 1946 garantiu a liberdade de associação com corporativismo, inserindo a Justiça do Trabalho no Poder Judiciário, e através dos artigos. 1 59 e 159 foram assegurados, respectivamente, o direito de greve e a liberdade sindical.

A Constituição de 1967/69 deixou certo a manutenção das normas de direito coletivo na linha da Carta anterior, sendo que, com referência ao direito de greve, foram impostas proibições quanto ao seu exercício nos serviços públicos e atividades essenciais. Na oportunidade, o exercício do direito de greve estava disciplinado pela Lei n. 4.330/1964, promulgada no início do período militar e possivelmente com marcante caráter intervencionista, posto que exigia *quorum* para aprovação do movimento em assembleia, proibindo a deflagração de parede política, religiosa, de solidariedade ou fundada em qualquer motivação não relacionada às relações de trabalho, além de reafirmar a proibição de greve de funcionários públicos. Verifica-se, pois, que na conformidade do texto acima reproduzido, o direito de greve do servidor público foi equiparado às atividades essenciais que não estariam necessariamente ligadas ao serviço público em geral nos seus diversos desdobramentos.

A norma Constitucional vigente estabelece de maneira clara e inequívoca os princípios da Liberdade Sindical e da Liberdade de Associação, e o direito de greve passou a ser assegurado de forma ampla, na medida em que a decisão acerca da paralisação competirá aos trabalhadores, na conformidade da regra inserta no art. 9º. O mesmo dispositivo legal em seu parágrafo primeiro estendeu o direito de paralisação coletiva aos serviços e atividades essenciais, dispondo que: **"A lei definirá os serviços e atividades essenciais e disporá sobre o atendimento das necessidades inadiáveis da comunidade"**.

Verificamos, pois, que logo em seguida à promulgação da Lei Maior, o Congresso Nacional aprovou a Lei n. 7.793/1989, aplicável unicamente ao setor privado, ou seja, às relações de trabalho regidas pelo regime da CLT, implicando, portanto, a exclusão de trabalhadores regidos pelo regime jurídico único (terminologia que substituiu a antiga expressão "trabalhador ou servidor estatutário").

Ademais, não só aos trabalhadores vinculados ao setor privado foi assegurado o direito de greve, como também aos servidores públicos em face da norma inserta no art. 37, VII, da Lei Maior, vazada nos seguintes termos: "A administração pública direta e indireta de qualquer dos Poderes da União, dos Estados, do Distrito Federal e dos Municípios obedecerá aos princípios de legalidade, impessoalidade, moralidade, publicidade eficiência e, também, ao seguinte: O direito de greve será exercido nos termos e nos limites definidos em lei específica".

6.12 Abuso do Direito de Greve

Já foi mencionado anteriormente que o direito de greve não é um direito absoluto, e como todo o direito tem suas limitações. As limitações ao exercício do direito de greve estão contidas na própria Constituição Federal, que no art. 4º inciso VII adota a regra da solução pacífica de conflitos, sendo certo que o art. 2º da Lei n. 7.783/1989 adota a mesma diretriz.

Também é certo que a Constituição Federal assegura o direito à vida privada, livre locomoção, liberdade de pensamento, e por essa razão o § 1º do artigo da Lei n. 7.783/1989 é claro no sentido de que em nenhuma hipótese os meios adotados por empregados e empregadores poderão violar os direitos e garantias fundamentais.

Prosseguindo, ainda, o § 2º, do art. 9º, da Constituição Federal, estabelece que os abusos cometidos durante o movimento grevista sujeitarão o responsável às penas da lei.

A Lei n. 7.783/1989, que regulamenta o direito de greve, estabelece que a inobservância de suas determinações, bem como a manutenção da paralisação após a celebração de acordo, convenção coletiva ou sentença normativa, são fatores caracterizadores do abuso do direito de greve.

Alguns doutrinadores classificam o abuso do direito de greve em formal, quando não forem obedecidos os requisitos previstos na Lei n. 7.783/1989, e material, quando o exercício do direito de greve se dá em atividades proibidas.

O Tribunal Superior do Trabalho na Orientação jurisprudencial n. 10 da SDC consagra o entendimento de que "*Greve abusiva não gera efeitos: é incompatível com a declaração da abusividade do movimento grevista o estabelecimento de quaisquer vantagens ou garantias a seus partícipes, que assumiram os risco inerentes a utilização do instrumento de pressão máximo*".

A responsabilidade pelos atos praticados durante a greve, ou os atos ilícitos e crimes cometidos, serão apurados de acordo com a legislação trabalhista, civil ou penal. No que se refere ao aspecto penal e trabalhista, a responsabilidade deve ser apurada sempre no plano individual, ou seja, em face da pessoa que praticou o ilícito penal ou a falta trabalhista. Isto significa que cada trabalhador que diretamente praticou o ato ilícito será responsabilizado. Este tem sido o entendimento do Supremo Tribunal Federal, que na Súmula n. 316 deixa certo que a *simples adesão a greve não constitui falta grave.*

No caso de atos abusivos, pode ser responsabilizado na esfera civil tanto o trabalhador quanto o sindicato, podendo haver inclusive a responsabilidade solidária dos dirigentes sindicais, desde que fique demonstrado que tenham incentivado e fomentado os grevistas na prática de atos ilícitos. O fundamento da responsabilidade civil é a norma contida no art. 927 do Código Civil, que estabelece que "aquele que, por ato ilícito causar danos a outrem, fica obrigado a repará-lo".

No entanto, a responsabilização não haverá se o prejuízo é decorrente de exercício regular do direito de greve, a título de exemplo tem-se que os prejuízos causados ao empregador em razão do exercício regular do direito de greve não devem ser indenizados, mesmo porque a pressão econômica é a força da greve.

Com a finalidade de assegurar o direito de greve, a lei estabelece aos grevistas os seguintes direitos:

a) a manutenção do emprego durante o período de greve, visto conceituar o movimento como suspensão do contrato de trabalho;

b) a possibilidade de realizar atos pacíficos e necessários para persuadir ou convencer os trabalhadores a aderirem o movimento;

c) arrecadar fundos para a manutenção do movimento;

d) de divulgar livremente o movimento;

e) o empregador não poderá adotar medidas que visem a impedir os empregados a aderirem o movimento ou constranger o trabalhador a retornar ao trabalho;

f) direito de não ser discriminado por ter aderido ao movimento, não podendo ser preterido nas promoções, rebaixado de suas funções, transferido, de ter seu nome incluído em listas negras, aposentadoria compulsória

Em contrapartida, os trabalhadores grevistas têm o dever de:

a) não praticar atos que importem em violação aos direito e garantias fundamentais de outrem, ficando proibido atos de persuasão que impeçam o direito ao trabalho, nem causar ameaça ou dano à propriedade ou pessoa;

b) manter equipes de empregados com o propósito de assegurar os serviços cuja paralisação resulte em prejuízo irreparável, pela deterioração irreversível de bens e máquinas, bem como aqueles necessários à retomada das atividades após a cessação do movimento;

c) dever de retorno imediato ao trabalho tão logo seja deliberado a cessação do movimento por ter sido celebrado acordo ou convenção coletiva ou determinado pela Justiça do Trabalho.

6.13 Procedimento e Requisitos da Greve

A caracterização do movimento paredista como não abusivo se dá quando for obedecido pelos grevistas o seguinte:

a) A greve dever ser precedida de negociação coletiva, ou seja, antes de se deliberar sobre a greve deverá haver negociação coletiva como forma de tentar a solução do conflito através da autocomposição. Trata-se de uma condição para o exercício do direito de greve, pois o TST na OJ n. 11 da SDC dispõe que "***é abusiva a greve levada a efeito sem que as partes hajam tentado, direta e pacificamente solucionar o conflito que lhe constitui o objeto***";

b) não sendo possível a solução pacífica do conflito, a entidade sindical dos empregados deverá convocar assembleia geral nos termos do estatuto do sindicato, que irá definir as reivindicações da categoria, deliberando sobre a paralisação coletiva (art. 4º da Lei n. 7.783/1989). Na falta de sindicato, a assembleia será convocada pela Federação, ou não havendo esta, será feita pela Confederação. Inexistindo entidade sindical, inclusive de grau superior, a assembleia geral dos trabalhadores deliberará a respeito da definição das reivindicações da categoria e sobre a paralisação coletiva da prestação de serviços e constituirá uma comissão de negociação. A lei de greve é taxativa no sentido de que o sindicato ou a referida comissão têm legitimidade para representar os interesses dos trabalhadores e para o exercício do direito de greve;

c) suspensão coletiva do contrato de trabalho e a intenção de não trabalhar, visto que os atos isolados ou de uma minoria descaracterizam o movimento paredista que há de contar com expressivo número de trabalhadores dentro do mesmo local de trabalho;

d) a finalidade da greve é a defesa dos interesses trabalhistas da categoria, a reivindicação de melhoria salarial, surgindo, daí, os conflitos de natureza econômica e/ou jurídica, não se admitindo a greve política;

e) a lei exige o aviso prévio ao sindicato da categoria econômica ou dos empregadores com a antecedência de 72 (setenta e duas) horas nas atividades essenciais e 48 (quarenta e oito) horas nas atividades comuns;

f) nos serviços ou atividades essenciais deve ser garantida a prestação dos serviços indispensáveis ao atendimento de necessidades inadiáveis. (art. 10 da Lei n. 7.783/1989);

g) deve ser assegurada pelos grevistas a manutenção de equipes de empregados com o propósito de assegurar os serviços cuja paralisação resulte em prejuízo irreparável, pela deterioração irreversível de bens e máquinas, bem como aqueles necessários à retomada das atividades após a cessação do movimento.

6.14 *Greve em Atividades Essenciais*

Existem algumas atividades cuja interrupção põe em risco a vida, a saúde, a segurança da população, e por esta razão recebem da lei de greve um tratamento especial, são as denominadas atividades essenciais.

O comitê de liberdade sindical da Organização Internacional do Trabalho define atividade essencial da seguinte maneira: "São serviços essenciais aqueles cuja interrupção poderia pôr em risco a vida, a segurança ou a saúde da pessoa em toda ou parte da população".

A Emenda Constitucional n. 1 de 1969 não permitia a greve nos serviços públicos e atividades essenciais definidas em lei. A Constituição Federal vigente no § 1º do art. 9º não proíbe a greve em atividades essenciais, apenas estabelece que a lei irá definir os serviços e as atividades essenciais.

Em consonância com o comando constitucional, o art. 10 da Lei que regulamenta o exercício do direito de greve os serviços e atividades que são considerados essenciais dispondo:

> Art. 10. São considerados serviços ou atividades essenciais:
>
> I — Tratamento e abastecimento de água; produção e distribuição de energia elétrica gás e combustíveis
>
> II — Assistência médica e hospitalar;
>
> III — Distribuição e comercialização de medicamentos e alimentos;
>
> IV — Funerários;
>
> V — Transporte coletivo;
>
> VI — Captação e tratamento esgoto e lixo;
>
> VII — Telecomunicação;
>
> VIII — Guarda, uso e controle de substâncias radioativas, equipamentos e materiais nucleares;
>
> IX — Processamento de dados ligados a serviços essenciais;
>
> X — Controle de tráfego aéreo;
>
> XI — Compensação bancária.

Questão que se coloca na doutrina é saber se o referido rol é taxativo ou não, sendo de se apontar que a corrente doutrinária majoritária é no sentido de que o referido rol não é taxativo, mas meramente exemplificativo, de maneira que haverá a possibilidade de ser reconhecido o caráter de atividade essencial de outras atividades cuja paralisação poderá causar prejuízos e danos para comunidade.

O legislador deixa certo no art. 11 da mencionada lei a obrigação do sindicato empregadores e trabalhadores de garantirem durante a greve a prestação de serviços indispensáveis ao atendimento das necessidades inadiáveis da comunidade, deixando espaço para a autonomia privada coletiva a decisão.

O Tribunal Superior do Trabalho na Orientação Jurisprudencial n. 38 da SDC dispõe que ***"É abusiva a greve que se realiza em setores que a lei define como sendo essenciais a comunidade, se não é assegurado o atendimento básico das necessidades inadiáveis dos usuários do serviço na forma prevista na Lei n. 7.783/1989"***.

Importante ressaltar que a jurisprudência vem entendendo que o percentual de 30% dos trabalhadores existentes na referida atividade é suficiente para atender às necessidades básicas da comunidade. No entanto, tem-se certo que cada caso deverá ser analisado isoladamente, pois em algumas situações o referido percentual pode ser insuficiente ou até muito além do necessário, o que poderá causar o enfraquecimento do movimento grevista.

Caso fique demonstrado que a coletividade está sendo afetada pelo descumprimento da norma, é possível buscar a tutela jurisdicional, sendo legitimado o Ministério Público do Trabalho, assim como o Poder Público em geral deverá tomar todas as medidas necessárias para ser assegurado o efetivo cumprimento da lei.

6.15 Lockout

Analisando o disposto no art. 17 da Lei n. 7.783/1989, podemos conceituar o *lockout* como a paralisação realizada pelo empregador, com o objetivo de pressionar os trabalhadores e frustrar as negociações coletivas.

Octavio Bueno Magano adota a seguinte definição "O *lockout* consiste na proibição temporária de acesso ao local de trabalho imposta aos trabalhadores"[(26)].

O traço que identifica o *lockout* é a existência da proibição feita pelo empregador de ingresso temporário dos trabalhadores no local de trabalho com o objetivo de pressionar os trabalhadores a aceitarem as condições de trabalho por ele imposta, forçando-os a cederem em suas posições.

A única Constituição Federal que tratou do *lockout* foi a Constituição Federal de 1937, proibindo-o, entendendo tratar-se de recurso antissocial, nocivo e prejudicial aos interesses da produção nacional, e ainda que a Constituição Federal de 1988 nada disponha, a Lei n. 7.783/1989, no artigo n. 17, proíbe-o expressamente. Por essa razão podemos afirmar que em nosso ordenamento jurídico o *lockout* possui a natureza jurídica de ato ilícito.

A proibição da paralisação das atividades pelo empregador é fundamentada pela doutrina como decorrência da sua caracterização como a parte mais forte da relação contratual sendo, portanto, manifestação do poder econômico do empregador, que usa a força para descumprir a principal obrigação do contrato de trabalho, que é de dar trabalho e efetuar o pagamento dos salários indispensáveis a sobrevivência dos trabalhadores.

(26) *Manual de Direito do Trabalho*. 2. ed. São Paulo: LTr, Direito Coletivo do Trabalho, v. III, 1990. p. 175.

Direito Constitucional

II

Ivani Contini Bramante

Parte I — 1. Princípio da Isonomia. Parte II — 1. Princípios constitucionais do trabalho. 2. Sindicatos e negociação coletiva.

1. PRINCÍPIO DA ISONOMIA

Aristóteles (*Éthique de Nicomaque* (v. 6, 1.131ª) vinculou a ideia de *igualdade* à ideia de *justiça* no sentido de dar a cada um o que é seu. A igualdade aristotélica vem traduzida na máxima *tratar igualmente os iguais e desigualmente os desiguais na medida das suas desigualdades.*

Charles Perelman[1] assenta que *"a igualdade é um princípio de ação, segundo o qual os seres de uma mesma categoria essencial devem ser tratados da mesma forma"*. Assim, resumida em: a cada um segundo sua necessidade, a cada um segundo os seus méritos, cada um a mesma coisa. A igualdade constitui signo fundamental da democracia. O regime democrático é uma garantia geral real de realização dos direitos humanos fundamentais, onde a *"liberdade encontra campo fértil de expansão das possibilidades do homem de coordenar os meios necessários a realização da sua felicidade pessoal"*.[2]

O art. 5º, *caput* da CF/88, dispõe que "Todos são iguais perante a lei, sem distinção de qualquer natureza".

Reforçam o princípio o inciso I, o qual prevê que "homens e mulheres são iguais em direitos e obrigações, nos termos desta Constituição", bem como o art. 7º, incisos XXX e XXXI, que estabelecem a proibição de diferença de salários, de exercício de funções e de critério de admissão por motivo de sexo, idade, cor ou estado civil e de qualquer discriminação no tocante a salário e critérios de admissão do trabalhador portador de deficiência.

Da mesma forma, nos termos do art. 3º, III e IV da CF/88, constituem objetivos fundamentais da República Federativa do Brasil a erradicação da pobreza e a marginalização e redução das desigualdades sociais e regionais e a promoção do bem de todos, sem preconceitos de origem, raça, sexo, cor, idade e quaisquer outras formas de discriminação.

A universalidade da seguridade social, garantia à saúde, educação baseada em princípios democráticos e de igualdade de condições para o acesso e permanência na escola, enfim, a preocupação com a justiça social, previstas nos arts. 170, 193, 196, 205, também estabelecem a preocupação do constituinte com a manutenção da igualdade material.

Celso Antonio ensina que o princípio da isonomia estará implementado quando reconhecidos e harmonizados os seguintes elementos:

a) Fator adotado como critério discriminatório;

b) Correlação lógica entre o fator discriminatório e o tratamento jurídico atribuído em razão da desigualdade;

c) Afinidade entre a correlação apontada no item anterior e os valores protegidos pelo ordenamento jurídico constitucional.

Nenhum elemento poderá ser, em si, considerado válido ou inválido para que se verifique obediência à isonomia. Assim, não se reputa inconstitucional a exigência de certa altura para o exercício das atribuições de policial, uma vez que o porte físico é importante para o desempenho da atividade, o que não ocorre, por exemplo, para o exercente do cargo de juiz, para o qual a estrutura física não interfere no exercício da atividade.

(1) PERELMAN, Charles. *De la justice, in Justice et raison*, p. 26 (trad. Italina, La Guistizia) p. 37 e 57.
(2) SILVA José Afonso da. *Comentário Contextual à Constituição*, p. 70.

1.2 Igualdade, Desigualdade e Justiça

O conceito de igualdade fez surgir três teorias.

Para os nominalistas, a desigualdade é característica do universo, sendo que os seres humanos, ao contrário do preceituado no art. 1º da Declaração de Direitos do Homem e do Cidadão de 1789, nascem e perduram desiguais. Para quem assim pensa, a igualdade nada mais é do que um nome, sem significação no mundo real.

Os idealistas, por sua vez, postulam um igualitarismo absoluto entre as pessoas.

Os realistas reconhecem que os homens são desiguais sob múltiplos aspectos, mas também entendem ser supremamente exato descrevê-los como criaturas iguais, pois em todos eles o mesmo sistema de características inteligíveis proporciona aptidão para existir. A igualdade se revela na identidade de essência dos membros da espécie. Não se busca uma igualdade que frustre a riqueza da diversidade, mas a igualdade que permita a todos viver dignamente.

Aristóteles vinculou a ideia de igualdade à de justiça, mas se trata de igualdade de justiça relativa que da a cada um o que é seu.

Essa é uma igualdade que se complementa pelo ato do legislador, que deve tratar os iguais igualmente e os desiguais de modo desigual. Trata-se de uma justiça e igualdade formais. Assim, não justo tratar de modo diferente Senhores e Escravos; mas seria injusto tratar os escravos ou os senhores, de forma diferente, dentro do seu respectivo grupo.

A justiça material ou concreta é a especificação da justiça formal, indicando a característica constitutiva da categoria essencial, chegando-se às formas:

- a cada um segundo sua necessidade;
- a cada um segundo seus méritos;
- a cada um a mesma coisa.

1.3 Igualdade Material e Formal

A Declaração de Direitos de 1789 dispõe que os homens nascem e permanecem iguais em direito. Afirmou-se, assim, uma igualdade formal, de caráter negativo, visando abolir os privilégios e isenções pessoais. Essa igualdade gerou desigualdade econômica, pois fundada numa visão individualista do homem, membro de uma sociedade liberal relativamente homogênea[(3)].

Deve-se buscar não apenas a igualdade formal (liberalismo clássico), mas também a igualdade material na medida em que, conforme Aristóteles, deve-se tratar os iguais igualmente e os desiguais de forma desigual, na medida de suas desigualdades. Muitos dos incisos acima citados tratam da igualdade material, por exemplo art. 5º, I, XXXVII, XLI, art. 7º, XXX e XXXI etc.

1.4 O sentido da expressão "igualdade perante a lei"

Alguns autores distinguem as expressões "igualdade perante a lei" de "igualdade na lei".

Por "igualdade perante a lei" entende-se a obrigação de aplicar as normas jurídicas gerais aos casos concretos, conforme estas estabelecem, ainda que resulte em discriminação. A isonomia, portanto, é meramente formal.

A "igualdade na lei" exige que não haja distinções não sejam autorizadas pela própria Constituição.

(3) SILVA, José Afonso. *Curso de Direito Constitucional Positivo*, 17. ed. São Paulo: Malheiros, 1999. p. 214.

Assim, a igualdade "perante a lei" atinge a todos os aplicadores das normas jurídicas gerais e a igualdade "na lei" alcança tanto os que criam as normas jurídicas, como aqueles que as aplicam ao caso concreto.

No Brasil, essa distinção não é necessária, pois doutrina e jurisprudência entendem que a expressão "iguais perante a lei" tem o significado que se dá no exterior à "igualdade na lei", tendo como destinatários, o princípio da igualdade o legislador que deve ao criar as normas, fazer com que estas rejam os casos semelhantes, igualmente e os aplicadores da lei, que não podem interpretá-la ou aplicá-la estabelecendo distinções entre as pessoas em razão de raça, sexo, religião etc.

Há, portanto, uma tríplice finalidade limitadora do princípio da isonomia:

a) limitação ao legislador, o qual deve sempre se pautar pelo princípio da isonomia, pois caso uma norma institua diferença entre as pessoas, de modo arbitrário, será inconstitucional;

b) limitação ao intérprete e à autoridade pública, que não podem aplicar normas aos casos concretos de modo a criar ou aumentar desigualdades arbitrárias; e

c) limitação ao particular, sendo vedado comportar-se de modo racista ou preconceituoso, sob pena de responsabilidade civil e penal.

1.5 Igualdade de homens e mulheres

Não trata o inciso I do art. 5º, de mera igualdade formal, perante a lei, mas de igualdade de direitos e obrigações.

Há, portanto, dois termos concretos de comparação. Homens e Mulheres.

Havendo um homem e uma mulher, qualquer tratamento desigual entre eles, em idêntica situação, será inconstitucional, ou seja, não pode, pelo *descrimen sexo*, desnivelar o homem da mulher. Aceita-se a diferença de tratamento, sempre que se pretenda atenuar as diferenças, o que pode ser feito pela legislação infraconstitucional.

A igualdade de homem e mulher também se faz presente perante a família, nos termos do art. 226, § 5º da CF/88, tendo marido e mulher, mesmos direitos e obrigações perante a entidade familiar.

Só pode haver discriminação entre homem e mulher, se prevista na Constituição, como por exemplo, a aposentadoria por tempo de idade e contribuição (arts. 40, § 1º, III, *a* e *b* e 20, § 7º, I e III).

Referida norma se justifica pelo fato de à mulher incumbir, além dos afazeres profissionais, tarefas básicas de casa, pelo que faz jus à aposentadoria em tempo menor.

1.6. Foro privilegiado para a mulher na ação de separação

O princípio da isonomia não pode ser entendido em termos absolutos. O tratamento diferenciado, quando se busca a eliminação da discriminação, ou se atende a características especiais, necessárias ao exercício de cargo, emprego ou função, se mostra consentâneo com o princípio da isonomia. São vedadas as discriminações arbitrárias.

O art. 100, I do CPC dispõe que:

> "É competente o foro:
>
> I — da residência da mulher, para a ação de separação dos cônjuges e a conversão desta em divórcio, e para a anulação de casamento; (Redação dada pela Lei n. 6.515, de 26.12.1977)"

Sobre a constitucionalidade desse dispositivo, há duas posições na doutrina:

a) Primeira parte da doutrina defende a constitucionalidade do dispositivo, pois a Constituição de 1967, com a EC n. 1/69, em seu art. 153, § 1º, vedava qualquer tipo de discriminação de gênero, o que corresponde ao art. 5º, I da CF/88. Afirmam os autores que ambos os dispositivos expressam o mesmo princípio, de forma diversa. Assim, deve-se buscar a igualdade entre as pessoas, o que implica tratar desigualmente os desiguais. A mulher, em razão de sua história, tendo passado por várias discriminações, possui maior dificuldade de acesso ao Judiciário, o que justifica a permanência do art. 100, I do CPC.

Ademais, a ciência processual, embora autônoma em relação ao direito material, deve ser encarada como instrumento deste. O processo, portanto, deve atender a essa visão teleológica.

Com relação ao divórcio direto, o assunto é pacífico no Tribunal de Justiça de São Paulo, o qual é competente para julgar os conflitos de competência, nos termos do art. 187 do Regimento Interno:

b) Segunda parte da doutrina, defendida entre outros, por Uadi Lammêgos Bulos, entende que "*não resta dúvida de que estão revogados todos os dispositivos da legislação ordinária que conferiam primazia ao homem ou à mulher, a exemplo da prerrogativa de foro, prevista no art. 100, I do Código de Processo Civil. Vários preceitos constitucionais confirmam essa tendência (v.g. arts. 3º, IV, 7º, XXX e 226, § 5º)*"(4).

Não podem ser comparados os dispositivos da Constituição revogada com a atual, pois a chamada "interpretação retrospectiva" pela qual se busca entender o novo pelo velho, a norma extinta pela vigente, pode ensejar a morte da Constituição(5).

Ainda que esses preceitos sejam semelhantes, a Constituição de 1988 não apenas reforçou o preceito da ordem constitucional antiga, mas conferiu ao art. 5º, I "carga eficacial autônoma,. É o fato de ter sido constitucionalizado em virtude da tendência universal de se atribuir plena independência ao sexo feminino"(6).

O STJ já decidiu que "o art. 100, I do CPC, não se aplica ao Divórcio Direito, eis que tendo a Constituição da República instituído o Divórcio Direto e, na mesma, proclamado a igualdade jurídica entre os cônjuges, não se pode aceitar a interpretação extensiva do dispositivo" (REsp n. 17.999-0, min. Sálvio Figueiredo Teixeira).

1.7 Critérios de admissão em concurso público

Não se admite tratamento diferenciado para homens e mulheres, bem como em razão de diversidade de raças, religiões etc., em concurso para ingresso em carreiras públicas, salvo se devidamente justificado o motivo.

Nesse sentido tem decidido o STF:

> "Concurso público — critério de admissão — sexo. A regra direciona no sentido da inconstitucionalidade da diferença de critério de admissão considerado o sexo — art. 5º, inciso I, e par. 2º do art. 39 da Carta Federal. A exceção corre à conta das hipóteses aceitáveis, tendo em vista a ordem socioconstitucional." (STF, RE n. 120.305, rel. min. Marco Aurélio, DJ 9.6.95)

(4) BULOS, Uadi Lammêgo, *Curso de Direito Constitucional*, 1. ed. São Paulo: Saraiva, 2003. p. 124.
(5) *Op. cit.*, p. 124.
(6) *Op. cit.*, p. 124.

"Concurso público: princípio de igualdade: ofensa inexistente. Não ofende o princípio da igualdade o regulamento de concurso público que, destinado a preencher cargos de vários órgãos da Justiça Federal, sediados em locais diversos, determina que a classificação se faça por unidade da Federação, ainda que daí resulte que um candidato se possa classificar, em uma delas, com nota inferior ao que, em outra, não alcance a classificação respectiva". (STF, RE n. 146.585, rel. min. Sepúlveda Pertence, DJ 15.9.1995)

Com relação à idade, o STF firmou entendimento que não há fundamento que justifique a limitação de idade máxima para o ingresso em concurso público.

"CONCURSO PÚBLICO — POLICIAL MILITAR — LIMITE DE IDADE — PRECEDENTES — AUSÊNCIA DE RAZOABILIDADE NA EXIGÊNCIA. Os pronunciamentos do Supremo são reiterados no sentido de não se poder erigir como critério de admissão não haver o candidato ultrapassado determinada idade, correndo à conta de exceção situações concretas em que o cargo a ser exercido engloba atividade a exigir a observância de certo limite — precedentes: Recursos Ordinários nos Mandados de Segurança ns. 21.033-8/DF, Plenário, relator ministro Carlos Velloso, Diário da Justiça de 11 de outubro de 1991, e 21.046-0/RJ, Plenário, relator ministro Sepúlveda Pertence, Diário da Justiça de 14 de novembro de 1991, e Recursos Extraordinários ns. 209.714-4/RS, Plenário, relator ministro Ilmar Galvão, Diário da Justiça de 20 de março de 1998, e 217.226-1/RS, Segunda Turma, por mim relatado, Diário da Justiça de 27 de novembro de 1998. Mostra-se pouco razoável a fixação, contida em edital, de idade máxima — 28 anos —, a alcançar ambos os sexos, para ingresso como soldado policial militar". (STF, RE n. 345.598 AgR, relator(a): min. MARCO AURÉLIO, Primeira Turma, julgado em 29.6.2005, DJ 19.8.2005, p. 00034, EMENT, VOL-02201-5, p. 00889 RTJ VOL-00199-01, p. 00383)

1.8 Critérios para admissão em emprego

A Lei n. 9.029/1995 proíbe a exigência, para efeitos admissionais e de permanência na relação de trabalho, de Atestado de Gravidez ou esterilização, bem como a prática de qualquer ato discriminatório.

Proíbe a lei, ainda, a adoção de qualquer prática discriminatória e limitativa de acesso a emprego ou sua manutenção por questão de raça, sexo, origem, estado civil, situação familiar ou idade, **salvo a proteção ao menor prevista no art. 7º XXXIII da CF/88.**

Constitui crime:

- Exigir teste, exame, perícia, laudo, atestado, declaração ou qualquer outro procedimento relativo à esterilização ou a estado de gravidez;
- Adoção de qualquer medida, de iniciativa do empregado, que configure indução ou instigamento à esterilização;
- Produção de controle de natalidade, assim não considerado o oferecimento de serviços e de aconselhamento ou planejamento familiar, realizados por instituições públicas ou privadas, submetidas às normas do SUS.

1.9 O princípio da igualdade jurisdicional

A igualdade perante o juiz decorre da igualdade perante a lei, como garantia constitucional indissoluvelmente ligada à democracia.

O princípio da igualdade jurisdicional se apresenta sob dois aspectos.

Em primeiro lugar, apresenta-se como interdição ao juiz de fazer distinção entre situações iguais, ao aplicar a lei.

Neste aspecto, o princípio da igualdade jurisdicional proíbe os juízos e tribunais de exceção (art. 5º, XXXVII). A Constituição estabelece alguns casos de prerrogativa em razão da função. Não se privilegia a pessoa, mas o cargo por ela ocupado, pelo que não é inconstitucional sua previsão. Ademais, é a própria Constituição que prevê seus casos. Também é constitucional a previsão, nos Estados, de prerrogativa em razão da função. A proibição do juízo de exceção, caracteriza o "juiz natural" (art. 10 da Declaração Universal de Direitos Humanos) que estabelece ter o homem, direito **"em plena igualdade, a uma justa e pública audiência por parte de um Tribunal independente e imparcial, para decidir de seus direitos e deveres ou do fundamento de qualquer acusação criminal contra ele", Juiz.** Natural, assim, é o pré-constituído, competente (art. 5º, LIII) e no gozo das garantias de independência e imparcialidade.

Faltando qualquer garantia da magistratura, o princípio da igualdade estará sacrificado.

A existência de Justiças especializadas não ofendem o princípio do juiz natural, muito pelo contrário, reforça-o na medida em que são estruturados para atender às peculiaridades da matéria, como a Justiça do Trabalho, Militar, Eleitoral.

Em segundo lugar, mostra-se o princípio da isonomia como uma interdição ao legislador de editar leis que possibilitem tratamento desigual a situações iguais ou tratamento igual a situações desiguais.

Isso ocorre quando a lei cria situações de desigualdade em confronto concreto com outras que lhes sejam iguais, como o dispositivo que trata de forma desigual entes que devem litigar em desigualdade de condições.

1.10 Igualdade perante a lei penal

O princípio da isonomia perante a lei penal significa que a mesma lei penal e seus sistemas de sanções devem ser aplicados a todos que pratiquem os fatos típicos nela previstos e não que deve ser aplicada a mesma pena para o mesmo delito, no caso concreto.

Há uma exceção para referida aplicação, direcionada aos parlamentares, em razão do exercício da função, possuem imunidade e inviolabilidade.

Nesse caso, a prerrogativa não é da pessoa, mas da função.

1.11 Igualdade "sem distinção de qualquer natureza"

Diversamente das Constituições anteriores que arrolavam razões impeditivas do discrime como "sexo, raça, trabalho, credo religioso e convicções políticas".

O art. 113, I da CF/34 dispunha que:

> "Todos são iguais perante a lei. Não haverá privilégios, nem distinções, por motivo de nascimento, sexo, raça, profissões próprias ou dos pais, classe social, riqueza, crenças religiosas ou ideias políticas".

O art. 150, § 1º da CF/67, por sua vez, previa:

> "Todos são iguais perante a lei, sem distinção, de sexo, raça, trabalho, credo religioso e convicções políticas".

A Constituição Federal de 1988 ampliou o alcança do princípio da isonomia, uma vez que, ao enunciar o princípio da isonomia, vedou "distinções de qualquer natureza", fazendo com que as hipóteses nela contempladas sejam consideradas meramente exemplificativas, proibindo-se qualquer outra forma de preconceito.

1.12 *Igualdade "sem distinção de sexo e de orientação sexual"*

As mulheres tiveram sua igualdade plenamente reconhecida na Constituição, não apenas pelo disposto no *caput* do art. 5º, mas também pela expressa previsão dos arts. 5º, I, 3º, IV, 7º XXX, 40, III e 202.

Com relação aos homossexuais, estes estão amparados em razão da forma exemplificava com que foi redigido art. 5º da CF/88. Não permitindo discriminação de qualquer natureza, não pode ser discriminada a pessoa em razão de sua orientação sexual.

O STF, no julgamento da ADPF 132, entendeu que o art. 226 Da Constituição Federal confere à família proteção especial e que a "família", "em seu coloquial ou proverbial significado de núcleo doméstico, pouco importando se formal ou informalmente constituída, ou se integrada por casais heteroafetivos ou por pares homoafetivos", bem como deu interpretação conforme ao art. 1.723 do Código Civil, para reconhecer a união homoafetiva como entidade familiar.

> "Ementa: 1. ARGUIÇÃO DE DESCUMPRIMENTO DE PRECEITO FUNDAMENTAL (ADPF). PERDA PARCIAL DE OBJETO. RECEBIMENTO, NA PARTE REMANESCENTE, COMO AÇÃO DIRETA DE INCONSTITUCIONALIDADE. UNIÃO HOMOAFETIVA E SEU RECONHECIMENTO COMO INSTITUTO JURÍDICO. CONVERGÊNCIA DE OBJETOS ENTRE AÇÕES DE NATUREZA ABSTRATA. JULGAMENTO CONJUNTO. Encampação dos fundamentos da ADPF n. 132-RJ pela ADI n. 4.277-DF, com a finalidade de conferir "interpretação conforme à Constituição" ao art. 1.723 do Código Civil. Atendimento das condições da ação. 2. PROIBIÇÃO DE DISCRIMINAÇÃO DAS PESSOAS EM RAZÃO DO SEXO, SEJA NO PLANO DA DICOTOMIA HOMEM/MULHER (GÊNERO), SEJA NO PLANO DA ORIENTAÇÃO SEXUAL DE CADA QUAL DELES. A PROIBIÇÃO DO PRECONCEITO COMO CAPÍTULO DO CONSTITUCIONALISMO FRATERNAL. HOMENAGEM AO PLURALISMO COMO VALOR SÓCIO-POLÍTICO-CULTURAL. LIBERDADE PARA DISPOR DA PRÓPRIA SEXUALIDADE, INSERIDA NA CATEGORIA DOS DIREITOS FUNDAMENTAIS DO INDIVÍDUO, EXPRESSÃO QUE É DA AUTONOMIA DE VONTADE. DIREITO À INTIMIDADE E À VIDA PRIVADA. CLÁUSULA PÉTREA. O sexo das pessoas, salvo disposição constitucional expressa ou implícita em sentido contrário, não se presta como fator de desigualação jurídica. Proibição de preconceito, à luz do inciso IV do art. 3º da Constituição Federal, por colidir frontalmente com o objetivo constitucional de "promover o bem de todos". Silêncio normativo da Carta Magna a respeito do concreto uso do sexo dos indivíduos como saque da kelseniana "norma geral negativa", segundo a qual "o que não estiver juridicamente proibido, ou obrigado, está juridicamente permitido". Reconhecimento do direito à preferência sexual como direta emanação do princípio da "dignidade da pessoa humana": direito à autoestima no mais elevado ponto da consciência do indivíduo. Direito à busca da felicidade. Salto normativo da proibição do preconceito para a proclamação do direito à liberdade sexual. O concreto uso da sexualidade faz parte da autonomia da vontade das pessoas naturais. Empírico uso da sexualidade nos planos da intimidade e da privacidade constitucionalmente tuteladas. Autonomia da vontade. Cláusula pétrea. 3. TRATAMENTO CONSTITUCIONAL DA INSTITUIÇÃO DA FAMÍLIA. RECONHECIMENTO DE QUE A CONSTITUIÇÃO FEDERAL NÃO EMPRESTA AO SUBSTANTIVO "FAMÍLIA" NENHUM SIGNIFICADO ORTODOXO OU DA PRÓPRIA TÉCNICA JURÍDICA. A FAMÍLIA COMO CATEGORIA SÓCIO-CULTURAL E PRINCÍPIO ESPIRITUAL. DIREITO SUBJETIVO DE CONSTITUIR FAMÍLIA. INTERPRETAÇÃO NÃO-REDUCIONISTA. O *caput* do art. 226 confere à família, base da sociedade, especial proteção do Estado. Ênfase constitucional à instituição da família. Família em seu coloquial ou proverbial significado de núcleo doméstico, pouco importando se formal ou informalmente constituída, ou se integrada por casais heteroafetivos ou por pares homoafetivos. A Constituição de 1988, ao utilizar-se da expressão "família", não limita sua formação a casais heteroafetivos nem a formalidade cartorária, celebração civil ou liturgia religiosa. Família como instituição privada que, voluntariamente constituída entre pessoas adultas, mantém com o Estado e a sociedade civil uma necessária relação tricotômica. Núcleo familiar que é o principal lócus institucional de concreção dos direitos fundamentais que a própria Constituição designa por "intimidade e vida privada" (inciso X do art. 5º). Isonomia entre casais heteroafetivos e pares homoafetivos que somente ganha plenitude de sentido se desembocar no igual direito subjetivo à formação de uma autonomizada família. Família como figura central ou continente, de que tudo o mais é conteúdo. Imperiosidade da interpretação não-reducionista do conceito de família como instituição que também se forma por vias distintas do casamento civil. Avanço da Constituição Federal de 1988 no plano dos costumes. Caminhada na direção do pluralismo como categoria sociopolítico-cultural. Competência do Supremo Tribunal Federal para manter, interpretativamente, o Texto Magno na posse

do seu fundamental atributo da coerência, o que passa pela eliminação de preconceito quanto à orientação sexual das pessoas. 4. UNIÃO ESTÁVEL. NORMAÇÃO CONSTITUCIONAL REFERIDA A HOMEM E MULHER, MAS APENAS PARA ESPECIAL PROTEÇÃO DESTA ÚLTIMA. FOCADO PROPÓSITO CONSTITUCIONAL DE ESTABELECER RELAÇÕES JURÍDICAS HORIZONTAIS OU SEM HIERARQUIA ENTRE AS DUAS TIPOLOGIAS DO GÊNERO HUMANO. IDENTIDADE CONSTITUCIONAL DOS CONCEITOS DE "ENTIDADE FAMILIAR" E "FAMÍLIA". A referência constitucional à dualidade básica homem/mulher, no § 3º do seu art. 226, deve-se ao centrado intuito de não se perder a menor oportunidade para favorecer relações jurídicas horizontais ou sem hierarquia no âmbito das sociedades domésticas. Reforço normativo a um mais eficiente combate à renitência patriarcal dos costumes brasileiros. Impossibilidade de uso da letra da Constituição para ressuscitar o art. 175 da Carta de 1967/1969. Não há como fazer rolar a cabeça do art. 226 no patíbulo do seu parágrafo terceiro. Dispositivo que, ao utilizar da terminologia "entidade familiar", não pretendeu diferenciá-la da "família". Inexistência de hierarquia ou diferença de qualidade jurídica entre as duas formas de constituição de um novo e autonomizado núcleo doméstico. Emprego do fraseado "entidade familiar" como sinônimo perfeito de família. A Constituição não interdita a formação de família por pessoas do mesmo sexo. Consagração do juízo de que não se proíbe nada a ninguém senão em face de um direito ou de proteção de um legítimo interesse de outrem, ou de toda a sociedade, o que não se dá na hipótese *sub judice*. Inexistência do direito dos indivíduos heteroafetivos à sua não-equiparação jurídica com os indivíduos homoafetivos. Aplicabilidade do § 2º do art. 5º da Constituição Federal, a evidenciar que outros direitos e garantias, não expressamente listados na Constituição, emergem "do regime e dos princípios por ela adotados", *verbis*: "Os direitos e garantias expressos nesta Constituição não excluem outros decorrentes do regime e dos princípios por ela adotados, ou dos tratados internacionais em que a República Federativa do Brasil seja parte". 5. DIVERGÊNCIAS LATERAIS QUANTO À FUNDAMENTAÇÃO DO ACÓRDÃO. Anotação de que os ministros Ricardo Lewandowski, Gilmar Mendes e Cezar Peluso convergiram no particular entendimento da impossibilidade de ortodoxo enquadramento da união homoafetiva nas espécies de família constitucionalmente estabelecidas. Sem embargo, reconheceram a união entre parceiros do mesmo sexo como uma nova forma de entidade familiar. Matéria aberta à conformação legislativa, sem prejuízo do reconhecimento da imediata autoaplicabilidade da Constituição. 6. INTERPRETAÇÃO DO ART. 1.723 DO CÓDIGO CIVIL EM CONFORMIDADE COM A CONSTITUIÇÃO FEDERAL (TÉCNICA DA "INTERPRETAÇÃO CONFORME"). RECONHECIMENTO DA UNIÃO HOMOAFETIVA COMO FAMÍLIA. PROCEDÊNCIA DAS AÇÕES. Ante a possibilidade de interpretação em sentido preconceituoso ou discriminatório do art. 1.723 do Código Civil, não resolúvel à luz dele próprio, faz-se necessária a utilização da técnica de "interpretação conforme à Constituição". Isso para excluir do dispositivo em causa qualquer significado que impeça o reconhecimento da união contínua, pública e duradoura entre pessoas do mesmo sexo como família. Reconhecimento que é de ser feito segundo as mesmas regras e com as mesmas consequências da união estável heteroafetiva." (STF, ADPF n. 132, relator(a): min. AYRES BRITTO, Tribunal Pleno, julgado em 5.5.2011, DJe-198, DIVULG 13.10.2011, PUBLIC 14.10.2011, EMENT, VOL-02607-01, p. 00001)

Maria Berenice Dias, cita decisão do TSE que "reconhece à união homoafetiva a inelegibilidade consagrada no art. 14, § 7º, da Constituição Federal. Aí se proíbe aos cônjuges de Presidente da República, Governadores e Prefeitos concorrerem nas eleições ao mesmo cargo. Necessário o afastamento do titular até seis meses antes do pleito"[7], como um voto a favor do reconhecimento da homoafetividade.

1.13 Igualdade, "sem distinção de origem, cor e raça"

Repudia a Constituição o racismo, em razão de distinção de "origem, cor e raça", não apenas no art. 5º, mas também o incluindo como princípio que rege as relações internacionais, o "repúdio ao terrorismo e ao racismo"[8]

Reforça o repúdio à discriminação em razão de origem, cor e raça, no art. 5º, XLII que "a prática do racismo constitui crime inafiançável e imprescritível, sujeito à pena de reclusão, nos termos da lei";

(7) Artigo retirado do *site* Saraivajur.

(8) Art. 4º, VIII, CF/88.

A CF/88 inovou em relação à CF/67 com a EC n. 1/69, pois esta apenas fazia menção a "raça", e o novo texto se refere a "origem, cor e raça", pois o termo "cor" não era suficiente, dirigido basicamente à cor negra e nem os termos "raça" e "cor" abrangiam o preconceito por causa da origem, como os nordestinos. Assim, mais abrangente a tutela na CF/88.

Por fim, com relação à origem, o art. 12, § 2º da CF/88 dispõe que "A lei não poderá estabelecer distinção entre brasileiros natos e naturalizados, salvo nos casos previstos nesta Constituição"

1.14 Igualdade "sem distinção de idade" para ingresso em carreira pública ou emprego

Muitas vezes se deixa de contratar idoso, para realização de serviço, bem como se paga menos para os mais jovens, para execução de trabalho com mesma eficiência e produtividade.

A proibição genérica de acesso a carreiras públicas em razão de idade, consiste em inconstitucionalidade. Trata-se de discriminação abusiva, em razão da vedação constitucional de diferença de critério de admissão por motivo de idade (art. 7º, XXX).

Há casos, no entanto, em que a limitação de idade para ingresso na carreira pública ou emprego é necessária para o bom desempenho do serviço. Assim, entende o STF, conforme se observa na Súmula n. 683, pela qual "o limite de idade para a inscrição em concurso público só se legitima em face do art. 7º, XXX, da Constituição, quando possa ser justificado pela natureza das atribuições do cargo a ser preenchido".

O art. 7º, XXX da CF/88, dispõe que há "proibição de diferença de salários, de exercício de funções e de critério de admissão por motivo de sexo, idade, cor ou estado civil". Assim, não pode ser estabelecida idade máxima para o ingresso em serviço.

Proíbe a lei, ainda, a adoção de qualquer prática discriminatória e limitativa de acesso a emprego ou sua manutenção por questão de raça, sexo, origem, estado civil, situação familiar ou idade, salvo a proteção ao menor prevista no art. 7º XXXIII da CF/88.

Evidentemente, deve-se analisar o caso concreto, para que se apure se houve ou não discriminação, estabelecendo comparações entre idosos, jovens e menores.

1.15 Igualdade "sem distinção de trabalho"

Reconhece o art. 5º, XIII da CF/88 a liberdade de execução de qualquer trabalho, ofício ou profissão. Assim, deve ser igual o acesso aos cargos, funções e empregos a qualquer pessoa que demonstre igualdade de condição. Essa regra é completada pelo art. 7º, XXX e XXXII da CF/88.

A possibilidade de livre escolha do trabalho veda a distinção entre pessoas por executarem serviços manuais, intelectuais ou técnicos.

1.16 Igualdade "sem distinção de credo religioso"

Reconheceu a Constituição a liberdade de religião e de cultos religiosos, sem a limitação imposta nas Constituições anteriores "que não contrariem a ordem pública e os bons costumes".

Todos devem ser tratados de forma igual, independentemente da religião que professem. O art. 5º, VIII da CF/88 dispõe que "ninguém será privado de direitos por motivo de crença religiosa ou de convicção filosófica ou política, salvo se as invocar para eximir-se de obrigação legal a todos imposta e recusar-se a cumprir prestação alternativa, fixada em lei".

1.17 *Igualdade "sem distinção de convicções filosóficas ou políticas"*

Visa-se com esse princípio impedir que sejam tratadas de modo diferente as pessoas, em razão de sua posição filosófica ou política.

Pontes de Miranda afirma que "o princípio nada tem com os pressupostos para a organização, funcionamento ou extinção dos partidos. A convicção pode ser contraria ao regime representativo, ou contra a própria democracia, ou contra a pluralidade de partidos e até mesmo contra a garantia de direitos fundamentais"(9).

Não pode, portanto, em razão de diversidade de ideologias, proibir o acesso a cargos públicos por exemplo.

A igualdade do voto sempre foi reconhecida, segundo José Afonso da Silva(10), estando agora prevista de forma expressa no art. 14 da Constituição Federal.

1.18 *O princípio da não discriminação e a sua tutela penal*

A Lei n. 7.716/1989 prevê os crimes de preconceito de raça ou cor, alterando a sistemática anterior que considerava esses delitos meras contravenções (Lei n. 1390/51 — Lei Afonso Arinos)

A Lei n. 5.473/1968 considera nulas e sujeitas a prisão simples disposições e providências que, direta ou indiretamente, criem discriminações entre brasileiros de ambos os sexos, para o provimento de cargos sujeitos a seleção, assim nas empresas privadas, como nos quadros do funcionalismo público.

Além disso, nos termos do art. 5º, XLI e XLII, "a lei punirá qualquer discriminação atentatória dos direitos e liberdades fundamentais" e "a prática do racismo constitui crime inafiançável e imprescritível, sujeito à pena de reclusão, nos termos da lei".

1.19 *Hipóteses de discriminação legítima*

Em algumas situações, a discriminação se torna legítima, em razão da inevitabilidade de que se reveste. Estas se dão em razão das exigências especiais de atividade, que exclui por princípio e com boa base de razoabilidade certas categorias de pessoas, ou em função das características pessoais das pessoas envolvidas.

Assim, é lícita a discriminação consistente em não aceitar mulheres em certos setores das Forças Armadas.

A segunda forma de discriminação admissível é a denominada discriminação positiva (ou ação afirmativa ou *reverse discrimination*).

1.20 *Discriminação positiva*

Consiste em dar tratamento preferencial a um grupo historicamente discriminado, para inseri-lo na sociedade, impedindo que o princípio da igualdade forma se torne meio de perpetuação da desigualdade fática.

Na disciplina do princípio da igualdade, o constituinte tratou de proteger certos grupos que, a seu entender, mereciam tratamento diverso, em razão da realidade histórica de marginalização social ou de hipossuficiência decorrente de quaisquer outros fatores, estabelecendo medidas de compensação, buscando

(9) *Comentários à Constituição de 1967 com a Emenda n. 1/69*, T. IV, p. 708.
(10) *Direito Constitucional Positivo*, p. 227.

concretizar, ao menos em parte, uma igualdade de oportunidades com os demais indivíduos, que não sofreram as mesmas espécies de restrições.

Nesse sentido, está a proteção da posse indígena (art. 231, § 2º), o trabalho da mulher (art. 7º, XX), a reserva de mercado de cargos públicos aos portadores de deficiência (art. 37, VIII) etc.

Segundo David Araújo e Vidal Serrano, "essa igualdade aplicada deverá ser reproduzida pelo legislador infraconstitucional"(11).

1.21 Ações afirmativas (affirmative actions)

A expressão "ação afirmativa" surgiu nos Estados Unidos, tendo sido adotada pelo Presidente John Fitzgerald Kennedy, em 1963, com o intuito de denominar a premente necessidade de promoção da igualdade racial.

Segundo Álvaro Ricardo de Souza Cruz, ações afirmativas são "*as medidas públicas e privadas, coercitivas ou voluntárias, implementadas na promoção/integração de indivíduos e grupos sociais tradicionalmente discriminados em função de sua origem, raça, sexo, opção sexual, idade, religião, patogenia física/psicológica etc.*".(12)

Fundamentam-se as ações afirmativas, no art. 3º, IV da CF/88, o qual condena qualquer forma de discriminação, determinando seja promovida a integração social de todos.

O objetivo dessa intervenção estatal positiva consiste em concretizar o princípio da isonomia em seu sentido mais puro, qual seja, a igualdade material.

Segundo clássica e brilhante lição de Rui Barbosa, "a regra da igualdade não consiste senão em quinhoar desigualmente aos desiguais, na medida em que se desigualam. Nesta desigualdade social, proporcionada à desigualdade natural, é que se acha a verdadeira lei da igualdade"(13).

Ensina o autor:

> "Esta, portanto, é a concepção moderna e dinâmica do princípio constitucional da igualdade, a que conclama o Estado a deixar de lado a passividade, a renunciar à sua suposta neutralidade e a adotar um comportamento ativo, positivo, afirmativo, quase militante, na busca da concretização da igualdade substancial."

Podem ser citadas como ações afirmativas a denominada Lei de dois terços, da Era Vargas, pela qual era exigida a contratação de pelo menos dois terços de trabalhadores nacionais.

O STF, em 26 de abril de 2012, julgou improcedente a Arguição de Descumprimento de Preceito Fundamental n. 186, ajuizada pelo Partido Democratas (DEM), na qual foi questionada a constitucionalidade da instituição de cotas raciais pela Universidade de Brasília e entendeu pela compatibilidade da medida que prevê reserva de percentual de vagas de acesso à Universidade para as pessoas de raça negra, em clara utilização da ação afirmativa como meio de implementação do princípio da isonomia em seu aspecto material.

---

(11) *Curso de Direito Constitucional*, 14. ed. São Paulo: Saraiva, 2010. p. 93.
(12) *O Direito à Diferença*, 1. ed. Belo Horizonte: Del Rey, 2002. p. 186.
(13) *Oração aos Moços*, p. 26.

PARTE II

1. PRINCÍPIOS CONSTITUCIONAIS DO TRABALHO

Os direitos sociais dos trabalhadores podem ser classificados em duas ordens:

- direitos em suas relações individuais de trabalho (direitos dos trabalhadores, previstos no art. 7º da CF/88);
- direitos coletivos dos trabalhadores (previstos nos arts. 8º a 11 da CF/88), exercitáveis coletivamente.

Destinam-se os direitos sociais do trabalho a três espécies de trabalhadores, quais sejam:

- Urbanos, assim considerados aqueles que exercem atividade industrial, comercial e de prestação de serviços;
- Rurais, que atuem na exploração da atividade agropastoril[14].
- Domésticos, definidos como aqueles que prestam serviços no âmbito residencial, de natureza não lucrativa, e cujos direitos estão elencados no parágrafo único do art. 7º.

Os trabalhadores urbanos e rurais, após a EC n. 28/2000, gozam dos mesmos direitos e garantias, pois a referida norma igualou o prazo prescricional relativo aos créditos resultantes das relações de trabalho, que é de cinco anos, até o limite de dois anos após a extinção do contrato, nos termos do art. 7º, XXIX da CF/88.

1.2 Dignidade da pessoa humana

De acordo com o art. 1º, III da Carta Magna, constitui fundamento da República Federativa do Brasil "a dignidade da pessoa humana".

O valor, como atributo que dá dignidade ao ser, é referencial para a evolução do homem, sendo de especial importância para o Direito, que se ocupa das preposições deônticas (o dever ser). São subjetivos (só o homem valora) e objetivos (revelam-se quando concretizados). Podem estar em contradição, com o lícito e o ilícito.

São ideais, transcendentais, inexauríveis e comportam gradação ou hierarquia. A moderna teoria constitucional confirma a hierarquia de valores e aponta a ponderação e o balizamento, como técnicas de interpretação, através da atribuição de um peso maior a um valor, de acordo com a situação concreta.

A Constituição Federal erigiu com um dos fundamentos da República Federativa do Brasil a dignidade da pessoa humana, *o valor social do trabalho ao lado da livre-iniciativa.* Lado a lado. Não é mera coincidência.

Valores que se contrapõem e que devem ser balizados no caso concreto. Se *o trabalho é um valor*, somente será objetivado com a sua concretização, como *atributo da dignidade do ser*, o que viabilizará a percepção desse valor pelas pessoas, empresas e pela própria sociedade. *Trabalho como valor* que deve ser ponderado ao lado da *livre-iniciativa*, sem que haja exclusão de qualquer um deles, mas sim, a devida valoração circunstancial dada pelo aplicador do direito.

(14) De acordo com a OJ n. 315 da SDI-I do TST, motorista que presta serviços para empresa que exerce preponderantemente rural deve ser enquadrado como trabalhador rural:
"**315 — Motorista. Empresa. Atividade predominantemente rural. Enquadramento como trabalhador rural.** (DJ 11.8.2003) É considerado trabalhador rural o motorista que trabalha no âmbito de empresa cuja atividade é preponderantemente rural, considerando que, de modo geral, não enfrenta o trânsito das estradas e cidades.

O *imperativo de tutela dos direitos fundamentais* vincula os particulares, máxime nos casos em que a relação decorre da autorregulamentação das partes no contrato de trabalho, quer no campo de direito individual e coletivo.

O princípio da supremacia da Constituição; a posição jusfundamental e preferencial da pessoa humana no sistema constitucional; o caráter objetivo dos direitos fundamentais, que os fazem irradiar por todos os âmbitos do sistema jurídico, leva à conclusão de que a *eficácia dos direitos fundamentais* nas relações privadas *deve ser regulada e mensurada segundo os parâmetros e exigências da Constituição e não segundo os níveis de tolerância ou convivência do direito privado.*[15]

Retomando as lições de Canaris, a propósito do tema, discorre que:

> *"como fatores que fundamentam o dever, há que se considerar aqui, sobretudo, a ilicitude da intervenção, por um sujeito de direito privado, no bem garantido pelo direito fundamental, a sua colocação em perigo por um sujeito de direito privado, bem como a dependência (falta de alternativa) do titular do direito fundamental, no exercício do direito fundamental em questão, da colaboração ou da tolerância de outros particulares" (.....).*

Na trilha da lições da André Rufino do Vale[16], é importante salientar uma diferença matriz entre a relação *Estado-particular* e *particular-particular.* A relação *Estado-particular* é uma relação entre um *não titular de direito fundamental* (o Estado é ente abstrato) e um *titular de direito fundamental.* Ao revés, a relação *particular-particular* é uma relação entre *titulares de direitos fundamentais.* Destarte, a questão centra-se em resolver *em que medida* poderá o particular opor um direito fundamental, do qual é titular, em relação a outro particular, igualmente possuidor e destinatário de direitos fundamentais.

Destarte, a questão do *como* as normas de direitos fundamentais vinculam os particulares se perfaz num problema de *construção.* Quanto a questão de saber *em que medida* os direitos fundamentais influem nas relações interprivadas encontra-se um *problema material*, um *problema de colisão, resolvida, no caso concreto, e pela técnica da ponderação.*

Quanto à técnica de ponderação Canaris ensina que deve ser levado em conta, no caso concreto, o peso do bens e interesses em jogo ou em rota de conflito, a gravidade e a intensidade da lesão a direitos fundamentais, sobretudo considerar as possibilidades do titular dos direitos a uma autoproteção. Destarte:

> "*Critérios essenciais são, ainda, o nível e o tipo de direito fundamental a proteger, a gravidade da intervenção que se ameaça, e a intensidade da colocação em perigo, as possibilidades do titular quanto a uma autoproteção, bem como o peso dos interesses e direitos fundamentais contrapostos; estes funcionam conjuntamente sob a forma de proposições comparativas, com a estrutura do tipo quanto mais e quando mais forte tanto mais" (....).*

Para atingir esse objetivo, a Justiça do Trabalho tem papel fundamental, pois toda vez que balizar tais valores, de forma clara e circunstancial, estará dando ao homem e a própria Sociedade, uma chance de ter uma *sociedade livre*, mas também *justa e solidária.*

---

(15) STEINMETZ, Wilson. *Direitos Fundamentais e Relações Interprivadas*, p. 212.

(16) O art. 127, da Carta Federal incumbe ao Mistério Publico, também, a defesa do regime democrático, evidente que incluída a vertente da democracia sindical. Atendo à missão o Ministério Público do Trabalho criou a Coordenadoria da liberdade sindical, que dentre outras, tem a missão de fazer respeitar a democracia interna sindical. A missão do *Parquet* mais se justifica na medida que o Sindicato brasileiro representa e fala em nome de todas categoria cujos efeitos da decisão é *erga omnes*.

1.3 Valor social do trabalho e da livre-iniciativa

Prevê o art. 1º, IV da Constituição Federal que:

"Art. 1º A República Federativa do Brasil, formada pela união indissolúvel dos Estados e Municípios e do Distrito Federal, constitui-se em Estado Democrático de Direito e tem como fundamentos: IV — os valores sociais do trabalho e da livre-iniciativa".

Da passagem da concepção do trabalho como pena, castigo, para a escravidão e, a seguir a servidão, a fase do constitucionalismo eleva o *trabalho à categoria* de *valor social.* Haure-se do art. 23, da Declaração Universal dos Direitos Humanos, datada de 10.12.1948, que:

"Todo homem tem direito ao trabalho, à livre eleição de emprego, a condições justas e favoráveis de trabalho e à proteção contra o desemprego".

A Carta Federal de 1988 enuncia que o Estado Democrático de Direito (art. 1º, IV) e a ordem econômica (art. 170) se fundam no *valor social do trabalho.* Significa que o trabalho é fator de dignidade e de realização humana. Não é por outra razão que o trabalho é considerado direito humano fundamental, e o *valor social do trabalho* um dos princípios mais caros aos sistemas e modo capitalista da sociedade.

E aqui chegamos a um ponto principal da presente abordagem: o *valor social do trabalho* foi erigido pela Constituição do Brasil, como princípio fundamental do Estado Democrático de Direito, ao lado da *livre-iniciativa.* Não por mera coincidência. A identificação do *valor do trabalho* é fundamental para os direitos sociais ao lado da livre-iniciativa, igualmente um pilar do liberalismo.

A problemática reside, justamente, na questão acerca da efetivação desses valores quando em rota de conflito e, a possível harmonização. Isto porque os valores são bipolares, se implicam mutuamente, sendo diretrizes para o homem e para a sociedade, dotados de *realizabilidade,* mas impregnado da característica perene da *inexauribilidade.*

Embora esses dois valores apresentarem constante conflito, ínsito à sua bipolaridade, não se excluem. Ao contrário, pela *teoria dos valores* tendem ao equilíbrio e à concretização, através da mútua implicação. Em suma, deve o intérprete ter, sempre, em mente que os referidos valores jamais serão alcançados em sua plenitude.

De um lado o setor patronal busca o lucro, com o menor custo possível; de outro o trabalhador assalariado se sujeita a situações adversas, porque o salário é a sua única fonte de renda. A colisão de princípios deve ser resolvida através da aplicação do método da ponderação.

Na ponderação se estima os valores, bens e interesses em jogo, identifica-se *prima facie* o maior peso de um deles. Essa técnica não significa o perecimento ou preterição *ad aeternun* de um dos valores, mas apenas que, um dos princípios cederá em favor do outro princípio que está mais próximo da dignidade da pessoa humana, depois de sopesadas as circunstâncias fáticas e jurídicas e as possibilidades reais, do caso concreto e, que a solução mais justa exigir.

Também na lição dos constitucionalistas modernos, os princípios são genéricos, possuem alto grau de abstração, o que não é um inconveniente, como pode parecer *ictu oculi* (à primeira vista), pois é justamente essa característica que possibilita a evolução do próprio Direito, de acordo com o contexto social, cultural e econômico de cada época.

Repise-se que o *valor-trabalho* foi erigido constitucionalmente como *valor social.* Logo, é um valor que deve ser socialmente cultivado. De resto, a própria história da humanidade é identificada de acordo com a evolução do trabalho. Somente a objetivação do *trabalho* no sentido de *valor,* isto é, *como atribuição da dignidade*, será capaz de dar a devida percepção às pessoas e à própria sociedade da existência e da importância desse valor. E nessa senda que a negociação coletiva surge como *meio-função de realização do valor social do trabalho.*

1.4 Princípio da Livre-iniciativa ou da Autonomia Privada (individual e coletiva)

O art. 1º, IV da Constituição Federal, como indicado acima, prevê como fundamento da República Federativa do Brasil "os valores sociais do trabalho e da livre-iniciativa".

O *princípio da livre-iniciativa* é sinônimo de autonomia privada e, compõe o rol de princípios do arcabouço da *teoria das fontes dos direitos.*

Note-se que o *princípio da livre-iniciativa*, na sua peculiaridade de alto grau de generalidade e abstração, por óbvio, não vem adjetivado. Por conseguinte, fundamenta toda e qualquer ação dos particulares no exercício da autonomia privada, individual ou coletiva, tais como: a *livre-iniciativa política, econômica, social, cultural, recreativa, religiosa, de pensamento, cientifica, normativa* etc.

Nessa senda, o *princípio da livre-iniciativa* (art. 1º, IV, CF) combinado com o princípio da força normativa das Convenções e Acordos e Coletivos (art. 7º, XXV, CF) são alicerces da autonomia privada normativa coletiva. Resulta pois, que Carta Federal acolheu a *teoria do pluralismo jurídico trabalhista.* Por conseguinte, há o reconhecimento constitucional de que a ordem jurídica trabalhista é composta por normas estatais (heterônomas) e normas não estatais (autônomas).

Nesse sentido, a Carta Federal distribui as competências ao reconhecer não só aos poderes do Estado, mas também o poder social dos particulares e dos grupos sociais. Equivale dizer, que o Estado reconhece e reserva um espaço de atuação normativa aos particulares para *"dar regras a si mesmo"* ou de *"autorregulamentação dos interesses próprios"*[(17)], na medida que não regula todas as condutas sociais ou, não consegue tudo regular ou minuciar. Assim, tudo que não é proibido é permitido. Ainda, pela *teoria do reenvio* o Estado fomenta às partes a normatizar seus próprios interesses.

No campo das relações trabalho-capital, o texto constitucional reconhece, especificamente, o direito de organização de entidades associativas e as fórmulas participativas para autorregulamentação, nas áreas recíprocas de poder, tendo como centro de gravidade a consagração da liberdade de associação (art. 5º, incisos XVII a XXI, CF) e mais especificamente a liberdade de associação sindical (art. 8º, e incisos).

1.5 Função social da empresa

A Constituição Federal, no art. 170, III, V e VI prevê que:

> "Art. 170. A ordem econômica, fundada na valorização do trabalho humano e na livre-iniciativa, tem por fim assegurar a todos existência digna, conforme os ditames da justiça social, observados os seguintes princípios:
>
> III — função social da propriedade;
>
> V — defesa do consumidor;
>
> VI — defesa do meio ambiente, inclusive mediante tratamento diferenciado conforme o impacto ambiental dos produtos e serviços e de seus processos de elaboração e prestação."

Da mesma forma, o art. 5º, XXIII da CF prevê que "a propriedade atenderá a sua função social".

(17) BETTI, Emilio. *Teoria do Negócio Jurídico.* Ver, também, Norberto Bobbio. *Teoria do Ordenamento Jurídico.*

O art. 173, § 1º, I da CF, por sua vez, disciplina:

"Art. 173. Ressalvados os casos previstos nesta Constituição, a exploração direta de atividade econômica pelo Estado só será permitida quando necessária aos imperativos da segurança nacional ou a relevante interesse coletivo, conforme definidos em lei.

§ 1º A lei estabelecerá o estatuto jurídico da empresa pública, da sociedade de economia mista e de suas subsidiárias que explorem atividade econômica de produção ou comercialização de bens ou de prestação de serviços, dispondo sobre: (Redação dada pela Emenda Constitucional n. 19, de 1998)

I — sua função social e formas de fiscalização pelo Estado e pela sociedade".

Nos termos do art. 218 da CF, cabe ao Estado promover e incentivar "o desenvolvimento científico, a pesquisa e a capacitação tecnológicas".

Através da análise dos dispositivos supracitados, observa-se que o constituinte determinou a observância da função socioambiental-tecnológica-consumeirista em todas as relações jurídicas, devendo-se proceder a uma análise holística de tais elementos com o ordenamento jurídico pátrio.

Nesse sentido, o novo Código Civil foi elaborado de forma a encerrar a fase meramente individualista do direito, manifestada na primeira metade do século XIX, para socializar-se, razão pela qual suas normas e os atos em geral devem ser interpretados de acordo com os princípios da eticidade, socialidade e operabilidade.

Segundo José Delgado, "o típico da Ética buscado pelo novo Código Civil é o defendido pela corrente kantiana: é o comportamento que confia no homem como um ser composto por valores que o elevam ao patamar de respeito pelo semelhante e de reflexo de um estado de confiança nas relações desenvolvidas, quer negociadas, que não negociais. É na expressão kantiana, a certeza do dever cumprido, a tranquilidade da boa consciência"[(18)].

Funda-se o direito, pois, no valor da pessoa humana como fonte de todos os demais valores, priorizando a equidade, a boa-fé, a justa causa e demais critérios éticos. Deste princípio decorrem, entre outros, os arts. 113 e 422 do Código Civil, pelos quais "*Os negócios jurídicos devem ser interpretados conforme a boa-fé e os usos do lugar de sua celebração*" e "*Os contratantes são obrigados a guardar, assim na conclusão do contrato, como em sua execução, os princípios de probidade e boa-fé*".

Pelo princípio da sociabilidade, deixou o direito brasileiro o nítido caráter individualista, resquício das conquistas da pessoa enquanto ser que deve ter seus direitos pessoais respeitados, para considerar-se a maior importância da coletividade, em face da grande evolução social, política e econômica pela qual passou a sociedade nos séculos XIX e XX.

Dessarte, diante da hodierna fase do direito brasileiro, tem-se que a interpretação meramente literal da norma, sem qualquer exercício para alcançar o seu exato valor, e profundidade, equivaleria a desprezar toda a evolução legislativa alcançada no passar nos séculos.

Saliente-se, ainda, que segundo a ontognoseologia jurídica de Miguel Reale, em seu plano objetivo, representada pela consagrada Teoria Tridimensional do Direito, que diverge das demais por ser concreta e dinâmica, "*fato, valor e norma estão sempre presentes e correlacionados em qualquer expressão da vida jurídica, seja ela estudada pelo filósofo ou o sociólogo do direito, ou pelo jurista como tal, ao passo que, na tridimensionalidade genérica ou abstrata, valeria ao filósofo apenas o estudo do valor, ao sociólogo do fato e ao jurista a norma*"[(19)].

(18) *Questões Controvertidas do Novo Código Civil*, coordenadores Mario Luiz Delgado e Jones Figueiredo Alves, p. 177.

(19) *Teoria Tridimensional do Direito*. Situação atual, p. 57.

Ao analisar qualquer fato que implique relação com o direito, deve-se apreciar seu valor e conteúdo normativo, de forma a permitir que seja sempre alcançado o desiderato do ordenamento jurídico, que, atualmente, repele o formalismo inócuo e o individualismo exacerbado, para dar lugar à socialização do direito a eticidade das relações e a efetividade das normas, em seu aspecto valorativo.

Nesse sentido, também, lição de Theodoro Júnior, o qual afirma que "é inegável, nos temos atuais, que os contratos, de acordo com a visão social do Estado Democrático de direito, hão de submeter-se ao intervencionismo estatal manejado com o propósito de superar o individualismo egoístico e buscar a implantação de uma sociedade presidida pelo bem-estar e sob "efetiva prevalência da garantia jurídica dos direitos humanos"[20].

Ensina Nelson Rosenvald, quanto à obrigação, que ela "deve ser vista como uma relação complexa, formada por um conjunto de direitos, obrigações e situações jurídicas, compreendendo uma série de deveres de prestação, direitos formativos e outras situações jurídicas. A obrigação é tida como um processo — uma série de atos relacionados entre si —, que desde o início se encaminha a uma finalidade: a satisfação do interessado na prestação. Hodiernamente, não mais prevalece o status formal das partes, mas a finalidade à qual se dirige a relação dinâmica. Para além da perspectiva tradicional de subordinação do devedor ao credor existe o bem comum da relação obrigacional, voltado para o adimplemento, da forma mais satisfativa ao credor e menos onerosa ao devedor. O bem comum na relação obrigacional traduz a solidariedade mediante a cooperação dos indivíduos para a satisfação dos interesses patrimoniais recíprocos, sem comprometimento dos direitos da personalidade e da dignidade do credor e devedor"[21].

A função social da empresa assegura a função social dos meios produtivos, o que impõe ao titular da atividade empresarial, o respeito à função social da empresa, o que não importa em uma limitação ao exercício de suas atividades, mas na proteção das relações jurídicas contra a mera patrimonialização das relações.

1.6 Redução das desigualdades sociais, erradicação da pobreza e garantia do desenvolvimento social

O princípio do desenvolvimento foi adotado pela Resolução n. 41/128 da Assembleia Geral das Nações Unidas, de 4 de dezembro de 1986.

Reconhece-se, assim, no direito brasileiro um **direito ao desenvolvimento**, qualificado como **direito fundamental decorrente**, nos termos do § 2º do art. 5º da Constituição da República.

A *Declaração sobre o direito ao desenvolvimento* da Organização das Nações Unidas estabelece que "*o desenvolvimento é um processo econômico, social, cultural e político abrangente, que visa ao constante incremento do bem-estar de toda a população e de todos os indivíduos com base em sua participação ativa, livre e significativa no desenvolvimento e na distribuição justa dos benefícios daí resultantes*"

O art. 1º, § 1º da Declaração trata o direito ao desenvolvimento como "*...um direito humano inalienável, em virtude do qual toda pessoa e todos os povos estão habilitados a participar do desenvolvimento econômico, social, cultural e político, para ele contribuir e dele desfrutar, no qual todos os direitos humanos e liberdades fundamentais possam ser plenamente realizados*"

Para que o Estado atinja seus objetivos, deve manter sua preocupação além do mero crescimento econômico, envidando esforços para a promoção do desenvolvimento nacional.

Afirma, nesse sentido, André Ramos Tavares, que "o *desenvolvimento do Estado passa prioritariamente pelo desenvolvimento do homem, de seu cidadão, de seus direitos fundamentais. Sem ele, o mero avanço econô-*

(20) *O contrato e sua função social*, p. 6.
(21) *Dignidade Humana e Boa-Fé*, p. 204.

mico pouco significará, ou fará sentido para poucos. Assim, independentemente do conceito que determinada atitude possa ocupar nas teorias econômicas, ela será adotada se puder ser utilizada como instrumento para alcançar mencionado desenvolvimento. Portanto, a intervenção do Estado, sempre que servir para esse desiderato, será necessária, bem como as prestações de cunho social (e especialmente tais prestações), sem que isso signifique a assunção de um modelo socialista. Da mesma forma, a consagração da liberdade, incluindo a livre-iniciativa e a livre concorrência, serão essenciais para que se implemente aquele grau de desenvolvimento desejado"[22].

Incumbe ao Estado a responsabilidade primária na efetivação do direito ao desenvolvimento, por ser ele o titular da adoção das medidas políticas e sociais para sua implementação, nos termos do art. 3º, § 1º da Declaração a ele incumbindo as providências necessárias para eliminar os obstáculos ao desenvolvimento resultantes da falha na observância dos direitos civis e políticos, assim como dos direitos econômicos, sociais e culturais.

Determina-se, ainda, para a efetivação do direito ao desenvolvimento, o comportamento positivo do Estado para que sejam tomadas as medidas necessárias para a realização do direito ao desenvolvimento, devendo assegurar, *inter alia*, igualdade de oportunidade a todos, no acesso aos recursos básicos, educação, serviços de saúde, alimentação, habilitação, emprego e distribuição equitativa da renda (art. 8º, § 1º)

Considerando o processo evolutivo dos direitos fundamentais, o **direito ao desenvolvimento** insere-se no segmento dos denominados **direitos fundamentais de terceira dimensão**.

De acordo com Norberto Bobbio, "*são direitos históricos, ou seja nascidos em certas circunstâncias, caracterizadas por lutas em defesa de novas liberdades contra velhos poderes, e nascidos de modo gradual, não todos de uma vez e nem de uma vez por todas*"[23].

A EC n. 31/00, acrescentou os arts. 79 a 83 do ADCT, a criação do Fundo de Combate e Erradicação da Pobreza, regulamentado pela Lei Complementar n. 111/01.

No âmbito federal os recursos advirão:

a) adicional de 0,08% da CPMF, aplicável de 18 de junho de 2000 a 17 de junho de 2002;

b) imposto sobre grandes fortunas;

c) adicional de 5% do IPI incidente sobre produtos supérfluos

d) dotações orçamentárias;

e) doações, de qualquer natureza, de pessoas físicas ou jurídicas do País ou do exterior;

f) outras receitas, a serem definidas na regulamentação do referido Fundo.

Os Estados e Municípios também devem instituir o Fundo, utilizando-se:

a) adicionais de até 2% no ICMS, que poderão incidir sobre produtos supérfluos, não se aplicando, sobre este adicional, o disposto no art. 158, inciso IV, da Constituição; e

b) adicionais de até 0,5% no ISS, que poderão incidir sobre produtos supérfluos

A gestão dos referidos Fundos deve contar a participação da sociedade civil, nos termos do art. 82 do ADCT.

(22) *Direito Constitucional Econômico*, p. 68, Editora Método, 2003.

(23) *A Era dos Direitos*, p. 5, Editora Campus, 1992.

1.7 *Promoção do bem de todos sem preconceitos ou princípio da não discriminação*

O Constituinte originário, no art. 3º, IV erigiu como objetivo da República Federativa do Brasil "promover o bem de todos, sem preconceitos de origem, raça, sexo, cor, idade e quaisquer outras formas de discriminação".

A Lei n. 8.081/1990 estabelece os crimes aplicáveis aos atos discriminatórios ou de preconceito de raça, cor, religião, etnia ou procedência nacional, praticados pelos meios de comunicação ou por publicação de qualquer natureza.

O Decreto n. 3.952/01 dispõe sobre o Conselho Nacional de Combate à Discriminação — CNCD.

De acordo com o art. 5º, XLII da Constituição Federal, "a prática do racismo constitui crime inafiançável e imprescritível".

Para que se caracterize o crime de racismo, deve restar evidenciada a discriminação, sob pena de se descaracterizar para crime contra honra. A Lei n. 9.459/1997, acrescentou um parágrafo ao art. 140 do Código Penal e que dispõe: "Se a injúria consiste na utilização de elementos referentes a raça, cor, etnia, religião ou origem".

Com relação à violência de gênero, a Convenção de Belém[24] visa a prevenir, punir e erradicar a violência contra a mulher, a qual é tutelada, igualmente, pela Lei Maria da Penha[25].

O Decreto n. 4.377/2002 promulgou a Convenção sobre eliminação de todas as formas de discriminação contra a mulher.

Por fim, nos termos do art. 19, III da CF/88, "é vedado à União, aos Estados, ao Distrito Federal e aos Municípios: criar distinções entre brasileiros ou preferências entre si".

1.8 *Prevalência dos direitos humanos*

O art. 4º da Constituição Federal trata dos princípios que devem ser observados pela República Federativa do Brasil em suas relações internacionais, dentre os quais, no presente trabalho, destaca-se o inciso II do citado dispositivo constitucional, que prevê a "prevalência dos direitos humanos".

O Direito do Trabalho, como inegável direito humano, e que constitui talvez o mais eficaz mecanismo de integração social, deve ser respeitado e observado pelo Estado Brasileiro em suas relações com outros Estados, devendo ser buscada a implementação dos direitos dos trabalhadores através das Convenções firmadas pelo Brasil.

Outro viés significativo radica em que os direitos humanos prevalecem diante da rota de conflito com outros bens ou direitos de caráter patrimonial.

1.9 *Inviolabilidade da intimidade, da vida privada, da honra e da imagem das pessoas*

Dispõe o art. 5º, X da CF que "são invioláveis a intimidade, a vida privada, a honra e a imagem das pessoas, assegurado o direito a indenização pelo dano material ou moral decorrente de sua violação".

Os direitos à intimidade e à própria imagem formam a proteção constitucional à vida privada. José Afonso da Silva, por isso, afirma que "estamos considerando-o um direito conexo à vida. Assim, ele figura no *caput* como manifestação ou reflexo deste"[26].

(24) Decreto n. 1.973/1996.
(25) Lei n. 11.340/2006.
(26) *Op. cit.*, p. 206.

O termo intimidade "relaciona-se às relações subjetivas e de trato íntimo da pessoa, suas relações familiares e de amizade", ou, ainda, no direito de não querer intromissão qualquer.

Segundo David Araújo e Vidal, dá-se a intimidade "onde se fixa uma divisão linear entre o 'eu' e os 'outros', de forma a criar um espaço que o titular deseja manter impenetrável mesmo aos mais próximos"(27).

Os mesmos autores dão como exemplos de **"vida privada"**, as relações bancárias, relacionamentos profissionais, rol de clientes e como exemplos de **"intimidade"**, os segredos pessoais, as dúvidas existenciais, a orientação sexual etc.

A vida privada "envolve todos os demais relacionamentos humanos, inclusive os objetivos, tais como relações comerciais, de trabalho, de estudo etc."(28)

Honra, na definição de José Afonso da Silva, "é o conjunto de qualidades que caracterizam a dignidade da pessoa, o respeito dos concidadãos, o bom nome, a reputação"(29), sendo direito das pessoas resguardar essas qualidades;

A tutela constitucional visa a proteger as pessoas de duas modalidades de atentados particulares.

A primeira consiste no segredo da vida privada que se caracteriza pela condição de expansão da personalidade. Para tanto é indispensável que a pessoa tenha ampla liberdade de realizar sua vida privada, sem perturbação de terceiros.

Duas são as principais ofensas relacionadas com o segredo da vida privada.

A primeira consiste na divulgação de fato a número indeterminado de pessoas, quanto aos eventos relevantes da vida pessoal e familiar.

A segunda, na investigação de acontecimentos referentes à vida pessoal e familiar, o que abrange, segundo José Afonso da Silva, a conservação de documentos relativos à pessoa, quando obtido por meios ilícitos.

1.10 *Inviolabilidade do sigilo da correspondência e das comunicações telegráficas, de dados e das comunicações telefônicas*

Assegura o art. 5º, XII da Constituição Federal ser "inviolável o sigilo da correspondência e das comunicações telegráficas, de dados e das comunicações telefônicas, salvo, no último caso, por ordem judicial, nas hipóteses e na forma que a lei estabelecer para fins de investigação criminal ou instrução processual penal".

No âmbito do Direito do Trabalho, a questão de suscita maior questionamento repousa na possibilidade de o empregador devassar o conteúdo de mensagem eletrônica recebida pelos seus empregados.

Firmou-se na jurisprudência a orientação de que o *e-mail* de uso pessoal é inviolável, não podendo ser objeto de violação pelo empregador, o que não ocorre com o *e-mail* corporativo que, por ser destinado ao labor, pode ser visualizado pelo empregador. Nesse sentido o julgado:

> "PROVA ILÍCITA. — *E-MAIL* — CORPORATIVO. JUSTA CAUSA. DIVULGAÇÃO DE MATERIAL PORNOGRÁFICO. 1. Os sacrossantos direitos do cidadão à privacidade e ao sigilo de correspondência, constitucionalmente assegurados, concernem à comunicação estritamente pessoal, ainda que virtual (*e-mail* — particular). Assim, apenas o *e-mail* pessoal ou particular do empregado, socorrendo-se de provedor próprio, desfruta da proteção constitucional e legal de inviolabilidade. 2. Solução diversa impõe-se em se tratando do chamado — *e-mail* — corporativo, instrumento de comunicação virtual mediante o qual o empregado louva-se de terminal

(27) *Op. cit.*, p. 111.

(28) MORAES, Alexandre. *Direito Constitucional*, 23. ed., São Paulo: Atlas, 2007, p. 47.

(29) *Op. cit.*, p. 209.

de computador e de provedor da empresa, bem assim do próprio endereço eletrônico que lhe é disponibilizado igualmente pela empresa. Destina-se este a que nele trafeguem mensagens de cunho estritamente profissional. Em princípio, é de uso corporativo, salvo consentimento do empregador. Ostenta, pois, natureza jurídica equivalente à de uma ferramenta de trabalho proporcionada pelo empregador ao empregado para a consecução do serviço. 3. A estreita e cada vez mais intensa vinculação que passou a existir, de uns tempos a esta parte, entre Internet e/ou correspondência eletrônica e justa causa e/ou crime exige muita parcimônia dos órgãos jurisdicionais na qualificação da ilicitude da prova referente ao desvio de finalidade na utilização dessa tecnologia, tomando-se em conta, inclusive, o princípio da proporcionalidade e, pois, os diversos valores jurídicos tutelados pela lei e pela Constituição Federal. A experiência subministrada ao magistrado pela observação do que ordinariamente acontece revela que, notadamente o — *e-mail* — corporativo, não raro sofre acentuado desvio de finalidade, mediante a utilização abusiva ou ilegal, de que é exemplo o envio de fotos pornográficas. Constitui, assim, em última análise, expediente pelo qual o empregado pode provocar expressivo prejuízo ao empregador. 4. Se se cuida de — *e-mail* — corporativo, declaradamente destinado somente para assuntos e matérias afetas ao serviço, o que está em jogo, antes de tudo, é o exercício do direito de propriedade do empregador sobre o computador capaz de acessar à INTERNET e sobre o próprio provedor. Insta ter presente também a responsabilidade do empregador, perante terceiros, pelos atos de seus empregados em serviço (Código Civil, art. 932, inciso III), bem como que está em xeque o direito à imagem do empregador, igualmente merecedor de tutela constitucional. Sobretudo, imperativo considerar que o empregado, ao receber uma caixa de — *e-mail* — de seu empregador para uso corporativo, mediante ciência prévia de que nele somente podem transitar mensagens profissionais, não tem razoável expectativa de privacidade quanto a esta, como se vem entendendo no Direito Comparado (EUA e Reino Unido). 5. Pode o empregador monitorar e rastrear a atividade do empregado no ambiente de trabalho, em — *e-mail* — corporativo, isto é, checar suas mensagens, tanto do ponto de vista formal quanto sob o ângulo material ou de conteúdo. Não é ilícita a prova assim obtida, visando a demonstrar justa causa para a despedida decorrente do envio de material pornográfico a colega de trabalho. Inexistência de afronta ao art. 5º, incisos X, XII e LVI, da Constituição Federal. 6. Agravo de Instrumento do Reclamante a que se nega provimento." (TST, RR n. 61.300-23.2000.5.10.0013, relator ministro: João Oreste Dalazen, Data de Julgamento: 18.5.2005, 1ª Turma, Data de Publicação: 10.6.2005)

1.11 Liberdade para o exercício de qualquer trabalho, ofício ou profissão

Assegura o art. 5º, XIII da CF que "é livre o exercício de qualquer trabalho, ofício ou profissão, atendidas as qualificações profissionais que a lei estabelecer".

A expressão liberdade é ambígua, pode ser tomada em sentidos diferentes: liberdade formal em contraposição à liberdade real; liberdade positiva em cotejo com a liberdade negativa; liberdade interna, subjetiva (livre-arbítrio) em distinção com a liberdade externa, objetiva (expressão externada do querer); liberdades publicas etc.

Não cabe nos estreitos limites do presente trabalho abordar as bases filosóficas da liberdade, ou o seu conteúdo histórico e, o problema da sua conceituação.

Tomado o viés da liberdade real e o conceito dado por Rivero [30] temos que: *"a liberdade é um poder de autodeterminação, em virtude do qual o homem escolhe por si mesmo seu comportamento pessoal."* José Afonso da Silva[31] propõe o seguinte conceito: *"Liberdade consiste na possibilidade de coordenação consciente dos meios necessários à realização da felicidade pessoal."*

Discorre o constitucionalista citado:

> *"Nessa noção encontramos todos os elementos objetivos e subjetivos necessários à ideia de 'liberdade', é poder de atuação sem deixar de ser resistência à opressão; não se dirige contra mas em busca, em perseguição, de alguma coisa, que é a felicidade pessoal, que é subjetiva e circunstancial, pondo a liberdade,*

(30) RIVERO, Jean. *Les Libértes Publiques:I — Les Droits del'Homme.* vol.II. Paris: PUF. 1980. p. 14.
(31) *Comentários Contextual à Constituição.* São Paulo: Malheiros, p. 69.

pelo seu fim, em harmonia com a consciência de cada um, com o interesse do agente. Tudo a impedir aquela possibilidade de coordenação dos meios é contrário à liberdade. E, aqui, aquele sentido histórico de liberdade se insere na sua acepção jurídico-política. Assim por exemplo, deixar o povo na ignorância, na falta de escola, é negar-lhe a possibilidade de coordenação consciente daqueles meios; oprimir o homem, o povo, é retirar-lhe aquela possibilidade etc. Desse modo, também, na medida em que se desenvolve o conhecimento, se fornecem informações ao povo, mais se amplia sua liberdade, com abrir maiores possibilidades de coordenação de meios necessários à expansão da personalidade de cada um."

Ricardo Torres Lobo[32] anota, em síntese, que a liberdade ostenta a característica própria, a de ser *simultaneamente um valor e um dado existencial.* Assim, a ofensa á liberdade afeta a própria existência física do individuo. Nesse passo, no enfoque da *liberdade real* o autor afirma que: "*O homem não pode ser privado, em qualquer situação, do mínimo necessário à conservação de sua vida e liberdade*".

Conclui-se, então, que no princípio da liberdade estão compreendidos não só os direitos de defesa, mas ainda os direitos sociais que visam a assegurar o mínimo existencial, como condição de exercício da liberdade para todos os fins, inclusive na igualdade de oportunidades de avanços sociais e de progresso.

O *mínimo existencial* protege as condições iniciais da liberdade, assim entendidos os pressupostos materiais para o seu exercício, exemplificativa: "*a liberdade de expressão só se afirma se as pessoas souberem ler e escrever, donde se conclui que o ensino da leitura e da escrita é mínimo existencial*".[33]

Na análise das várias formas de liberdade em função do direito constitucional positivo, José Afonso da Silva[34] apresenta a classificação em cinco grandes grupos: 1. liberdade da pessoa física (locomoção, circulação); 2. liberdade de pensamento (opinião, religião, expressão, comunicação do conhecimento); 3. liberdade de expressão coletiva (reunião, associação), 4. liberdade de ação profissional (escolha e exercício do trabalho, ofício ou profissão); 5. liberdade de conteúdo econômico e social, liberdade econômica, livre-iniciativa, liberdade de comércio, liberdade ou autonomia contratual, liberdade de ensino, liberdade de trabalho etc.

A liberdade para o trabalho, prevista no art. 5º, XIII da Constituição Federal, assegura à pessoa "o exercício de qualquer trabalho, ofício ou profissão, atendidas as qualificações profissionais que a lei estabelecer".

Trata-se, portanto, de norma constitucional de eficácia contida, que admite restrição por outra norma, razão pela qual é perfeitamente válido condicionar o exercício de determinada profissão, por exemplo, à prévia aprovação em prova para verificação de conhecimentos técnicos necessários ao seu exercício, como ocorre com a prova da Ordem dos Advogados do Brasil, para o bacharel em Direito possa validamente exercer a advocacia, como decidido pelo STF no aresto abaixo:

> "O Plenário desproveu recurso extraordinário em que discutida a constitucionalidade dos arts. 8º, IV e § 1º; e 44, II, ambos da Lei n. 8.906/1994, que versam sobre o exame da Ordem dos Advogados do Brasil (OAB) (...). No tocante à proporcionalidade e compatibilidade entre o exame de conhecimentos jurídicos e a garantia do livre exercício profissional, inicialmente reputou-se que, a fim de assegurar a liberdade de ofício, impor-se-ia ao Estado o dever de colocar à disposição dos indivíduos, em condições equitativas de acesso, os meios para que aquela fosse alcançada. Destacou-se que esse dever entrelaçar-se-ia sistematicamente com a previsão do art. 205, *caput*, da CF (...). Frisou-se que a obrigação estatal seria a de não opor embaraços irrazoáveis ou desproporcionais ao exercício de determinada profissão, e que existiria o direito de se obterem as habilitações previstas em lei para a prática do ofício, observadas condições equitativas e qualificações técnicas previstas também na legislação. Sublinhou-se que essa garantia constitucional não se esgotaria na perspectiva do indivíduo, mas teria relevância social (CF, art. 1º, IV). Assim, nas hipóteses em que o exercício da profissão resultasse em risco predominantemente individual, como, por exemplo, mergulha — dores e técnicos de rede elétrica, o sistema jurídico buscaria compensar

(32) *A Metamorfose dos Direitos Sociais em Mínimo Existencial*, p. 4-5.

(33) TORRES, Ricardo Lobo. *A Metamorfose..., passim*, p. 5-9.

(34) SILVA, José Afonso. *Comentários Contextual à Constituição*, p. 70.

danos à saúde com vantagens pecuniárias (adicional de insalubridade, de periculosidade) ou adiantar-lhes-ia a inativação. Essas vantagens, entretanto, não feririam o princípio da isonomia. Quando, por outro lado, o risco suportado pela atividade profissional fosse coletivo, hipótese em que incluída a advocacia, caberia ao Estado limitar o acesso à profissão e o respectivo exercício (CF, art. 5º, XIII). Nesse sentido, o exame de suficiência discutido seria compatível com o juízo de proporcionalidade e não alcançaria o núcleo essencial da liberdade de ofício. No concernente à adequação do exame à finalidade prevista na Constituição — assegurar que as atividades de risco sejam desempenhadas por pessoas com conhecimento técnico suficiente, de modo a evitar danos à coletividade — aduziu-se que a aprovação do candidato seria elemento a qualificá-lo para o exercício profissional." (STF, RE n. 603.583, rel. min. Marco Aurélio, julgamento em 26.10.2011, Plenário, Informativo 646, com repercussão geral)

1.12 Liberdade de reunião e de associação

Assegura o art. 5º, XVI da CF que "todos podem reunir-se pacificamente, sem armas, em locais abertos ao público, independentemente de autorização, desde que não frustrem outra reunião anteriormente convocada para o mesmo local, sendo apenas exigido prévio aviso à autoridade competente".

A Constituição Federal garante a todos o direito de se reunir de forma pacífica, sem armas, em local aberto ao público e independentemente de autorização, quando lícito seu objetivo.

Há apenas a necessidade de prévio aviso à autoridade competente, para que não seja frustrada outra reunião para o mesmo local marcada, bem como para resguardar outros direitos individuais que possam se conflitar, o que não se confunde com a necessidade de autorização, não exigida para o exercício do direito de reunião.

São elementos da reunião a pluralidade de participantes, a duração limitada, em razão de seu caráter temporário, a existência de um propósito determinado e um local, ainda que consistente num percurso, como ocorre com as passeatas e comício. Assim como no direito de reunião, na associação há o encontro coletivo de vontades, destinado a um lícito, mas diferenciam-se os institutos, pois o direito de associação decorre de uma base contratual, eis que a associação se fundamenta num acordo de vontades, ou seja, as pessoas pactuam para atingir um determinado fim, de forma permanente, ou seja, não possui a limitação temporal que marca o direito de reunião.

1.13 Direitos sociais à educação, saúde, alimentação, trabalho, moradia, lazer, segurança, previdência social, proteção à maternidade, à infância e aos desamparados

Os direitos sociais, previstos no art. 6º da Constituição Federal, passaram por duas alterações desde sua promulgação.

O Constituinte originário elencou como direitos sociais a educação, a saúde, o trabalho, o lazer, a segurança, a previdência social, a proteção à maternidade e à infância e a assistência aos desamparados.

A Emenda Constitucional n. 26/2000 alterou a redação do art. 6º para acrescentar como direitos sociais à moradia.

Finalmente, através da Emenda Constitucional n. 64/2010, foi acrescentado como direito social a alimentação.

Tais alterações tiveram relevante valor prático, pois a previsão da moradia como direito social ensejou a instituição do programa "Minha casa, minha vida", através da Lei n. 11.977 de 7 de julho de 2009.

O direito à alimentação, por sua vez, deu origem ao programa "Fome zero". Tramita na Câmara o projeto de Lei n. 4.747/1998, que institui o Estatuto do Bom Samaritano.

1.14 *Proteção contra despedida arbitrária ou sem justa causa*

Prevê o art. 7º, I da Constituição da República, o direito dos trabalhadores não apenas a um emprego, mas também sua proteção "... *contra despedida arbitrária ou sem justa causa, nos termos de lei complementar, que preverá indenização compensatória, dentre outros direitos*".

O citado dispositivo constitucional consiste em norma de eficácia limitada e, portanto, apenas poderá produzir efeitos em sua plenitude quando regulamentado, o que ainda não ocorreu, não obstante tenha se passado quase um quarto de século desde promulgação da Carta.

Nos termos do art. 10 do ADCT, até a edição da lei mencionada pelo art. 7º, I, em caso de dispensa sem justa causa, deve ser pago, em quádruplo, a percentagem prevista no art. 6º, *caput* e § 1º da Lei n. 5.107/1966, ou seja, ao dispensar o trabalhador de forma arbitrária, deve ser pago 40% sobre os depósitos do FGTS.

O inciso II do art. 10 do ADCT proíbe, também, a dispensa sem justa causa nas seguintes hipóteses:

a) empregado eleito para cargo de direção de comissões internas de prevenção de acidentes, desde o registro de sua candidatura até um ano após o final de seu mandato;

b) da empregada gestante, desde a confirmação da gravidez até cinco meses após o parto.

1.15 *Seguro-desemprego*

O art. 7º, inciso II dispõe ser direito do trabalhador o "seguro-desemprego, em caso de desemprego involuntário". De outro turno o art. 201, inciso III, que trata da Seguridade Social considera como risco social, passível de proteção, o desemprego involuntário.

Trata-se de medida de proteção à dispensa arbitrária, ao prever o direito ao seguro-desemprego, regulamentado pela Lei n. 7.998 de 11 de janeiro de 1990.

Terá direito ao recebimento de seguro-desemprego o trabalhador dispensado sem justa causa e que demonstre:

a) ter recebido salários de pessoa jurídica ou pessoa física a ela equiparada, relativos a cada um dos 6 (seis) meses imediatamente anteriores à data da dispensa;

b) ter sido empregado de pessoa jurídica ou pessoa física a ela equiparada ou ter exercido atividade legalmente reconhecida como autônoma, durante pelo menos 15 (quinze) meses nos últimos 24 (vinte e quatro) meses;

c) não esteja em gozo de qualquer benefício previdenciário de prestação continuada, excetuado o auxílio-acidente e o auxílio suplementar previstos na Lei n. 6.367, de 19 de outubro de 1976, bem como o abono de permanência em serviço previsto na Lei n. 5.890, de 8 de junho de 1973;

d) não esteja em gozo do auxílio-desemprego; e

e) não possua renda própria de qualquer natureza suficiente à sua manutenção e de sua família.

São devidas de três a cinco parcelas do seguro-desemprego, na seguinte proporção:

a) três parcelas, se o trabalhador comprovar vínculo empregatício de no mínimo seis meses e no máximo onze meses, nos últimos trinta e seis meses;

b) quatro parcelas, se o trabalhador comprovar vínculo empregatício de no mínimo doze meses e no máximo 23 meses, nos últimos 36 meses;

c) cinco parcelas, se o trabalhador comprovar vínculo empregatício de no mínimo 24 meses, nos últimos 36 meses.

1.16 *Fundo de garantia do tempo de serviço*

O art. 7º, III garante o direito ao "fundo de garantia do tempo de serviço".

O art. 124, § 5º do Projeto da Constituição de 1934 previa a instituição de um fundo de reserva para assegurar o ordenado ou o salário de um ano em caso de desaparecimento da empresa, assim redigido:

> "Toda empresa comercial ou industrial consumirá, paralelamente com o fundo de reserva do capital, e desde que este lance uma remuneração justa, nos termos do art. 121, um fundo de reserva de trabalho, capaz de assegurar aos operários ou empregados o ordenado ou salário de um ano, se por qualquer motivo a empresa desaparecer".

O art. 46 da Lei n. 3.470/1958 criou um fundo de indenizações trabalhistas, cuja cota inicial de contribuição era de 3% da remuneração mensal bruta.

O art. 158, XIII da Constituição de 1967 assegurou ao trabalhador "estabilidade, com indenização ao trabalhador despedido, ou fundo de garantia equivalente".

Com a Lei n. 5.107/1966 foi criado o Fundo de Garantia do Tempo de Serviço, a qual foi revogada pela Lei n. 7.839/1989 que, por sua vez, foi revogada pela Lei n. 8.036/1990.

O FGTS foi criado para garantir uma reserva ao empregado dispensado, bem como para permitir, com os valores arrecadados, o financiamento para a aquisição de imóveis pelo Sistema Financeiro da Habitação.

De fato, o FGTS consistiu no meio para o término da estabilidade decenal, permitindo ao empregador a dispensa sem justa causa a qualquer tempo, mediante pagamento de multa sobre os valores depositados.

Pode-se conceituar o FGTS como "*recolhimentos pecuniários mensais, em conta bancária vinculada em nome do trabalhador, conforme parâmetro de cálculo estipulado legalmente, podendo ser sacado pelo obreiro em situações tipificadas pela ordem jurídica, sem prejuízo de acréscimo percentual condicionado ao tipo de rescisão de seu contrato laborativo, formando, porém, o conjunto global e indiferenciado de depósitos um fundo social de destinação legalmente especificada*"[35].

Com relação à natureza do FGTS, há diversas teorias que tentam explicá-la.

Sergio Pinto Martins defende ser o FGTS "uma contribuição social"[36], ou seja, confere-lhe natureza tributária.

Em verdade, como ressaltada Godinho, o FGTS deve ser encarado em relação a suas diversas facetas. Assim, pode ser analisado quanto à relação entre trabalhador e empregador, como contraprestação ao labor prestador.

Cabe, ainda, a análise do FGTS em relação à relação entre empregador e o Estado, o qual pode cobrá-los, em razão da eficácia social dos valores destinados ao Fundo de Garantia do Tempo de Serviço.

Finalmente, há a relação entre Estado e o órgão gestor do FGTS, que deve utilizar os recursos para os fins sociais estabelecidos.

Embora o FGTS decorra da relação empregatícia, o prazo prescricional para sua cobrança não é regulado pelo art. 7º, XXIX da Constituição Federal, em razão de sua natureza, razão pela qual pode o empregado postular o pagamento do FGTS devidos nos últimos trinta anos, desde que respeitado o biênio após a extinção do contrato, de acordo com o entendimento consubstanciado na Súmula n. 362 do TST.

---

(35) DELGADO, Mauricio Godinho. *Curso de Direito do Trabalho*, 10. ed. São Paulo: LTr, 2011. p. 1.206.
(36) *Manual do FGTS*. 2. ed. São Paulo: Atlas, 2000. p. 78.

1.17 *Salário mínimo*

O art. 7º, IV, da Constituição da República assegura o recebimento pelos trabalhadores de um salário mínimo.

Com relação ao salário mínimo, prevê a Constituição que sua fixação deve se dar por lei, devendo ser "*...nacionalmente unificado, capaz de atender a suas necessidades vitais básicas e às de sua família com moradia, alimentação, educação, saúde, lazer, vestuário, higiene, transporte e previdência social, com reajustes periódicos que lhe preservem o poder aquisitivo, sendo vedada sua vinculação para qualquer fim*".

O STF, através da Súmula Vinculante 16, estabeleceu entendimento de que "*os arts. 7º, IV, e 39, § 3º (redação da EC n. 19/1998), da Constituição, referem-se ao total da remuneração percebida pelo servidor público*".

Portanto, não há ofensa ao art. 7º, IV da Constituição, a fixação de salário base inferior ao mínimo nacional, desde que a remuneração iguale ou supere o valor fixado em lei.

Com relação as praças que prestam serviço militar inicial, não há ofensa à Constituição Federal o recebimento de remuneração inferior ao salário mínimo, de acordo com a Súmula Vinculante n. 6 do STF.

1.18 *Piso salarial proporcional à extensão e à complexidade do trabalho*

Dispõe o art. 7º, V da Constituição o direito ao "piso salarial proporcional à extensão e à complexidade do trabalho", o que deve ser objeto de negociação coletiva firmada entre os sindicatos das categorias econômica e profissional ou entre este e a empresa.

1.19 *Irredutibilidade do salário*

a) Conceito de irredutibilidade salarial

A Constituição, em seu art. 7º, VI garante aos trabalhadores o direito "irredutibilidade do salário, salvo o disposto em convenção ou acordo coletivo".

A jurisprudência do STF firmou-se no sentido de que apenas há redução salarial quando alterado seu valor nominalmente, não importando, para tanto, que o poder aquisitivo, ou seja, o valor real do vencimento tenha se deteriorado com o tempo. Nesse sentido o julgado:

> *"DIREITO CONSTITUCIONAL E PROCESSUAL CIVIL. PRINCÍPIO DA IRREDUTIBILIDADE DE VENCIMENTOS. RECURSO EXTRAORDINÁRIO: PRESSUPOSTOS DE ADMISSIBILIDADE. AGRAVO. 1. O acórdão recorrido está em conformidade com a jurisprudência desta Corte, inclusive ao repelir a alegada violação ao princípio da irredutibilidade de vencimentos, pois, como se assinalou em precedente desta Corte: "... não há falar-se, no caso, em violação ao princípio da irredutibilidade de vencimentos, já que não tem ele por escopo assegurar o valor real dos estipêndios, não havendo espaço, portanto, para se falar em vencimentos reduzidos, mas simplesmente em expectativa de correção não verificada, coisa diversa. (RE n. 201.026-DF, DJ de 6.9.1996, p. 31.869)". 2. Em síntese, não houve redução do valor nominal dos vencimentos. 3. Agravo improvido."(STF, AI-AgR n. 283.302/DF. relator min. SIDNEY SANCHES. julgado em 20.8.2002)*

Portanto, a vedação constitucional à redução salarial apenas ocorre quando alterado o valor, nominalmente considerado, recebido pelo trabalhador, não tendo sido dado ao dispositivo, alcance mais amplo para atingir a redução real remuneratória, decorrente da depreciação da moeda.

b) Autorização para redução da remuneração por norma coletiva

O art. 7º, VI da Constituição Federal autoriza a redução salarial por norma coletiva. No entanto, referida autorização não pode ser feita ao mero talante das partes legitimadas para a elaboração de Acordo ou Convenção Coletiva de Trabalho, mas devem respeitar os princípios que regem o Direito do Trabalho.

Saliente-se, ainda, que embora a Constituição Federal valorize a autonomia da vontade das categorias profissionais e econômicas na elaboração de normas coletivas a elas aplicáveis, este poder não é absoluto, encontrando óbice quanto à sua validade quando ofensivas às normas de ordem pública ou quando não implementem melhoria em comparação ao direito posto.

Portanto, embora a negociação coletiva seja eficaz meio de solução de conflitos entre empregados e empregadores, valorizando a autonomia da vontade, possui limites objetivos, os quais são expressados através do princípio da adequação setorial negociada.

Consoante lição de Maurício Godinho Delgado, o citado princípio permite que a negociação coletiva se estabeleça quando:

a) implementem "um padrão setorial de direitos superior ao padrão geral oriundo da legislação heterônoma aplicável";

b) "as normas heterônomas juscoletivas transacionam setorialmente parcelas justrabalhistas de indisponibilidade apenas relativa (e não de indisponibilidade absoluta)."[37]

Segundo Gustavo Felipe Barbosa Garcia, "as normas necessárias à proteção da dignidade e da vida do trabalhador, bem como aquelas de ordem pública, pertinentes à segurança e à saúde no trabalho, não podem ser objeto de flexibilização *in pejus*, ainda que se trate de instrumento normativo decorrente de negociação coletiva"[38].

c) Mudança de regime jurídico

Em caso de mudança de regime jurídico, não existe para o servidor público direito adquirido, o que autoriza a redução ou supressão de vantagens antes recebidas.

> "Administrativo. Transposição do regime celetista para o estatutário. Inexistência de direito adquirido a regime jurídico. Possibilidade de diminuição ou supressão de vantagens sem redução do valor da remuneração." (STF, RE n. 599.618-ED, rel. min. Cármen Lúcia, julgamento em 1º.2.2011, Primeira Turma, DJE de 14.3.2011)

1.20 Décimo terceiro salário

Garante-se pelo art. 7º, VIII, da Constituição Federal o recebimento de "décimo terceiro salário com base na remuneração integral ou no valor da aposentadoria".

O décimo terceiro salário teve origem nas normas coletivas e nos costumes de se pagar uma gratificação natalina tendo sido convertido em obrigação legal através da Lei n. 4.090/1962.

A gratificação natalina corresponde a 1/12 avos da remuneração devida em dezembro, por mês de serviço, do ano correspondente, fazendo jus o trabalhador ao ser recebimento se trabalhado por fração igual ou superior a quinze dias no mês.

Prevê a Lei n. 4.090/1962, ainda, o pagamento proporcional do 13º salário em caso de extinção dos contratos a prazo e na cessação da relação de emprego resultante da aposentadoria do trabalhador.

Também é devido seu pagamento em caso de dispensa sem justa causa ou pedido de demissão.

(37) *Curso de Direito do Trabalho*. 5. ed. São Paulo: LTr, 2006. p. 1.399.
(38) *Curso de Direito do Trabalho*. 1. ed. São Paulo: Método, 2007, p. 794.

1.21 Remuneração do trabalho noturno superior à do diurno

a) Introdução

Nos termos do art. 7º, IX, da Constituição Federal, o trabalho noturno deve ter "remuneração do trabalho noturno superior à do diurno", como aliás, já previa o que já era expresso pelo *caput* e § 1º do art. 73 da CLT.

De acordo com o art. 73, § 5º da CLT, às prorrogações do trabalho noturno aplica-se o disposto no capítulo II do Título II da CLT.

O TST, ao interpretar referido dispositivo legal, firmou entendimento através da Súmula n. 60, II, para determinar que "*cumprida integralmente a jornada no período noturno e prorrogada esta, devido é também o adicional quanto às horas prorrogadas*".

Caso a atividade seja exercida em escalada de 12x36 e o empregado labore em todo o período noturno, de acordo com a jurisprudência pacificada pela OJ n. 388 da SDI-I do TST, as horas em prorrogação, ou seja, aquelas que ultrapassarem as 5 horas da manhã deverão ser pagas com o respectivo adicional.

b) Vigia noturno

De acordo com o entendimento sumulado do STF, é devido adicional noturno ao vigia.[39]

c) Hora noturna reduzida

O labor em período noturno gera não apenas o direito ao recebimento de adicional noturno, mas também de aplicação da hora ficta noturna de 52 minutos e 30 segundos, sendo certo que tais direitos são cumulativos, de acordo com o entendimento pacificado pela Súmula n. 214 do STF.

d) Regime de revezamento

O labor em regime de revezamento não altera o direito ao recebimento de adicional noturno.[40]

1.22 Proteção do salário na forma da lei

O art. 7º, X, da Carta Magna prevê a "proteção do salário na forma da lei, constituindo crime sua retenção dolosa".

O Constituinte originário determinou a proteção ao salário, na forma da lei, considerando crime sua retenção dolosa.

O art. 462 da CLT proíbe que o empregador efetue descontos dos salários de seus empregados, salvo se decorrer de:

a) adiantamentos;

b) dispositivos de lei;

c) norma coletiva.

Caso o empregado cause dano ao empregador, admite-se o desconto em duas hipóteses:

a) conduta dolosa do empregado;

b) conduta culposa do empregado, desde que previsto o desconto no contrato de trabalho.

(39) Súmula n. 402. "Vigia noturno tem direito a salário adicional".

(40) Súmula n. 213. "É devido o adicional de serviço noturno, ainda que sujeito o empregado ao regime de revezamento".

De acordo com a jurisprudência do STF, "o salário produção, como outras modalidades de salário prêmio, é devido, desde que verificada a condição a que estiver subordinado, e não pode ser suprimido unilateralmente, pelo empregador, quando pago com habitualidade".[41]

1.23 Participação nos lucros, ou resultados

O art. 7º, XI, da Lei Maior assegura a participação nos lucros ou resultados desvinculada da remuneração", direito, de resto previsto desde a Constituição Federal de 1946, mas dependente de lei regulamentadora.

A MP n. 1.982/2000, de 23 de novembro de 2000, convertida na Lei n. 10.101/00, disciplina a matéria, que deve ser negociada entre a empresa e seus empregados por dois meios:

I — comissão escolhida pelas partes, integrada, também, por um representante indicado pelo sindicato da respectiva categoria; ou

II — convenção ou acordo coletivo.

Em caso de rescisão do contrato de trabalho antes da data de distribuição dos lucros, deve ser feito o pagamento de forma proporcional aos meses trabalhados pelo empregado, conforme entendimento consubstanciado na OJ n. 390 da SDI-I do TST.

1.24 Salário-família

O art. 7º, XII da Constituição Federal prevê o direito ao "*salário-família pago em razão do dependente do trabalhador de baixa renda nos termos da lei.*" Trata-se de um benefício previdenciário previsto também no art. 201, inciso IV, que pelo princípio da seletividade assegurou tal direito aos dependentes dos segurados de baixa renda.

Consoante a Portaria interministerial 2 de 6 de janeiro de 2012, o valor da cota do salário-família por filho ou equiparado de qualquer condição, até 14 (quatorze) anos de idade, ou inválido de qualquer idade, a partir de 1º de janeiro de 2012, será de:

"I — R$ 31,22 (trinta e um reais e vinte e dois centavos) para o segurado com remuneração mensal não superior a R$ 608,80 (seiscentos e oito reais e oitenta centavos);

II — R$ 22,00 (vinte e dois reais) para o segurado com remuneração mensal superior a R$ 608,80 (seiscentos e oito reais e oitenta centavos) e igual ou inferior a R$ 915,05 (novecentos e quinze reais e cinco centavos)."

Considera-se remuneração mensal para fim de recebimento do salário-família, o valor total do respectivo salário de contribuição, mesmo que resultante da soma dos salários de contribuição correspondentes a atividades simultâneas.

1.25 Duração do trabalho normal não superior a oito horas diárias e quarenta e quatro semanais

A Constituição Federal de 1988, em seu art. 7º, XIII, fixou a jornada máxima diária "não superior a oito horas diárias e quarenta e quatro semanais, facultada a compensação de horários e a redução da jornada, mediante acordo ou convenção coletiva de trabalho".

As normas sobre duração da jornada possuem natureza de ordem pública, pois constituem regras de medicina e segurança do trabalho. Admite-se, no entanto, o estabelecimento de compensação da jornada.

(41) Súmula n. 209.

1.26 *Turnos ininterruptos de revezamento*

Prevê o art. 7º, XIV da Constituição Federal o direito do trabalhador a "jornada de seis horas para o trabalho realizado em turnos ininterruptos de revezamento, salvo negociação coletiva".

A jurisprudência tem considerado válida, em alguns casos, a autorização do trabalho por oito horas em turno ininterrupto de revezamento, realizada em sede de negociação coletiva. Porém, a finalidade do instrumento normativo é melhorar as condições de trabalho, através de concessões recíprocas. Trata-se da denominada adequação setorial negociada.

Segundo Maurício Godinho Delgado, *"pelo princípio da adequação setorial negociada as normas autônomas juscoletivas construídas para incidirem sobre certa comunidade econômico-profissional podem prevalecer sobre o padrão geral heterônomo justrabalhista desde que respeitados certos critérios objetivamente fixados. São dois esses critérios autorizativos: a) quando as normas autônomas juscoletivas implementam um padrão setorial de direitos superior ao padrão geral oriundo da legislação heterônoma aplicável; b) quando as normas justrabalhistas de indisponibilidade apenas relativa (e não de indisponibilidade absoluta).*[42]

Assim, não é livre o direito à fixação da jornada em oito horas, devendo ser conferida vantagem ao trabalhador em contrapartida às condições gravosas de trabalho em turnos ininterruptos de revezamento.

Ressalte-se que de acordo com o entendimento pacificado pela Súmula n. 675 do STF, "os intervalos fixados para descanso e alimentação durante a jornada de seis horas não descaracterizam o sistema de turnos ininterruptos de revezamento para o efeito do art. 7º, XIV, da Constituição".

1.27 *Repouso semanal remunerado*

Dispõe o art. 6º, *caput*, da CF/88, que "*São direitos sociais a educação, a saúde, a alimentação, o trabalho, a moradia, o lazer, a segurança, a previdência social, a proteção à maternidade e à infância, a assistência aos desamparados, na forma desta Constituição*" (grifos nossos)

O art. 7º, XV garante o direito ao "repouso semanal remunerado, preferencialmente aos domingos".

Igualmente, o artigo XXIV da Declaração Universal dos Direitos Humanos, de 1948 prevê que:

> "Todo homem tem direito a repouso e lazer, inclusive à limitação razoável das horas de trabalho e a férias remuneradas periódicas".

O art. 15 da Declaração Americana dos Direitos e Deveres do Homem determina que:

> "Toda pessoa tem direito ao descanso, ao recreio honesto e à oportunidade de aproveitar utilmente o seu tempo livre em benefício de seu melhoramento espiritual, cultural e físico".

Disciplina o art. 7º, *d*, do Pacto Internacional Relativo aos Direitos Econômicos, Sociais e Culturais, de 1966:

> "Artigo 7º: Os Estados integrantes do presente Pacto reconhecem o direito de toda pessoa de desfrutar condições de trabalho justas e favoráveis, que garantam sobretudo:
>
> (...)
>
> d) O repouso, os lazeres, a limitação razoável da duração do trabalho e férias remuneradas periódicas, assim como remuneração dos feriados".

(42) *Curso de Direito do Trabalho*. 6. ed. São Paulo: LTr, p. 1.322.

Portanto, o direito ao lazer, além de ser um direito constitucionalmente assegurado, é previsto em diversas normas de direito internacional, devendo ser respeitado pelo empregador.

Otávio Calvet define o direito ao lazer como sendo "*o direito do ser humano se desenvolver existencialmente, alcançando o máximo das suas aptidões, tanto nas relações que mantém com outros indivíduos e com o Estado, quanto pelo gozo de seu tempo livre como bem entender*"[(43)].

Ensina o autor, ainda, que "*o lazer é direito social de todos os trabalhadores, subordinados ou não, possuindo dois aspectos: econômico e humano. A todos os trabalhadores reconhece-se a necessidade de uma limitação da duração do trabalho e o direito ao gozo do lazer, o que implica uma alteração na interpretação de institutos previstos na ordem infraconstitucional e na conduta do tomador do serviço, reconhecendo-se a posição jurídica subjetiva ao trabalhador de obtenção de tutela judicial com eventual reparação por dano imaterial sempre que lesionado esse valor, tanto na relação de emprego quanto nas demais relações privadas de trabalho, estas na medida de hipossuficiência do trabalhador*" e que "*Como exemplos de reinterpretação do ordenamento jurídico à luz do direito fundamental ao lazer cita-se a impossibilidade de realização de horas suplementares com a não recepção do art. 59,* caput *da CLT; a impossibilidade de flexibilização de normas que tratam de repousos aos trabalhadores; a limitação do tempo máximo de trabalho dos empregados excluídos da duração do trabalho pelo art. 62 da CLT e aos domésticos; a fixação das férias com consulta ao empregado; a vedação à remoção injustificada bem como à alteração de horário de trabalho que prejudiquem o lazer do empregado*". (in: http://www.calvo.pro.br/artigos/otavio_calvet/otavio_calvet_direito_ao_lazer.pdf)

Assim, o direito ao lazer, previsto na Constituição Federal como direito social e em diversos outros textos legislativos, ao ser violado, gera o direito à reparação, em razão do latente dano à moral causado, pois diante da privação do direito ao lazer ao trabalhador resta obstado o direito ao convívio social e familiar, bem como o direito ao descanso.

Nos termos do art. 9º da Lei n. 605/1949, caso não seja possível a suspensão do trabalho, deverá o empregador remunerar o período em dobro ou determinar outro dia de folga.

1.28 Remuneração do serviço extraordinário superior, no mínimo, em cinquenta por cento à do normal

Determina o art. 7º, XVI da Constituição Federal a "remuneração do serviço extraordinário superior, no mínimo, em cinquenta por cento à do normal".

Em razão do fato de ser mais gravoso o serviço prestado além da jornada máxima diária, prevê a Constituição o pagamento mínimo de 50% a mais por hora trabalhada, o que não impede a previsão, em norma coletiva ou contrato de trabalho, de aplicação de percentual maior.

1.29 Férias anuais remuneradas

Garante a Constituição Federal, em seu art. 7º, XVII, o "gozo de férias anuais remuneradas com, pelo menos, um terço a mais do que o salário normal".

As férias anuais remuneradas devem ser pagas antes do seu início e com acréscimo de 1/3.

A Constituição não fixa o número de dias para as férias, razão pela qual é perfeitamente válido o art. 130 da CLT que reduz o direito às férias de acordo com as faltas do trabalhador, bem como o art. 130-A que disciplina os dias de descanso em face ao labor em regime de tempo parcial.

(43) *Direito ao Lazer nas Relações de Trabalho.* São Paulo: LTr, 2006. p. 76.

1.30 Licença à gestante

a) Introdução

De acordo com o art. 7º, XVIII, é garantida a "licença à gestante, sem prejuízo do emprego e do salário, com a duração de cento e vinte dias".

Além dos períodos de repouso, prevê a Constituição Federal períodos em que os trabalhadores serão remunerados ainda que em inatividade, em função da tutela de um bem maior.

O art. 6º elenca como direito social, dentre outros, a proteção à maternidade e à infância.

O Constituinte, no art. 226, outorgou especial proteção à família, considerando-a como a "base da sociedade" e, por isso, detentora de "especial proteção do Estado".

Por esse motivo, no art. 227, determina a Constituição Federal ser "*dever da família, da sociedade e do Estado assegurar à criança, ao adolescente e ao jovem, com absoluta prioridade, o direito à vida, à saúde, à alimentação, à educação, ao lazer, à profissionalização, à cultura, à dignidade, ao respeito, à liberdade e à convivência familiar e comunitária, além de colocá-los a salvo de toda forma de negligência, discriminação, exploração, violência, crueldade e opressão*".

Com relação à licença-maternidade, garantia o art. 10, II, *b* do ADCT, até que seja editada a Lei Complementar mencionada pelo art. 7º, I da Constituição Federal, a estabilidade da empregada gestante, desde a confirmação da gravidez até cinco meses após o parto.

b) Estabilidade no contrato de experiência

A estabilidade decorre objetivamente da gestação, não sendo necessária a ciência pelo empregador do estado gravídico, para a caracterização do direito à estabilidade, pois a proteção não é direcionada apenas à mãe, mas principalmente à entidade familiar e ao menor. Nesse sentido, foi editada a Súmula n. 244, I do TST, a qual prevê que "*o desconhecimento do estado gravídico pelo empregador não afasta o direito ao pagamento da indenização decorrente da estabilidade*".

Em caso de dispensa no período de gestação, o direito à reintegração apenas poderá ser exercido no prazo da estabilidade e se já escoado o período estabilitário, deverá apenas ser pago à empregada os salários e demais direitos correspondentes ao período de estabilidade(44).

Discute-se na doutrina e na jurisprudência o direito à estabilidade da gestante em contrato de experiência.

O STF tem entendido pelo direito à estabilidade mesmo nos contratos por prazo determinado, como se observa no aresto abaixo:

> "Se o direito à estabilidade provisória da gestante nasce a partir do momento da concepção, não há como se afastar o direito à estabilidade no caso da concepção ocorrida no: a) curso do contrato de experiência com cláusula assecuratória recíproca de rescisão, que se equipara ao contrato pro prazo indeterminado quanto aos seus efeitos; b) no curso do aviso prévio indenizado eis que no referido período o contrato de trabalho ainda se encontra vigente; c) no contrato a prazo em geral por que o texto constitucional não distingue e não cabe ao intérprete distinguir, como já sedimentado pelo STF"(STF, RE n. 579.989-AgR, Primeira Turma, relator o ministro Ricardo Lewandowski, DJe de 29.3.2011, RE n. 600.057-AgR, Segunda Turma, relator o ministro Eros Grau, DJe de 23.10.2009 e RMS n. 24.263, Segunda Turma, relator o ministro Carlos Velloso, DJ de 9.5.2003).

O TST, através da Súmula n. 244, III, firmou entendimento de que não há direito à estabilidade gestante no contrato de experiência, eis que há se trata de contrato por prazo determinado e que, portanto, não há dispensa arbitrária pelo simples fato de seu término.

(44) Súmula n. 244, I do TST.

No entanto, em recentes julgados, o TST tem afastado a aplicação da Súmula n. 244, III, e entendimento pela aplicabilidade da estabilidade da gestante nos contratos de experiência.

> *"RECURSO DE REVISTA. ESTABILIDADE DA GESTANTE. CONTRATO POR PRAZO DETERMINADO. NORMATIZAÇÃO ESPECIAL E PRIVILEGIADA À MATERNIDADE CONTIDA NA CONSTITUIÇÃO DE 1988. ARTS. 10, II, B, DO ADCT, 7º, XVIII, XXII, 194, 196, 197, 200, I, 227, CF/88. RESPEITO, FIXADO NA ORDEM CONSTITUCIONAL, À DIGNIDADE DA PESSOA HUMANA, À PRÓPRIA VIDA, AO NASCITURO E À CRIANÇA (ART. 1º, III, E 5º,* CAPUT, *DA CF). Em princípio, a lógica dos contratos a termo não permite qualquer possibilidade de maior integração do trabalhador na empresa, além de já preestabelecer o final do próprio vínculo empregatício. Em face disso, em regra, o instituto da garantia de emprego é inábil a produzir, no contexto dos contratos a termo, a mesma extensão de efeitos que seguramente propicia na seara dos contratos indeterminados. Por outro ângulo, contudo, é certo dizer que a lógica dos contratos a termo é perversa e contra ela se contrapõe todo o Direito do Trabalho, já que esse ramo jurídico especializado busca aperfeiçoar as condições de pactuação da força de trabalho no mercado. Por essas razões, a legislação busca restringir ao máximo suas hipóteses de pactuação e de reiteração no contexto da dinâmica justrabalhista. Note-se que a CLT não prevê a situação da gravidez como situação excepcional a impedir a ruptura contratual no contrato a termo. Contudo o art. 10, II, do ADCT da Constituição, em sua alínea b, prevê a estabilidade provisória à empregada gestante, desde a confirmação da gravidez até cinco meses após o parto. Estipula, assim, a vedação à dispensa arbitrária ou sem justa causa. Ressalte-se que a maternidade recebe normatização especial e privilegiada pela Constituição de 1988, autorizando condutas e vantagens superiores ao padrão deferido ao homem — e mesmo à mulher que não esteja vivenciando a situação de gestação e recente parto. É o que resulta da leitura combinada de diversos dispositivos, como o art. 7º, XVIII (licença à gestante de 120 dias, com possibilidade de extensão do prazo, a teor da Lei n. 11.770/2008, regulamentada pelo Decreto n. 7.052/2009) e das inúmeras normas que buscam assegurar um padrão moral e educacional minimamente razoável à criança e ao adolescente (contidos no art. 227, CF/88, por exemplo). De par com isso, qualquer situação que envolva efetivas considerações e medidas de saúde pública (e o período de gestação e recente parto assim se caracterizam) permite tratamento normativo diferenciado, à luz de critério jurídico valorizado pela própria Constituição da República. Note-se, ilustrativamente, a esse respeito, o art. 196, que afirma ser a saúde — direito de todos e dever do Estado, garantido mediante políticas sociais e econômicas que visem à redução do risco de doença e de outros agravos...—; ou o art. 197, que qualifica como de — relevância pública as ações e serviços de saúde...—, além de outros dispositivos, como os arts. 194, 200, I, e 7º, XXII, CF/88. A estabilidade provisória advinda da licença maternidade decorre da proteção constitucional às trabalhadoras em geral e, em particular, às gestantes e aos nascituros. A proteção à maternidade e à criança advém do respeito, fixado na ordem constitucional, à dignidade da pessoa humana e à própria vida (art. 1º, III, e 5º,* caput, *da CF). E, por se tratar de direito constitucional fundamental, deve ser interpretado de forma a conferir-se, na prática, sua efetividade. Nesse sentido, correto o posicionamento adotado pelo TRT, que conferiu preponderância ao direito fundamental à dignidade da pessoa humana, previsto no art. 1º, III, da CF, e à estabilidade assegurada às gestantes, na forma do art. 10, II,* b, *do ADCT, em detrimento dos efeitos dos contratos a termo — especificamente em relação à garantia de emprego. Nessa linha, está realmente superada a interpretação exposta no item III da Súmula n. 244 do TST. Inclusive o Supremo Tribunal Federal possui diversas decisões — que envolvem servidoras públicas admitidas por contrato temporário de trabalho —, em que expõe de forma clara o posicionamento de garantir à gestante o direito à licença-maternidade e à estabilidade, independentemente do regime jurídico de trabalho. Sob esse enfoque, o STF prioriza as normas constitucionais de proteção à maternidade, lançando uma diretriz para interpretação das situações congêneres. Recurso de revista conhecido e desprovido." (TST, RR n. 52.500-65.2009.05.04.0010, 6ª Turma, rel. min. Mauricio Godinho Delgado, in DJ 16.3.2012)*

c) Estabilidade de servidora ocupante de cargo em comissão

O direito à estabilidade abrange, inclusive, as servidoras ocupantes em cargo de comissão, em razão da proteção constitucional destinada à mulher, à família e à proteção da pessoa.

Nesse sentido, o STF concedeu liminar em mandado de segurança impetrado contra ato da Mesa Diretora da Câmara dos Deputados que dispensou servidora ocupante de função de confiança no curso da gravidez.

"DECISÃO MANDADO DE SEGURANÇA. CONSTITUCIONAL. ADMINISTRATIVO. GESTANTE NO EXERCÍCIO DE CARGO EM COMISSÃO: EXONERAÇÃO. DIREITO À ESTABILIDADE PROVISÓRIA. ART. 10, INC. II, ALÍNEA *B*, DO ATO DAS DISPOSIÇÕES CONSTITUCIONAIS TRANSITÓRIAS — ADCT. PRECEDENTES. SEGURANÇA CONCEDIDA. Relatório 1. Mandado de segurança, com pedido de medida liminar, impetrado por Cristiane Veríssimo Bastos Sarausa, em 30.3.2011, contra ato da Mesa Diretora da Câmara dos Deputados. O caso 2. Narra a Impetrante que "foi nomeada ao cargo de assessor técnico (CNE7) para o gabinete do 3º suplente da Mesa Diretora da Câmara dos Deputados, no dia 9.7.2010, no qual percebia mensalmente a título de proventos a quantia bruta de R$ 16.247,04 (dezesseis mil, duzentos e quarenta e sete reais e quatro centavos)." A Impetrante sustenta que, "em 25.2.2011, (...) ao chegar ao trabalho foi surpreendida com a sua exoneração. Ante o acontecido, a mesma se dirigiu ao departamento pessoal para informar que estava grávida, e que em virtude de tal situação não poderia ser exonerada. Porém, obteve apenas como resposta que pela via administrativa eles não poderiam fazer nada e que a mesma deveria procurar os seus direitos na justiça." É contra essa decisão que se impetra o presente mandado de segurança. 3. A Impetrante assevera que, "apesar de ter conhecimento desde quando fora nomeada que seu cargo era de natureza especial e de livre provimento e que a qualquer momento poderia ser exonerada, (...) jamais imaginaria que seus direitos fundamentais assegurados pela Constituição Federal seriam violados, haja vista à época de sua dispensa estar grávida." Afirma que a relevância do fundamento estaria configurada, pois "há de se reconhecer à gestante em exercício de cargo em comissão o direito à estabilidade provisória, independentemente de previa comunicação, desde a confirmação da gravidez até cinco meses após o parto, em que pese esse cargo ser de livre provimento e dispensa, uma vez que encontra guarida no próprio texto constitucional, que instituiu a garantia dos princípios maiores da moralidade pública, do respeito à gravidez, à personalidade e à dignidade da pessoa humana." Argumenta que "tem-se na espécie a possibilidade de dano de difícil reparação, caso não seja concedida a presente medida, em face do estado natural de gravidez pelo qual se encontra a Impetrante, que necessita nesse momento de assistência médica, retorno ao trabalho e a continuidade do recebimento do salário fixo que lhe garantirá mais tranquilidade para cuidar de todas as necessidades para a chegada do seu primogênito até o fim da fase de licença-maternidade." Requer o deferimento da medida liminar para "assegurar os direitos usurpados com a exoneração, desse modo anulando o Ato de Exoneração, reintegrando a Impetrante ao cargo até que se cumpra o período de estabilidade provisória e da licença-maternidade. Porém, caso não seja esse o entendimento de V. Exa., requer alternativamente o pagamento de indenização a partir do dia da exoneração, 25.2.2011, correspondente ao tempo da estabilidade provisória e da licença-maternidade. Requer ainda os benefícios da estrutura médico-hospitalar do Impetrado, tendo em vista a Impetrante não possuir condições para arcar com despesas médicas e hospitalares." No mérito, pede a concessão da segurança para que se "confirme a condenação do Impetrado a manter a Impetrante no cargo pelo período da estabilidade provisória e da licença-maternidade, ou ao pagamento de indenização e multa arbitrada por V. Exa. referente ao mesmo período." 4. Em 5.4.2011, indeferi a medida liminar requerida nesta ação. Contra essa decisão a Impetrante interpôs Agravo. 5. Em 19.5.2011, os autos foram encaminhados à Procuradoria-Geral da República, tendo retornado somente em 31.5.2012, com parecer no sentido pela denegação da segurança ao fundamento de que "Tendo em vista que o ato de exoneração ocorreu em 25.2.2011 (instrução, item 4), ou seja, 15 dias após a exoneração da Impetrante, cabia a esta juntar um outro exame, atestado por médico, para comprovar, com maior precisão, o tempo efetivo de gravidez. (...) Vale dizer, o fato principal do 'estado da gravidez' e o momento de seu início, caso confirmado, exigiria Perícia Médica. Assim, não é cabível este mandado de segurança, por falta de liquidez e certeza." 6. Em 11.7.2011, a Impetrante por meio da Petição n. 38.786/2011 informou estar "no quinto mês gestacional, e (...) se encontra sem seguro-saúde, sem trabalho e sem renda para o seu próprio sustento e do seu nascituro." Examinados os elementos havidos nos autos, DECIDO. 7. O que se põe em foco no presente mandado de segurança é se o ato da Mesa Diretora da Câmara dos Deputados teria contrariado direito líquido e certo da Impetrante ao determinar a exoneração de gestante ocupante de cargo em comissão. A Impetrante requer, em essência, a reintegração no cargo ou o pagamento de indenização pelo período da estabilidade provisória e da licença-maternidade. 8. O Procurador-Geral da República opinou no sentido do não cabimento do presente Mandado de Segurança pela ausência do requisito de liquidez e certeza. Todavia, a Impetrante informou, em 11.7.2011, estar no quinto mês gestacional, tendo comprovado assim estar grávida antes mesmo da sua exoneração, ocorrida em 25.2.2011. Nesse sentido: "A empregada gestante tem direito subjetivo à estabilidade provisória prevista no art. 10, II, *b*, do ADCT/88, bastando, para efeito de acesso a essa inderrogável garantia social de índole constitucional, a confirmação objetiva do estado fisiológico de gravidez, independentemente, quanto a este, de sua prévia comunicação ao empregador, revelando-se írrita, de outro lado e sob tal aspecto, a exigência de notificação à empresa, mesmo quando pactuada em sede de negociação coletiva. Precedentes" (AI 392.303, rel. min. Celso de Mello, DJ 7.11.2002 e trânsito em julgado em 4.12.2002, grifos nossos). 9. Este Supremo Tribunal Federal assentou que as servidoras públicas, incluídas as contratadas a título precário, independentemente do regime jurídico de trabalho, têm direito à licença-maternidade de cento e vinte dias e à estabilidade provisória, desde a confirmação da gravidez até cinco meses após o parto, conforme o art. 7º, inc. XVIII, da Constituição da República e o art. 10, inc. II, alínea *b*, do Ato das Disposições Constitucionais Transitórias, e que a exoneração de servidora pública no gozo de licença gestante é ato contrário à Constituição. Nesse sentido: "CONSTITUCIONAL. ADMINISTRATIVO. SERVIDOR PÚBLICO. LICENÇA GESTANTE. EXONERAÇÃO. C.F., art. 7º, XVIII; ADCT, art. 10, II, *b*. I. — Servidora pública exonerada quando no gozo de licença gestante: a exoneração constitui ato arbitrário, porque contrário à norma constitucional: C.F., art. 7º, XVIII; ADCT, art. 10, II, *b*. II. — Remuneração devida no prazo da licença gestante, vale dizer, até cinco meses após o parto. Inaplicabilidade, no caso, das Súmulas ns. 269 e 271-STF. III. — Recurso provido" (RMS 24.263, rel. min. Carlos Velloso, Segunda Turma, DJ 9.5.2003, grifos nossos). "SERVIDORA PÚBLICA GESTANTE OCUPANTE DE CARGO EM COMISSÃO — ESTABILIDADE PROVISÓRIA (ADCT/88, ART. 10, II, *b*) — CONVENÇÃO OIT N. 103/1952 — INCORPORAÇÃO FORMAL AO ORDENAMENTO POSITIVO BRASILEIRO (DECRETO N. 58.821/66) — PROTEÇÃO À MATERNIDADE E AO NASCITURO — DESNECESSIDADE DE PRÉVIA COMUNICAÇÃO DO ESTADO DE GRAVIDEZ AO ÓRGÃO PÚBLICO COMPETENTE — RECURSO DE AGRAVO IMPROVIDO. — O acesso da servidora pública e da trabalhadora gestantes à estabilidade provisória, que se qualifica como inderrogável garantia social de índole constitucional, supõe a mera confirmação objetiva do estado fisiológico de gravidez, independentemente, quanto a este, de sua prévia comunicação ao órgão estatal competente ou, quando for o caso, ao empregador. Doutrina. Precedentes. — As gestantes — quer se trate de servidoras públicas, quer se cuide de trabalhadoras, qualquer que seja o regime jurídico a elas aplicável, não importando se de caráter administrativo ou de natureza contratual (CLT), mesmo aquelas ocupantes de cargo em comissão ou exercentes de função de confiança ou, ainda, as contratadas por prazo determinado, inclusive na hipótese prevista no inciso IX do art. 37 da Constituição, ou admitidas a título precário — têm direito público subjetivo à estabilidade provisória, desde a confirmação do estado fisiológico de gravidez até cinco (5) meses após o parto (ADCT, art. 10, II, *b*), e, também, à licença-maternidade de 120 dias (CF, art. 7º, XVIII, c/c o art. 39, § 3º), sendo-lhes preservada, em consequência, nesse período, a integridade do vínculo jurídico que as une à Administração Pública ou ao empregador, sem prejuízo da integral percepção do estipêndio funcional ou da remuneração laboral. Doutrina. Precedentes. Convenção OIT n. 103/1952. — Se sobrevier, no entanto, em referido período, dispensa arbitrária ou sem justa causa de que resulte a extinção do vínculo jurídico-administrativo ou da relação contratual da gestante (servidora pública ou trabalhadora), assistir-lhe-á o direito a uma indenização correspondente aos valores que receberia até cinco (5) meses após o parto, caso inocorresse tal dispensa. Precedentes" (RE n. 634.093, rel. min. Celso de Mello, Segunda Turma, DJ 7.12.2011). No mesmo sentido, os julgados proferidos nas seguintes decisões monocráticas: RE n. 509.775, de minha relatoria, DJe 19.5.2010; RE n. 435.759, rel. min. Dias Toffoli, DJe 9.12.2009; RE n. 368.460, rel. min. Dias Toffoli, DJe 16.12.2009; RE n. 597.807, rel. min. Celso de Mello, DJe 16.4.2009. 10. Na espécie vertente, a exoneração ocorreu no primeiro mês de gravidez da Impetrante. Assim, de acordo com a orientação firmada pelo Supremo Tribunal Federal nas decisões acima apontadas, a Impetrante tem direito à indenização correspondente aos valores que receberia até cinco meses após o parto. 11. O pedido de reintegração no cargo perdeu o objeto em razão do fim da estabilidade provisória pelo decurso do tempo. 12. Ressalta-se que o art. 205 do Regimento Interno do Supremo Tribunal Federal, alterado pela Emenda Regimental n. 28/2009, autoriza o relator a decidir monocraticamente mandados de segurança, quando a matéria for objeto de jurisprudência consolidada do Supremo Tribunal. 13. Pelo exposto, concedo a segurança para determinar o pagamento da indenização correspondente aos valores que receberia até cinco meses após o parto. Fica prejudicado o agravo interposto contra a decisão que indeferiu o pedido de medida liminar. Publique-se. Brasília, 20 de junho de 2012. Ministra CÁRMEN LÚCIA relatora. (STF, MS n. 30.519, relator(a): min. CÁRMEN LÚCIA, julgado em 20.6.2012, publicado em PROCESSO ELETRÔNICO DJe-125, DIVULG 26.6.2012, PUBLIC 27.6.2012)

1.31 Licença-paternidade

Prevê o art. 7º, XIX da CF o direito à "licença-paternidade, nos termos fixados em lei".

A licença-paternidade ainda não foi objeto de regulamentação, não obstante quase 25 anos de promulgação da Constituição Federal, razão pela qual continua válida a regra do art. 10, § 1º da CLT e que fixa o período de licença em cinco dias.

O Projeto de Lei n. 3.935/2008, que segue em trâmite pela Câmara dos Deputados, prevê o aumento do período da licença-paternidade para 15 dias e a estabilidade pelo prazo de 30 dias após o término da licença. Prevê, também, que o período de afastamento deverá, caso o nascimento ocorra no período em que o trabalhador está em férias, iniciar-se-á apenas a partir do primeiro dia útil após seu término.

1.32 Proteção do mercado de trabalho da mulher

Prevê o art. 7º, XX da Constituição Federal a "proteção do mercado de trabalho da mulher, mediante incentivos específicos, nos termos da lei".

O Capítulo III, do Título III da CLT trata das normas referentes à proteção do trabalho da mulher.

O art. 373-A da CLT, incluído pela Lei n. 9.799/1999, em proteção ao trabalho da mulher, veda a prática das seguintes condutas:

a) publicação de anúncio de emprego com referência ao sexo, à idade, à cor ou situação familiar, salvo quando a natureza da atividade a ser exercida, pública e notoriamente, assim o exigir.

Obviamente, há condições de trabalho que não permitem sua prática a determino sexo, seja em razão do aspecto físico, psíquico ou social no qual a prestação do serviço é executada.

Tal circunstância não evidencia ofensa ao princípio da isonomia, mas ao contrário, o privilegia, pois não se admite a aplicação da igualmente meramente formal, devendo ser obediência a igualdade material, que consiste em tratar os iguais de forma igual e os desigual de modo desigual, na medida de suas desigualdades.

b) Recusa a emprego ou promoção, bem como motivar a dispensa do trabalho em razão de sexo, idade, cor, situação familiar ou estado de gravidez, salvo quando a natureza da atividade seja notória e publicamente incompatível.

Em regra, o sexo das pessoas não podem ser utilizados como fator de discriminação, salvo quando as circunstâncias de fato o exigirem.

Há, por exemplo, fatores que não permitem o trabalho da gestante, em razão da possibilidade de comprometimento do feto, sendo justo, neste caso, a não admissão de mulheres em estado gravídico, para o exercício da função.

c) Atribuir critérios diferentes de remuneração ou promoção em razão de do sexo, a idade, a cor ou situação familiar.

Muito embora o conteúdo da norma seja decorrência lógica do princípio da isonomia e do disposto no art. 7º, XX da Constituição Federal, o legislador infraconstitucional reforçou o comando do constituinte originário para tutelar e prevenir a desigualdade oriunda de sexo, idade, raça ou situação familiar.

d) Exigência de atestado ou exame, de qualquer natureza, para comprovação de esterilidade ou gravidez, na admissão ou permanência no emprego.

e) Impedir o acesso ou adotar critérios subjetivos para deferimento de inscrição ou aprovação em concursos, em empresas privadas, em razão de sexo, idade, cor, situação familiar ou estado de gravidez;

Referidas normas não apenas tutelam a discriminação contra as mulheres, mas também a maternidade e o planejamento familiar, protegido pelo art. 226, § 7º da Constituição Federal.

f) proceder o empregador ou preposto a revistas íntimas nas empregadas ou funcionárias.

Com relação à revista íntima, o TST tem entendido pela sua possibilidade, desde que a conduta se mostre consentânea com o princípio da proporcionalidade.

"RECURSO DE REVISTA DO BANCO ITAÚ S.A. DANO MORAL. REVISTA ÍNTIMA. PRINCÍPIO DA PROPORCIONALIDADE. ADOÇÃO DE COMPORTAMENTO ADEQUADO. PRESERVAÇÃO DA SEGURANÇA DA EMPRESA E DOS EMPREGADOS. AUSÊNCIA DE EXCESSOS. DANO MORAL NÃO VERIFICADO. INDENIZAÇÃO INDEVIDA. RECURSO PROVIDO. Em respeito ao princípio da proporcionalidade, e, porquanto constatado, a partir do quadro fático retratado no acórdão Regional, que as revistas praticadas pela Reclamada tinham por finalidade apenas a preservação da segurança do patrimônio da Empresa, e dos próprios Empregados, tratando-se de comportamento adequado, sobretudo porquanto consignado pela decisão recorrida que não eram praticados excessos, uma vez que não havia contato físico, nem eram adotados quaisquer procedimentos que fossem, por si sós, constrangedores, não se constata a prática de ato ilícito por parte do Empregador, nos termos dos arts. 187 e 927 do CCB, sendo indevida a indenização por danos morais. Recurso de Revista parcialmente conhecido e provido. RECURSO DE REVISTA DA TRANSBANK — SEGURANÇA E TRANSPORTE DE VALORES S/C LTDA. DANOS MORAIS. REVISTA ÍNTIMA. REQUISITOS DO ART. 896 DA CLT NÃO PREENCHIDOS. RECURSO NÃO CONHECIDO. A despeito da pertinência da argumentação intentada, o Recurso de Revista da Transbank — não alcança conhecimento, uma vez que a Ré não trouxe arestos específicos para confronto, tampouco indicou violação dos dispositivos legais pertinentes para a solução da demanda. Ante a ausência de preenchimento dos requisitos do art. 896 da CLT, não se conhece do Recurso de Revista da referida Reclamada. Recurso de Revista não conhecido". (TST, RR n. 3588100-54.2007.5.09.0015, relatora Ministra: Maria de Assis Calsing, Data de Julgamento: 29.2.2012, 4ª Turma, Data de Publicação: 2.3.2012)

No entanto, em recente julgado, o TST defendeu a tese de que a revista a objetos pessoais constitui ato que gera constrangimento ao trabalhador.

"*DANO MORAL. REVISTA DE BOLSAS. Não se olvida que o poder empregatício engloba o poder fiscalizatório (ou poder de controle), entendido este como o conjunto de prerrogativas dirigidas a propiciar o acompanhamento contínuo da prestação de trabalho e a própria vigilância efetivada ao longo do espaço empresarial interno. Medidas como o controle de portaria, as revistas, o circuito interno de televisão, o controle de horário e frequência e outras providências correlatas são manifestações do poder de controle. Por outro lado, tal poder empresarial não é dotado de caráter absoluto, na medida em que há em nosso ordenamento jurídico uma série de princípios limitadores da atuação do controle empregatício. Nesse sentido, é inquestionável que a Carta Magna de 1988 rejeitou condutas fiscalizatórias que agridam a liberdade e dignidade básicas da pessoa física do trabalhador, que se chocam, frontalmente, com os princípios constitucionais tendentes a assegurar um Estado Democrático de Direito e outras regras impositivas inseridas na Constituição, tais como a da — inviolabilidade do direito à vida, à liberdade, à igualdade, à segurança e à propriedade — (art. 5º, —* caput *—), a de que — ninguém será submetido (...) a tratamento desumano e degradante — (art. 5º, III) e a regra geral que declara — invioláveis a intimidade, a vida privada, a honra e a imagem da pessoa, assegurado o direito à indenização pelo dano material ou moral decorrente de sua violação — (art. 5º, X). Todas essas regras criam uma fronteira inegável ao exercício das funções fiscalizatórias no contexto empregatício, colocando na franca ilegalidade medidas que venham cercear a liberdade e dignidade do trabalhador. Há, mesmo na lei, proibição de revistas íntimas a trabalhadoras — regra que, evidentemente, no que for equânime, também se estende aos empregados, por força do art. 5º, —* caput *— e I, CF/88 (art. 373-A, VII, CLT). Nesse contexto, e sob uma interpretação sistemática e razoável dos preceitos legais e constitucionais aplicáveis à hipótese, este relator entende que a revista diária em bolsas e sacolas, por se tratar de exposição contínua do empregado a situação constrangedora no ambiente de trabalho, que limita sua liberdade e agride sua imagem, caracterizaria, por si só, a extrapolação daqueles limites impostos ao poder fiscalizatório empresarial, mormente quando o empregador possui outras formas de, no caso concreto, proteger seu patrimônio contra possíveis violações. Nesse sentido, as empresas, como o Reclamado, têm plenas condições de utilizar outros instrumentos eficazes de controle de seus produtos, como câmeras de filmagens e etiquetas magnéticas. Tais procedimentos inibem e evitam a violação do patrimônio da empresa e, ao mesmo tempo, preservam a honra e a imagem do trabalhador. Na hipótese, ainda que não tenha havido contato físico, a revista na bolsa da obreira implicou exposição indevida da sua intimidade, razão pela qual faz ela jus a uma indenização por danos morais*". (TST-RR-154700-23.2006.5.09.0009, 6ª Turma, rel. min. Mauricio Godinho Delgado, com julgamento em 23.11.2011, e publicação no DEJT de 2.12.2011)

Competência legislativa quanto à proteção da mulher

De acordo com a jurisprudência pacífica do STF, não podem os Estados legislar sobre a proteção da mulher, eis que compete exclusivamente à União a elaboração de leis sobre Direito do Trabalho.

> "Lei n. 11.562/2000 do Estado de Santa Catarina. Mercado de trabalho. Discriminação contra a mulher. Competência da União para legislar sobre direito do trabalho. (...) A Lei n. 11.562/2000, não obstante o louvável conteúdo material de combate à discriminação contra a mulher no mercado de trabalho, incide em inconstitucionalidade formal, por invadir a competência da União para legislar sobre direito do trabalho." (STF, ADI n. 2.487, rel. min. Joaquim Barbosa, julgamento em 30.8.2007, Plenário, DJE de 28.3.2008)

1.33 Aviso prévio proporcional ao tempo de serviço

Assegura o art. 7º, XXII o direito ao "aviso prévio proporcional ao tempo de serviço, sendo no mínimo de trinta dias, nos termos da lei".

> O aviso prévio proporcional consiste em norma de eficácia limitada, pois o texto original da Constituição da República apenas garantia, de fato, o prazo de 30 (trinta) dias e remeteu ao legislador ordinário o dever de regulamentar sua proporcionalidade.

O Plenário do Supremo Tribunal Federal suspendeu, em 22 de junho de 2011, o julgamento de quatro Mandados de Injunção, nos quais se postulava o fim da mora legislativa e a consequente regulamentação do aviso prévio proporcional, previsto no art. 7º, XXI da CF/88.

O Plenário, por sugestão do ministro Gilmar Mendes que, ao se pronunciar pela procedência, decidiu pela suspensão do julgamento para que fosse analisado o direito postulado e sua aplicação nos casos concretos.

No entanto, antes da regulamentação provisória pelo próprio STF, foi editada a Lei n. 12.506 de 11 de outubro de 2011.

A Lei n. 12.506/11 dispõe em seus únicos 2 artigos que:

> *"Art. 1º O aviso prévio, de que trata o Capítulo VI do Título IV da Consolidação das Leis do Trabalho — CLT, aprovada pelo Decreto-lei n. 5.452, de 1º de maio de 1943, será concedido na proporção de 30 (trinta) dias aos empregados que contem até 1 (um) ano de serviço na mesma empresa".*
>
> *Parágrafo único. Ao aviso prévio previsto neste artigo serão acrescidos 3 (três) dias por ano de serviço prestado na mesma empresa, até o máximo de 60 (sessenta) dias, perfazendo um total de até 90 (noventa) dias.*
>
> *Art. 2º Esta Lei entra em vigor na data de sua publicação".*

1.34 Redução dos riscos inerentes ao trabalho, por meio de normas de saúde, higiene e segurança

Determina o art. 7º, XXII, ser direito dos trabalhadores, a "*redução dos riscos inerentes ao trabalho, por meio de normas de saúde, higiene e segurança*".

A Portaria n. 3.214, de 8 de junho de 1979 aprovou as Normas Regulamentadoras de tutelas dos meios de segurança e medicina do trabalho.

Não obstante a defasagem das normas, decorrente do longo período em que foram publicadas, sem a devida atualização dos padrões de acordo com a evolução da ciência, objetivam conferir aos trabalhadores condições seguras para a prestação dos serviços e para preservação de adequada meio ambiente do trabalho.

Ressalte-se que incumbe ao empregador o dever de tutela com relação aos empregados, razão pela qual devem ser observados todos os meios necessários à proteção dos trabalhadores contra os riscos inerentes ao trabalho, ainda que não previstos nas Normas Regulamentadoras.

De acordo com a Súmula n. 736 do STF, "Compete à Justiça do Trabalho julgar as ações que tenham como causa de pedir o descumprimento de normas trabalhistas relativas à segurança, higiene e saúde dos trabalhadores".

1.35 *Adicional de remuneração para as atividades penosas, insalubres ou perigosas, na forma da lei*

Dispõe o art. 7º, XXIII ser devido o "adicional de remuneração para as atividades penosas, insalubres ou perigosas, na forma da lei".

As atividades insalubres e perigosas estão regulamentadas pelos arts. 189 a 197 da CLT e pelas Normas Regulamentadoras ns. 15 e 16.

A Constituição Federal determinou o pagamento de adicional sobre as atividades penosas, na forma da lei, sendo a norma, portanto, de eficácia limitada.

Assim, não tendo sido até o momento editada a norma a que faz menção o art. 7º, XXIII, inaplicável aos contratos de trabalho referido adicional.

Com relação à base de cálculo do adicional de periculosidade, não há qualquer dúvida em relação à aplicação do art. 193 da CLT, que determina o pagamento de 30% sobre o salário.

No entanto, o mesmo não ocorre com relação ao adicional de insalubridade, pois o art. 192 da CLT determina o pagamento de "40% (quarenta por cento), 20% (vinte por cento) e 10% (dez por cento) do salário mínimo da região, segundo se classifiquem nos graus máximo, médio e mínimo."

No entanto, o art. 7º, IV da Constituição veda a vinculação do salário mínimo para qualquer fim.

Por esse motivo, o STF, através da Súmula Vinculante n. 4, determinou que "salvo nos casos previstos na Constituição, o salário mínimo não pode ser usado como indexador de base de cálculo de vantagem de servidor público ou de empregado, nem ser substituído por decisão judicial".

A Suprema Corte, na Reclamação n. 6.266/DF suspendeu a aplicação da Súmula n. 228, do C. TST sob o seguinte fundamento:

> *"Logo, à primeira vista, a nova redação estabelecida para a Súmula n. 228/TST revela aplicação indevida da Súmula Vinculante n. 4, porquanto permite a substituição do salário mínimo pelo salário básico no cálculo do adicional de insalubridade sem base normativa.*
>
> *Ante o exposto, defiro a medida liminar para suspender a aplicação da Súmula n. 228/TST na parte em que permite a utilização do salário básico para calcular o adicional de insalubridade".*

Após a decisão proferida na Reclamação n. 6.266, o C. STF tem, reiteradamente, decidido pela aplicação do salário mínimo para cálculo do adicional de insalubridade, conforme se observa no seguinte aresto:

> *"CONSTITUCIONAL. DIREITO DO TRABALHO. AGRAVO REGIMENTAL EM AGRAVO DE INSTRUMENTO. ADICIONAL DE INSALUBRIDADE. SUBSTITUIÇÃO. IMPOSSIBILIDADE. SÚMULA VINCULANTE 4. ART. 7º, IV, DA CF. 1. O Plenário deste Supremo Tribunal Federal, ao julgar o RE n. 565.714/SP, na mesma oportunidade em que aprovou a Súmula Vinculante 4, decidiu pela impossibilidade de ser estabelecido, como base de cálculo para o adicional de insalubridade a remuneração ou salário base em substituição ao salário mínimo, por concluir que é inviável ao Poder Judiciário modificar tal indexador, sob o risco de atuar como legislador positivo. Precedentes. 2. Agravo regimental improvido".* (STF, AI n. 469.332 AgR, relator(a): min. ELLEN GRACIE, Segunda Turma, julgado em 15.9.2009, DJe-191, DIVULG 8.10.2009, PUBLIC 9.10.2009, EMENT VOL-02377-04, p. 00690)

No entanto, entendo que a base de cálculo do adicional de insalubridade não encontra sustento na Carta Federal e na Súmula Vinculante, de modo que ante a ausência de norma reguladora, o art. 8º, da CLT, autoriza o juiz aplicar, por analogia, a base de cálculo prevista no art. 193 da CLT, que trata do adicional de periculosidade. Até porque onde há a mesma razão (trabalho em condições adversas), igual deve ser a solução.

De acordo com a Súmula n. 212 do STF, o trabalhador em posto de revenda de combustível possui direito ao recebimento de adicional de periculosidade.

1.36 Aposentadoria

O art. 7º, XIV garantiu aos trabalhadores o direito à "aposentadoria".

A proteção em relação aos eventos relacionados à idade data do Império Romano, pois o exército guardava 2/7 do salário do soldado. Quando ele se aposentava, recebia as economias, com um pedaço de terra. Na Alemanha, em 1889, foi editada a Lei do seguro invalidez e velhice, custeado pelos trabalhadores, empregadores e pelo Estado.

Portanto, as legislações sempre cuidaram da proteção contra infortúnios e possíveis consequências decorrentes da idade.

O art. 7º, XXIV da Constituição Federal assegura como direito dos trabalhadores a aposentadoria e o art. 201[45], que trata da previdência social, em seu inciso I, expressamente determina como sua obrigação atender à cobertura dos eventos de doença, invalidez, morte e idade avançada.

O art. 18 da Lei n. 8.213/1991 que trata dos benefícios da previdência social prevê quatro modalidades de aposentadoria, quais sejam:

a) aposentadoria por invalidez;

b) aposentadoria por idade;

c) aposentadoria por tempo de contribuição; e

d) aposentadoria especial.

Consoante Súmula n. 726 do STF, "para efeito de aposentadoria especial de professores, não se computa o tempo de serviço prestado fora da sala de aula".

Ressalvada a revisão legal, os proventos da inatividade do servidor civil e dos militares são regulados pela Lei vigente quando da reunião dos requisitos necessários à aposentadoria.[46]

De acordo com o entendimento consubstanciado na Súmula n. 217 do STF, "tem direito de retornar ao emprego, ou ser indenizado em caso de recusa do empregador, o aposentado que recupera a capacidade de trabalho dentro de cinco anos, a contar da aposentadoria, que se torna definitiva após esse prazo".

(45) "Art. 201. A previdência social será organizada sob a forma de regime geral, de caráter contributivo e de filiação obrigatória, observados critérios que preservem o equilíbrio financeiro e atuarial, e atenderá, nos termos da lei, a:
I — cobertura dos eventos de doença, invalidez, morte e idade avançada;
II — proteção à maternidade, especialmente à gestante;
III — proteção ao trabalhador em situação de desemprego involuntário;
IV — salário família e auxílio-reclusão para os dependentes dos segurados de baixa renda;
V — pensão por morte do segurado, homem ou mulher, ao cônjuge ou companheiro e dependentes, observado o disposto no § 2º".

(46) Súmula n. 359 do STF.

1.37 *Assistência gratuita aos filhos e dependentes*

Há três formas de cumprimento do art. 7º, XXV da Constituição Federal, que prevê:

"XXV — assistência gratuita aos filhos e dependentes desde o nascimento até 5 (cinco) anos de idade em creches e pré-escolas"

I) Nos termos do art. 389, § 1º da CLT, toda empresa que pelo menos 30 (trinta) mulheres com mais de 16 (dezesseis) anos de idade devem garantir um local apropriado onde seja permitido às empregadas guardar sob vigilância e assistência os seus filhos no período da amamentação.

II) O § 2º do art. 389 autoriza que seja suprida a regra do § 1º por meio de creches distritais mantidas, diretamente ou mediante convênios, com outras entidades públicas ou privadas, pelas próprias empresas, em regime comunitário, ou a cargo do SESI, do SESC, da LBA ou de entidades sindicais.

III) Nos termos da Portaria n. 3.296/1986, podem as empresas e empregadores adotar o sistema de Reembolso--Creche, em substituição à exigência contida no § 1º, do art. 389, da CLT, devendo ser previsto o benefício em norma coletiva, nos termos do art. 2º da Portaria.

Para tanto, devem cumprir os seguintes requisitos:

a) o reembolso-creche deverá cobrir, integralmente, despesas efetuadas com o pagamento da creche de livre escolha da empregada, ou outra modalidade de prestação de serviço desta natureza, pelo menos até os seis meses de idade da criança, nas condições, prazos e valor estipulados em acordo ou convenção coletiva, sem prejuízo do cumprimento dos demais preceitos de proteção à maternidade;

b) O benefício deve ser concedido a toda empregada que seja mãe, independente do número de mulheres do estabelecimento, e sem prejuízo do cumprimento dos demais preceitos de proteção à maternidade.

c) As empresas e empregadores deverão dar ciência às empregadas da existência do sistema e dos procedimentos necessários para a utilização do benefício, com a afixação de avisos em locais visíveis e de fácil acesso para os empregados.

d) O reembolso-creche deverá ser efetuado até o 3º dia útil da entrega do comprovante das despesas efetuadas, pela empregada-mãe, com a mensalidade da creche.

1.38 *Princípio da força normativa das convenções coletivas de trabalho ou do Reconhecimento das convenções e acordos coletivos de trabalho*

A Constituição Federal, no art. 7º, *caput* elenca os direitos dos trabalhadores, urbanos e rurais, sem prejuízo de outros que visem à melhoria da sua condição social. Para tanto, reconhece, como direito dos trabalhadores, no XXVI, as convenções e acordos coletivos de trabalho".

Os Acordos e Convenções Coletivas de Trabalho são fontes do direito do trabalho, sendo o primeiro firmado entre o Sindicato da categoria profissional e a empresa e; a Convenção entre o Sindicato dos trabalhadores e o Sindicato da categoria econômica.

De acordo com a jurisprudência do STF, apenas se admite a fixação de piso salarial regional por lei, quando não previsto em normas coletivas, o que reforma o mandamento do art. 7º, XXVI da Constituição.

"A fim de manter-se o incentivo à negociação coletiva (art. 7º, XXVI, CF/1988), os pisos salariais regionais somente serão estabelecidos por lei naqueles casos em que não haja convenção ou acordo coletivo de trabalho. As entidades sindicais continuarão podendo atuar nas negociações coletivas, desde que respeitado o patamar mínimo legalmente assegurado." (STF, ADI n. 4.364, rel. min. Dias Toffoli, julgamento em 2.3.2011, Plenário, DJE de 16.5.2011.)

No entanto, a alteração de lei que altere a política salarial prevista em norma coletiva deve ser aplicada de imediato, sem que se tenha direito adquirido ao direito fixado no Acordo ou na Convenção Coletiva de Trabalho.

"O STF fixou jurisprudência no sentido de que a legislação superveniente que altera a política salarial fixada em norma coletiva de trabalho não viola o direito adquirido, o ato jurídico perfeito e a coisa julgada." (STF, RE n. 593.126-AgR, rel. min. Eros Grau, julgamento em 10.2.2009, Segunda Turma, DJE de 13.3.2009.)

1.39 Proteção em face da automação, na forma da lei

Prevê o art. 7º, XXVII da Constituição Federal a "proteção em face da automação, na forma da lei".

Referida norma constitucional possui clara eficácia limitada, dependendo da edição de norma pelo legislador infraconstitucional, para que se efetive a proteção contra a automação.

Há dois projetos de lei em trâmite para regulamentação do art. 7º, XXVII da Constituição Federal, quais sejam, o projeto de Lei n. 2.902/1992 e a proposta de Lei Complementar 208/2004.

A Lei n. 9.956/2000 protege a categoria dos frentistas contra a automação, ao determinar em seu art. 1º a proibição do "funcionamento de bombas de autosserviço operadas pelo próprio consumidor nos postos de abastecimento de combustíveis, em todo o território nacional".

A automação não pode ser utilizada como meio de precarização das relações de trabalho. No entanto, não há como deixar de observar a evolução tecnológica e a melhora dos meios produtivos, que são uma realidade cada dia mais presente. Assim, devem ser ponderados os interesses, de forma a permitir a melhoria da produção, mas sempre com respeito às relações empregatícias.

1.40 Seguro contra acidentes de trabalho e indenização em razão do doença profissional ou acidente do trabalho

a) Introdução

O art. 7º, XXVIII da Constituição Federal determina ser direito do trabalho o "seguro contra acidentes de trabalho, a cargo do empregador, sem excluir a indenização a que este está obrigado, quando incorrer em dolo ou culpa".

Como já ressaltado anteriormente, o empregador possui o dever de tutela em relação ao empregado.

Assim, além da responsabilidade do órgão previdenciário em conceder o benefício ao empregado, enquanto durar a incapacidade para o labor, caberá a responsabilização do empregador, quando agir com culpa ou dolo, arcar com a reparação da lesão material e moral sofrida.

b) Responsabilidade civil

A responsabilidade do empregador abrange toda a espécie de dano experimentado pelo trabalhador, ou seja, o dano emergente e os lucros cessantes, o que não se compensa com o benefício previdenciário recebido.

"**RECURSO DE REVISTA. DANOS MATERIAIS. PENSÃO MENSAL. COMPENSAÇÃO COM O BENEFÍCIO PREVIDENCIÁRIO. A percepção do benefício previdenciário não constitui óbice ao pagamento de pensão mensal a título de indenização, postulada pelo trabalhador e decorrente do acidente de trabalho (doença profissional) de que foi vítima, por culpa da empregadora. Isso porque essas prestações têm naturezas distintas (previdenciária e civil), além de serem devidas por pessoas diversas, não se podendo, assim,**

reconhecer *bis in idem* ou enriquecimento sem causa em seu pagamento cumulativo, tampouco estabelecer que sejam compensadas. Recurso de revista de que não se conhece. PENSÃO MENSAL. TERMO FINAL. O art. 950, *caput*, do Código Civil dispõe que, havendo a redução da capacidade laborativa em decorrência de dano ou lesão sofridos no exercício da profissão, a indenização deferida à parte lesionada pode incluir pensão correspondente à perda da capacidade. Conforme se depreende da redação do referido dispositivo, a pensão não encontra limites temporais, sendo, portanto, devida enquanto perdurar a incapacidade. Recurso de revista a que se nega provimento. DANOS MORAIS. ÔNUS DA PROVA. A indenização por dano moral tem sido admitida não apenas em casos de ofensa à honra objetiva (que diz respeito à consideração perante terceiros), mas também de afronta à honra subjetiva (sentimento da própria dignidade moral), a qual se presume. De acordo com a jurisprudência pacífica, o que se exige é a prova dos fatos que ensejam o pedido de indenização por danos morais (arts. 818 da CLT e 333, I, do CPC), e não a prova dos danos imateriais, esta, de resto, impossível. Portanto, o dano moral verifica-se *in re ipsa* (a coisa fala por si). Recurso de revista de que não se conhece. DANOS MORAIS. VALOR DA INDENIZAÇÃO. Para a fixação do dano moral, a lei não estabelece parâmetros específicos. Nas Cortes Superiores, os montantes fixados nas instâncias ordinárias somente têm sido alterados, em princípio, quando sejam irrisórios, ínfimos, irrelevantes (evitando-se a ineficácia pedagógica da condenação ou a frustração na reparação do dano) ou, pelo contrário, quando sejam exorbitantes, exagerados, excessivos (evitando-se o enriquecimento sem causa do demandante ou o comprometimento temerário das finanças da demandada). No caso, o TRT decidiu com base no critério de equidade, ponderando a extensão do dano e a intenção do ofensor, a posição social e econômica de cada uma das partes, o transtorno sofrido e a situação a que ficou exposta a vítima, a repercussão negativa em suas atividades, e a necessidade de se dar um caráter punitivo e pedagógico à leviandade do ofensor, para que não volte a praticar o ato, sem que a indenização se torne fonte de enriquecimento do ofendido, ou irrisória para o ofensor. O valor da indenização por danos morais é razoável e proporcional, levando-se em conta os fatos registrados pelo TRT. Violação da lei e divergência jurisprudencial não configuradas. Recurso de revista de que não se conhece." (TST, RR n. 32.400-31.2008.5.15.0071, relatora Ministra: Kátia Magalhães Arruda, Data de Julgamento: 27.6.2012, 6ª Turma, Data de Publicação: 6.7.2012, grifamos)

c) Seguro

Nada impede que o empregador, para se precaver em caso de eventual dano ao trabalhador, contrate seguro, mas, de acordo com o entendimento consubstanciado na Súmula n. 529 do STF, "subsiste a responsabilidade do empregador pela indenização decorrente de acidente do trabalho, quando o segurador, por haver entrado em liquidação, ou por outro motivo, não se encontrar em condições financeiras, de efetuar, na forma da lei, o pagamento que o seguro obrigatório visava a garantir".

Ainda de acordo com a Súmula n. 337 do STF, "a controvérsia entre o empregador e o segurador não suspende o pagamento devido ao empregado por acidente do trabalho".

d) DSR

Consoante prevê a Súmula n. 464 do STF, "no cálculo da indenização por acidente do trabalho, inclui-se, quando devido, o repouso semanal remunerado".

e) Competência

Compete à Justiça do Trabalho, após a Emenda Constitucional n. 45/2004, julgar as ações de indenização por danos morais e materiais decorrentes de acidente do trabalho ajuizada em face do empregador, de acordo com a Súmula Vinculante n. 22 do STF, "inclusive aquelas que ainda não possuíam sentença de mérito em primeiro grau quando da promulgação da EC n. 45/2004".

1.41 Prescrição

a) Prescrição bienal e quinquenal

No Direito do Trabalho a prescrição é operada de duas formas, nos termos do art. 7º, XXIX da Carta Federal que dispõe:

> "ação, quanto aos créditos resultantes das relações de trabalho, com prazo prescricional de cinco anos para os trabalhadores urbanos e rurais, até o limite de dois anos após a extinção do contrato de trabalho".

Silvio Rodrigues define a prescrição como sendo a "perda da ação conferida a um direito pelo seu não exercício num intervalo dado"[47].

Portanto, o trabalhador possui dois anos após a extinção do contrato de trabalho para ajuizar a ação, podendo postular os direitos contidos nos últimos cinco anos antes do ajuizamento da ação.

Após a Emenda Constitucional n. 28/2000, a prescrição passou a ser da mesma forma para os trabalhadores rurais e urbanos.

De acordo com a Súmula n. 349 do STF, "a prescrição atinge somente as prestações de mais de dois anos, reclamadas com fundamento em decisão normativa da Justiça do Trabalho, ou em Convenção Coletiva de Trabalho, quando não estiver em causa a própria validade de tais atos".

b) Prescrição intercorrente

A Súmula n. 327 do STF prevê a aplicação da prescrição intercorrente no processo do trabalho, enquanto a Súmula n. 114 do TST entende pela sua inaplicabilidade. Assim, surge a dúvida sobre qual o entendimento aplicável.

A Súmula n. 327 do STF foi editada em 13.12.1963, quando vigente o art. 101, inciso III, alínea *a* da Constituição Federal de 1946, que atribuía ao Supremo Tribunal Federal a competência para julgar, em recurso extraordinário, a decisão que fosse "*contrária a dispositivo desta constituição ou à letra de tratado ou lei federal*", o que foi mantido pelo art. 114, inciso III, alínea *a* da Constituição Federal de 1967, alterada pela Emenda Constitucional n. 1 de 1969.

No entanto, com a Constituição Federal de 1988, as matérias infraconstitucionais passaram à competência dos demais tribunais superiores, incumbindo à Suprema Corte analisar as inconstitucionalidades das normas e não suas eventuais ilegalidades.

Portanto, a última palavra quanto ao direito do trabalho infraconstitucional pertence ao Tribunal Superior do Trabalho, que pacificou o entendimento sobre a prescrição intercorrente, através da Súmula n. 114.

Assim entende o próprio Supremo Tribunal Federal:

> "*Ementa: TRABALHISTA. PROCESSUAL. INEXISTÊNCIA DE PRESCRIÇÃO INTERCORRENTE. COISA JULGADA MATERIAL. CONTROVÉRSIA INFRACONSTITUCIONAL. REGIMENTAL NÃO PROVIDO*". (Supremo Tribunal Federal, AI-AG n. 394.045/PR — Paraná, relator(a): min. Nelson Jobim, julgamento: 24.9.2002, Órgão julgador: Segunda Turma)

1.42 *Proibição de diferença de salários, de exercício de funções e de critério de admissão por motivo de sexo, idade, cor ou estado civil e proibição de qualquer discriminação no tocante a salário e critérios de admissão do trabalhador portador de deficiência*

Prevê o art. 7º XXX e XXXI que:

> "XXX — proibição de diferença de salários, de exercício de funções e de critério de admissão por motivo de sexo, idade, cor ou estado civil;
>
> XXXI — proibição de qualquer discriminação no tocante a salário e critérios de admissão do trabalhador portador de deficiência".

(47) RODRIGUES, Silvio. *Direito Civil*. vol. I, 34. ed., São Paulo: Saraiva, 2003. p. 324.

O Constituinte originário erigiu como objetivo da República Federativa do Brasil, nos termos do art. 3º, IV, "promover o bem de todos, sem preconceitos de origem, raça, sexo, cor, idade e quaisquer outras formas de discriminação".

Assim, não se admite, obviamente, a diferença de salários em razão de sexo, idade, raça, estado civil ou deficiência física, o que pode ensejar, além de ação de reparação civil e equiparação salarial, ação penal contra o agente que cometeu o ato discriminatório.

O STF firmou entendimento de que "o limite de idade para a inscrição em concurso público só se legitima em face do art. 7º, XXX, da Constituição, quando possa ser justificado pela natureza das atribuições do cargo a ser preenchido".[48]

Para efeitos de equiparação salarial, de acordo com a Súmula n. 202 do STF e 6, II do TST, considera-se o tempo de serviço na função, e não no emprego.

1.43 Proibição de distinção entre trabalho manual, técnico e intelectual

Prevê o art. 7º, XXXII ser proibida a "distinção entre trabalho manual, técnico e intelectual ou entre os profissionais respectivos".

Não se admite a discriminação em razão da espécie de labor prestado, o que não significa que não pode haver diferença remuneratória decorrente da maior responsabilidade atribuída a determinada função em relação a outra, sem que se possa falar em ato discriminatório.

Assim, o que se veda é a distinção efetuada em razão do tipo de trabalho e não a maior ou menor remuneração decorrente da complexidade e responsabilidade ínsita à atividade.

1.44 Proibição de trabalho noturno, perigoso ou insalubre a menores de dezoito e de qualquer trabalho a menores de dezesseis anos

O art. 7º, XXXIII proíbe o "trabalho noturno, perigoso ou insalubre a menores de dezoito e de qualquer trabalho a menores de dezesseis anos, salvo na condição de aprendiz, a partir de quatorze anos".

Constitui direito social, nos termos do art. 6º da Constituição Federal, a proteção à infância, sendo que o art. 24, XV estabelece competência legislativa concorrente da União, dos Estados e do Distrito Federal em relação às normas sobre "proteção à infância e à juventude".

Observa-se, com isso, a grande importância dada pelo Constituinte à infância e a juventude, o que garante uma maior proteção às pessoas nesse período da vida.

Em reforço a essa proteção, o art. 7º, XXXIII, proíbe o "trabalho noturno, perigoso ou insalubre a menores de dezoito e de qualquer trabalho a menores de dezesseis anos, salvo na condição de aprendiz, a partir de quatorze anos".

A proibição do trabalho dos menores de 16 anos se justifica pela proteção à juventude e à infância e pela necessidade de frequência à escola, o que pode ser atrapalhado pela necessidade e precoce ingresso no mercado de trabalho.

Com relação ao trabalho noturno, perigoso e insalubre, por maior razão há sua vedação. Ao menor, como dito acima, deve ter regular frequência à escola, sendo que a prestação de serviços retira tempo de possível dedicação aos estudos, precipuamente quando o labor se dá no período noturno, que além de mais penoso, torna mais difícil o relacionamento social da pessoa.

(48) Súmula n. 683.

Quanto à periculosidade e insalubridade, por ser o menos dotado de menor experiência do que o adulto, não se pode permitir o contato com substâncias que podem causas um potencial incremento no risco à sua vida e incolumidade física.

1.45 Igualdade de direitos entre o trabalhador com vínculo empregatício permanente e o trabalhador avulso

De acordo com o art. 7º, XXXIV, é garantido ao trabalhador avulso, "igualdade de direitos entre o trabalhador com vínculo empregatício permanente e o trabalhador avulso".

Com relação à prescrição da pretensão do trabalhador avulso, a OJ n. 384 da SDI-I do C. TST determina ser aplicável a prescrição bienal prevista no art. 7º, XXIX, da Constituição Federal ao trabalhador avulso, tendo como marco inicial a cessação do trabalho ultimado para cada tomador de serviço e não da cessação da prestação do labor como um todo.

1.46 Empregados domésticos

O art. 7º, parágrafo único da Constituição Federal assegura aos trabalhadores "domésticos os direitos previstos nos incisos IV, VI, VIII, XV, XVII, XVIII, XIX, XXI e XXIV, bem como a sua integração à previdência social".

Assim, são reconhecidos à categoria os direitos ao salário mínimo, irredutibilidade salarial, 13º salário, repouso semanal remunerado, férias anuais remuneradas, licença-gestante de 120 dias, sem prejuízo do salário, licença paternidade, aviso prévio proporcional ao tempo de serviço e à aposentadoria.

Não obstante o art. 7º, I da CLT disponha que suas normas não se aplicam aos domésticos, o art. 2º do Decreto n. 71.885/1973, que regulamenta a Lei n. 5.859/72, determina que "*excetuando o capítulo referente a férias, não se aplicam aos empregados domésticos as demais disposições da Consolidação das Leis de Trabalho*".

Assim, tem-se como aplicáveis aos domésticos o capítulo referente às férias previsto da CLT.

> "RECURSO DE REVISTA. FÉRIAS EM DOBRO. EMPREGADO DOMÉSTICO. CABIMENTO. O comando do parágrafo único do art. 7º da Constituição Federal estabelece que — são assegurados à categoria dos trabalhadores domésticos os direitos previstos nos incisos IV, VI, VIII, XV, XVII, XVIII, IXI, XXI e XXIV, bem como a integração à previdência social. Está garantido, no inciso XVII do mesmo artigo, o gozo de férias anuais remuneradas com, pelo menos, um terço a mais do que o salário normal. Segundo esclarece o art. 2º, do Decreto n. 71.885/1973, que regulamenta a Lei específica que rege a categoria dos trabalhadores domésticos — Lei n. 5.859/1972 — excetuando o Capítulo referente a férias, não se aplicam aos empregados domésticos as demais disposições da Consolidação das Leis do Trabalho. Tem-se, portanto, que são integralmente aplicadas aos trabalhadores domésticos as normas da Consolidação das Leis do Trabalho concernentes às férias, sem exclusão do pagamento em dobro previsto no art. 137 da CLT. Recurso de revista conhecido e desprovido." (TST, RR n. 85.200-60.2009.5.15.0084, relator ministro: Alberto Luiz Bresciani de Fontan Pereira, Data de Julgamento: 13.6.2012, 3ª Turma, Data de Publicação: 15.6.2012)

1.47 Militares

O art. 142, VIII da Constituição Federal determina a aplicação "aos militares o disposto no art. 7º, incisos VIII, XII, XVII, XVIII, XIX e XXV e no art. 37, incisos XI, XIII, XIV e XV".

Assim, possuem os militares direito a décimo terceiro salário, salário-família, férias anuais remuneradas com, pelo menos, um terço a mais do que o salário normal, licença à gestante, sem prejuízo do emprego e do salário, com a duração de cento e vinte dias, licença-paternidade e aposentadoria.

Aplicam-se aos militares, ainda, as regras referentes ao subídio, não podendo a remuneração "exceder o subsídio mensal, em espécie, dos ministros do Supremo Tribunal Federal, aplicando-se como limite, nos Municípios, o subsídio do Prefeito, e nos Estados e no Distrito Federal, o subsídio mensal do Governador no âmbito do Poder Executivo, o subsídio dos Deputados Estaduais e Distritais no âmbito do Poder Legislativo e o subsídio dos Desembargadores do Tribunal de Justiça, limitado a noventa inteiros e vinte e cinco centésimos por cento do subsídio mensal, em espécie, dos ministros do Supremo Tribunal Federal, no âmbito do Poder Judiciário, aplicável este limite aos membros do Ministério Público, aos Procuradores e aos Defensores Públicos".

Aos militares também, nos termos do art. 37, XIII da Constituição Federal "é vedada a vinculação ou equiparação de quaisquer espécies remuneratórias para o efeito de remuneração de pessoal do serviço público".

Prevê o art. 37, XIV da Constituição Federal que "os acréscimos pecuniários percebidos por servidor público não serão computados nem acumulados para fins de concessão de acréscimos ulteriores".

Pelo inciso XV do art. 37 garante a irredutibilidade dos subsídios e dos vencimentos dos ocupantes de cargos e empregos públicos.

2. SINDICATOS E NEGOCIAÇÃO COLETIVA

2.1 *Princípio da liberdade sindical*

A Constituição Federal prevê dois tipos de associação, quais sejam: profissional e sindical.

A associação profissional, para fins de estudo, atua na defesa dos interesses profissionais dos seus associados e a sindical para defesa dos direitos coletivos ou individuais da categoria, participa nas negociações coletivas de trabalho, elege representantes, recebe contribuições.

É livre a associação sindical, sendo que esta liberdade implica na possibilidade de fundação, de adesão, de atuação e de filiação.

2.2 *Princípio da não intervenção estatal na liberdade sindical*

Dispõe o art. 8º, I da Constituição Federal que "a lei não poderá exigir autorização do Estado para a fundação de sindicato, ressalvado o registro no órgão competente, vedadas ao Poder Público a interferência e a intervenção na organização sindical".

É plena a liberdade de associação, de tal forma que ninguém poderá ser compelido a associar-se ou manter-se associado, desde que para fins lícitos, vedada a de caráter paramilitar.

A interferência arbitrária do Poder Público pode acarretar responsabilidade penal, caracterizando a prática de crime de abuso de autoridade (Lei n. 4.898/1965), político-administrativa, que pode ensejar a ocorrência de crime de responsabilidade (Lei n. 1.079/1950) e civil, passível de indenização por danos materiais e morais.

São direitos decorrente da associação:

a) direito de criação. Qualquer pessoa poderá criar uma associação. Basta a reunião de seus membros e a celebração das bases contratuais devidamente registrada;

b) direito de adesão. Qualquer pessoa poderá se filiar a qualquer associação em que tiver interesse.

c) direito de desligar-se. Ninguém, pode ser obrigado a associar-se ou a manter-se associado a qualquer entidade.

d) direito de dissolução. Em regra, a associação será dissolvida quando os associados assim resolverem. Admite-se a dissolução compulsória por decisão judicial transitada em julgado, quando fugir de sua finalidade principal e passar a praticar atos ilícitos.

Conforme entendimento consubstanciado pela Súmula n. 677 do STF, "Até que lei venha a dispor a respeito, incumbe ao Ministério do Trabalho proceder ao registro das entidades sindicais e zelar pela observância do princípio da unicidade".

2.3 *Princípio da unicidade sindical categorial e territorial*

Consoante dispõe o art. 8º, II da Carta constitucional, "é vedada a criação de mais de uma organização sindical, em qualquer grau, representativa de categoria profissional ou econômica, na mesma base territorial, que será definida pelos trabalhadores ou empregadores interessados, não podendo ser inferior à área de um Município".

O art. 8º, II distanciou-se do previsto na Convenção n. 87 da OIT, que estabelece o princípio da liberdade sindical, que assegura a fundação de sindicato à "livre escolha", pois adotou o princípio da unicidade sindical categorial e territorial que retira do trabalhador o direito der opção quanto a entidade sindical que deseja filiar-se.

Dispõe o art. 511, da Consolidação das Leis do Trabalho que:

> *"Art. 511. É lícita a associação para fins de estudo, defesa e coordenação dos seus interesses econômicos ou profissionais de todos os que, como empregadores, empregados, agentes ou trabalhadores autônomos ou profissionais liberais exerçam, respectivamente, a mesma atividade ou profissão ou atividades ou profissões similares ou conexas.*
>
> *§ 1º A solidariedade de interesses econômicos dos que empreendem atividades idênticas, similares ou conexas, constitui o vínculo social básico que se denomina categoria econômica.*
>
> *§ 2º A similitude de condições de vida oriunda da profissão ou trabalho em comum, em situação de emprego na mesma atividade econômica ou em atividades econômicas similares ou conexas, compõe a expressão social elementar compreendida como categoria profissional.*

De acordo com Eduardo Gabriel Saad, "*do exercício do mesmo ofício ou da mesma atividade num ramo econômico surge a similitude de condições de vida. Temos, aí, as linhas mestra de uma categoria profissional*"[(49)].

Amauri Mascaro Nascimento ensina que "*Sindicato por categoria é o que representa os trabalhadores de empresas de um mesmo setor de atividade produtiva ou prestação de serviços. As empresas do mesmo setor, por seu lado, formam a categoria econômica correspondente*"[(50)].

Destarte, incumbe aos Sindicatos a representação e defesa dos interesses de dada categoria, em respeito ao limite espacial fixado no art. 8º, II da CF/88, que adotou o princípio da unicidade sindical, pelo qual "*é vedada a criação de mais de uma organização sindical, em qualquer grau, representativa de categoria profissional ou econômica, na mesma base territorial, que será definida pelos trabalhadores ou empregadores interessados, não podendo ser inferior à área de um Município*".

(49) *Consolidação das Leis do Trabalho Comentada.* 33. ed. São Paulo: LTr, 2001.
(50) *Compêndio de Direito Sindical.* 2. ed. São Paulo: LTr, 2000. p. 169.

Para Maurício Godinho Delgado, o princípio da unicidade sindical "*corresponde à previsão normativa obrigatória de existência de um único sindicato representativo dos correspondentes obreiros, seja por empresa, seja por profissão, seja por categoria profissional. Trata-se de definição legal imperativa do tipo de sindicato passível de organização em sociedade, vedando-se a existência de entidades sindicais concorrentes ou de outros tipos sindicais. É, em síntese, o sistema de sindicato único, com monopólio de representação sindical dos sujeitos trabalhistas*"[(51)].

Assim, no sistema pátrio, os empregados de uma mesma categoria, que possuam semelhantes condições de vida em razão da profissão ou trabalho comum, são representados por um único sindicato, na mesma base territorial.

Em suma, conforme modelo sindical brasileiro, o enquadramento do empregado em determinada categoria ocorre, regra geral, em razão da atividade econômica preponderante do empregador, sendo irrelevante a efetiva função ou profissão exercida pelo trabalhador para este efeito, ressalvadas as hipóteses de categoria diferenciada em que o enquadramento sindical tem como critério a profissão exercida e a empresa tenha participado da Convenção Coletiva.

Neste sentido a Súmula n. 374 do TST dispõe que o "empregado integrante de categoria profissional diferenciada não tem o direito de haver de seu empregador vantagens previstas em instrumento coletivo no qual a empresa não foi representada por órgão de classe de sua categoria".

2.4 Princípio da representatividade sindical ampla ou da representatividade direcionada

O art. 7º, III da Constituição Federal prevê "ao sindicato cabe a defesa dos direitos e interesses coletivos ou individuais da categoria, inclusive em questões judiciais ou administrativas".

A representatividade sindical é ampla, *erga omnes*, independente de filiação; abarca a defesa de interesses e direitos; decorre do próprio texto constitucional e, ainda é direcionada a dada coletividade indicada no próprio texto constitucional, qual seja: as categorias econômica e profissional

Segundo Alexandre de Moraes, "as entidades associativas devidamente constituídas, quando expressamente autorizadas, têm legitimidade para representar seus filiados judicial ou extrajudicialmente, possuindo legitimidade ad causam para, em substituição processual, defender em juízo direito de seus associados, nos termos do art. 5º, XXI, da Constituição Federal, sendo desnecessária a expressa e específica autorização, de cada um de seus integrantes, desde que a abrangência dos direitos defendidos seja suficiente para assumir a condição de interesses coletivos. Dessa forma, não haverá sempre necessidade de prévia autorização, no caso concreto, dos associados para que as associações represente-os judicial ou extrajudicialmente, desde que a mesma exista de forma genérica na própria lei que criou a entidade, ou em seus atos constitutivos de pessoa jurídica."[(52)].

As associações podem representar ser associados respeitados os seguintes requisitos:

a) deve a associação estar regularmente constituída e em funcionamento por, no mínimo, um ano, o que não se aplica aos partidos políticos e os sindicatos; e

b) o ato constitutivo da associação deve prever dentre os seus objetivos, a representação judicial dos seus filiados.

O TST entendia que a substituição processual operada pelo Sindicato era limitada aos seus associados e não a toda a categoria e apenas era admitida em relação às demandas que visassem a reajustes salariais previstos em lei e ajuizadas até 3.7.1989, data em que entrou em vigor a Lei n. 7.788.

(51) *Op. cit.*, p. 1.329.
(52) *Op. cit.*, p. 71.

Entendia, também, que "a substituição processual autorizada pela Lei n. 8.073, de 30.7.1990, ao sindicato alcança todos os integrantes da categoria e é restrita às demandas que visem à satisfação de reajustes salariais específicos resultantes de disposição prevista em lei de política salarial." E que "em qualquer ação proposta pelo sindicato como substituto processual, todos os substituídos serão individualizados na petição inicial e, para o início da execução, devidamente identificados pelo número da Carteira de Trabalho e Previdência Social ou de qualquer documento de identidade."

No entanto, o STF entendeu que a legitimidade do Sindicato é ampla, podendo defender os interesses de todos os membros da categoria, e não apenas aos filiados, e em todos os assuntos relacionados a ela.

> "EMENTA: PROCESSO CIVIL. SINDICATO. ART. 8º, III DA CONSTITUIÇÃO FEDERAL. LEGITIMIDADE. SUBSTITUIÇÃO PROCESSUAL. DEFESA DE DIREITOS E INTERESSES COLETIVOS OU INDIVIDUAIS. RECURSO CONHECIDO E PROVIDO. O art. 8º, III da Constituição Federal estabelece a legitimidade extraordinária dos sindicatos para defender em juízo os direitos e interesses coletivos ou individuais dos integrantes da categoria que representam. Essa legitimidade extraordinária é ampla, abrangendo a liquidação e a execução dos créditos reconhecidos aos trabalhadores. Por se tratar de típica hipótese de substituição processual, é desnecessária qualquer autorização dos substituídos. Recurso conhecido e provido." (STF, RE n. 193.503, relator(a): min. CARLOS VELLOSO, relator(a) p/ Acórdão: min. JOAQUIM BARBOSA, Tribunal Pleno, julgado em 12.6.2006, DJe-087, DIVULG 23.8.2007, PUBLIC 24.8.2007, DJ 24.8.2007, p. 00056, EMENT, VOL-02286-05, p. 00771)

Em razão do entendimento do STF, o TST cancelou a Súmula n. 310.

2.5 *Princípio da fonte de custeio sindical*

O art. 7º, IV da CF prevê que "a assembleia geral fixará a contribuição que, em se tratando de categoria profissional, será descontada em folha, para custeio do sistema confederativo da representação sindical respectiva, independentemente da contribuição prevista em lei".

A Carta Federal reconhece o direito dos sindicatos de arrecadação de contribuição sindical, de caráter parafiscal, criada por lei e obrigatória; denominada de imposto sindical, devida por sócios e não sócio.

De acordo com o art. 589 da CLT, o valor arrecadado deverá ser distribuído da seguinte forma:

- Para os empregadores:

"a) 5% (cinco por cento) para a confederação correspondente;

b) 15% (quinze por cento) para a federação;

c) 60% (sessenta por cento) para o sindicato respectivo; e

d) 20% (vinte por cento) para a Conta Especial Emprego e Salário".

- Para os trabalhadores:

"a) 5% (cinco por cento) para a confederação correspondente;

b) 10% (dez por cento) para a central sindical;

c) 15% (quinze por cento) para a federação;

d) 60% (sessenta por cento) para o sindicato respectivo; e

e) 10% (dez por cento) para a Conta Especial Emprego e Salário".

Em razão da liberdade de associação prevista na Constituição, ninguém pode ser obrigado a se filiar a uma entidade.

Ainda, prevê a chamada contribuição confederativa, que se destina ao custeio do sistema hierárquico piramidal confederativo, voluntária, a ser fixada pela assembleia. De acordo com a jurisprudência do STF, consubstanciada na Súmula n. 666, apenas é devido o pagamento da contribuição confederativa aos empregados filiados à entidade sindical.

Outra fonte de receita é a contribuição assistencial, fixada em norma coletiva, de caráter contratual, e que, de acordo com a jurisprudência do TST, através do Precedente Normativo n. 119/SDC, é devida em relação aos trabalhadores que pertencerem filiados ao Sindicato.

Some-se, ainda a fonte de custeio associativa, prevista nos estatutos sindicais. São portanto quatro as fontes de custeio sindical entre nós, oriunda de varias fontes: constitucional, legal, negocial, estatutária.

O STF, nos autos da ADIn 4.033, ao apreciar a constitucionalidade da norma inserta na Lei Complementar n. 123/06, que concede isenção da contribuição sindical patronal às microempresas e empresas de pequeno porte, decidiu pela compatibilidade da regra ao texto constitucional, sob fundamento de que o fomento à micro e pequena empresa, erigida a princípio constitucional, faz com que "a literalidade da complexa legislação tributária" ceda "à interpretação mais adequada e harmônica com a finalidade de assegurar equivalência de condições para as empresas de menor porte".

> "EMENTA: AÇÃO DIRETA DE INCONSTITUCIONALIDADE. CONSTITUCIONAL. TRIBUTÁRIO. CONTRIBUIÇÃO SINDICAL PATRONAL. ISENÇÃO CONCEDIDA ÀS MICROEMPRESAS E EMPRESAS DE PEQUENO PORTE. SIMPLES NACIONAL ("SUPERSIMPLES"). LEI COMPLEMENTAR N. 123/2006, ART. 13, § 3º. ALEGADA VIOLAÇÃO DOS ARTS. 3º, III, 5º, *CAPUT*, 8º, IV, 146, III, D, E 150, § 6º DA CONSTITUIÇÃO. 1. Ação direta de inconstitucionalidade ajuizada contra o art. 13, § 3º da LC n. 123/2006, que isentou as microempresas e empresas de pequeno porte optantes pelo Regime Especial Unificado de Arrecadação de Tributos e Contribuições devidos pelas Microempresas e Empresas de Pequeno Porte — Simples Nacional ("Supersimples"). 2. Rejeitada a alegação de violação da reserva de lei específica para dispor sobre isenção (art. 150, § 6º da Constituição), uma vez que há pertinência temática entre o benefício fiscal e a instituição de regime diferenciado de tributação. Ademais, ficou comprovado que o Congresso Nacional não ignorou a existência da norma de isenção durante o processo legislativo. 3. A isenção concedida não viola o art. 146, III, *d*, da Constituição, pois a lista de tributos prevista no texto legal que define o campo de reserva da lei complementar é exemplificativa e não taxativa. Leitura do art. 146, III, *d*, juntamente com o art. 170, IX da Constituição. 3.1. O fomento da micro e da pequena empresa foi elevado à condição de princípio constitucional, de modo a orientar todos os entes federados a conferir tratamento favorecido aos empreendedores que contam com menos recursos para fazer frente à concorrência. Por tal motivo, a literalidade da complexa legislação tributária deve ceder à interpretação mais adequada e harmônica com a finalidade de assegurar equivalência de condições para as empresas de menor porte. 4. Risco à autonomia sindical afastado, na medida em que o benefício em exame poderá tanto elevar o número de empresas a patamar superior ao da faixa de isenção quanto fomentar a atividade econômica e o consumo para as empresas de médio ou de grande porte, ao incentivar a regularização de empreendimentos. 5. Não há violação da isonomia ou da igualdade, uma vez que não ficou demonstrada a inexistência de diferenciação relevante entre os sindicatos patronais e os sindicatos de representação de trabalhadores, no que se refere ao potencial das fontes de custeio. 6. Ação direta de inconstitucionalidade conhecida, mas julgada improcedente." (STF, ADI n. 4.033, relator(a): min. JOAQUIM BARBOSA, Tribunal Pleno, julgado em 15.9.2010, DJe-024, DIVULG 4.2.2011, PUBLIC 7.2.2011, EMENT, VOL-02458-01, p. 00001 RSJADV mar., 2011, p. 28-37)

2.6 *Princípio do dever de negociar ou da obrigatoriedade da participação dos sindicatos nas negociações coletivas*

O inciso VI, do art. 8º da Constituição Federal determina a obrigatoriedade da "participação dos sindicatos nas negociações coletivas de trabalho".

Para alguns, o sistema brasileiro estabeleceu o princípio do monopólio sindical, e que apenas aos sindicatos incumbe a representação da categoria, distanciando-se do sistema italiano, pelo qual são sujeitos do direito coletivo os sindicatos de fato, sem personalidade jurídica, bem como as comissões internas das empresas, os delegados do trabalho dentre outros.

Para outros, elevou-se a patamar constitucional o dever de negociar, pois uma vez provocados os Sindicatos não podem se recusar à negociação (art. 616, CLT), pois o desiderato e razão de ser da existência do próprio Sindicato é o seu dever de representar a categoria.

Para tanto, o ordenamento constitucional lhe confere poderes e prerrogativas distintas em cotejo com as associações civis comuns: de representação *erga omnes* (art. 8º, III, CF) de normatização das condições de trabalho (art. 7º, XXVI, CF), de arrecadação de contribuição sindical compulsória (art. 8º, IV, CF). Logo o Sindicato possui um dever-poder, um *numus publico*, por isso é considerado uma instituição, de matriz constitucional, de interesse público.

A Lei n. 11.648/2008, que reconheceu as centrais sindicais, assim consideradas as a entidades associativas de direito privado, compostas por organizações sindicais de trabalhadores, com representatividade destes e com as seguintes atribuições:

a) coordenação da representação dos trabalhadores por meio das organizações sindicais a ela filiadas; e

b) participação de negociações em fóruns, colegiados de órgãos públicos e demais espaços de diálogo social que possuam composição tripartite, nos quais estejam em discussão assuntos de interesse geral dos trabalhadores.

2.7 Direito do aposentado a votar e ser votado nas organizações sindicais

Garantiu o inciso VII do art. 8º da Constituição o direito do empregado aposentado filiado ao sindicato de sua categoria, o "direito a votar e ser votado nas organizações sindicais".

A mera aposentadoria, além de não extinguir por si só o contrato de trabalho, não tem o condão de eliminar o direito de associação do trabalhador, com todas as prerrogativas a ele vinculadas.

2.8 Estabilidade do dirigente sindical

Nos termos do art. 8º, VIII, "é vedada a dispensa do empregado sindicalizado a partir do registro da candidatura a cargo de direção ou representação sindical e, se eleito, ainda que suplente, até um ano após o final do mandato, salvo se cometer falta grave nos termos da lei".

Visa o citado dispositivo à garantia da representação sindical e ao poder de garantir a liberdade de atuação do empregado na gestão do interesse da categoria, o que seria obstado se pudesse o trabalhador eleito representante sindical ser dispensado por ato discricionário do empregador.

Assim, apenas poderá ser dispensado o representante sindical se, no curso da relação empregatícia, cometer falta que enseje a aplicação de justa causa, nos termos do art. 482 da CLT.

De acordo com a Súmula n. 197 do STF, "o empregado com representação sindical só pode ser despedido mediante inquérito em que se apure falta grave."

O STF tem entendido que a estabilidade do art. 8º, VIII da CF abrange o empregado exercente de cargo de confiança e que exerça cargo de representação em entidade sindical da categoria econômica.

> "Interpretação restritiva do inciso VIII do art. 8º da CF: impossibilidade. Inexistência de norma legal ou constitucional que estabeleça distinção entre o dirigente sindical patronal e o dos trabalhadores. Não perde a condição de empregado o trabalhador que, malgrado ocupe cargo de confiança na empresa empregadora, exerça mandato sindical como representante da categoria econômica. Representante sindical patronal. Dispensa no curso do mandato. Indenização e consectários legais devidos desde a data da despedida até um ano após o final do mandato." (STF, RE n. 217.355, rel. min. Maurício Corrêa, julgamento em 29.8.2000, Segunda Turma, *DJ* de 2.2.2001.)

No entanto, a estabilidade não alcança o servidor público regido por regime especial.

> "Estabilidade sindical provisória (art. 8º, VIII, CF): não alcança o servidor público, regido por regime especial, ocupante de cargo em comissão e, concomitantemente, de cargo de direção no sindicato da categoria." (STF, RE n. 183.884, rel. min. Sepúlveda Pertence, julgamento em 8.6.1999, Primeira Turma, *DJ* de 13.8.1999)

2.9 Direito de greve

Dispõe o art. 9º da CLT que:

> "É assegurado o direito de greve, competindo aos trabalhadores decidir sobre a oportunidade de exercê-lo e sobre os interesses que devam por meio dele defender"
>
> § 1º A lei definirá os serviços ou atividades essenciais e disporá sobre o atendimento das necessidades inadiáveis da comunidade.
>
> § 2º Os abusos cometidos sujeitam os responsáveis às penas da lei."

A greve é considerada a suspensão temporária do trabalho, resultante de uma coalizão, de um grupo de trabalhadores, com o objetivo de defesa de interesses comuns. Instrumento de pressão, a greve é um instituto que tem por objetivo obrigar o empregador a ceder diante das reivindicações dos trabalhadores de melhoria das condições de trabalho e emprego, e assim, obter um equilíbrio entre os diversos fatores da produção, harmonizando os direitos dos trabalhadores e os interesses do capital.

No direito estrangeiro, a Lei Chapelier de 1791 proibia qualquer forma de agrupamento profissional para defesa de interesses coletivos. O Código Penal francês de 1810, proibia a greve e punia os trabalhadores que a ela aderissem com pena de prisão e multa.

A Encíclica *Rerum Novarum* ao discorrer sobre os deveres de empregadores e empregados, enunciou que:

> "Entre estes deveres, eis aqueles que dizem respeito ao pobre e ao operário: deve fornecer integralmente e fielmente todo o trabalho a que se comprometeu por contrato livre e conforme à equidade; não deve lesar o seu patrão, nem nos seus bens, nem na sua pessoa; as suas reivindicações devem ser isentas de violências, e nunca revestirem a forma de sedições; deve fugir dos homens perversos que, nos seus discursos artificiosos, lhes sugerem esperanças exageradas e lhes fazem grandes promessas, as quais só conduzem a estéreis pesares e à ruína das fortunas."

No Brasil, o Código Penal de 1890 considerava o exercício de greve infração penal, ao prever pena de prisão de um a três meses para aquele que "causar, ou provocar, cessação ou suspensão de trabalho, para impor aos operários ou patrões aumento ou diminuição de serviço ou salário".

A Lei n. 38/1932, que dispunha sobre segurança nacional, igualmente considerou a greve como crime.

As Constituições brasileiras de 1891 e de 1934 não tratam sobre o direito de greve, tendo a Carta de 1937, em seu art. 139, considerado "a greve e o *lockout* como recursos antissociais nocivos ao trabalho e ao capital e incompatíveis com os superiores interesses da produção nacional."

O art. 3º, 12, do Decreto-lei n. 431/1938, considerou crime a conduta de "instigar ou preparar a paralisação de serviços públicos, ou de abastecimento da população", fixando pena de 3 a 7 anos de prisão.

O Decreto-lei n. 1.237/1939, que instituiu a Justiça do Trabalho, previa punições em caso de greve e *lockout.*

O art. 724 da CLT, em sua redação original, previa punição ao Sindicato ou associação profissional que ordenassem a paralisação dos serviços e estava assim redigido.

Embora não recepcionada pela Constituição Federal de 1988, referida norma apenas foi revogada pela Lei n. 9.842/1999.

Com o Decreto-lei n. 9.070/1946, passaram a ser toleradas as greves em atividades acessórias, embora proibida a greve pela Constituição de 1937.

A Constituição de 1946 reconheceu expressamente o direito de greve dos trabalhadores, embora condicionado à edição de lei ordinária, tendo o STF, segundo Sergio Pinto Martins, entendido "que não havia sido revogado o Decreto-lei n. 9.070/1946, pois não era incompatível com a Lei Fundamental de 1946, que determinava que a greve deveria ser regulada por lei ordinária, inclusive quanto a suas restrições"(53).

A Lei de greve n. 4.330/1964, mencionada pela Constituição de 1946, entrou em vigor apenas em 1º de junho de 1964, cujo art. 22 considerava ilegal a greve:

> "**Art 22.** A. greve será reputada ilegal:
>
> I — Se não atendidos os prazos e as condições estabelecidas nesta lei;
>
> II — Se tiver objeto reivindicações julgadas improcedentes pela justiça do Trabalho em decisão definitiva, há menos de 1 (um) ano;
>
> III — Se deflagrada por motivos políticos, partidários, religiosos, sociais, de apoio ou solidariedade, sem quaisquer reivindicações que interessem, direta ou legitimamente, à categoria profissional;
>
> IV — Se tiver por fim alterar condição constante de acordo sindical, convenção coletiva de trabalho ou decisão normativa da Justiça do Trabalho em vigor, salvo se tiverem sido modificadas substancialmente os fundamentos em que se apoiam."

Nos termos do art. 20, parágrafo único, da Lei n. 4.330/1964, "a greve lícita não rescinde o contrato de trabalho, nem extingue os direitos e obrigações dele resultantes".

O art. 2º da Lei n. 7.783/1989 conceitua greve como sendo a "suspensão coletiva, temporária e pacífica, total ou parcial, de prestação pessoal de serviço a empregador". A greve pode ter caráter reivindicativo, de solidariedade, político ou de protesto. Trata-se de um direito individual, de exercício coletivo, cuja titularidade é do trabalhador e, para sua efetivação, há necessidade da reunião de vontade de vários titulares.

Greve dos servidores públicos

O art. 158, XXI, c/c art. 157, § 7º, da Constituição de 1967, assegurou a greve aos trabalhadores do setor privado, proibindo-a, em relação aos serviços públicos e às atividades essenciais, o que foi mantido pela Emenda Constitucional n. 1/1969.

A Constituição Federal de 1988, em seu art. 37, VI e VII, assegura não apenas "o direito de greve, competindo aos trabalhadores decidir sobre a oportunidade de exercê-lo e sobre os interesses que devam por meio dele defender" como também estendeu o direito aos servidores públicos, nos termos do art. 37, VII, mas por ser norma de eficácia limitada, depende de regulamentação normativa, o que ainda não ocorreu.

Com relação aos servidores públicos, o STF, nos autos do Mandado de Injunção, determinou que, até a edição da Lei mencionada pelo art. 37, VII da Constituição Federal, deverá ser aplicada a Lei de greve (Lei n. 7.783/1989) para os trabalhadores em geral.

(53) *Direito do Trabalho*. 6. ed. São Paulo: Atlas, 1998. p. 695.

'EMENTA: MANDADO DE INJUNÇÃO. ART. 5º, LXXI DA CONSTITUIÇÃO DO BRASIL. CONCESSÃO DE EFETIVIDADE À NORMA VEICULADA PELO ART. 37, INCISO VII, DA CONSTITUIÇÃO DO BRASIL. LEGITIMIDADE ATIVA DE ENTIDADE SINDICAL. GREVE DOS TRABALHADORES EM GERAL [ART. 9º DA CONSTITUIÇÃO DO BRASIL]. APLICAÇÃO DA LEI FEDERAL N. 7.783/1989 À GREVE NO SERVIÇO PÚBLICO ATÉ QUE SOBREVENHA LEI REGULAMENTADORA. PARÂMETROS CONCERNENTES AO EXERCÍCIO DO DIREITO DE GREVE PELOS SERVIDORES PÚBLICOS DEFINIDOS POR ESTA CORTE. CONTINUIDADE DO SERVIÇO PÚBLICO. GREVE NO SERVIÇO PÚBLICO. ALTERAÇÃO DE ENTENDIMENTO ANTERIOR QUANTO À SUBSTÂNCIA DO MANDADO DE INJUNÇÃO. PREVALÊNCIA DO INTERESSE SOCIAL. INSUBSISTÊNCIA DO ARGUMENTO SEGUNDO O QUAL DAR-SE-IA OFENSA À INDEPENDÊNCIA E HARMONIA ENTRE OS PODERES [ART. 2º DA CONSTITUIÇÃO DO BRASIL] E À SEPARAÇÃO DOS PODERES [art. 60, § 4º, III, DA CONSTITUIÇÃO DO BRASIL]. INCUMBE AO PODER JUDICIÁRIO PRODUZIR A NORMA SUFICIENTE PARA TORNAR VIÁVEL O EXERCÍCIO DO DIREITO DE GREVE DOS SERVIDORES PÚBLICOS, CONSAGRADO NO ART. 37, VII, DA CONSTITUIÇÃO DO BRASIL. 1. O acesso de entidades de classe à via do mandado de injunção coletivo é processualmente admissível, desde que legalmente constituídas e em funcionamento há pelo menos um ano. 2. A Constituição do Brasil reconhece expressamente possam os servidores públicos civis exercer o direito de greve — art. 37, inciso VII. A Lei n. 7.783/1989 dispõe sobre o exercício do direito de greve dos trabalhadores em geral, afirmado pelo art. 9º da Constituição do Brasil. Ato normativo de início inaplicável aos servidores públicos civis. 3. O preceito veiculado pelo art. 37, inciso VII, da CB/88 exige a edição de ato normativo que integre sua eficácia. Reclama-se, para fins de plena incidência do preceito, atuação legislativa que dê concreção ao comando positivado no texto da Constituição. 4. Reconhecimento, por esta Corte, em diversas oportunidades, de omissão do Congresso Nacional no que respeita ao dever, que lhe incumbe, de dar concreção ao preceito constitucional. Precedentes. 5. Diante de mora legislativa, cumpre ao Supremo Tribunal Federal decidir no sentido de suprir omissão dessa ordem. Esta Corte não se presta, quando se trate da apreciação de mandados de injunção, a emitir decisões desnutridas de eficácia. 6. A greve, poder de fato, é a arma mais eficaz de que dispõem os trabalhadores visando à conquista de melhores condições de vida. Sua autoaplicabilidade é inquestionável; trata-se de direito fundamental de caráter instrumental. 7. A Constituição, ao dispor sobre os trabalhadores em geral, não prevê limitação do direito de greve: a eles compete decidir sobre a oportunidade de exercê-lo e sobre os interesses que devam por meio dela defender. Por isso a lei não pode restringi-lo, senão protegê-lo, sendo constitucionalmente admissíveis todos os tipos de greve. 8. Na relação estatutária do emprego público não se manifesta tensão entre trabalho e capital, tal como se realiza no campo da exploração da atividade econômica pelos particulares. Neste, o exercício do poder de fato, a greve, coloca em risco os interesses egoísticos do sujeito detentor de capital — indivíduo ou empresa — que, em face dela, suporta, em tese, potencial ou efetivamente redução de sua capacidade de acumulação de capital. Verifica-se, então, oposição direta entre os interesses dos trabalhadores e os interesses dos capitalistas. Como a greve pode conduzir à diminuição de ganhos do titular de capital, os trabalhadores podem em tese vir a obter, efetiva ou potencialmente, algumas vantagens mercê do seu exercício. O mesmo não se dá na relação estatutária, no âmbito da qual, em tese, aos interesses dos trabalhadores não correspondem, antagonicamente, interesses individuais, senão o interesse social. A greve no serviço público não compromete, diretamente, interesses egoísticos do detentor de capital, mas sim os interesses dos cidadãos que necessitam da prestação do serviço público. 9. A norma veiculada pelo art. 37, VII, da Constituição do Brasil reclama regulamentação, a fim de que seja adequadamente assegurada a coesão social. 10. A regulamentação do exercício do direito de greve pelos servidores públicos há de ser peculiar, mesmo porque "serviços ou atividades essenciais" e "necessidades inadiáveis da coletividade" não se superpõem a "serviços públicos"; e vice-versa. 11. Daí porque não deve ser aplicado ao exercício do direito de greve no âmbito da Administração tão somente o disposto na Lei n. 7.783/1989. A esta Corte impõe-se traçar os parâmetros atinentes a esse exercício. 12. O que deve ser regulado, na hipótese dos autos, é a coerência entre o exercício do direito de greve pelo servidor público e as condições necessárias à coesão e interdependência social, que a prestação continuada dos serviços públicos assegura. 13. O argumento de que a Corte estaria então a legislar — o que se afiguraria inconcebível, por ferir a independência e harmonia entre os poderes [art. 2º da Constituição do Brasil] e a separação dos poderes [art. 60, § 4º, III] — é insubsistente. 14. O Poder Judiciário está vinculado pelo dever-poder de, no mandado de injunção, formular supletivamente a norma regulamentadora de que carece o ordenamento jurídico. 15. No mandado de injunção o Poder Judiciário não define norma de decisão, mas enuncia o texto normativo que faltava para, no caso, tornar viável o exercício do direito de greve dos servidores públicos. 16. Mandado de injunção julgado procedente, para remover o obstáculo decorrente da omissão legislativa e, supletivamente, tornar viável o exercício do direito consagrado no art. 37, VII, da Constituição do Brasil." (STF, MI n. 712, relator(a): min. EROS GRAU, Tribunal Pleno, julgado em 25.10.2007, DJe-206, DIVULG 30.10.2008, PUBLIC 31.10.2008, EMENT VOL-02339-03, p. 00384)

Greve dos militares

O art. 142, IV da Constituição Federal, de forma clara e expressa, determina que "ao militar são proibidas a sindicalização e a greve".

Portanto, em razão da relevância das funções desempenhadas, ligadas à manutenção da segurança nacional, e das condições de trabalho dos militares, não se admite a eles a filiação a sindicato, assim como o exercício da greve;

2.10 Participação dos trabalhadores nos órgãos colegiados

O art. 10 da Constituição Federal garante "a participação dos trabalhadores e empregadores nos colegiados dos órgãos públicos em que seus interesses profissionais ou previdenciários sejam objeto de discussão e deliberação".

Trata-se de decorrência do princípio democrático da Constituição Federal e que exige, portanto, a participação popular na formulação e discussão dos direitos e interesses da sociedade e, principalmente, dos trabalhadores.

Nesse sentido, na área da Seguridade Social, o art. 194, VII da Constituição assegura o caráter democrático e descentralizado da administração, mediante gestão quadripartite, com a participação dos trabalhadores, dos empregadores, dos aposentados e do Governo nos órgãos colegiados.

Igualmente, na área do Direito do Trabalho, o art. 3º da Lei n. 8.036/1990 prevê que "o FGTS será regido por normas e diretrizes estabelecidas por um Conselho Curador, composto por representação de trabalhadores, empregadores e órgãos e entidades governamentais, na forma estabelecida pelo Poder Executivo".

Ainda, registre-se o Fundo de Amparo do Trabalhador, que prevê a existência de representação dos empregados, conforme Lei n. 7.998/1990, assim redigida:

> "Art. 18. É instituído o Conselho Deliberativo do Fundo de Amparo ao Trabalhador — CODEFAT, composto por representação de trabalhadores, empregadores e órgãos e entidades governamentais, na forma estabelecida pelo Poder Executivo."

2.11 Representação dos empregados na empresa

Assegura o art. 11 da CF, "nas empresas de mais de duzentos empregados, é assegurada a eleição de um representante destes com a finalidade exclusiva de promover-lhes o entendimento direto com os empregadores".

A Convenção n. 135 da OIT, ratificada pelo Brasil pelo Decreto Legislativo 86/1989 determina a proteção dos representantes dos trabalhadores na empresa.

Determina o art. 1º da Convenção n. 135 que "os representantes dos trabalhadores na empresa devem ser beneficiados com uma proteção eficiente contra quaisquer medidas que poderiam vir a prejudicá-los, inclusive o licenciamento, e que seriam motivadas por sua qualidade ou suas atividades como representantes dos trabalhadores, sua filiação sindical, ou participação em atividades sindicais, conquanto ajam de acordo com as leis, convenções coletivas ou outros arranjos convencionais vigorando."

A Convenção n. 135 da OIT classifica os representantes dos trabalhadores em representante sindical, assim considerado o nomeado ou eleito pelo sindicato profissional, e o representante eleito livremente pelos trabalhadores, sendo que, nesse caso, as funções do representante não possuem as prerrogativas exclusivas dos sindicatos.

Ao contrário da representação sindical, que é imantada pelo princípio da unicidade sindical (art. 8º, II da Constituição Federal), aplica-se o princípio da pluralidade da representatividade no local de trabalho, conforme jurisprudência, *verbis:*

> "PRETENSÃO DE EVITAR A CRIAÇÃO, FOMENTADA PELA PRODAM, DE OUTRO ÓRGÃO DE REPRESENTAÇÃO DOS TRABALHADORES — LEGITIMIDADE DE PARTE RECONHECIDA — DESNECESSIDADE DE ADEQUAÇÃO ESTATUTÁRIA AO NOVO CÓDIGO CIVIL — O ORDENAMENTO JURÍDICO PÁTRIO NÃO EXIGE FORMALIDADE PARA A CONSTITUIÇÃO DE REPRESENTANTES DE TRABALHADORES — RECURSO PROVIDO PARA DECLARAR A LEGITIMIDADE DO CREP, AO MENOS ATE QUE OS EMPREGADOS CRIEM OUTRO ENTE ESPONTANEAMENTE — ARTS. 11, CF/88, CONVENÇÃO N. 135 DA OIT, RATIFICADA NO BRASIL, E LEI ORGÂNICA DO MUNICÍPIO DE SÃO PAULO, ART. 83.
> O ordenamento jurídico não exige que o instituto jurídico da representação dos trabalhadores na empresa se formalize mediante associação. Ressalte-se que o Direito Pátrio permite o convívio harmônico de vários tipos de representação de trabalhadores, a ponto de ser possível afirmar a plena liberdade de representação, reinante neste país: aquele destinado a promover o entendimento entre empregados e empregadores, nas empresas com mais de 200 empregados (art. 11, CF/88); a participação na gestão (art. 7º, XI); o outro, genérico, sindical ou não, fomentado pela Convenção n. 135 da OIT, ratificada pelo Brasil (Decreto n. 131, de 22.5.1991); o de empregados na CIPA (art. 165, CLT); nas Comissões de Conciliação Prévia (arts. 625-A e seguintes, CLT), sem falar na representação obreira para as comissões de participação nos lucros e resultados (Lei n. 10.101/2000).E, pondere-se, nenhuma delas exige o formato de associação ou outra hipótese tipificada no Código Civil e que, por isso, necessite ser adequada à nova codificação de 2002. Declara-se que, para os efeitos da representação efetiva de que trata o art. 83 da Lei Orgânica, o CREP é o órgão legalmente representativo dos trabalhadores, ao menos enquanto os próprios empregados efetivos não criarem espontaneamente outra entidade efetivamente representativa."(TRT 2ª Região, Processo n. 3.371.2006.090.02.00-1, rel. Des. Ivani Contini Bramante, 6ª Turma, DJ. 23.3.2007)

Direito Administrativo

II

Irene Patrícia Nohara

1. BENS PÚBLICOS

1.1 Considerações introdutórias

O domínio do Estado sobre os bens divide-se em: domínio eminente e domínio público. *Domínio eminente* é o que decorre da soberania do Estado sobre o território. Sobre o domínio eminente recai o poder de polícia, pois a Administração Pública acaba condicionando e restringindo o exercício da propriedade em nome do interesse público. *Domínio público* indica o domínio patrimonial de bens pelo Estado. Bens públicos são, portanto, os bens de domínio patrimonial do Estado. Aqui o Estado não exercita somente poder de polícia, mas a polícia dos bens públicos, que abrange a vigilância, a fiscalização e a preservação.

É expressão que tem origem no francês: *domaine public*. Adverte, no entanto, Marçal Justen Filho[(1)] que a expressão propriedade pública não pode ser confundida com a privada, porquanto o Estado não exercita direito subjetivo sobre os bens públicos, uma vez que estes representam instrumentos para o cumprimento de suas funções. Ademais, muitos dos bens públicos estão afetados ao uso e gozo públicos.

Trata-se de propriedade pública, que se submete a regime jurídico administrativo. São públicos os bens de domínio nacional pertencentes à União, aos Estados, ao Distrito Federal e aos Municípios, sendo também considerados públicos os das autarquias e fundações de direito públicos e os que "embora não pertencentes a tais pessoas, estejam afetados à prestação de um serviço público".[(2)]

Compreendem coisas corpóreas, móveis ou imóveis, ou incorpóreas, direitos, obrigações ou ações, pertencentes a entes ou entidades estatais que a Administração deve gerenciar para o alcance de fins públicos.

O conceito de bens particulares, em contraposição aos bens públicos, é obtido por exclusão, conforme noção extraída do art. 98 do Código Civil: "São públicos os bens do domínio nacional pertencentes às pessoas jurídicas de direito público interno; todos os outros são particulares, seja qual for a pessoa a que pertencerem".

1.2 Afetação

Afetar significa destinar, consagrar, aparelhar ou batizar algo que está fora do mundo jurídico para que esteja apto a produzir os efeitos esperados.[(3)] É ato ou fato pela qual se consagra um bem à produção efetiva da utilidade (destinação pública).

A afetação pode ser expressa ou tácita. Expressa é a que resulta de um ato administrativo ou lei contendo a manifestação de vontade da Administração. Tácita é a derivada de atuação da Administração ou de fato da natureza.

Pela afetação incorpora-se um bem, móvel ou imóvel, ao uso e gozo da coletividade. A partir dela o bem passa do domínio público para o domínio privado do Estado. Com a afetação, os bens dominicais passam à categoria de bens de uso comum do povo ou de uso especial.

Ressalte-se que os bens de entidade prestadora de serviço público, mesmo que ela seja pessoa jurídica de direito privado, são afetados quando estiverem vinculados a essa finalidade. Eles não poderão ser alienados sem prévia desafetação.

A desafetação é o ato contraposto à afetação. Significa desdestinar, desconsagrar ou desincorporar. Trata-se da manifestação de vontade do Poder Público mediante a qual um bem é subtraído do domínio público para ser incorporado ao domínio privado do Estado ou de particular.

(1) JUSTEN FILHO, Marçal. *Curso de Direito Administrativo*. São Paulo: Saraiva, 2005. p. 722.
(2) BANDEIRA DE MELLO, Celso Antônio. *Curso de Direito Administrativo*. São Paulo: Malheiros, 2008. p. 897.
(3) CRETELLA Jr., José. *Dicionário de Direito Administrativo*. Rio de Janeiro: Forense, 1998. p. 24.

A desafetação, assim como a afetação, pode ser expressa ou tácita. A maior parte da doutrina admite a possibilidade de haver desafetação tácita decorrente de fato, como, por exemplo, em um incêndio que destroi as obras de um museu. Segundo Di Pietro, seria excessivo formalismo exigir um ato de desafetação para este caso.[4] O que, em regra, não se admite, é a desafetação pelo não uso, uma vez que não haveria segurança sobre o momento de cessação do domínio público.

1.3 Classificação

O art. 99 do Código Civil classifica[5] os bens públicos em:

1. *Bens de uso comum do povo*, tais como rios, mares, estradas, ruas e praças;
2. *Bens de uso especial*, tais como edifícios ou terrenos destinados a serviço ou estabelecimento da administração federal, estadual, territorial ou municipal, inclusive suas autarquias;
3. *Dominicais ou dominiais*, que constituem o patrimônio privado das pessoas jurídicas de direito público, como objeto de direito pessoal, ou real, de cada uma dessas entidades.

Bens de uso comum do povo podem ser utilizados indiscriminadamente, sem a necessidade de consentimento da Administração Pública, pois são, em geral, locais abertos à utilização pública e de fruição do povo.

Bens de uso especial são utilizados pela Administração Pública para a consecução de suas finalidades, sendo considerados como tais: os edifícios de repartições públicas, terrenos aplicados à prestação de serviços públicos, veículos oficiais, mercados públicos, escolas públicas, hospitais públicos, delegacias etc.

Dominicais são os bens que pertencem ao Estado na qualidade de proprietário, como, por exemplo, os terrenos de marinha, as terras devolutas, os prédios de renda, os títulos da dívida pública, entre outros. Apesar de não possuírem um fim administrativo específico, eles integram o patrimônio do Estado, podendo ser utilizados às mais variadas finalidades permitidas pela legislação.

Segundo definição do art. 810 do Regulamento do antigo Código de Contabilidade da União, aprovado pelo Decreto n. 15.783/1922, os bens dominicais são considerados: "bens do Estado, qualquer que seja a sua proveniência, dos quais se possa efetuar a venda, permuta ou cessão, ou com os quais se possam fazer operações financeiras em virtude das disposições legais especiais de autorização".

Os bens de domínio público do Estado, que abrangem bens de uso comum e de uso especial, são inalienáveis de acordo com o art. 100 do Código Civil. Para serem alienados, devem ser desafetados, conforme visto, hipótese na qual passarão a ser de domínio privado do Estado, podendo ser alienados, desde que sejam observadas as exigências legais, conforme determina o art. 101 do Código Civil.

1.4 Regime jurídico dos bens públicos

Conforme visto, os bens dominicais são desafetados e se submetem a regime jurídico privado, podendo ser, portanto, alienados, desde que sejam observados os seguintes requisitos previstos no art. 17 da Lei n. 8.666/1993 para a alienação de bens públicos: interesse público devidamente justificado; prévia avaliação; e, quando o bem for imóvel, há necessidade também de autorização legislativa.

Já os bens do domínio público do Estado, que são os de uso comum do povo e de uso especial, são considerados: *inalienáveis*; *impenhoráveis*; *imprescritíveis* e *não oneráveis com direitos reais de garantia.*

(4) DI PIETRO, Maria Sylvia Zanella. *Direito Administrativo*. São Paulo: Atlas, 2012. p. 732.

(5) Os bens públicos também podem ser vistos em função dos entes que os titularizam, podendo ser pertencentes a ente federal, estadual, distrital ou municipal.

Os bens públicos são inalienáveis enquanto conservarem a qualificação, na forma que a lei determinar, conforme dispõe o art. 100 do Código Civil, pois, de acordo com o exposto, se tais bens forem desafetados, na forma da lei, integrarão à categoria de dominicais e serão, então, disponíveis.

Os bens públicos são impenhoráveis, pois estão consagrados a cumprir finalidades públicas, sendo que a satisfação dos créditos contra o Poder Público é, em regra, efetivada por procedimento especial de execução por precatório.

Se pessoa jurídica de direito privado, como empresa pública, sociedade de economia mista, concessionárias e permissionárias, possui bens afetados à prestação de serviço público, eles também serão considerados impenhoráveis. Todavia, os demais bens destas pessoas não afetados ao cumprimento de serviços públicos ou os destinados ao desempenho de atividade no domínio econômico, não sofrem restrições à penhora.

Bens públicos de quaisquer categorias são considerados imprescritíveis, isto é, não passíveis de aquisição por usucapião (prescrição aquisitiva). Ressalte-se que neste caso também os bens dominicais, que seriam do domínio privado do Estado, são considerados imprescritíveis, pois a Súmula n. 340 do Supremo Tribunal Federal determina que: "desde a vigência do Código Civil, os bens dominicais, como os demais bens públicos, não podem ser adquiridos por usucapião".

A Constituição de 1988 segue a mesma linha, pois não admite nem usucapião *pro labore*, que é a decorrente do cultivo da terra pelo próprio trabalho ou o trabalho da família, sobre bens públicos, conforme se verifica do conteúdo do art. 191; tampouco se admite usucapião constitucional de área urbana sobre bens públicos, de acordo com o art. 183, § 3º, da Constituição.

Ademais, não há possibilidade de gravar bens públicos com direitos reais de garantia, como: hipoteca, penhor ou anticrese, tendo em vista o fato de estarem destinados à realização de interesses públicos.

1.5 Uso privativo dos bens públicos

De acordo com Maria Sylvia Zanella Di Pietro,[(6)] os bens podem comportar inúmeras formas de utilização, sendo, portanto, viável conjugar o uso comum do povo com usos privativos exercidos por particulares para variadas finalidades.

As formas que possibilitam ao particular o uso privativo de bens públicos são: a autorização de uso; a permissão de uso e concessão de uso. Elas podem ser gratuitas ou onerosas.

Autorização de uso é um ato negocial, unilateral e discricionário, pelo qual a Administração faculta, a título precário, que o particular utilize bem público com exclusividade. O exemplo clássico seria o de particulares requisitarem a utilização de um terreno baldio de dada Municipalidade para a realização de um rodeio ou evento.

É, portanto, da competência do órgão que administra o bem autorizar seu uso, sendo que a autorização pode ser simples, quando não há prazo de duração, ou qualificada, hipótese em que a delimitação de prazo retira sua precariedade, obrigado o ente a indenizar o particular se revogar o ato antes do prazo.

Normalmente, contudo, a autorização é simples, sem prazo, daí se extrai que seja a título precário, isto é, a Administração pode, em regra, revogar o ato sem que seja necessário indenizar o particular, dada precariedade. Ressalte-se que o ideal é que a Administração Pública somente revogue diante de motivos de interesse público que justifiquem tal ato, pois a discricionariedade decorrente da precariedade não pode ser interpretada como arbítrio.

(6) DI PIETRO, Maria Sylvia Zanella. *Uso Privativo de Bem Público por Particular*. 2. ed. São Paulo: Atlas, 2010. p. 2.

Permissão de uso do bem público é ato negocial, unilateral e discricionário pelo qual a Administração consente que o particular se utilize de bem público no interesse próprio e também no coletivo. Os exemplos de bens públicos sujeitos à permissão são: exploração de banca de jornal na calçada das ruas; quiosques nas proximidades das praias ou a utilização de parte das calçadas por bares e restaurantes.

A permissão se assemelha a uma espécie de serviço de utilidade, porque a coletividade acaba fruindo certas vantagens dela; por isso, uma vez conferida ao particular, surge ao obrigação de utilizá-la, sob pena de caducidade. Assim, enquanto na autorização o particular pode utilizar o bem, pois é dada em seu interesse, na permissão de uso do bem público, o particular é obrigado a utilizar o bem público.

A permissão também pode ser simples ou qualificada. Na permissão qualificada há a restrição da precariedade pela previsão de prazo, sendo obrigatória a indenização caso haja a revogação extemporânea. Ainda, se a Administração Pública fixa prazo, o ato de permissão acaba perdendo sua característica de ato e se transforma em verdadeiro contrato, o que significa que exige o procedimento prévio de licitação.

Note-se que, no geral, a permissão de uso de bem público, que geralmente é obtida a partir do chamado termo de permissão de uso (TPU), gratuito ou oneroso, não tem natureza contratual, não se exigindo licitação, exceto, para parcela da doutrina, se houver uma permissão condicionada a prazo.

Concessão de uso de bem público é contrato por meio do qual a Administração Pública confere ao particular a utilização privativa de bem público, com observância do procedimento prévio de licitação, para que o exerça de acordo com sua destinação específica. O direito pessoal de uso de bem público é privativo e intransferível sem o consentimento da Administração Pública.

A concessão deve ser utilizada em função de sua destinação de interesse coletivo e o contrato pode ser celebrado tanto por tempo certo, como por tempo indeterminado. Trata-se de instituto que envolve investimentos de maior vulto e por esse motivo é cercado de maiores garantias. São exemplos de concessão de uso de bem público a concessão de boxes em mercados municipais, a instalação de bares ou restaurantes em edifícios públicos e as sepulturas em cemitérios.

2. AGENTES PÚBLICOS

2.1 *Conceito*

Agente público é conceito que abrange todas as pessoas que desenvolvem, mesmo que temporariamente, a qualquer título, funções, atividades ou serviços públicos. Trata-se de gênero, do qual servidor público é espécie, sendo que a Constituição de 1988 já não mais se utiliza do termo funcionário público.

O agente público é a chamada *longa manus* estatal, pois o Estado é um ente abstrato cujas funções são por ele desempenhadas. Note-se que, de acordo com a teoria do órgão, desenvolvida por Otto Gierke, ao agente público é imputada a vontade estatal, sendo que esta vontade há de ser sempre a vontade objetiva da lei, não a subjetiva do agente.

Os agentes públicos são divididos em quatro categorias: (1) agentes políticos; (2) servidores públicos; (3) militares; e (4) particulares em colaboração. A classificação original de Oswaldo Aranha Bandeira de Mello(7) previa apenas três categorias, que eram: agentes políticos, servidores públicos civis e militares e particulares em colaboração, mas a Emenda Constitucional n. 18/1998 criou um categoria própria, denominada militares, que doravante se diferente dos servidores públicos.

(7) BANDEIRA DE MELLO, Oswaldo Aranha. *Princípios de Direito Administrativo.* Rio de Janeiro: Forense, 1974. p. 277.

2.2 *Agente político*

Há duas correntes doutrinárias acerca da conceituação de agente político. A primeira corrente é a encabeçada por Hely Lopes Meirelles, segundo a qual agentes políticos são: "os componentes do Governo nos seus primeiros escalões, investidos de cargos, funções, mandatos ou comissões, por nomeação, eleição, designação ou delegação para o exercício de atribuições constitucionais".[8]

Dentro desta definição abrangente de Meirelles, seriam agentes políticos: além dos Chefes do Executivo, ou seja, o Presidente da República, os Governadores de Estados e do Distrito Federal e os Prefeitos, seus auxiliares diretos: ministros, Secretários de Estado e do Município; e Membros do Poder Legislativo: Senadores, Deputados e Veradores; também, magistrados em geral, membros do Ministério Público e dos Tribunais de Contas, representantes diplomáticos e demais autoridades que atuem com independência funcional no desempenho de atribuições governamentais, judiciais ou quase-judiciais, estranhas ao quadro do serviço público.

A segunda corrente doutrinária, de Celso Antônio Bandeira de Mello, José dos Santos Carvalho Filho e Maria Sylvia Zanella Di Pietro,[9] relaciona a noção de agente político com o desempenho de função política ou de governo do que com o fato de o agente desenvolver atribuições com prerrogativas e responsabilidades decorrentes diretamente da Constituição Federal ou de leis especiais.

Para esta corrente de pensamento, o agente político é aquele que concorre para o direcionamento dos fins da ação do Estado mediante a fixação de metas, diretrizes ou planos que pressupõem decisões governamentais.

Incluem-se dentro da noção de agente político, dentro desta corrente, tão somente: os Chefes do Poder Executivo dos variados entes federativos, ministros e Secretários; e Parlamentares, como: os Senadores, Deputados e Vereadores.

A forma de investidura do agente político baseia-se, como regra, na eleição, ou pela livre escolha dos eleitos, no caso dos ministros e Secretários, pois eles possuem um vínculo de natureza política[10] com a Administração Pública.

2.3 *Servidor público*

Conforme Maria Sylvia Zanella Di Pietro, servidor público é a pessoa física que presta serviços ao Estado ou às entidades da Administração, com vínculo empregatício e mediante remuneração paga pelos cofres públicos.[11]

São servidores públicos: (1) os *estatutários*, que se submetem a regime fixado em lei e ocupam cargos públicos; (2) os *empregados públicos*, sujeitos à legislação trabalhistas (CLT), submetidos, conforme será exposto a normas constitucionais restritivas no tocante à investidura e à proibição de acumulação de empregos e vencimentos; e (3) *servidores temporários*, contratados por tempo determinado para tenderem necessidades temporárias de excepcional interesse público, conforme o art. 37, IX, da Constituição, os quais exercem função em regime especial, previsto em lei de cada unidade da federação.

2.4 *Militar*

Militares se denominam as pessoas que prestam serviços às Forças Armadas, de acordo com o art. 142, *caput*, e § 3º da Constituição, e às Polícias Militares e Corpo de Bombeiros Militares dos Estados, Distrito

(8) MEIRELLES, Hely Lopes. *Direito Administrativo Brasileiro*. 35. ed. São Paulo: Malheiros, 2009. p. 77.

(9) BANDEIRA DE MELLO, Celso Antônio. *Curso de Direito Administrativo*. São Paulo: Malheiros, 2008. p. 245; CARVALHO FILHO, José dos Santos. *Manual de Direito Administrativo*. Rio de Janeiro: Lumen Juris, 2008. p. 556; DI PIETRO, Maria Sylvia Zanella. *Direito Administrativo*. São Paulo: Atlas, 2012. p. 582.

(10) BANDEIRA DE MELLO, Celso Antônio. *Op. cit.*, p. 246.

(11) *Op. cit.*, p. 513.

Federal e dos Territórios, conforme o art. 42 da Constituição. Os membros da Polícia Civil, da Polícia Federal, da Guarda Municipal, da Polícia Rodoviária e Ferroviária são servidores públicos, e não de militares.

Forças Armadas englobam Marinha, Exército e Aeronáutica e obedecem a estatuto próprio federal, já os membros das Polícias Militares e do Corpo de Bombeiros Militares dos Estados e do Distrito Federal possuem estatutos específicos do ente respectivo. Em suma, os militares sujeitam-se a regime jurídico próprio e as normas dos servidores públicos apenas lhes são aplicáveis em face de expressa previsão legal.

2.5 *Particular em colaboração*

Particulares em colaboração são considerados, por Maria Sylvia Zanella Di Pietro, como pessoas físicas que "prestam serviços ao Estado, sem vínculo empregatício, com ou sem remuneração".[12]

Eles cumprem atividade, função ou serviços públicos mediante: requisição estatal, como no caso dos jurados e àqueles que participam de serviços eleitorais, chamados por Hely Lopes Meirelles, de agentes honoríficos;[13] por conta própria, em havendo gestão de negócios públicos por pessoas que espontaneamente prestam funções públicas para acudir necessidades derivadas de epidemias, enchentes ou incêndios; e delegação do Poder Público, sendo, então, o funcionário de concessionárias ou permissionárias de serviços públicos, notários e quaisquer pessoas que pratiquem atos dotados de força oficial, como leiloeiros, tradutores e intérpretes públicos.

2.6 *Direito à sindicalização*

Está garantido no inciso VI do art. 37 da Constituição o direito à livre associação sindical do servidor público, como norma constitucional de aplicabilidade plena.

Segundo Di Pietro,[14] o art. 8º, VIII, da Constituição também se estende aos servidores públicos, sendo vedada a dispensa do sindicalizado a partir do registro da candidatura de cargo de direção ou representação sindical e, se eleito, ainda que suplente, até um ano após o final do mandato, salvo se cometer falta grave nos termos da lei.

Apenas os militares das Forças Armadas e dos Estados, Distrito Federal e Territórios não têm direito à sindicalização, nem à greve, de acordo com os arts. 142, § 3º, IV, e 42, § 1º, da Constituição.

2.7 *Direito de greve*

O direito de greve, conforme art. 37, VII, da Constituição será exercido nos termos e limites estabelecidos em lei específica. Antes da Emenda Constitucional n. 19/1998 exigia-se lei complementar, mas agora se demanda apenas lei ordinária específica.

Após anos infrutíferos de reconhecimento da mora do Legislador em criar a lei de greve aplicável aos servidores, o Supremo Tribunal Federal passou a reconhecer em mandados de injunção, como o de número 708, no qual se aplica a Lei de Greve do Trabalhador comum, não, porém, de forma irrestrita, mas "em razão de imperativos da continuidade dos serviços públicos, de acordo com as peculiaridades de cada caso concreto, e mediante solicitação de órgão competente, seja facultado ao juízo competente impor a observância de regime de greve mais severo, haja vista se tratar de serviços ou atividades essenciais, nos termos do art. 9º a 11 da Lei n. 7.783/1989".

---

(12) DI PIETRO, Maria Sylvia. *Op. cit.*, p. 588.
(13) MEIRELLES, Hely Lopes. *Op. cit.*, p. 81.
(14) DI PIETRO, Maria Sylvia Zanella. *Direito Administrativo.* São Paulo: Atlas, 2012. p. 618.

2.8 Regime jurídico dos servidores públicos

Os servidores públicos podem ser *estatutários*, que ocupam cargos públicos; *empregados públicos*, sujeitos a regime contratual, derivado da CLT, submetido a algumas determinações constitucionais, e *temporários*, que são os contratados por tempo determinado para atenderem a necessidades temporárias de excepcional interesse público (disciplinados, em âmbito federal, pela Lei n. 8.745/1993).

Os estatutários são providos originariamente por nomeação ao cargo, o qual pode ser: *efetivo*, caso dependa de aprovação prévia em concurso público de provas ou de provas e títulos; e *em comissão*, que é de livre provimento e exoneração.

Não se podem confundir os cargos em comissão, que são de livre provimento e exoneração, que admitem a nomeação de pessoas de fora, desde que observados os percentuais mínimos dos servidores de carreira, com as funções de confiança, que são exercidas exclusivamente por servidores ocupantes de cargo efetivo, conforme dispõe o inciso V do art. 37 da Constituição.

O concurso público terá validade de até dois anos, podendo ser prorrogada uma única vez, por igual período. De acordo com o art. 12 da Lei n. 8.112/1990 não se abrirá novo concurso enquanto houver candidato aprovado em concurso anterior com prazo de validade não expirado.

São requisitos de investidura em cargo público dos servidores civis da União, das autarquias e fundações públicas federais: a nacionalidade brasileira, o gozo dos direitos políticos, a quitação com as obrigações militares e eleitorais, o nível de escolaridade exigido para o exercício do cargo, a idade mínima de 18 anos e a aptidão física e mental.

A posse completa a investidura em cargo público, sendo determinado na Súmula n. 16 do Supremo Tribunal Federal que "funcionário nomeado por concurso tem direito à posse", desde que cumpra, evidentemente, os requisitos legais. Antes da posse há inspeção médica oficial, em que são verificadas as condições físicas e mentais do nomeado.

Com a posse há a assinatura do termo respectivo, ocasião em que o servidor deve apresentar declaração de bens e valores que constituem seu patrimônio e indicar se exerce ou não outro cargo ou função pública. O art. 13, § 3º, da Lei n. 8.112/1990, admite posse por procuração específica, registrada em cartório.

Tal exigência é complementada também pelo art. 13 da Lei de Improbidade Administrativa (Lei n. 8.429/1992), que condiciona a posse e o exercício do agente público à declaração de bens e valores que compõem o seu patrimônio privado. Tal declaração será anualmente atualizada, bem como na data em que o agente público deixar o exercício do mandato, cargo, emprego ou função, sendo facultada a entrega da cópia de declaração do imposto de renda e proventos, com as necessárias atualizações.

De acordo com o § 3º do art. 13 da lei, se o agente público recusar-se a prestar declaração dos bens, dentro do prazo determinado, ou se a prestar falsa, será punido com pena de demissão a bem do serviço público, sem prejuízo de outras sanções cabíveis.

No âmbito federal, o servidor tem 30 dias contados da nomeação para tomar posse, sob pena de a nomeação ficar sem efeito, e 15 dias contados da posse para entrar em exercício, sob pena de ser exonerado do cargo público pela Administração Pública. No exercício o servidor assume as atribuições e responsabilidades do cargo.

De acordo com o art. 116 da Lei n. 8.112/1990, são *deveres do servidor*: (1) exercer com zelo e dedicação as atribuições do cargo; (2) ser leal às instituições a que servir; (3) observar as normas legais e regulamentares; (4) cumprir as ordens superiores, exceto quando manifestamente ilegais; (5) atender com presteza: (a) ao público em geral, prestando as informações requeridas, ressalvadas as protegidas por sigilo; (b) à expedição de certidões requeridas para defesa de direito ou esclarecimento de situações de interesse pessoal; (c) às requisições para a defesa da Fazenda Pública; (6) levar as irregularidades de que tiver ciência em razão do cargo ao conhecimento da autoridade superior ou, quando houver suspeita de envolvimento desta, ao conhecimento de outra autoridade competente para apuração; (7) zelar pela economia do material e a conservação do patrimônio público; (8) guardar sigilo sobre assuntos da repartição; (9) manter conduta compatível com a moralidade administrativa; (10) ser assíduo e pontual ao serviço; (11) tratar com urbanidade as pessoas; e (12) representar contra ilegalidade, omissão e abuso de poder.

Representação é uma espécie de recurso, que envolve a denúncia de irregularidades feita à Administração. Se for encaminhada neste caso, isto é, por servidor nos casos de ilegalidade, omissão e abuso de poder, deve ser encaminhada, conforme determina o inciso XII do mencionado artigo, pela via hierárquica e apreciada pela autoridade superior àquela contra a qual é formulada, assegurando-se ao representando a ampla defesa.

Diferentemente do que ocorre com o provimento originário, no provimento derivado o cargo é ocupado por alguém que já tinha vínculo anterior. São formas de provimento derivado, previstas na Lei n. 8.112/1990: promoção, aproveitamento, reintegração, recondução, reversão e readaptação.

Promoção permite ao servidor progredir na carreira em que ingressou, sendo o provimento pelo qual ele sobe de cargo, recebendo maior responsabilidade e complexidade de atribuições. São critérios utilizados para a promoção: (a) o merecimento; e (b) a antiguidade.

Disponibilidade indica a atividade remunerada a que o servidor estável tem direito em função da extinção de seu cargo ou da declaração de sua desnecessidade, sendo assegurado no § 3º do art. 41 da Constituição ao servidor em disponibilidade remuneração proporcional ao tempo de serviço até o seu adequado aproveitamento.

Aproveitamento é poder-dever da Administração Pública. Se houver cargo vago de natureza e vencimento compatível com o anteriormente ocupado, deve haver o aproveitamento do servidor posto em disponibilidade.

Reintegração é o reingresso de servidor estável, cuja demissão foi invalidada seja por sentença judicial ou por anulação de ato pela própria Administração Pública. Trata-se de consequência da estabilidade.

Recondução, conforme art. 29 da Lei n. 8.112/1990, é a denominação empregada para designar o retorno do servidor estável ao cargo anteriormente ocupado em decorrência de inabilidade em estágio probatório relativo a outro cargo ou reintegração do anterior ocupante. Se houver a reintegração, o eventual ocupante da vaga, desde que estável, será reconduzido ao cargo de origem, sem direito à indenização, aproveitado em outro cargo ou posto em disponibilidade com remuneração proporcional ao tempo de serviço.

Reversão é o retorno à atividade do servidor aposentado por invalidez se, por junta médica oficial, forem declarados insubsistentes os motivos de aposentadoria, de acordo com a determinação contida no art. 25 da Lei n. 8.112/1990.

Já a *readaptação* é a investidura do servidor em cargo de atribuições e responsabilidades compatíveis com limitação que tenha sofrido em sua capacidade física ou mental verificada em inspeção médica. Seria o caso da professora que sofre problemas nas cordas vocais e acaba sendo readaptada para atividades administrativas da escola pública.

2.9 *Remuneração e teto constitucional*

Existem dois sistemas remuneratórios aplicáveis aos servidores públicos: (1) o do *vencimento* ou *remuneração*, que compreende uma remuneração fixa e outra variável, composta de vantagens pecuniárias; e (2) o do *subsídio*, constituído exclusivamente de parcela única, sem percepção de outras vantagens.

Estão excluídos do subsídio: gratificação, adicional, abono, prêmio, verba de representação ou outra espécie remuneratória, obedecidas as seguintes regras: fixação ou alteração por lei específica, de iniciativa privativa, assegurada revisão geral anual e a obediência ao teto constitucional.

Já para a remuneração em geral, prevê o art. 61 da Lei n. 8.112/1990 que serão deferidos aos servidores as seguintes retribuições, gratificações e adicionais: (1) retribuição pelo exercício de função de direção, chefia e assessoramento; (2) gratificação natalina; (3) adicional por tempo de serviço; (4) adicional pelo exercício de atividades insalubres, perigosas ou penosas; (5) adicional pela prestação de serviço extraordinário; (6) adicional noturno; (7) adicional de férias; (8) outros, relativos ao local ou à natureza do trabalho; e (9) gratificação por encargo de curso ou concurso.

Conceder-se-á, ainda, licença ao servidor nas seguintes hipóteses do art. 18 da Lei n. 8.112/1990: (1) por motivo de doença em pessoa da família, mediante comprovação por perícia médica oficial, sendo a remuneração mantida se for por até 60 dias consecutivos ou não; (2) por motivo de afastamento do cônjuge ou companheiro, sem remuneração; (3) para o serviço militar, hipótese na qual concluído o serviço militar o servidor terá até 30 dias sem remuneração para reassumir o exercício do cargo; (4) para atividade política, sem remuneração, durante o período que mediar entre a sua escolha em convenção partidária, como candidato a cargo eletivo, e a véspera do registro de sua candidatura perante a Justiça Eleitoral; (5) para capacitação profissional, após cada quinquênio de efetivo exercício, no interesse da administração, com remuneração por até três meses; (6) para tratar de interesses particulares pelo prazo de até três anos consecutivos, sem remuneração; e (7) para o desempenho de mandato (classista), enquanto ele durar, admitindo-se prorrogação por uma vez, em caso de reeleição, em confederação, federação, associação de classe de âmbito nacional, sindicato representativo de categoria ou entidade fiscalizadora da profissão ou, ainda, para participar de gerência ou administração em sociedade cooperativa constituída por servidores para prestar serviços a seus membros, conforme disposto em regulamento e na observância dos limites legais.

As regras que tratam da possibilidade de o servidor público ocupar mandato eletivo estão presentes no art. 38 da Constituição, que dispõe que: (1) tratando-se de mandato eletivo federal, estadual ou distrital, ficará afastado de seu cargo, emprego ou função; (2) investido do mandato de Prefeito, será afastado do cargo, emprego ou função, sendo-lhe facultado optar pela sua remuneração; (3) investido do mandato de vereador, havendo compatibilidade de horários, perceberá as vantagens de seu cargo, emprego ou função, sem prejuízo da remuneração do cargo eletivo e, não havendo compatibilidade, será aplicada a norma do inciso anterior; e (4) em qualquer caso que exija o afastamento para o exercício de mandato eletivo, seu tempo de serviço será contado para todos os efeitos legais, exceto para promoção por merecimento.

É vedada a vinculação ou equiparação de quaisquer espécies remuneratórias para o efeito de remuneração de pessoal do serviço público.

O chamado teto constitucional é o teto geral da remuneração. Ele se aplica a subsídio, proventos, pensões ou qualquer outra espécie remuneratória proveniente de cargo, emprego ou função, percebidos cumulativamente ou não.

O teto geral corresponde ao subsídio em espécie dos ministros do Supremo Tribunal Federal, sendo tetos específicos: nos Municípios, o subsídio do Prefeito; nos Estados e Distrito Federal: (a) o subsídio do Governador para o Poder Executivo; (b) o subsídio dos Deputados para o Poder Legislativo; e (c) o subsídio dos desembargadores do Tribunal de Justiça para o Poder Judiciário, aplicável ao Ministério Público, aos Procuradores e aos Defensores Públicos; sendo facultado aos Estados e Distrito Federal fixar mediante emenda às respectivas Constituições e Lei Orgânica, como limite único o subsídio mensal dos Desembargadores do respectivo Tribunal de Justiça, exceto para Deputados Estaduais, Distritais e Vereadores.

De acordo com o art. 37, § 9º, da Constituição, o teto só se aplica às empresas e públicas e às sociedades de economia mista, e suas subsidiárias, que receberem recursos da União, dos Estados, do Distrito Federal ou dos Municípios para o pagamento de despesas de pessoal ou de custeio em geral. Logo, se a estatal auferir recursos que não sejam decorrentes dos entes federativos, o pagamento de seus empregados públicos poderá ser superior ao teto constitucional.

2.10 *Proibição de acumular*

É vedada pelo art. 37, incisos XVI e XVII, da Constituição a acumulação remunerada de cargos, empregos ou funções na Administração Pública, sendo tal proibição estendida às autarquias, fundações, empresas públicas, sociedades de economia mista, suas subsidiárias, e sociedades controladas, direta ou indiretamente, pelo Poder Público.

Só se admite, em caráter excepcional, desde que haja compatibilidade de horários e se observe os limites do teto remuneratório previstos na Constituição, as seguintes hipóteses: (a) dois cargos de professor; (b) um cargo de professor com outro, técnico ou científico; e (c) dois cargos ou empregos privativos de profissionais da saúde com profissões regulamentadas.

A proibição de acumular estende-se a empregos e funções e abrange autarquias, fundações, empresas públicas, sociedades de economia mista, suas subsidiárias, e sociedades controladas, direta ou indiretamente, pelo Poder Público, conforme o inciso XVII do art. 37 da Constituição.

O art. 37, § 10, veda também a percepção simultânea de proventos de aposentadoria decorrentes de cargos efetivos ou de militares com remuneração de cargo, emprego ou função, exceto em três hipóteses: (1) cargos acumuláveis na forma da Constituição; (2) cargos eletivos; e (3) cargos em comissão de livre provimento e exoneração.

2.11 *Estabilidade*

Trata-se da garantia de permanência no serviço público assegurada a servidores nomeados para cargo de provimento efetivo, como regra atual, em virtude de concurso público, após três anos de efetivo exercício, conforme dispõe o art. 41 da Constituição Federal.

O art. 19 do ADCT garantiu estabilidade aos servidores públicos civis da Administração Direta, autárquica e fundacional em exercício na data da promulgação da Constituição há cinco anos continuados, mesmo se eles não tivessem sido investidos por meio de concurso público.

O servidor público estável somente perderá o cargo: (1) em virtude de sentença judicial transitada em julgado; (2) mediante processo administrativo em que lhe seja assegurada ampla defesa; (3) por procedimento de avaliação periódica de desempenho, na forma da lei complementar, assegurada ampla defesa; e, ainda: (4) afora das três hipóteses mencionadas no § 1º do art. 41 da Constituição: caso a despesa com o pessoal exceda os limites estabelecidos em lei complementar (Lei de Responsabilidade Fiscal — LC n. 101/2000).

Neste último caso, antes do alcance dos estáveis, os entes federativos deverão primeiro reduzir em pelo menos 20% das despesas com cargo em comissão e funções de confiança e depois exonerar os servidores não estáveis.

A Súmula n. 21 do STF determina que o "funcionário em estágio probatório não pode ser exonerado nem demitido sem inquérito ou sem as formalidades legais de apuração de sua capacidade". Existe uma polêmica sobre a diferenciação entre estabilidade e estágio probatório, pois o art. 20 da Lei n. 8.112/1990 previa originariamente o prazo de 24 meses de estágio probatório, enquanto o prazo constitucional passou, a partir da Emenda Constitucional n. 19/1998, a ser de três anos.

Por conta desta alteração, em 12 de setembro de 2006, o CNJ, em resposta à Consulta formulada pelo Conselho Superior da Justiça do Trabalho, por meio do Pedido de Providências n. 822, afirmou que o prazo do estágio probatório para servidores públicos federais havia sido ampliado de dois para três anos, acompanhando a nova redação do art. 41 da Constituição, restando, portanto, revogado (não recepcionado) o art. 20 da Lei n. 8.112/1990. Em 7 de junho de 2011, a segunda turma do STF decidiu no AI n. 754.802, de relatoria de Gilmar Mendes, que seria aplicado aos dois o prazo comum de três anos.

Note-se que alguns tipos de cargos são de provimento vitalício, assegurando aos titulares maior garantia de permanência, dos quais só serão afastados mediante sentença judicial transitada em julgado. Contudo, não são vitalícios em sentido literal, pois a vitaliciedade não impede a aposentadoria compulsória aos 70 anos de idade, conforme teor da Súmula n. 36 do STF.

A vitaliciedade deve estar prevista na Constituição, sendo vitalícios os cargos de membros: da Magistratura, conforme art. 95, I; do Ministério Público, de acordo com o art. 128, § 5º, a, CF; e do Tribunal de Contas, na previsão do art. 73, § 3º, da Constituição.

2.12 *Aposentadoria*

A aposentadoria do servidor depende do regime previdenciário ao qual ele se vincula. Existem duas modalidades de regime: (1) o regime geral da previdência social, aplicável ao servidor ocupante de cargo em comissão declarado em lei de livre provimento e exoneração, cargo decorrente de necessidade temporária ou emprego público, igual ao do trabalhador privado: estabelecido no art. 201 e seguintes da Constituição, disciplinados pela Lei n. 8.212/1991; e (2) regime previdenciário próprio do servidor titular de cargo efetivo, previsto no art. 40 e disciplinado pela Lei n. 9.717/1998, com alterações subsequentes.

Os servidores fazem jus à aposentadoria por invalidez, compulsória e voluntária, mas os valores dos proventos variam em função do regime previdenciário, sendo também variáveis os requisitos de outorga.

Aposentadoria por invalidez confere proventos proporcionais ao tempo de contribuição. Os proventos serão integrais em casos de acidente em serviço, moléstia profissional ou doença grave, contagiosa ou incurável, na forma da lei.

Aposentadoria compulsória é que decorre do atingimento dos 70 anos de idade, dando ensejo à percepção de proventos proporcionais ao tempo de contribuição, conforme o art. 40, § 1º, II, CF, exceto na hipótese rara de o servidor paralelamente preencher no momento da compulsória os requisitos da aposentadoria integral.

Aposentadoria voluntária é a que ocorre a pedido, desde que cumprido o tempo mínimo de: dez anos de exercício no serviço público e cinco no cargo efetivo em que se dará a aposentadoria, observados as seguintes condições: (a) 60 anos de idade e 30 e contribuição, se homem, e 55 anos de idade e 30 de contribuição, se mulher; ou (b) 65 anos de idade, se homem, e 60 anos de idade se mulher, com proventos proporcionais ao tempo de contribuição.

Ressalte-se que as regras de aposentadoria voluntária variam em função da data em que o servidor ingressou na Administração Pública, sendo aplicáveis os requisitos variáveis em função das Emendas Constitucionais ns. 20/1998, 41/2003 e 47/2005.

2.13 *Natureza jurídica da relação de emprego público*

Ponto importante para os que prestam os concursos voltados para a área trabalhista é saber desdobrar os principais aspectos da relação de emprego público. Conforme visto, emprego público é regido pela legislação da Consolidação das Leis do Trabalho (CLT), sendo este o regime obrigatório para empresas públicas, sociedades de economia mista e suas subsidiárias que explorem atividade econômica, conforme se extrai do disposto no art. 173, § 1º, II, da Constituição Federal.

Ocorre que existe uma discussão acerca da possibilidade de adoção do regime da Consolidação das Leis do Trabalho no âmbito da Administração Direta, autárquica e fundacional, sobretudo após a restauração, com efeitos *ex nunc*, do regime jurídico único que tinha sido abolido pela Emenda Constitucional n. 19/1998.

A Justiça do Trabalho entende possível e reconhece, ainda, de acordo com o conteúdo da Súmula n. 390, do TST, *estabilidade* para os empregados de entes da Administração Direta, autárquica e fundacional pública, negando a mesma prerrogativa aos trabalhadores das empresas públicas e sociedades de economia mista.

Não se pode esquecer que os empregados que se submetem à legislação trabalhista possuem um tipo de estabilidade em circunstâncias transitórias: no desempenho de cargo de direção ou representação sindical; na eleição do empregado para direção de comissões internas de prevenção de acidentes (Cipas); e na confirmação da gravidez, até cinco meses após o parto, da empregada.

O regime jurídico do empregado público é na realidade híbrido, porquanto apesar da determinação da aplicação do regime privado para empresas públicas e sociedades de economia mista que atuem no domínio econômico, há restrições próprias que recaem sobre os entes estatais, que são: a exigência de concurso público para a admissão, conforme determinação do art. 37, II, da Constituição; a vedação constitucional de acumulação remunerada de empregos, de acordo com o art. 37, XVII, da Constituição; e a equiparação aos servidores estatutários para fins criminais e de improbidade administrativa.

São processadas e julgadas na Justiça do Trabalho ações de empregados públicos, isto é, ações pautadas em relações de trabalho, sendo abrangidos os entes de direito público externo e da Administração Pública Direta e Indireta da União, dos Estados, do Distrito Federal e dos Municípios, nos termos do art. 114, I, da Constituição.

Já as causas envolvendo servidores estatutários, de caráter jurídico-administrativo, são julgadas na justiça comum, de acordo com determinação da ADI n. 3.395-6, sendo a Justiça Federal, se o servidor estatutário for federal, e a Justiça Estadual comum, se o servidor for estadual ou municipal.

2.14 Responsabilidades administrativa, civil e penal

Os servidores sujeitam-se a diversas responsabilizações pelos atos praticados no exercício de cargo, emprego ou função. As responsabilidades administrativa, civil e penal são autônomas, como regra geral.

A responsabilidade administrativa é configurada quando há a prática comprovada de um ilícito administrativo tipificado em estatuto próprio. A apuração é feita por meio sumário, como a sindicância, ou por processo administrativo disciplinar, sendo assegurado ao servidor público o contraditório e a ampla defesa e os meios e recursos a ela inerentes, conforme art. 5º, LV, da Constituição.

A instauração de processo administrativo disciplinar no âmbito federal é obrigatória para punições maiores do que trinta dias de suspensão, sendo possível o afastamento preventivo do servidor por 60 dias, prorrogáveis por igual período, para que ele não influa na apuração da falta cometida, de acordo com o art. 147 da Lei n. 8.112/1990.

Comprovada a infração administrativa, o servidor fica sujeito às sanções disciplinares, que vão desde a advertência, passando pela multa, suspensão e até a demissão.

A responsabilidade civil do servidor se configura quando ele causa um dano a terceiros ou contra o Estado. Se o dano atingir a terceiros, será aplicado o art. 37, § 6º, da Constituição, sendo o Estado responsabilizado objetivamente e o servidor subjetivamente, na medida de sua culpa ou dolo, por ação regressiva.

A obrigação de reparar do dano, de acordo com o art. 122, § 3º, da Lei n. 8.112/1990 estende-se aos sucessores e contra eles será executada, até o limite do valor da herança recebida.

Por outro lado, se o dano atingir o Estado, haverá a instauração do processo administrativo para apurar tal fato e, uma vez que se comprove que o servidor causou o dano, ocorre a autoexecutoriedade do servidor estatutário, obedecido o limite legal fixado no estatuto, ou o desconto com a concordância do empregado, salvo em caso de dolo, caso o servidor seja celetista (cf. art. 462, § 1º, CLT).

A responsabilidade penal decorre da prática de crime ou contravenção, compreendendo dolo ou culpa. É investigada e promovida pelo Ministério Público, por meio de denúncia no Poder Judiciário geralmente por crime contra a Administração Pública. O art. 229 da Lei n. 8.112/1990 assegura auxílio-reclusão à família do servidor ativo que é condenado por ilícito criminal.

Há autonomia entre as responsabilidades, que, como regra geral, não se comunicam, ou seja, podem ser aplicadas cumulativamente sem que se incorra em *bis in idem*.

Pode ser que o servidor seja absolvido por falta de provas de algum crime cometido contra a Administração Pública, mas que pelo mesmo fato seja apenado com a demissão, por falta grave, em processo administrativo disciplinar, pois a Súmula n. 18 do STF determina que: "pela falta residual, não compreendida na absolvição pelo juízo criminal, é admissível a punição administrativa do servidor público".

Só há excepcionalmente a comunicação das instâncias nas seguintes hipóteses: (1) absolvição no crime, por negativa de fato; e (2) absolvição no crime, por negativa de autoria. Por conseguinte, se ficar comprovado que o agente não foi o autor do fato ou que o fato alegado não ocorreu, haverá excepcionalmente a comunicação entre as instâncias criminal e administrativa/civil.

Também se deve ressaltar que apesar da autonomia entre ilícitos penal e administrativo, o art. 92 do Código Penal, com alterações da Lei n. 9.268/1996, prevê a perda do cargo, função ou mandato eletivo, como efeito da condenação, desde que haja declaração na sentença: em pena privativa de liberdade por tempo igual ou superior a um ano nos crimes praticados com abuso de poder ou violação de dever para com a Administração Pública; e em pena privativa de liberdade por tempo superior a quatro anos, nos demais casos.

3. IMPROBIDADE ADMINISTRATIVA

3.1 Atos de improbidade e sanções

Atos de improbidade administrativa são os que afetam a legalidade e os princípios da Administração, de forma desonesta ou desleal, aumentando a chamada "corrupção" em âmbito administrativo, uma vez que afetam a moralidade administrativa. A Lei de Improbidade Administrativa foi criada para combater a corrupção em sentido lato, mas a improbidade não constitui ilícito de natureza criminal, pois as sanções de improbidade são aplicadas sem prejuízo da ação penal cabível.

Os atos de improbidade importam, de acordo com o § 4º do art. 37 da Constituição, nas seguintes sanções: suspensão dos direitos políticos; perda da função pública; indisponibilidade dos bens; e ressarcimento ao erário.

O art. 12 da Lei de Improbidade Administrativa menciona outras penalidades, além das elencadas pela Constituição, que são: perda dos bens ou valores acrescidos ilicitamente ao patrimônio, para a hipótese de enriquecimento ilícito; a multa civil; e a proibição de contratar com o Poder Público, ou receber benefícios ou incentivos fiscais ou creditícios, direta ou indiretamente, ainda que por intermédio de pessoa jurídica da qual seja sócio majoritário.[15]

3.2 Modalidades de atos de improbidade administrativa e aplicação das sanções

Há basicamente três modalidades de atos de improbidade administrativa: (1) os que importam *enriquecimento ilícito*, previstos no art. 9º, da Lei n. 8.429/1992; (2) os que causam *prejuízos ao erário*, enqua-

(15) DI PIETRO, Maria Sylvia Zanella. *Direito Administrativo*. São Paulo: Atlas, 2012. p. 901.

dradas no art. 10 da mencionada lei; e (3) os que *atentam contra os princípios* da Administração Pública, conforme o art. 11 da lei.

Note-se que o art. 52 da Lei n. 10.257/2001 caracteriza como improbidade administrativa atos do prefeito que atentam contra determinadas regras urbanísticas disciplinadas no Estatuto da Cidade.

As sanções estão disciplinadas nos incisos I a III do art. 12 da Lei de Improbidade Administrativa, sendo, ainda, previsto que na fixação das penas, o juiz levará em consideração a extensão do dano causado, assim como o proveito patrimonial obtido pelo agente.

A aplicação das sanções independe da efetiva ocorrência de dano ao patrimônio público, salvo quanto à pena de ressarcimento, e da aprovação ou rejeição das contas pelo órgão de controle interno ou pelo Tribunal ou Conselho de Contas.

Constitui ato de improbidade que importa em *enriquecimento ilícito* auferir qualquer tipo de vantagem patrimonial indevida em razão do exercício do cargo, emprego ou função, nas hipóteses previstas nos incisos do art. 9º da Lei n. 8.429/1992.

Além das sanções civis, penais e administrativas, o agente que praticar atos descritos no art. 9º da lei estará sujeito às seguintes cominações, listadas no inciso I de seu art. 12, que podem ser aplicadas isolada ou cumulativamente, de acordo com a gravidade do fato: perda dos bens ou valores acrescidos ilicitamente ao patrimônio, ressarcimento integral do dano, quando houver, perda da função pública, suspensão dos direitos políticos de oito a dez anos, pagamento de multa civil de até três vezes o valor do acréscimo patrimonial e proibição de contratar com o Poder Público ou receber benefícios ou incentivos fiscais ou creditícios, direta ou indiretamente, ainda que por intermédio de pessoa jurídica da qual seja sócio majoritário, pelo prazo de dez anos.

Ato de improbidade que *causa lesão ao erário* é qualquer ação ou omissão, dolosa ou culposa, que enseje perda patrimonial, desvio, apropriação, malbaratamento ou dilapidação dos bens ou haveres das entidades mencionadas na lei, conforme os fatos enquadrados no art. 10 da Lei n. 8.429/1992.

Além das sanções civis, penais e administrativas, o agente que praticar atos descritos no art. 10 da lei estará sujeito às seguintes cominações, listadas no inciso II de seu art. 12, que podem ser aplicadas isolada ou cumulativamente, de acordo com a gravidade do fato: ressarcimento integral do dano, perda dos bens e valores acrescidos ilicitamente ao patrimônio, se concorrer essa circunstância, perda da função pública, suspensão dos direitos políticos de cinco a oito anos, pagamento de multa civil de até duas vezes o valor do dano e proibição de contratar com o Poder Público ou receber benefícios ou incentivos fiscais ou creditícios, direta ou indiretamente, ainda que por intermédio de pessoa jurídica da qual seja sócio majoritário, pelo prazo de cinco anos.

Improbidades que *atentam contra princípios* da Administração Pública são os que, por ação ou omissão, ferem os deveres de honestidade, imparcialidade, legalidade e lealdade às instituições, sobretudo nas condutas descritas no art. 11 da lei, que são: praticar ato visando fim proibido em lei ou regulamento ou diverso daquele previsto, na regra de competência; retardar ou deixar de praticar, indevidamente, ato de ofício; revelar fato ou circunstância de que tem ciência em razão das atribuições e que deva permanecer em segredo; negar publicidade aos atos oficiais; frustrar a licitude de concurso público; deixar de prestar contas quando esteja obrigado a fazê-lo e revelar ou permitir que chegue ao conhecimento de terceiro, antes da respectiva divulgação oficial, teor de medida política ou econômica capaz de afetar o preço de mercadoria, bem ou serviço.

Além das sanções civis, penais e administrativas, o agente que praticar atos descritos no art. 11 da lei estará sujeito às seguintes cominações, listadas no inciso III de seu art. 12, que podem ser aplicadas isolada ou cumulativamente, de acordo com a gravidade do fato: ressarcimento integral do dano, se houver, perda da função pública, suspensão dos direitos políticos de três a cinco anos, pagamento de multa civil de até cem vezes o valor da remuneração percebida pelo agente e proibição de contratar com o Poder Público ou receber benefícios ou incentivos fiscais ou creditícios, direta ou indiretamente, ainda que por intermédio de pessoa jurídica da qual seja sócio majoritário, pelo prazo de três anos.

3.3 *Elemento subjetivo: Culpa ou dolo*

Há uma polêmica sobre a possibilidade de configuração de improbidade administrativa por culpa, porquanto ímprobo seria algo desleal, o que demandaria algum tipo de dolo ou um acentuado grau de culpa.

Do ponto de vista normativo, há a previsão no art. 10, no tocante à lesão ao erário, tanto da ação ou omissão *dolosa* ou *culposa*, sendo, ainda, que o art. 5º da Lei n. 8.429/1992, dispõe que: "ocorrendo lesão ao patrimônio público por ação ou omissão, dolosa ou culposa, do agente ou de terceiro, dar-se-á o integral ressarcimento do dano".

Portanto, pela sistemática legal admite-se a configuração de improbidade culposa, mas só em face de lesão ao patrimônio público, mas a doutrina também exige uma culpa grave.

3.4 *Sujeito passivo e sujeito ativo de improbidade*

São sujeitos passivos de improbidade as entidades lesadas elencadas no art. 1º da Lei n. 8.429/1992 e seu parágrafo único, quais sejam: a Administração Direta; a Indireta (ou fundacional) de qualquer dos Poderes da União, dos Estados, do Distrito Federal dos Municípios e de Território; empresa incorporada ao patrimônio público ou de entidade cuja criação ou custeio o erário haja concorrido ou concorra com mais de 50% do patrimônio ou da receita anual; e entidades que recebam subvenção, benefício ou incentivo, fiscal ou creditício, de órgão público bem como daquelas para cuja criação ou custeio o erário haja concorrido ou concorra com menos de 50% do patrimônio ou da receita anual, limitando-se, nestes casos, a sanção patrimonial à repercussão do ilícito sobre a contribuição dos cofres públicos.

Sujeitos ativos de improbidade são: o *agente público* e/ou o *terceiro* que, mesmo não sendo agente público, induza ou concorra para a prática do ato de improbidade, ou dele se beneficie sob qualquer forma (direta ou indireta).

Agente público é todo aquele que exerce, ainda que transitoriamente ou sem remuneração, por eleição, nomeação, designação, contratação ou qualquer outra forma de investidura ou vínculo, mandato, cargo, emprego ou função nas mencionadas entidades que podem ser sujeitos passivos de improbidade.

3.5 *Medidas Acautelatórias*

Há medidas acautelatórias previstas na Lei de Improbidade Administrativa: a indisponibilidade dos bens, que recai sobre bens que assegurem o integral ressarcimento do dano, ou sobre o acréscimo patrimonial, sendo requisitada ao Judiciário pelo Ministério Público; o afastamento do agente público do exercício do cargo, emprego ou função, sem prejuízo da remuneração, quando a medida se fizer necessária à instrução processual; e o sequestro de bens, deferido pelo Judiciário em face de fundados indícios de responsabilidade.

3.6 *Ação Judicial*

A ação judicial de improbidade obedece ao rito ordinário, sendo proposta pelo Ministério Público ou pela pessoa jurídica interessada, dentro do prazo de 30 dias da efetivação da medida cautelar. Se o Ministério Público não for parte do processo, ele deve atuar, obrigatoriamente, como fiscal da lei, sob pena de nulidade.

Se a inicial estiver em devida forma, o juiz mandará autuá-la e ordenará a notificação do requerido, para oferecer manifestação por escrito, no prazo de 15 dias. Se receber a inicial, será o réu citado para apresentar a contestação, sendo que em qualquer fase do processo, reconhecida a inadequação da sanção, o juiz extinguirá o processo sem julgamento do mérito.

A sentença que julgar procedente a ação civil de reparação do dano ou decretar a perda dos bens havidos ilicitamente determinará o pagamento ou a reversão dos bens, conforme o caso, em favor da pessoa jurídica prejudicada pelo ilícito.

3.7 Prescrição

De acordo com o art. 23 da lei, a prescrição do ato de improbidade ocorre: (1) em até cinco anos após o término do mandato, cargo em comissão ou função de confiança; ou (2) no prazo prescricional previsto em lei específica para faltas disciplinares, nos casos de exercício de cargo efetivo ou emprego.

A prescrição não se processa, contudo, no tocante ao ressarcimento ao erário, conforme interpretação do art. 37, § 5º, da Constituição. Ademais, o art. 8º da Lei de Improbidade Administrativa, o sucessor daquele que causar lesão ao patrimônio público ou se enriquecer ilicitamente está sujeito às cominações legais, até o limite do valor da herança.

4. INQUÉRITO CIVIL PÚBLICO

4.1 Considerações introdutórias

É da competência exclusiva do Ministério Público promover o inquérito civil, para a proteção do patrimônio público e social, do meio ambiente e de outros interesses difusos e coletivos. O Ministério Público do Trabalho atuará com vistas a viabilizar a melhor tutela dos interesses difusos, coletivos e individuais homogêneos no campo das relações de trabalho.

O inquérito civil pode ser utilizado para o ajuizamento da ação civil pública. Contudo, deve-se advertir que: (1) é possível ao Ministério Público ajuizar ação civil pública sem inquérito prévio, já que sua instauração não é obrigatória; e (2) nem todo inquérito civil resulta na propositura de ação civil pública, pois, primeiramente, pode haver o seu arquivamento, depois, também é possível que o inquérito resulte no compromisso de ajustamento de conduta.

De acordo com o art. 5º, § 6º, da Lei n. 7.347/1985, os órgãos públicos legitimados poderão tomar dos interessados compromisso de ajustamento de sua conduta às exigências legais, mediante cominações, que terá eficácia de título executivo extrajudicial.

O art. 1º da Resolução n. 24/1997 do CSMPT, revogada, determinava que o inquérito civil público poderia ser considerado procedimento de natureza administrativa e inquisitorial. Do ponto de vista da atuação preparatória da ação civil pública, tal orientação é irretocável, mas também não se pode deixar de ressaltar a importância do inquérito civil público como instrumento adequado à composição via compromisso de ajuste de conduta, situação na qual a atuação do Ministério Público do Trabalho será de caráter mais preventivo.

4.2 Previsão legal

Determina o art. 8º, § 1º, da Lei n. 7.347/1985 que o Ministério Público pode instaurar, sob sua presidência, inquérito civil, ou requisitar, de qualquer organismo público ou particular, certidões, informações, exames ou perícias, no prazo que assinalar, desde que não inferior a dez dias.

Somente nos casos em que a lei impuser sigilo, poderá ser negada certidão ou informação, hipótese me que a ação poderá ser proposta desacompanhada daqueles documentos, cabendo ao juiz requisitá-los.

Note-se que a Lei de Acesso à Informação, Lei n. 12.527/2011, classifica a informação em poder de órgãos e entidades públicas que são consideradas sigilosas em razão de seu teor e da imprescindibilidade à segurança da sociedade e do Estado em ultrassecreta, cujo prazo máximo de sigilo é de 25 anos; secreta, tendo por prazo máximo de sigilo 15 anos; e reservada, que tem um prazo máximo de sigilo de 5 anos (art. 24, § 1º, da lei).

4.3 Arquivamento do inquérito civil

Se o órgão do Ministério Público, esgotadas todas as diligências, se convencer da inexistência de fundamento para a propositura da ação civil, promoverá o arquivamento dos autos do inquérito civil ou das peças informativas, fazendo-os fundamentadamente.

Os autos do inquérito civil ou das peças de informação arquivadas serão remetidos, sob pena de se incorrer em falta grave, no prazo de três dias, ao Conselho Superior do Ministério Público.

Ressalte-se que até a homologação ou rejeição da promoção de arquivamento pelo Conselho Superior do Ministério Público, as associações legitimadas poderão apresentar razões escritas ou documentos que serão juntados aos autos do inquérito ou anexados às peças de informação.

Deixando o Conselho Superior de homologar a promoção de arquivamento, designará, desde logo, outro órgão do Ministério Público para ajuizamento da ação.

5. SERVIÇO PÚBLICO

5.1 Conceito

A noção de serviço público geralmente se relaciona com uma atuação positiva do Estado, no sentido prestacional. Trata-se de tema clássico do Direito Administrativo que se contrapõe à noção privatística do desenvolvimento de atividade no domínio econômico, campo no qual recai o poder de polícia da Administração Pública.

Enquanto o serviço público oferta um benefício ou utilidade à coletividade no geral, o poder de polícia que recai sobre o mercado é atividade negativa, porquanto é restritiva (limita e condiciona) à liberdade e à propriedade privada.

É o ordenamento jurídico que confere à dada categoria de atividade a qualificação jurídica de serviço público, submetendo-a total ou parcialmente a regime jurídico.

Geralmente são utilizados três critérios básicos para caracterizar os serviços públicos: (1) o critério subjetivo ou orgânico, segundo qual serviço público seria o prestado pelo Estado ou por órgão público; (2) o critério material, pelo qual se entende que serviço público é atividade que tem por finalidade a satisfação de necessidades coletivas; e (3) o critério formal, que demanda que o serviço público seja exercido por regime jurídico de direito público.

Nenhum dos critérios são suficientes para definir a noção de serviço público por si só, pois: nem toda a atividade exercida pelo Estado ou por seus órgãos é serviço público, e os particulares podem também exercer o serviço público, por delegação (por exemplo, mediante concessão ou permissão de serviço público, situação na qual o particular recebe o exercício da atividade, cuja titularidade permanece do ente que faz a delegação); nem toda atividade que preenche necessidades coletivas é serviço público; e, nem sempre se presta serviço público em regime totalmente público, às vezes há um regime parcialmente público.

Por isso, Maria Sylvia Zanella Di Pietro possui o seguinte conceito de serviço público: "atividade material que a lei atribui ao Estado para que exerça diretamente ou por meio de delegados, com o objetivo de satisfazer concretamente às necessidades coletivas, sob regime jurídico total ou parcialmente público".(16)

5.2 Princípios dos serviços públicos

Os serviços públicos que são desenvolvidos diretamente pelo Estado ou por meio de delegação a particulares e se subordinam a princípios que derivam de seu regime jurídico, tais como: a vocação à *generalidade* ou *igualdade dos usuários*, a *modicidade* das tarifas, a *mutabilidade* e a exigência de *continuidade* na prestação.

A generalidade ou igualdade dos usuários está prevista no art. 6º, § 1º, da Lei n. 8.987/1995, implicando na exigência de se beneficiar o maior número de indivíduos, sem discriminar ou privilegiar de maneira infundada ninguém. Ela se volta para a universalização.

No entanto, para que de fato eles sejam acessíveis a todos, há um novo carácter que deve ser observado: a modicidade das tarifas, que impõe sua remuneração a preços módicos, pois se as tarifas forem elevadas muitos usuários serão excluídos do universo dos beneficiados pelo serviço.

Em casos expressamente previstos em lei, a cobrança de tarifa poderá ser condicionada à existência de serviço público alternativo e gratuito para o usuário, conforme dispõe o art. 9º, § 1º, da Lei n. 8.987/1995. Para viabilizar a modicidade das tarifas, é facultado pelo art. 11 da lei ao poder concedente prever, em favor da concessionária, no edital de licitação, outras fontes provenientes de receitas alternativas, complementares, acessórias e de projetos associados, com ou sem exclusividade.

Alguns serviços públicos são fornecidos em caráter gratuito. É o caso da assistência social, a quem dela necessitar, bem como saúde e educação prestados em estabelecimentos oficiais (públicos). O ensino fundamental é gratuito e obrigatório, que acarreta o dever de prestação por parte do Poder Público, cuja ausência pode ser suprida por mandado de segurança.

Mutabilidade é o *ius variandi*, que permite ao poder concedente alterar ou rescindir unilateralmente o contrato de concessão ou permissão de serviço público, desde que haja interesses públicos que justifiquem tal transformação. Não há direito subjetivo à manutenção das cláusulas, que podem ser alteradas quantitativa ou qualitativamente pelo Poder Público.

Um dos caracteres mais relevantes do serviço público é sua continuidade. Como os serviços públicos, como regra, objetivam satisfazer às necessidades coletivas, as prestações de serviços públicos devem ser contínuas, sendo que tanto a execução do contrato administrativo como o exercício da função pública não podem parar.

Uma vez extinta a concessão de serviço público, preveem os §§ 2º e 3º do art. 35 da Lei n. 8.987/1995 que deve haver a imediata assunção do serviço pelo poder concedente, sendo autorizada a ocupação das instalações e a utilização de bens reversíveis.

5.3 Classificação

Quanto à **essencialidade**, os serviços públicos são classificados em: *serviços públicos propriamente ditos*, que são essenciais e, por esse motivo, não podem ser delegados, como, por exemplo, segurança pública e defesa nacional; e *serviços de utilidade pública*, que são convenientes, mas não essenciais, podendo ser

(16) DI PIETRO, Maria Sylvia. *Direito Administrativo*. São Paulo: Atlas, 2012. p. 106.

delegados, caso em que são remunerados pelos usuários, como, por exemplo, o transporte coletivo, a energia elétrica e a telefonia.

Quanto à **delegabilidade**, os serviços públicos podem ser classificados em *próprios*, que se relacionam com atribuições do Poder Público, como segurança e higiene, que são efetivados por supremacia do interesse público, sendo geralmente indelegáveis; e *serviços públicos impróprios*, que, para Hely Lopes Meirelles,[17] são os que não afetam substancialmente as necessidades da comunidade e a Administração Pública os presta remuneradamente por seus órgãos, entidades descentralizadas ou por delegatários (concessionários ou permissionários).

Quanto ao **objeto**, os serviços públicos podem ser: *administrativo*, que são executados pela Administração para atender necessidades internas ou para preparar outros serviços que serão prestados ao público, tal qual o serviço de imprensa oficial ou as estações experimentais; serviços *comerciais* ou *industriais*, que a Administração desempenha direta ou indiretamente, por delegação, para atender necessidades coletivas de ordem econômica; e *serviços públicos sociais*, que atendem necessidades coletivas, mas que convivem com a inciativa privada, como serviços de saúde e educação.

Quanto à **determinação do usuário**, há serviços de fruição geral (*uti universi)* e serviços de fruição individual (*uti singuli)*. Os serviços gerais ou *uti universi* são prestados à coletividade sem a possibilidade de delimitação específica de seu usuário, sendo exemplos clássicos: a iluminação pública, a defesa nacional e a conservação das vias públicas. Sobre eles não recai taxa.

Já os serviços de fruição individual ou *uti singuli* são aqueles em que é possível determinar o usuário, que recebe uma utilidade ou comodidade fruível diretamente, como, por exemplo, serviços de telefonia, de energia elétrica, gás, água ou serviço postal.

Em hipóteses de não pagamento pelo usuário, há discussões sobre a legitimidade da suspensão do fornecimento do serviço. Não se admite, em geral, a suspensão de serviço considerado essencial, como o serviço de fornecimento de energia elétrica em hospitais ou postos de saúde, tendo em vista a impossibilidade de descontinuidade na prestação.

É o caso da seguinte decisão do STJ, no AgR no REsp n. 1.201.283, *in DJ* 30.9.2010, de relatoria de Humberto Martins, no sentido de que "o corte de fornecimento de água está autorizado por lei sempre que resultar falta injustificada de pagamento, e desde que não afete a prestação de serviços públicos essenciais, a exemplo de hospitais, postos de saúde, creches e escolas". Pouco importa que o inadimplemento seja de entidade privada com fins lucrativos, pois o que se tutela é a vida e a saúde dos pacientes internados.

Admite-se, *a contrario sensu*, a suspensão de serviços de livre fruição e não essenciais, desde que haja aviso prévio, pois o art. 6º, § 3º, da Lei n. 8.987/1995 não caracteriza a descontinuidade do serviço público a interrupção em situação de emergência ou após prévio aviso, quando: (1) motivada por razões de ordem técnica ou de segurança das instalações; e (2) por inadimplemento do usuário, considerando o interesse da coletividade.

(17) MEIRELLES, Hely Lopes. *Op. cit.*, p. 334.

Ética e Regime Jurídico da Magistratura Nacional

II

Fernando César Teixeira França

I. Ética e Moral: breve introdução. II. Direitos e Deveres Funcionais da Magistratura. III. Código de Ética da Magistratura Nacional. IV. Sistemas de Controle do Poder Judiciário: Conselho Nacional de Justiça, Conselhos Superiores, Ouvidorias e Corregedorias. V. Responsabilidade civil, penal e administrativa dos magistrados.

I. ÉTICA E MORAL: BREVE INTRODUÇÃO

Os conceitos e a distinção entre as noções de Ética e de Moral estão no cerne do pensamento ocidental há pelo menos dois mil e quinhentos anos. Desde os primeiros filósofos na Grécia Antiga até os pensadores contemporâneos têm dedicado considerável esforço visando à compreensão deste fenômeno que estrutura a vida das coletividades humanas ao longo da história. O escopo do presente trabalho é, contudo, modesto, pois pretende apenas indicar os principais lineamentos da discussão com intuito de municiar os leitores com referencias básicas que os permitam compreender os elementos constituintes do **campo ético**. Esta breve introdução espera ainda incitar o gosto pelo debate em torno das questões éticas, aplicando-as ao Regime Jurídico que organiza a Magistratura brasileira. Se, de um lado, a reflexão sobre o papel da ética e da moral exige uma aproximação ainda que sumária do debate filosófico, de outro, uma compreensão alargada do papel da Magistratura na organização do Estado Democrático de Direito demanda o exercício de uma práxis judiciária comprometida com os valores do bem comum e da justiça social. Em outras palavras, ao lado da função precípua do Judiciário que é a de fazer valer e aplicar os comandos legais emanados do Ordenamento, emerge outra função cujo foco é o **modo de atuação** dos Juízes. A prestação da atividade juridicional tecnicamente correta deve vir acompanhada pelo esforço de uma atuação eticamente satisfatória. A atividade jurisdicional adequada e conforme aos preceitos legais encontra assim o compromisso com uma conduta eticamente referenciada.

Nosso **senso moral** é despertado toda vez que situações cotidianas provocam em cada um sentimentos de aprovação ou reprovação. Diante da notícia da fome ou da miséria que assola certas regiões, somos tocados pelos sentimentos de piedade, indignação (contra as injustiças), de solidariedade ou mesmo de culpa. A chaga da corrupção que desvia recursos públicos a bolsos privados induz sentimentos de vergonha, de raiva, de apatia em alguns, um impulso incontrolável em outros de fazer valer a justiça a qualquer custo. Um casal de moradores de rua encontra e devolve maleta contendo vultosa quantia, comportamento que desperta sentimentos de admiração e contentamento diante de ações honestas. A ocorrência de chacinas, linchamentos, genocídios e torturas desperta em muitos o sentimento de horror diante da violência absoluta.

Além do senso moral, somos dotados ainda de uma **consciência moral**, que nos ajuda a decidir o que fazer em face de opções e caminhos a seguir, os quais muitas vezes são excludentes e até divergentes. Através da consciência moral justificamos para nós mesmos e para os outros as razões de nossas decisões e buscamos elementos para assumir todas as consequências daí resultantes, pois somos, em última análise, responsáveis por nossas ações e opções.

Senso moral e consciência moral referem-se genericamente aos **valores** de justiça, honradez, espírito de sacrifício, integridade, generosidade; como também aos sentimentos provocados por tais valores — admiração, vergonha, culpa, remorso, contentamento, amor, dúvida, medo etc. — e às decisões que geram consequências para nós e para os outros. Os valores variam no tempo e no espaço, são próprios a cada cultura e dado momento de sua história; contudo, todos remetem a **um valor** mais profundo o qual está subentendido em todo este processo: a busca do que é **bom** ou do **bem**. Por sua vez, os sentimentos e as ações nascidos de uma opção entre o bom e o mau ou entre o bem e o mal também estão referidos a algo ainda mais profundo: nosso desejo de afastar a **dor** e o **sofrimento** e de alcançar a **felicidade**. O senso moral e a consciência moral enquanto motores e sustentáculos de nossos sentimentos e ações nascem como parte de nossa vida intersubjetiva, da relação de cada um com os outros e com a própria comunidade em que se vive; terminam por apontar a busca pelo que consideramos bom, afastando-nos do sofrimento e almejando a conquista da felicidade.

Outra importante noção legada pela tradição de pensamento ocidental está na distinção entre **Juízos de fato** e **Juízos de valor**. Juízo de fato é todo enunciado que descreve um acontecimento que pode ser constatado por cada um (exemplos, "está chovendo", "o pássaro é amarelo", "no inverno faz frio"). São Juízos que enunciam o que são as coisas, como e por que elas são. Já nos Juízos de valor proferimos uma interpretação ou uma avaliação de um acontecimento (exemplos, "a chuva é boa para a plantação", "o canto do pássaro é agradável", "o inverno é a estação mais triste do ano"). São Juízos que emitem avaliações sobre as coisas, pessoas e situações. Enquanto os Juízos de fato são proferidos com mais frequência na fala cotidiana, no discurso da metafísica e na linguagem científica. Os Juízos de valor ocorrem preferencialmente na moral, nas artes, na política e na religião. Importa ainda destacar que os juízos ético de valor, na medida em que enunciam padrões que determinam o dever ser de nossos sentimentos, atos e comportamentos, são também normativos. Tais juízos enunciam obrigações que permitem avaliações segundo o critério do correto e do incorreto. Em última análise, os juízos éticos de valor nos dizem o que são o bem e como evitar o mal para atingirmos o escopo maior da felicidade. A carga normativa se expressa tanto nas expressões que nos dizem o que fazer e sentir para alcançar o bem e a felicidade, como também enunciam que atos, sentimentos, intenções e comportamentos são condenáveis do ponto de vista moral.

Todo agrupamento humano organizado, ao criar uma cultura que lhe dá suporte e sustentação também institui uma moral, ou seja, delineia valores que permitem considerar o que se entende por bem e mal, por permitido e proibido, que apontam a uma conduta correta ou incorreta, a qual se pretende válida para todos os seus membros. Os juízos morais de valor nos dizem o que são o bem, o mal, a liberdade e a felicidade. Os juízos morais enunciam sentimentos, intenções, atos e comportamentos que devemos ter ou fazer para agirmos livremente e para alcançarmos o bem e a felicidade. Enunciam ainda os atos, sentimentos, intenções e comportamentos que são condenáveis ou incorretos do ponto de vista moral. Daí que o senso moral e a consciência moral são inseparáveis da vida cultural, uma vez que definem para os membros de uma dada comunidade os valores positivos e negativos que devem respeitar e desejar ou aqueles a detestar e desprezar.

A clássica distinção entre juízos de fato e juízos de valor tem aqui sua origem. Nasce das diferentes percepções sobre o que é a natureza e o que é cultura. A natureza se constitui através de estruturas e processos necessários, que existem em si e por si mesmos, independente de nós. A luz do sol, por exemplo, é um fenômeno astrofísico e meteorológico cujas causas e seus efeitos são necessários e independem de nós que apenas podemos constatar e apresentar explicações. Já a cultura nasce do modo peculiar como os seres humanos interpretam a si mesmos e as suas relações com a natureza, acrescentando sentidos novos, intervindo em sua dinâmica e alterando-lhe as conformações por meio do trabalho social e da técnica. A cultura não só intervém e modifica as relações entre ser humano e natureza como também lhes dá novos significados simbólicos e valores específicos. Dizer que o sol é bom ou mau pressupõe uma relação valorativa dos humanos com a natureza. A energia do sol pode ser explicada como dádiva divina em época de colheita farta, como castigo celestial em tempos de escassez *desértica, ou como explosão de partículas de* uma estrela de média grandeza.

É certo ainda que dentro de uma mesma comunidade organizada podem conviver ou até mesmo disputar espaço vários princípios morais, cada um referido a valores de um grupo ou subgrupo específico. Culturas fortemente hierarquizadas e com diferenças de castas assim como sociedades complexas atravessadas por diferenças de classes mais ou menos profundas podem até mesmo possuir várias morais, cada uma delas referida aos valores de uma casta, de uma classe social ou grupo específico.

É comum não notarmos a origem cultural dos valores morais, do senso moral e da consciência moral justamente porque somos educados (cultivados) para eles e nos limites definidos por eles, como se fossem naturais ou fáticos, como se existissem em si e por si mesmos desde sempre. Trata-se de um mecanismo fundamental nas culturas, as quais procuram garantir a manutenção dos padrões morais através do tempo e sua continuidade de geração a geração. Em suma, toda cultura instituída tende a naturalizar seus próprios valores, procurando fazer com que sejam seguidos e respeitados como se fosse uma segunda natureza. Toda cultura de modo mais ou menos intenso tende a velar e ocultar sua essência histórica, sua origem e seus percalços por meio da naturalização da existência moral. Para assegurar seu aspecto obrigatório que não pode ser transgredido, muitas sociedades tendem a sacralizar seus valores, isto é, as religiões os concebem ordenados pelos deuses desde a origem dos tempos. A cultura instituída tende assim a se apartar do processo sempre tenso de sua instituição, escondendo sua essência como criação histórica, apagando as ações e decisões humanas que construíram seus valores. A naturalização e a sacralização da moral encobrem, portanto, a essência da moral na medida em que remetem para fora do tempo e da história o fundamento dos valores que nascem da experiência social-histórica de cada comunidade humana, de cada cultura.

Importa também enfatizar que a simples existência da moral (esta tábua de valores mais ou menos assentes por grupos, castas ou classes sociais) não significa a presença explícita de uma ética, entendida aqui como reflexão sobre a moral, sobre os valores, enfim, concebida desde o ponto de vista de uma filosofia moral. Em outras palavras, o discurso sobre a moral aparece como uma reflexão que discute, problematiza e, sobretudo, interpreta o significado dos valores. Esta reflexão é tardia na história das civilizações. Se, como afirmamos, toda sociedade tende a naturalizar sua moral, sua tábua de valores, de maneira a assegurar sua perpetuação através do tempo, uma reflexão que se volta sobre a moral só pode confrontar este aspecto histórico, descobrirá invariavelmente sob a capa dos valores ditos perenes uma árdua, conflituosa e brutal história de embates e lutas sociais entre grupos com valores distintos e por vezes excludentes. Verificamos este aspecto na própria origem da palavra *moral*: na origem latina, *mos, moris*, significa "costume", já o termo plural *mores* significa os hábitos de conduta ou de comportamento instituídos por uma sociedade em condições históricas determinadas. A palavra *ética* vem de duas palavras gregas: *éthos* (grafado com a vogal *e* breve ou *epsilon*), cujo significado é o caráter de alguém, seu temperamento e índole natural, e *êthos* (grafado com a vogal *e* longa ou *eta*), que significa o conjunto de costumes instituídos por uma comunidade para formar, regular e controlar a conduta de seus membros. A filosofia moral ou a ética nasce no momento em que, para além das questões sobre os costumes, também se indaga e se pretende compreender o caráter de cada pessoa, de cada indivíduo, ou seja, a ética aparece como uma reflexão que se dirige aos valores instituídos, mas também ao senso moral e a consciência moral de cada pessoa.

A reflexão ética desnatura e dessacraliza a moral, ao mesmo tempo em que se pergunta sobre a consciência do sujeito moral. Em termos históricos, esta é uma indagação que surge com os filósofos gregos, notadamente, Sócrates, Platão e Aristóteles. A consciência moral manifesta-se primeiramente na aptidão para deliberar diante de alternativas possíveis, examina cada uma delas segundo valores, buscando decidir e escolher aquela mais adequada, antes de lançar-se para a ação. A consciência moral aparece como capacidade para avaliar e sopesar as motivações pessoais, as exigências circunstanciais, as consequências da tomada de posição para si e para os outros, a conformidade entre meios e fins (empregar meios imorais com vistas a alcançar fins morais é impossível neste quadro), o respeito ao estabelecido ou a necessidade de transgredi-lo (se o estabelecido for avaliado naquela circunstância como imoral ou injusto). Note-se que a vontade é o móvel desse poder deliberativo e decisório do agente moral. Para que exerça plenamente essa capacidade e esse poder, a vontade deve ser *livre*, ou seja, não pode estar subjugada à vontade de um outro nem se submeter aos instintos e às paixões — cujo significado filosófico é o de sentimentos e emoções incontroláveis que dominam o agente. No agir moral, a vontade do agente deve ter o poder sobre a vontade de outrem, sobre os instintos — estes impulsos naturais —, como também sobre as paixões, toda emoção e todo sentimento causados em nós ou por uma força irracional interna ou pela força incontrolável de alguma coisa extrema e que nos domina.

Em suma, o campo ético é constituído pelo agente livre que se apresenta como sujeito moral ou pessoa moral, assim como pelos valores e obrigações que formam o conteúdo das condutas morais, isto é, as virtudes ou as condutas conformes ao bem. O agente moral só pode existir como tal se se apresentar como:

I. Consciente de si e dos outros, pois capaz de refletir e de reconhecer a existência dos outros como sujeitos éticos iguais a si;

II. Dotado de vontade, capaz de controlar seus sentimentos, impulsos e paixões para que se conformem com as normas e valores reconhecidos pela consciência moral, assim como capaz de decidir entre várias alternativas possíveis;

III. Ser responsável, ou apto a reconhecer-se como autor da ação, avaliando seus efeitos e consequências sobre si e sobre os outros bem como respondendo por tais consequências;

IV. Ser livre, capaz de apresentar-se como a causa interna de seus sentimentos e atitudes, exatamente por não estar submetido a poderes externos que o forcem e o constranjam a sentir, a querer e a fazer algo.

A liberdade não se resume ao livre arbítrio, a um mero poder escolher entre várias caminhos e possibilidades; ser livre diz com a aptidão para dar a si mesmo as regras de conduta, ou seja, diz com o poder para autodeterminar-se de forma consciente e responsável. A conduta ética necessita do agente consciente, daquele que conhece a diferença entre bem e mal, permitido e proibido, virtude e vício, como também se reconhece como capaz de julgar o valor dos atos e das condutas com vistas a agir em conformidade com os valores morais, sendo por isso responsável por suas ações e seus sentimentos e, sobretudo, pelas consequências do que faz e sente. Na vida ética são condições indispensáveis a consciência e a responsabilidade.

II. DIREITOS E DEVERES FUNCIONAIS DA MAGISTRATURA

O Poder Judiciário integra a estrutura política do Estado, tendo como atribuição principal o monopólio da função jurisdicional, ou seja, ao Judiciário incumbe dizer o direito, promovendo a aplicação concreta dos preceitos legais aos conflitos de interesses que emergem nas relações sociais.

Através do Judiciário as ordens gerais e abstratas contidas nos comandos normativos são interpretadas/aplicadas, convertendo-se em ordens singularizadas e definidas para cada caso, tal como descritas nos comandos de cada sentença publicada.

Importante exceção a essa regra manifesta-se no Poder Normativo atribuído à Justiça do Trabalho. Trata-se de competência constitucional atribuída aos Tribunais do Trabalho para proferir decisões nos processos coletivos de dissídios econômicos, nos quais são criadas condições de trabalho com força obrigatória aos membros das categorias econômica e profissional envolvidas. Com previsão no § 2º do art. 114 da Constituição Federal de 1988 (alterado pela Emenda Constitucional n. 45 de 8.12.2004), o Poder Normativo é considerado atípico, pois, em vez de dizer/aplicar o direito, o tribunais do trabalho, quando em exercício do instituto, podem criá-lo ao estabelecer condições laborais até então inexistentes no ordenamento.

O art. 92 da CF/88 descreve a estrutura do Poder Judiciário, cujos principais órgãos são: o Supremo Tribunal Federal; o Conselho Nacional de Justiça; o Superior Tribunal de Justiça; os Tribunais Regionais Federais e Juízes Federais; os Tribunais e Juízes do Trabalho; os Tribunais e Juízes Eleitorais; os Tribunais e Juízes Militares; e os Tribunais e Juízes dos Estados e do Distrito Federal e Territórios. Em síntese, o Poder Judiciário é composto de órgãos singulares (os juízes) e de órgãos colegiados como os Tribunais e o próprio Conselho Nacional de Justiça, ao qual, criado pela Emenda Constitucional n. 45, compete controlar a atuação administrativa e financeira do próprio Judiciário, bem como o cumprimento dos deveres funcionais dos juízes, conforme art. 103-B, § 4º da CF/88.

Os juízes singulares são tidos como órgãos do Poder Judiciário, cuja qualificação é a de agente político do Estado ou agentes estatais, isto é, são equivalentes a parlamentares e demais mandatários públicos, como os membros do Ministério Público. Contudo, vale ressaltar que para fins específicos os magistrados podem ser qualificados como "servidores públicos", é o caso, por exemplo, quando cometem crimes contra a administração pública ou praticam crimes privativos de servidores públicos, consoante capitulação legal. Há quem considere ainda que, em uma acepção ampliada, os magistrados têm sido tratados como servidores públicos, sobretudo quando se considera a política remuneratória imposta à Magistratura nos últimos anos pelo Poder Executivo. Mesmo que se considere o princípio constitucional que garante a independencia orçamentária e o autogoverno ao Poder Judiciário ao lado dos demais poderes da República, é certo que a aprovação do próprio orçamento federal torna o Judiciário e a remuneração de seus membros assunto sujeito às ingerências do Poder Executivo como também do Legislativo.

A normatização do Regime Jurídico da Magistratura tem suas diretrizes básicas no referido art. 92 da CF/88, que traça a sua estruturação, e também no art. 93 da Carta Magna, o qual institui os princípios básicos da carreira. Tais princípios alicerçam as interpretações das disposições infraconstitucionais lançadas no Estatuto da Magistratura. Também conhecida como Lei Orgânica da Magistratura Nacional (LOMAN), a Lei Complementar n. 35, de 14 de março de 1979, compõe ao lado do Código de Ética da Magistratura, aprovado pelo Conselho Nacional de Justiça em agosto de 2008, um microssistema normativo regulatório dos direitos e deveres dos magistrados. Integram este microssistema normas específicas, aplicáveis aos juízes de maneira pontual, como é o caso do Código Penal, nos já referidos crimes contra a administração pública ou crimes próprios de servidores públicos.

Existem assim dois planos distintos que definem os direitos e deveres a que se submetem os membros da magistratura. Há aqueles direitos e deveres instituídos no plano constitucional, diretamente expressos na Constituição de 88, como também há os direitos e deveres funcionais descritos em normas infraconstitucionais, como ocorre na LOMAN e em algumas Resoluções esparsas do Conselho Nacional de Justiça. A análise dos direitos funcionais dos magistrados deve considerar ambos os planos. Em todo o caso, as garantias da jurisdição e dos juízes têm como fundamento a independência do exercício da jurisdição e a sua proteção contra pressões externas (ingerência dos poderes econômico e político, bem como da opinião pública). As garantias estabelecidas para os juízes individualizados, com foco na atividade subjetiva de cada magistrado, ou para a magistratura, considerado o exercício coletivo de um dos poderes do Estado, não podem ser consideradas privilégios. São antes prerrogativas institucionais que asseguram um dos fundamentos da democracia, qual seja, a atuação jurisdicional independente e soberana. Do contrário, sem garantias institucionais sólidas, haveria comprometimento no exercício da jurisdição, permitindo indevidas ingerências no processo decisório.

Podem-se dividir as garantias da atividade jurisdicional em duas espécies: de um lado, há as garantias institucionais propriamente ditas; de outro lado, há as garantias destinadas aos membros da carreira da magistratura. No primeiro grupo estão as garantias elencadas no art. 99 da CF/88 que abarcam toda a instituição e se estendem de maneira indivisível ao coletivo de magistrados. A primeira destas garantias é a autonomia financeira dos tribunais, os quais cuidam da elaboração de suas propostas orçamentárias e da destinação financeiras de seus recursos. O uso de tais recursos é feito com a participação efetiva dos conselhos de controle. Notadamente, o Conselho Nacional de Justiça tem aqui uma de suas atribuições precípuas. No caso específico da Justiça do Trabalho, o CSJT — Conselho Superior da Justiça do Trabalho — exerce fiscalização interna e desempenha importante papel na liberação de recursos a cada um dos Tribunais Regionais. Outra garantia estabelecida no art. 99 da CF/88 diz com a autonomia orgânica e administrativa dos tribunais. Esta garantia constitucional possibilita que cada regimento interno dos tribunais determine uma organização que considere a mais adequada. Cada órgão jurisdicional possui autonomia para dimensionar sua estrutura orgânica. Assim, os tribunais podem formular propostas para criação de cargos de juízes e servidores, iniciativa que passará necessariamente pala avaliação do CNJ (e CSJT, no caso dos Tribunais do Trabalho), antes de seguirem para os demais poderes. A mesma garantia de autonomia orgânico-administrativa é que permite aos tribunais escolherem seus dirigentes.

Quanto às garantias destinadas aos membros do Poder Judiciário, pode-se adotar a seguinte tipologia: I. Direitos ou atributos subjetivos; II. Garantias ou atributos da jurisdição, sejam institucionais ou reservados a seus membros; III. Deveres ou obrigações dirigidas aos magistrados; IV. Proibições ou vedações de determinados comportamentos.

O primeiro direito a ser considerado trata do subsídio dos magistrados. Conforme disposição do art. 39 da CF/88 em seu § 4º, "*o membro de Poder, o detentor de mandato eletivo, os ministros de Estado e os Secretários*

Estaduais e Municipais serão remunerados exclusivamente por subsídio fixado em parcela única, vedado o acréscimo de qualquer gratificação, adicional, abono, prêmio, verba de representação ou outra espécie remuneratória, obedecido, em qualquer caso, o disposto no art. 37, X e XI (redação dada pela Emenda Constitucional n. 19, de 1998)".

O magistrado como membro do Poder Judiciário deverá receber remuneração retributiva de sua atuação em parcela única, a qual engloba vários direitos que lhe são assegurados. Assim, existe vedação a outros acréscimos em razão de adicionais, abonos e outras espécies remuneratórias semelhantes; sendo que a parte final do dispositivo indica a limitação ao teto salarial, tal como definido no art. 37, XI da CF/88 (parâmetro definido pelos valores recebidos pelo ministro do Supremo Tribunal Federal). O citado teto possui dupla natureza jurídica, seja como limitação remuneratória, seja também como um direito inerente à carreira. Não se admite ultrapassamento do teto, exceto nas hipóteses reguladas por normas específicas ou decorrentes de interpretação, como a realizada pelo CNJ na Resolução n. 13, de 21 de março de 2006 a qual excluiu da incidência do teto verbas de caráter indenizatório, tais como diárias, auxílio-moradia, transporte, indenização de férias entre outras.

Outro direito constitucional a afetar a sistemática da carreira da magistratura é a aposentadoria dos juízes, a qual se opera nos termos dos arts. 93, inciso VI e 40, ambos da CF/88. Pelos ditames constitucionais, a aposentadoria do magistrado pode ocorrer em três hipóteses, quais sejam, por invalidez permanente, compulsoriamente (por critério etário ao completar 70 anos) e voluntariamente. Em todo caso, há que se considerar o critério de proporcionalidade ao tempo de contribuição do magistrado.

A LOMAN — Lei Orgânica da Magistratura — estabelece outros direitos aos juízes não mencionados expressamente na CF/88, como se dá com o direito a férias anuais de 60 (sessenta) dias, coletivas ou individuais (art. 66). A Emenda Constitucional n. 45 de 2004 alterou a redação do art. 93, inciso XII, para determinar que a atividade jurisdicional seja ininterrupta, razão pela qual são vedadas as férias coletivas seja nos juízos seja nos tribunais, os quais passaram a funcionar nos dias em que não há expediente forense normal (finais de semana e feriados), segundo escala de juízes em plantão permanente. O art. 69 da LOMAN estatui outro direito aos magistrados; trata-se das licenças que podem ser concedidas aos juízes no curso de sua atividade jurisdicional, notadamente para tratamento de saúde, por motivo de doença em pessoa da família e para repouso de gestante. As licenças para tratamento de saúde que se estender por mais de 30 dias, assim como as prorrogações por períodos ininterruptos que também ultrapassem 30 dias passam a depender de inspeção por junta médica, a qual deve atestar a necessidade real de afastamento. O § 2º do art. 71 da LOMAN, por sua vez, determina que, salvo contraindicação médica, o magistrado licenciado poderá proferir decisões em processos que, antes da licença, lhe foram conclusos para julgamento. Essa disposição visa a promover a celeridade processual e ainda favorecer uma melhor análise dos autos ao qual se supõe já foram analisados pelo magistrado que se afastou em razão de licença médica. O juiz também pode se afastar do seu trabalho por oito dias em outras duas hipóteses; casamento e falecimento do cônjuge, ascendente, descendente ou irmão (art. 72, LOMAN). O art. 73 do mesmo diploma prevê o afastamento do magistrado, sem prejuízo de subsídios, para frequência a cursos ou seminários de aperfeiçoamento e estudos (máximo de dois anos), para a prestação de serviços exclusivos à Justiça Eleitoral e para exercer a presidência de associação de classe.

Ao lado dos direitos existem as garantias à magistratura. O art. 95 da CF/88 elenca as três principais. Em primeiro lugar, a Constituição garante a vitaliciedade, ou seja, o juiz ocupa o cargo, após dois anos de exercício, de modo permanente. A exigência de dois anos de estágio probatório para aquisição da vitaliciedade só se aplica aos magistrados que ingressaram na carreira no 1º grau de jurisdição após aprovação em concurso de provas e títulos. Esta exigência não se aplica aos que ingressam na magistratura pelo critério do quinto constitucional (proveniente do Ministério Público ou da Ordem dos Advogados do Brasil). Para estes, a vitaliciedade está garantida a partir da posse. Com isso, os juízes que ingressaram no 1º grau estão sujeitos a um período de estágio probatório, período em que serão avaliados e poderão perder o cargo por deliberação do tribunal a que estiverem vinculados. Decorrido o prazo bienal, a perda do cargo só poderá ocorrer por sentença judicial transitada em julgado.

A segunda garantia da magistratura prevista na Constituição estabelece a inamovibilidade (inciso II, do art. 95). O magistrado fica resguardado de sua retirada do Juízo ou Comarca em que atua. O que só poderá ocorrer caso haja solicitação expressa do próprio juiz ou então por razões de interesse público. O juiz não poderá ser removido do lugar onde trabalha para outro. O magistrado somente poderá ser removido ou promovido de acordo com seu anseio, salvo por motivo de interesse público e pelo voto de dois terços do órgão competente. Na ponderação do conflito entre a garantia da inamovibilidade do magistrado e da decisão de sua transferência motivada por interesse público deve ficar resguardada ainda o direito a ampla defesa. Por fim, o inciso II do art. 95 da CF/88 consagra a garantia à irredutibilidade de subsídio, ressalvando-se o disposto nos arts. 37, incisos X e XI (teto constitucional), 39 § 4º (subsídio único), 150, II, 153, III e 153 § 2º (situações de incidência tributária). Essa garantia tem o objetivo de manter a dignidade e a independência dos juízes, porque os salários integrais dos juízes estariam absolutamente assegurados durante o período de exercício de suas funções, não podendo ser reduzido mesmo que suas sentenças venham a desagradar interesses de poderosos. Em suma, as três garantias constitucionais visam assegurar um atuação independente dos magistrados, de maneira a evitar sujeições a pressões externas que possam comprometer suas decisões. Em última análise resguardam a licitude e a higidez do exercício da função jurisdicional.

No plano infraconstitucional, o art. 33 da LOMAN fixa outras garantias, inseridas na disciplina da organização da carreira da magistratura. Nos termos do inciso I, o juiz tem a prerrogativa de ser ouvido como testemunha em dia, hora e local previamente ajustados com a autoridade ou juiz de instância igual ou inferior. Também se enquadra no conceito de prerrogativa do magistrado a garantia de não ser preso senão por ordem escrita do tribunal ou do órgão especial competente para o julgamento, salvo em flagrante de crime inafiançável, caso em que a autoridade fará imediata comunicação e apresentação do magistrado ao presidente do tribunal a que esteja vinculado. Outra prerrogativa garante aos magistrados o direito de ser recolhido a prisão especial, ou a sala especial de Estado-Maior, por ordem e à disposição do tribunal ou do órgão especial competente, quando sujeito à prisão antes do julgamento final. Contudo, a despeito desta prerrogativa ao recolhimento de custodia legal em local diferenciado, os magistrados não ficam isentos de serem presos cautelarmente desde que preenchidos os requisitos para a prisão preventiva, inseridos no art. 312 do Código de Processo Penal. O juiz também não está sujeito à notificação ou à intimação para comparecimento, salvo se expedida por autoridade judicial. Por último, o inciso V garante aos magistrados o porte de arma de defesa pessoal; sendo imprescindível que o magistrado participe de cursos e treinamentos exigidos para que usufrua de tal prerrogativa.

Dos deveres funcionais e proibições

Os deveres funcionais da magistratura, em sua maioria, estão inseridos no art. 93 da CF/88. O inciso VII do referido diploma legal estabelece a exigência de o juiz titular vir a residir na respectiva comarca. Tal exigência pode ser ressalvada caso o respectivo tribunal venha a autorizá-lo a residir fora da comarca em que atua. O tema recebeu normatização do CNJ ao editar a Resolução 37/2007. Caso o magistrado fixe residência fora da comarca em que atua, sem a devida autorização, fica caracterizada infração funcional sujeita a procedimento administrativo disciplinar.

O inciso IX do art. 93 da CF/88 fixa ao magistrado o dever de assegurar publicidade dos atos processuais. Cuida-se de dever específico da magistratura correlato ao *caput* do art. 37 da Carta Magna o qual define como princípio administrativo basilar o da garantia de publicidade para todos os atos administrativos. A publicidade dos atos processuais praticados pelo juiz, particularmente, afeta não apenas interesses de terceiros, como os particulares envolvidos na demanda judicial, como também afeta o interesse secundário do poder público, daí porque constitui dever dos mais relevantes na atuação funcional. Como exceção, existem os processos submetidos ao segredo de justiça em cuja hipótese a própria lei limita o conhecimento dos atos processuais às partes e seus advogados. A preservação do direito à intimidade do interessado no sigilo não deverá contudo prejudicar o interesse público à informação.

O mesmo inciso IX do art. 93 fixa que é dever do magistrado fundamentar suas decisões, sob pena de nulidade. A ausência de fundamentação nas decisões judiciais traz a possibilidade de anulação das mesmas. Assim, em termos técnicos, a nulidade que acomete a decisão sem fundamentos não se trata propriamente de uma "pena", mas de um consequência processual. Em suma, o mesmo ato do juízo (decisão proferida sem o respaldo de qualquer fundamentação) implica em descumprimento de dever funcional específico o qual também gera consequência no processo, tornando potencialmente nulos os atos processuais subsequentes.

No plano infraconstitucional, o art. 35 da LOMAN dispõe sobre o deveres funcionais dos magistrados. Em primeiro lugar é dever do magistrado cumprir e fazer cumprir, com independência, serenidade e exatidão, as disposições legais e atos de ofício que lhe competem. Em seu inciso II, o mesmo artigo determina que o juiz deve observar os prazos processuais para sentenciar ou despachar, indicando, inclusive, as providencias necessárias para que os atos se realizem dentro do prazo legalmente estipulado. O princípio da duração razoável do processo (art. 5º, LXXVIII, CF/88) encontra neste dever seu sucedâneo funcional, ou seja, os magistrados não devem exceder de forma injustificada os prazos para sua atuação jurisdicional, zelando para o que o trâmite processual ocorra da forma mais célere.

Os magistrados devem ainda tratar com urbanidade as partes, os membros do Ministério Público, os advogados, as testemunhas, os funcionários e auxiliares da Justiça, e atender aos que o procurarem, a qualquer momento, quando se trate de providência que reclame e possibilite solução de urgência. O Código de Ética da Magistratura repete a mesma regra, impondo um dever de urbanidade no trato com as partes, advogados e público em geral com os quais o juiz se relacione no seu ambiente de trabalho. Outro dever inscrito na LOMAN com ressonância no Código de Ética determina que o juiz mantenha conduta irrepreensível na vida pública e particular.

O art. 35 da LOMAN, inciso VI, estipula ao magistrado que compareça pontualmente ao início do expediente ou sessão, e que não se ausente injustificadamente antes de seu término. Quanto à pontualidade, interessa observar que o art. 815 da CLT concede ao magistrado a tolerância de 15 minutos para que inicie a audiência, pois, decorrido tal lapso de tempo, faculta-se aos presentes (partes, advogados e Membros do Ministério Público) que se retirem, devendo o ocorrido constar do livro de registro das audiências. A doutrina e a jurisprudência são uníssonas ao asseverar que esse lapso de tolerância só é aplicável ao juiz, já que "*inexiste previsão legal tolerando atraso no horário de comparecimento da parte à audiência*" (Orientação Jurisprudencial n. 245 da SDI-1 do Tribunal Superior do Trabalho). A norma celetista direciona-se exclusivamente para a pessoa do juiz, não tendo aplicação genérica às partes.

Finalizando o rol dos principais deveres do juiz, o inciso VII do art. 35 da LOMAN indica que a ele cabe exercer assídua fiscalização sobre os subordinados, no que tange ao cumprimento de seus deveres funcionais. Tal regra ainda destaca que a fiscalização deve ser exercida especialmente no que concerne à cobrança de custas e emolumentos, mesmo que não haja reclamação das partes nesse sentido.

Ao lado dos deveres funcionais, o art. 95 da CF/88 também fixa proibições (vedações) aos juízes. A primeira diz com a proibição de o magistrado exercer outro cargo ou função, salvo a de magistério (ainda que durante o período de disponibilidade). O CNJ regulamentou o exercício da atividade de magistério em sua Resolução 34 de 24 de abril de 2007. Em regra não há restrição quanto a essa atividade, sendo suficiente que o exercício da docência seja comunicado formalmente pelo magistrado ao órgão competente do Tribunal, o qual deverá repassar as informações ao CNJ. A única vedação explícita estabelecida pelo Conselho se refere ao desempenho de cargo e função administrativa ou técnica em estabelecimento de ensino. Tais atividades por extrapolarem o exercício específico da docência, passam a ser vedadas.

A Carta Magna veda expressamente que o juiz receba custas ou participação em processo, consoante inciso II, parágrafo único, do art. 95; de tal sorte que o magistrado não pode receber nenhum tipo de participação monetária no processo, uma vez que isso abalaria o princípio da imparcialidade.

Aos juízes também é vedado qualquer participação em atividades político-partidárias. Está proibido o exercício de tarefas relacionadas aos partidos políticos, inclusive a filiação. Tal ingerência seria danosa e poderia comprometer a necessária imparcialidade que o Poder Judiciário deve manter.

Nos termos do inciso IV, parágrafo único, do art. 95 da CF/88, o juiz também não pode receber auxílios ou contribuições oriundas de pessoas físicas, entidades públicas ou privadas, ressalvadas as exceções previstas na lei. Importante exceção são os valores provenientes de eventual participação societária do magistrado, o que não acarreta ofensa ao dispositivo em comento.

Por fim, ressalta-se que o magistrado está proibido de exercer a advocacia no juízo ou no tribunal do qual se afastou, antes de decorridos três anos do seu afastamento do cargo, seja por aposentadoria seja por exoneração. Tal inovação trazida pela Emenda Constitucional n. 45 de 2004 visa a evitar situações que possam gerar suspeição, maculando o bom funcionamento dos tribunais. Nesse contexto, cuida-se de reforço em prol dos princípios da independência e imparcialidade. A vedação introduzida pelo legislador constituinte derivado visa a prevenir que o (ex) juiz se beneficie de sua influência política e pessoal junto do tribunal onde atuou. Pondere-se que a exigência de tal "quarentena" deve incidir apenas no órgão em que o magistrado atuou. Seria um ônus excessivo ampliar esta vedação para outros tribunais, impedindo assim o exercício laboral do magistrado já afastado.

No plano infraconstitucional, o art. 36 da LOMAN elenca três vedações. A primeira se refere à proibição de o juiz exercer o comercio ou participar de sociedade comercial, inclusive de economia mista, exceto como acionista ou cotista, como acima comentado. O juiz, assim, pode ser sócio de uma sociedade empresária, desde que não exerça nenhum cargo de direção ou atividade de gerencia. Há proibição ainda de o juiz exercer cargo de direção de sociedade civil, associação ou fundação, de qualquer natureza ou finalidade. Ressalva-se apenas a possibilidade de o magistrado ocupar cargo de direção em sua associação de classe e que tal ocupação se dê sem remuneração específica, isto é, de forma voluntária. Tais vedações têm a finalidade de impedir que o magistrado se dedique a uma atividade comercial. No plano dos negócios o comportamento exigido não se coaduna com aquele que a sociedade espera do magistrado.

Por fim, a LOMAN proíbe os magistrados de manifestar, por qualquer meio de comunicação, opinião sobre processo pendente de julgamento, seu ou de outro juiz, ou divulgar avaliação depreciativa sobre despachos, votos ou sentenças de órgãos judiciais. Tal proibição é ressalvada para a crítica manifesta nos próprios autos, em obras técnicas ou no exercício do magistério em ambiente acadêmico. Em tais circunstâncias, o juiz atua como cientista do direito que veicula interpretação das normas, buscando extrair novos sentidos hermenêuticos. Ou seja, ao emitir opinião diversa em tais situações (em obra ou ambiente acadêmico) o juiz atua não como magistrado mas, se pocisiona no debate como doutrinador e intérprete do direito. Nessa condição específica de analista do Direito, pode o magistrado comentar, criticar ou assentir com julgados de outros colegas.

Em suma, as mencionadas vedações, seja no plano constitucional, seja no plano infraconstitucional, possuem o escopo geral de resguardar o juiz de situações que podem macular sua posição de imparcialidade, de modo a preservar o prestígio e a importância da atividade jurisdicional para o funcionamento geral da sociedade.

III. CÓDIGO DE ÉTICA DA MAGISTRATURA NACIONAL

Quando se examina uma deontologia jurídica, busca-se sobretudo traçar os comportamentos e ações "ideais" de um magistrado no exercício da função jurisdicional. "*A **deontologia** define modelos de perfeição, que, porque são modelos de perfeição, não alcançáveis por todos, não podem por isso ser em geral exigíveis, não sendo consequentemente a respectiva inobservância passível de sanção; pelo contrário, a **disciplina** refere-se à* *violação de mínimos éticos (deontológicos), necessários à vida em sociedade e que por isso funcionam como instrumento de controlo ou de conformação social." Ser, dever e parecer: notas sobre a deontologia dos juízes,* Álvaro Reis Figueira, *Revista Forense*, Porto, março de 2006.

A disciplina é o comportamento que **se exige**, e cuja inobservância implica a desobediência legal, por isso se sanciona; já a deontologia é o comportamento a que **se aspira**, e que por isso, em tese, não pode ser sancionado se não for atingido. Enquanto a Deontologia propõe modelos positivos de comportamento, descreve o perfil do profissional perfeito, do profissional cujos atos são socialmente valorados como ideais; a regras de Disciplina descrevem obrigações e deveres negativos, por isso sancionáveis.

A deontologia jurídica da magistratura parte de questionamentos éticos que põem em destaque a atividade jurisdicional do magistrado. São questionamentos a examinar como deve ser o comportamento ético do juiz na sua atuação funcional, qual tipo de magistrado se almeja para que possa julgar da melhor forma possível as demandas que lhe são submetidas. A partir destas questões surgem outro nível de indagação ainda mais genérico, qual seja, quais as qualidades e virtudes devem os membros da magistratura cultivar a fim de qualificar a sua atuação jurisdicional. E mais, como chegar até essas virtudes? Muito se discute sobre a viabilidade de concretização de uma codificação de tais virtudes, pois se poderia facilmente decair na utopia de um juiz ideal inatingível, incompatível com a natural falibilidade humana. De todo modo, o que se pretende com a difusão dos atributos básicos da deontologia jurídica é uma reflexão filosófica sobre a conduta dos juízes na dimensão jurisdicional, administrativa e pessoal.

Assim, ao sistematizar um conjunto de princípios e regras que delimitam condutas, o Código de Ética da Magistratura editado pelo CNJ fixou preceitos e modelos de condutas mais dignas e adequadas ao exercício da função jurisdicional. O intuito do referido diploma é fornecer um substrato teórico para avaliação constante dos operadores do direito com a finalidade de aprimorar as condutas com vistas a padrões mais elevados de civilidade e educação. O Código de Ética da Magistratura procura firmar um compromisso institucional dos membros do Poder Judiciário para com a sociedade, com vistas a uma prestação jurisdicional de excelência. O Código representa importante fonte de princípios, instrumento essencial para a reflexão dos juízes a fim de fomentarem a confiança da sociedade em sua autoridade agora também valorada moralmente.

O Código de Ética da Magistratura não deve ser lido como simples conjunto de restrições, cobranças de condutas e imposições, mas sim como um repositório de virtudes a serem cultivadas pelos juízes com intuito de fortalecer a própria legitimidade do Poder Judiciário. Trata-se de modelo de conduta dirigido aos magistrados mas que também serve como modelo de conduta a toda sociedade, já que seu escopo é o de incutir na vida social princípios éticos que devem ser por todos exercitados.

O Código inicia estabelecendo deveres gerais. O primeiro comando exorta que os magistrados devam ter uma conduta compatível não só com os preceitos estatuídos pelo código como também por aqueles delineados pelo Estatuto da Magistratura, devendo ainda respeitar e zelar pela obediência à Constituição da República e às leis do País. No contexto ético, os juízes devem prezar pelo desenvolvimento da atividade judicial de modo a garantir e fomentar a dignidade da pessoa humana. Esse comando conjuga-se com o princípio fundante do ordenamento jurídico tal qual estatuído no art. 1º, inciso III da Constituição. A preservação do princípio da dignidade humana relaciona-se diretamente com a promoção da solidariedade social e justiça na relação entre as pessoas. Os deveres gerais, portanto, repõem o compromisso constitucional com o princípio da dignidade da pessoa humana desta feita no patamar ético a informar as atitudes e comportamentos dos magistrados.

Com tal intento, são estabelecidos alguns princípios sistematizados pelo seguinte rol: independência, imparcialidade, transparência, integridade pessoal e profissional, diligência, dedicação, cortesia, prudência, sigilo profissional, conhecimento e capacitação, dignidade, decoro e honra.

O princípio da *independência* representa, ao lado da vedação de participação do magistrado em atividades político-partidárias, a exigência de não interferência de um juiz na atividade jurisdicional de outro juiz, exceto quando legalmente admitida, como se dá nas hipóteses de julgamentos de recursos e nos casos de substituição legal. Juiz independente é aquele que não se sujeita a indevidas influências quanto a suas convicções. Tais influências podem ser de ordem econômica, política ou social (pressão da opinião pública ou da mídia). Independência diz com a capacidade de não ser afetado ou indevidamente influenciado por outras pessoas ou determinados grupos. É possível que a influencia não emane de uma fonte externa, mas que seja exercida internamente por outros membros do Poder Judiciário, de maneira vertical ou horizontal. Considera-se interferência interna vertical quando um membro de cargo da carreira de nível elevado pressiona o magistrado para que decida de uma determinada forma. Considera-se interferência interna horizontal quando a pressão emana de magistrado do mesmo posto funcional. Nos dois casos, o juiz que sofreu a interferência deve denunciar o colega faltoso para manter intacta a independência funcional de sua atividade jurisdicional. Em suma, o dever ético da independência não se refere apenas aos poderes exteriores ao âmbito judicial, mas opera dentro dele e, por isso, regula também a relação entre colegas e inclui o dever de denunciar qualquer tentativa sediciosa da independência.

O princípio da *imparcialidade* está geneticamente vinculado à sistemática processual, pois decorre da exigência de igualdade no tratamento dispensado às partes na relação processual. Imparcialidade é condição primordial para que um juiz atue, assegurando um tratamento isonômico entre aqueles que litigam em um processo. O princípio atua em dupla vertente, seja na acepção processual, de forma a garantir a paridade de condições entre os litigantes, seja na acepção ética, a qual proporciona maior segurança e confiabilidade no processamento da lide. Um juiz imparcial é aquele que não só persegue objetividade no seu trabalho específico, mas rejeita todo tipo de comportamento que possa representar favoritismo, predisposição ou preconceito perante as partes litigantes.

Em sequência, o princípio da *transparência* surge como consectário lógico do princípio da imparcialidade, pois o magistrado que se mantém imparcial na condução de um determinado processo não tem nada a esconder; inexistindo ato escuso a transparência no seu procedimento surge naturalmente. Assim, o Código de Ética determina que se proceda à documentação dos atos processuais de modo a assegurar a sua publicidade. O princípio da transparência vincula-se diretamente ao princípio constitucional da publicidade, conforme art. 37 da Carta Magna, enquanto fundamento que norteia toda a sistemática administrativa dos Poderes do Estado. No contexto da prestação jurisdicional, o princípio da transparência eleva essa preocupação em documentar os atos a um maior controle da conduta formal dos magistrados. O princípio ainda estabelece que o magistrado deve prestar as adequadas informações aos interessados acerca dos processos sob sua responsabilidade. Cabe ao juiz informar devidamente aos interessados, permitindo uma compreensão clara e útil do transcorrer processual. Estabelece ainda o dever de o juiz manter com os meios de comunicação social uma relação prudente e equitativa. Na relação sempre conturbada com os meios de comunicação, o juiz deve adotar postura prudente de modo a evitar prejuízo a quem quer que seja, bem como comportamentos que impliquem na busca injustificada de reconhecimento e promoção pessoal. Se a carreira da magistratura pode trazer certo prestígio a seus membros, o princípio da transparência visa a temperar esta relação, tolhendo uma expressão desregrada. Para a sociedade possui mais relevância a atuação jurisdicional do magistrado e não a sua figura pessoal. Por fim, cumpre ao magistrado adotar conduta positiva de colaboração para com os órgãos de controle e de aferição de seu desempenho profissional. O juiz não deve maquiar ou esconder o seu aproveitamento laboral, prevalecendo a transparência nos momentos em que colabora com as correições e atos revisionais em seu gabinete de trabalho.

O princípio da *integridade pessoal e profissional* pode ser examinado em duas vertentes: a integridade de foro íntimo e pessoal e a integridade no contexto público, ou seja, integridade profissional. No âmbito privado, o juiz deve proceder de modo que sua atuação jurisdicional não venha a danificar sua imagem de julgador. Trata-se de um certo cuidado em manter no foro íntimo atitudes que não venham na esfera pública macular a imagem de respeitabilidade. Ainda que tais comandos sejam abstratos e variáveis conforme o contexto e situação social em que está inserido em dado momento, o magistrado deve ter consciência de que o exercício da atividade jurisdicional lhe impõe restrições e exigências pessoais especiais distintas daquelas a que sujeitam os cidadãos em geral. Segundo o Código de Ética, o magistrado deve também recusar qualquer benefício oriundo de entes públicos, de sociedade empresária privada ou de pessoas físicas que possam, de alguma maneira, comprometer a sua independência. Pela mesma razão, o juiz também não deve se valer de bens públicos ou quaisquer outros meios destinados à prática da função jurisdicional para fins privados; neste aspecto, o princípio da integridade associa-se ao princípio da moralidade administrativa, resguardando o uso do patrimônio público. Por fim, o princípio da integridade determina ao magistrado que adote medidas a fim de evitar dúvidas acerca da legitimidade de suas receitas pessoais e de seu patrimônio.

O princípio da *diligência e dedicação* tem papel estruturante para aos demais princípios, pois ao ser diligente, o juiz preserva o cuidado e a devida prudência a fim de observar o regular desempenho de suas atribuições. Magistrado diligente e dedicado assegura a qualidade do trâmite processual, assim como atua em conformidade com os princípios fundamentais já mencionados. Assim é que o magistrado não deve assumir encargos ou contrair obrigações que perturbem ou impeçam o cumprimento apropriado de suas funções específicas, ressalvadas as acumulações permitidas constitucionalmente. Como consequência, o magistrado que acumular, de conformidade com a Constituição Federal, o exercício da judicatura com o do magistério deve sempre priorizar a atividade judicial, dispensando-lhe efetiva disponibilidade e dedicação.

O princípio da *cortesia* estabelece que o juiz deva ser cortês com todas as pessoas, sejam integrantes do Ministério Público, colegas da magistratura, advogados, partes, subordinados diretos e indiretos. Trata-se de regra comezinha do convívio social a qual adquire particular relevância na atividade jurisdicional. Aqui o Código de Ética empresta do senso comum regra básica de convivência social. Essa preocupação também significa adotar em suas decisões e despachos uma linguagem respeitosa, simples e clara, evitando-se fórmulas vetustas que apenas o distanciam, dificultando a compreensão social.

O princípio da *prudência* remete a uma virtude que já foi considerada a fonte de todas as demais condutas virtuosas (cf. Aristóteles em *Ética a Nicômaco*). A prudência consiste em ver a realidade como é, ou seja, da maneira mais racional e meditada possível. Para tanto é preciso adotar método adequado e afastar interesses próprios e laborar para um julgamento meditado e racionalmente sustentável. O magistrado prudente é o que busca adotar comportamentos e decisões que sejam o resultado de um juízo justificado racionalmente, após haver meditado e valorado os argumentos e contra-argumentos disponíveis, à luz do Direito aplicável. Não há aqui espaço para posturas açodadas ou voluntaristas. Especialmente ao proferir decisões, incumbe ao magistrado atuar de forma cautelosa, atento às consequências que pode provocar.

Pelo princípio do *sigilo profissional* o magistrado tem o dever de guardar absoluta reserva, na vida pública e privada, sobre dados ou fatos pessoais de que haja tomado conhecimento no exercício de sua atividade. O princípio não é exclusividade da atividade jurisdicional, pois também afeta outras atividades e profissões. Não se trata de inibir o acesso a circulação de informações processuais, o que se chocaria com outros princípios constitucionais, como o da publicidade. Em verdade, cuida-se apenas que as informações obtidas pelo juiz em função de sua atividade jurisdicional permaneçam resguardadas da indevida manipulação por terceiros se divulgadas pelo magistrado fora dos casos de comunicação oficial. O Código também traz comando específico para os magistrados que atuam em segundo grau, pois aos juízes integrantes de órgãos colegiados impõe-se preservar o sigilo de votos que ainda não hajam sido proferidos e daqueles de cujo teor tomem conhecimento, eventualmente, antes do julgamento.

A exigência de *conhecimento e de capacitação* permanente dos magistrados tem como fundamento o direito dos jurisdicionados e da sociedade em geral à obtenção de um serviço de qualidade na administração de Justiça. O juiz deve conhecer o Direito vigente para que possa desempenhar a contento suas funções judicantes. O princípio do conhecimento é a etapa inicial que sustenta a avaliação das situações conflituosas submetidas ao magistrado. Se o conhecimento é princípio inerente ao exercício da função jurisdicional, o princípio da capacitação coloca aos juízes a tarefa de cultivar o aprimoramento curricular, não somente das matérias propriamente jurídicas, o que está suposto, mas também de dedicar-se ao aprendizado contínuo, incluindo em seus estudos tópicos de sociologia, economia, tecnologia etc. O conhecimento e a capacitação dos magistrados adquirem uma intensidade especial no que se relaciona com as matérias, as técnicas e as atitudes que levem à máxima proteção dos direitos humanos e ao desenvolvimento dos valores constitucionais.

Por fim, ao magistrado é vedado procedimento incompatível com a *dignidade, a honra e o decoro* de suas funções. O princípio da dignidade traduz o respeito que o individuo deve ter para os outros. Ser digno implica em posição oposto a da violência fortuita. Se violentar o próximo é tratá-lo como coisa, como objeto, como mero meio para atingir finalidade diversa; ser digno consiste em dispensar tratamento para com os próximos de modo a tratá-lo como sujeito, como um fim em si mesmo. No plano da atividade jurisdicional, o juiz deve observar conduta que não implique em discriminação injusta ou arbitraria de qualquer pessoa ou instituição, o que seria ato atentatório à dignidade do cargo. Já exercitar o princípio da honra implica em agir de tal maneira que as mesmas ações possam ser consideradas como modelo para as demais pessoas, sejam advogados, partes ou interessados em geral. A honradez torna-se imperativo do comportamento modelar, da conduta exemplar para quem dela toma conhecimento. Por fim, quanto ao princípio do decoro, o Código é taxativo no sentido de que o magistrado não deve exercer atividade empresarial, exceto na condição de acionista ou cotista e desde que não exerça o controle ou gerência, ou seja, como regra básica do decoro o Código espera que o juiz não venha a se "contaminar" pela ética empresarial capitalista do lucro. O decoro na dicção do Código de Ética pretende evitar o contato do magistrado com a lógica capitalista, o que só faz sentido quando também se exercita os princípios da dignidade e da honra.

IV. SISTEMAS DE CONTROLE DO PODER JUDICIÁRIO: CONSELHO NACIONAL DE JUSTIÇA, CONSELHOS SUPERIORES, OUVIDORIAS E CORREGEDORIAS

Definido constitucionalmente como um poder estatal independente, o Judiciário não pode sofrer ou estar submetido a qualquer tipo de influência ou ingerência que comprometa a idoneidade de suas decisões, nem ainda a independência de seus integrantes. Nesse contexto, o exame do sistema de controle da magistratura deve preservar esta característica, daí porque tais instrumentos de controle jamais poderão recair sobre os próprios atos jurisdicionais. Somente os atos administrativos ou procedimentais é que se submetem a um sistema de controle interno. As decisões proferidas, vale dizer, os atos jurisdicionais em sentido estrito, estão submetidos ao sistema recursal pertinente a cada ramo processual, seja o sistema recursal ordinário, seja o sistema recursal extraordinário. Os atos jurisdicionais estarão sujeitos ao sistema recursal e não poderão servir como fundamento para nenhum tipo de reclamação aos órgãos de controle, ou aplicação de normas disciplinares aos magistrados.

CNJ — Conselho Nacional de Justiça

Criado pela Emenda Constitucional n. 45 de dezembro de 2004, o CNJ foi instalado efetivamente em 15.6.2005, tendo sido precedido por amplo debate acerca da Reforma do Judiciário. Neste debate duas críticas principais a um órgão como esse afirmavam que se tratava de ofensa ao princípio da separação de poderes (art. 2º da CF/88) como também ao princípio da independência judicial. Sem adentrarmos no posicionamento político acerca da conveniência ou não da existência de um órgão de controle externo do Judiciário, existem três aspectos que garantem a sua constitucionalidade: em primeiro lugar, cuida-se de órgão integrante do Poder Judiciário; sua composição garante maioria absoluta de membros do Judiciário; e por fim, há a possibilidade de controle de suas decisões pelo órgão de cúpula do Poder, qual seja, pelo Supremo Tribunal Federal.

As decisões proferidas pelo CNJ não afetam a autonomia do Poder Judiciário, pois operam estritamente no âmbito interno desse Poder. O CNJ não ostenta, assim, nenhuma função jurisdicional, não lhe competindo reapreciar decisões do Judiciário, nem imputar faltas funcionais derivadas dos julgamentos proferidos pelos órgãos julgadores. Jose Afonso da Silva (Curso de Direito Constitucional Positivo, 2006, p. 567) chega a afirmar que o CNJ é benéfico ao aprimoramento da eficácia das funções judiciais, não só por sua colaboração na formulação de uma autêntica política judicial, como também porque impede que os integrantes do Poder Judiciário se convertam em um corpo fechado, isto é, evita os efeitos nefastos do corporativismo permitindo maior diálogo com a sociedade.

Com redação da Emenda Constitucional n. 61 de 11.11.1009, estabelece o art. 103-B da Carta Magna que o Conselho Nacional de Justiça compõe-se de 15 (quinze) membros com mandato de 2 (dois) anos, admitida 1 (uma) recondução, sendo: o Presidente do Supremo Tribunal Federal, o qual também preside o Conselho; um ministro do Superior Tribunal de Justiça, indicado pelo respectivo tribunal; um ministro do Tribunal Superior do Trabalho, indicado pelo respectivo tribunal; um desembargador de Tribunal de Justiça, indicado pelo Supremo Tribunal Federal; um juiz estadual, indicado pelo Supremo Tribunal Federal; um juiz de Tribunal Regional Federal, indicado pelo Superior Tribunal de Justiça; um juiz federal, indicado pelo Superior Tribunal de Justiça; um juiz de Tribunal Regional do Trabalho, indicado pelo Tribunal Superior do Trabalho; um membro do Ministério Público da União, indicado pelo Procurador-Geral da República; um membro do Ministério Público estadual, escolhido pelo Procurador-Geral da República dentre os nomes indicados pelo órgão competente de cada instituição estadual; dois advogados, indicados pelo Conselho Federal da Ordem dos Advogados do Brasil; dois cidadãos, de notável saber jurídico e reputação ilibada, indicados um pela Câmara dos Deputados e outro pelo Senado Federal.

O Conselho é presidido pelo Presidente do Supremo Tribunal Federal e, nas suas ausências e impedimentos, pelo Vice-Presidente do STF, sendo-lhe de sua competência o controle da atuação administrativa e financeira do Poder Judiciário e o cumprimento dos deveres funcionais dos juízes. Além de outras atribuições que lhe forem conferidas pelo Estatuto da Magistratura.

O CNJ deve zelar pela autonomia do Poder Judiciário e pelo cumprimento do Estatuto da Magistratura, podendo expedir atos regulamentares, no âmbito de sua competência, ou recomendar providências; zelar pela observância do art. 37 da CF e apreciar, de ofício ou mediante provocação, a legalidade dos atos administrativos praticados por membros ou órgãos do Poder Judiciário, podendo desconstituí-los, revê-los ou fixar prazo para que se adotem as providências necessárias ao exato cumprimento da lei, sem prejuízo da competência do Tribunal de Contas da União. Ao CNJ ainda cabe receber e conhecer das reclamações contra membros ou órgãos do Poder Judiciário, inclusive contra seus serviços auxiliares, serventias e órgãos prestadores de serviços notariais e de registro que atuem por delegação do poder público ou oficializados, sem prejuízo da competência disciplinar e correicional dos tribunais, podendo avocar processos disciplinares em curso e determinar a remoção, a disponibilidade ou a aposentadoria com subsídios ou proventos proporcionais ao tempo de serviço e aplicar outras sanções administrativas, assegurada ampla defesa. O CNJ pode ainda rever, de ofício ou mediante provocação, os processos disciplinares de juízes e membros de tribunais julgados há menos de um ano.

Como instrumento de conhecimento e aprimoramento da atuação jurisdicional, o CNJ elabora semestralmente relatório estatístico sobre processos e sentenças prolatadas, por unidade da Federação, nos diferentes órgãos do Poder Judiciário, bem como elabora relatório anual, propondo as providências que julgar necessárias, sobre a situação do Poder Judiciário no País e as atividades do Conselho, o qual deve integrar mensagem do Presidente do Supremo Tribunal Federal a ser remetida ao Congresso Nacional, por ocasião da abertura da sessão legislativa.

O CNJ possui, assim, três funções primordiais: a função disciplinar, a função consultiva e a função normativa. A função disciplinar passa por procedimentos de sindicância, reclamação disciplinar, processo administrativo disciplinar (PAD), representação por excesso de prazo, avocação de processos em curso nos tribunais (que digam respeito a processos disciplinares) e de revisão disciplinar. Já a função consultiva extrai-se da possibilidade de se formular consultas, em tese, de interesse e repercussão geral quanto à dúvida suscitada na aplicação de dispositivos legais e regulamentares concernentes à matéria de sua competência. Disposta no art. 89 de seu Regimento Interno, determina a aplicabilidade específica dessa função no caso de o Poder Legislativo ou os Tribunais formularem consulta sobre projetos de leis de criação de cargos públicos, de estrutura e de natureza orçamentária dos órgãos do Poder Judiciário. Por fim, a função normativa encontra-se disciplinada no art. 102 e parágrafos do RI-CNJ. Os atos normativos, que serão aprovados pela maioria absoluta do Plenário, podem assumir as formas de Resoluções, Instruções ou Enunciados Administrativos e, ainda Recomendações. Assim como ocorre com as decisões consultivas, os atos normativos possuem efeitos vinculantes, embora o próprio regimento determine que os efeitos do ato sejam definidos pelo Plenário, ou seja, há possibilidade de modulação de efeitos quanto à obrigatoriedade dos mesmos.

Corregedorias e Ouvidorias

As corregedorias são órgãos internos do Poder Judiciário incumbidas da fiscalização, disciplina e orientação da sua administração. Em regra, existem em cada tribunal e são ocupadas por integrantes dos próprios tribunais, que são eleitos para mandatos, com duração geralmente de dois anos. Destacam-se três espécies de corregedorias: a Corregedoria-Geral de Justiça do CNJ; a Corregedoria-Geral da Justiça do Trabalho, que é órgão do Tribunal Superior do Trabalho; e as Corregedorias vinculadas aos Tribunais Regionais e Estaduais.

Juntamente com as corregedorias, os tribunais mantêm em funcionamento as ouvidorias, órgãos de apoio à presidência e corregedoria de cada tribunal. Possuem a função de receber reclamações e denúncias de qualquer interessado contra membros ou órgãos do Poder Judiciário ou contra seus serviços auxiliares. O art. 103-B, § 7º, da CF/88, determina que a União deve manter ouvidorias de justiça justamente com a finalidade de encaminhar ao CNJ a apreciação dessas reclamações e denúncias. No caso dos Tribunais, inexiste obrigatoriedade da existência de tais órgãos, embora seja recomendável a sua criação. Na prática, a maioria deles têm implementado ouvidorias com a finalidade de aprimorar a prestação dos serviços judiciários, promovendo a sua transparência.

V. RESPONSABILIDADE CIVIL, PENAL E ADMINISTRATIVA DOS MAGISTRADOS

Como regra geral, qualquer violação de uma obrigação (legal e/ou contratual) enseja a responsabilização de alguém (do agente violador) e, consequentemente, o dever de reparar o dano cometido para restaurar a situação que existiria caso o ato antijurídico (ou ilícito) não tivesse ocorrido. A situação jurídica anterior à violação pode ser restabelecida, nos casos de indenização por danos materiais, ou pode ser compensada, como se dá nos casos de indenização reparatória por danos morais. Importa salientar que as pessoas físicas respondem por seus atos em três esferas distintas, ou seja, o mesmo ato danoso que viola uma obrigação pode ensejar responsabilidades na esfera civil, na esfera penal e na esfera administrativa. A título de exemplo, um acidente de trânsito com vítima pode ensejar aplicação de penalidade administrativa (multas), reparação civil (por danos materiais no veículo) e punição criminal (pelo atropelamento de pedestres).

O mesmo raciocínio aplica-se aos magistrados e aos servidores públicos em geral, na medida em que o mesmo fato contrário ao direito pode ensejar responsabilidades nas três esferas: administrativa, civil e penal. Como indicado no início deste texto, os magistrados como membros de um Poder de Estado serão considerados funcionários públicos em sentido amplo para efeitos da responsabilização penal, pois se sujeitam aos mesmos tipos penais daqueles.

A responsabilidade dos agentes administrativos é tratada genericamente no art. 37, § 6º da Constituição Federal, o qual dispõe: "*As pessoas jurídicas de direito público e as de direito privado prestadora de serviços públicos responderão pelos danos que seus agentes, nessa qualidade, causarem a terceiros, assegurado o direito de regresso contra o responsável nos casos de dolo ou culpa*".

Nos casos de danos praticados por tais agentes, a pessoa jurídica do Estado é que será responsabilizada. Não caberá, portanto, àquele que sofreu o dano acionar diretamente o próprio agente administrativo, visando a reparação ou a indenização devida. A regra constitucional adotou a teoria da irresponsabilização pessoal direta dos agentes administrativos. Em termos de Direito comparado, a regra brasileira pouco difere dos demais países que adotam o sistema romano-germânico. Alguma diferença pontual existe em países como a Espanha e a Itália, cuja sistemática da responsabilidade civil dos magistrados admite postular uma responsabilização solidária entre o Estado e o juiz. No ordenamento brasileiro, contudo, os magistrados na condição de agentes administrativos em sentido amplo não sofrem, como regra geral, responsabilização civil pessoal pelos atos cometidos no exercício de suas funções.

Para os juízes, soma-se à regra geral inscrita no art. 37 § 6º da CF/88, outros dois dispositivos com redação semelhante. Trata-se do art. 49 da Lei Complementar n. 35 (LOMAN) e do art. 33 do Código de Processo Civil. Ambos prescrevem a responsabilidade por perdas e danos quando o juiz agir com dolo ou fraude no exercício de suas funções e quando recusar, omitir ou retardar, sem justo motivo, providência que deva ordenar de ofício ou a requerimento das partes. Nessa última hipótese, há que se ressalvar que sua concretização exige requerimento da parte ao magistrado, o qual após dez dias deixar de atender ou realizar a medida que se faz necessária. Entende-se que o acúmulo de serviço é motivo justo e suficiente a excluir a responsabilidade do magistrado quando este protela o andamento do processo.

Deste quadro conclui-se que a responsabilização civil dos magistrados é algo excepcional e muito difícil de se caracterizar. A postura adotada por nosso ordenamento é correta, pois se houvesse uma facilitação legal da responsabilização civil dos magistrados um número razoável de juízes se sentiriam pressionados em suas decisões e na própria condução dos processos, o que macularia a independência do Judiciário como Poder de Estado. A preservação da pessoa física do juiz é mais um instrumento a evitar eventuais pressões indevidas antes da prolatação de sentenças. A dificuldade da responsabilização civil dos magistrados se configura em técnica legislativa que atua como garantia de independência, constituindo anteparo necessário para decisões imparciais.

Quanto à responsabilização penal dos magistrados, uma prévia distinção se mostra obrigatória. Os juízes podem se comportar ou praticar condutas que serão eventualmente consideradas faltas éticas, faltas disciplinares ou ainda crimes propriamente. É certo que a mesma conduta pode caracterizar as três infrações, contudo, a responsabilidade penal só aparece quando caracterizado a prática de faltas criminais. O fato de o juiz ser processado penalmente não inibe apurações de faltas de natureza diversa. Entretanto, para efeitos de persecução penal tão somente as faltas que ensejam capitulação criminal é que guardam relevância. Nesse contexto, ao se avaliar a responsabilidade penal dos magistrados, há que se verificar que ela pode surgir da prática de crime comum (previstos no Código Penal), como também dos crimes que só podem ser praticados por funcionários públicos, como é o caso da violência arbitrária, peculato, prevaricação, emprego irregular de verbas públicas, corrupção, sonegação entre outros. Tais crimes quando praticados por magistrados recebem duplo tratamento, ou seja, a responsabilidade pode ser apurada internamente através de processo disciplinar administrativo, bem como externamente, através de processo judicial criminal.

Ainda se sujeitam ao processo de responsabilidade administrativa civil e penal os casos descritos pela Lei n. 4.989/1965, relativos a casos de abuso de autoridade, possuindo os juízes privilégio de foro para o processamento e julgamento destes casos.

Para os Juízes de 1ª Instância, a apuração e julgamento de faltas criminais compete aos tribunais aos quais estão subordinados, com exceção dos juízes do trabalho, cujos Tribunais por não possuírem competência criminal alguma, possuem foro privilegiado no Tribunal Regional Federal. Já os Desembargadores e

Juízes de 2ª Instância deverão ser processados no Superior Tribunal de Justiça. Os ministros dos tribunais superiores devem ser processados penalmente no Supremo Tribunal Federal e os ministros desta Corte possuem foro privilegiado no Senado para os crimes de responsabilidade ou no próprio STF para os crimes comuns.

O fundamento da responsabilidade administrativa dos magistrados vincula-se diretamente à garantia de independência no exercício da função jurisdicional, pois da sistemática Constitucional extrai-se que os juízes na prolatação de suas decisões estarão adstritos somente ao ordenamento jurídico e a sua consciência. Daí que, mesmo seja necessário imputar ao magistrado responsabilidade de natureza administrativa quando procede de modo contrário ao regime jurídico-administrativo, esta imputação deve ser interpretada considerando-se que no ato decisório o magistrado ter por base a lei (em sentido amplo) e o seu convencimento motivado (art. 93, IX, da CF).

Na sistemática da LOMAN, existem seis formas de disciplinamento para os Magistrados Faltosos. O art. 42 elenca as seguintes sanções possíveis: advertência; censura; remoção compulsória; disponibilidade com vencimentos proporcionais, aposentadoria com vencimentos proporcionais; e demissão. A suspensão como sanção administrativa não foi cogitada por nosso legislador, pois argumentou-se que o retorno do magistrado eventualmente suspenso acarretaria mal maior que a própria medida intentada, ou seja, atrasos operacionais na unidade judiciária e um "descaso" perante advogados e o jurisdicionado. A imagem do magistrado ficaria maculada, contribuindo para o descrédito social de suas decisões.

Note-se que a própria LOMAN tem a preocupação de estabelecer que a sanção que vier a ser aplicada deve ser exercida com a devida observância da independência e da dignidade dos magistrados. Daí porque o art. 41 do mesmo diploma determina que, salvo os casos de impropriedade ou excesso de linguagem, o magistrado não pode ser punido ou prejudicado pelas opiniões que manifestar ou pelo teor das decisões que proferir.

Examinando cada uma das espécies de sanções administrativas que podem ser aplicadas aos magistrados, verifica-se que as penas de advertência e censura são reservadas para as infrações mais leves ou de menor potencial ofensivo. A advertência é aplicada aos casos comprovados de negligência no cumprimento dos deveres do cargo (art. 43 da LOMAN) e a censura às práticas reiteradas de negligência no cumprimento dos deveres inerentes ao cargo ou ainda no caso de procedimento incorreto, se a infração não justificar punição mais grave. As penas de advertência e de censura somente são aplicáveis aos juízes de primeira instância e serão encaminhadas por escrito e de forma reservada. Assim, por ser menos grave, a advertência é cabível em uma ocorrência isolada, como por exemplo, na demora injustificada em tomar providência necessária. Já a censura ocorre nas hipóteses de infrações administradas continuadas ou nos casos em que a lei denomina "procedimento incorreto". O legislador empregou conceito jurídico aberto, daí a dificuldade do intérprete em declarar seus reais limites. O entendimento majoritário sedimentou-se no sentido de que o procedimento incorreto é aquele inadequado, descabido ou condenável, ou seja, toda forma de proceder que não se ajusta ao regular desenvolvimento do processo, que com este se atrita ou ainda que não pode ser tolerada dentro do padrão de uma normalidade procedimental.

A adoção de um tipo aberto se deu dada a impossibilidade de prever de maneira exaustiva ou taxativa todas as hipóteses de ação ou omissão que possam ser reprovadas administrativamente. De todo modo é necessário ser razoável neste enquadramento, já que algumas condutas podem ser capituladas como meras faltas éticas, como se dá quando o magistrado critica colega de profissão ou mesmo quando adota postura demasiado fria ou dura no trato com os funcionários. Por fim, cumpre destacar o juiz punido com a pena de censura não poderá figurar em lista de promoção por merecimento pelo prazo de 1 (um) ano, contado da imposição da pena. Note-se que a censura acaba gerando importante repercussão na evolução da carreira do juiz.

A remoção é sanção administrativa de grau médio, na medida em que é aplicável a condutas mais graves que as punidas com advertência e censura, embora seja ainda mais branda se comparada à pena de disponibilidade e perda do cargo. Uma breve verificação na história dos tribunais brasileiros mostrará que são raros os casos em que foi aplicada, pois, do ponto de vista pragmático revela-se pouco útil ou prático remover um juiz que praticou conduta reprovável para outro local. A nova comarca não receberá bem um magistrado que traz em seu currículo a imputação de uma conduta faltosa, ainda tendo sido removido para o novo local justamente por este motivo.

A pena de remoção foi concebida para retirar o juiz que praticou ato que o impede de permanecer onde sempre exerceu suas funções. Trata-se de hipótese em que se observa o aparecimento de grande tensão entre o magistrado e parte da comunidade que se relaciona com a jurisdição de determinado local. Tensão e desavenças podem tornar insuportável a permanência do magistrado perante determinada comunidade, o que em tese justificaria a remoção forçada.

Note-se que o inciso VIII do art. 93 da CF/88 teve sua redação alterada com a Emenda Constitucional n. 45 de 8.12.2004, pois alterou o *quorum* necessário para aplicação das penalidades mais graves aos magistrados. Assim, o ato de remoção, assim como a disponibilidade e a aposentadoria do magistrado, por interesse público, dependerá da decisão por voto da maioria absoluta do respectivo tribunal ou do Conselho Nacional de Justiça, assegurada ampla defesa. O art. 45 da LOMAN previa para a remoção a necessidade da manifestação de 2/3 dos membros do tribunal pleno ou órgão especial (quando houver).

Tanto a remoção quanto a advertência e a censura só são aplicáveis aos magistrados de 1º Grau de Jurisdição (arts. 42 e 45 da LOMAN).

A disponibilidade e a aposentadoria compulsória são sanções administrativas imputáveis aos magistrados que pratiquem condutas consideradas mais graves. Assim, o magistrado posto em situação de disponibilidade fica afastado de suas atividades, enquanto não seja convocado para atuar consoante discricionariedade do tribunal a que esteja vinculado. Já a aposentadoria compulsória se destina aos casos em que a disponibilidade é recomendada, com a diferença de que, nesse caso, o magistrado já conta com tempo suficiente para se aposentar. Na medida em que a aposentadoria não é voluntária, o tribunal pode adotar tal medida como sanção administrativa com base em conduta qualificada como fortemente reprovável.

Frise-se que uma vez imposta, tais sanções não poderão ser atacadas pela via administrativa, ou seja, não caberá recurso nessa esfera ou mesmo pedido de reconsideração ao órgão prolator da decisão. Entendimento consolidado no STF vai no sentido de que, dado o interesse público do afastamento do magistrado, não cabe revisão administrativa da decisão, sendo facultado ao ex-magistrado interessado ingressar com demanda na via judicial para desconstituir o ato, pois não cabe discutir o mérito administrativo da decisão.

De um modo geral, a aplicação da disponibilidade e da aposentadoria compulsória não são compreendidas pela população e opinião pública como uma efetiva sanção disciplinar. Tais decisões são apreendidas quase sempre como espécie de premiação ou como instrumento corporativo utilizado pela magistratura para se esquivar da responsabilidade por condutas incompatíveis com o cargo que exercem. Para os leigos a sensação é de que não houve efetiva punição da conduta faltosa. Contudo, o que se visa com a aplicação de sanções administrativas é a preservação da boa imagem do Poder Judiciário e a manutenção de seus bons e úteis trabalhos. A sanção administrativa não visa denegrir a pessoa do juiz ou desembargador condenado, mas tem como objetivo a manutenção de uma imagem ilibada ao Poder Judiciário enquanto instituição essencial do Estado.

Por fim, o art. 42 da LOMAN elenca como última e mais grave sanção a pena de demissão. Entretanto, essa regra disciplinar não foi recepcionada pela Carta Constitucional de 1988, pois o inciso I do art. 95 dispõe que os juízes são vitalícios e só perderão o cargo através de sentença judicial transitada em julgado. Saliente-se ainda que nem mesmo o CNJ — Conselho Nacional de Justiça — tem poderes para aplicar a pena de demissão, apesar de ocupar a posição de órgão administrativo máximo na estrutura judiciária, assumindo a competência de aplicar e revisar todas as sanções administrativas. Com a CF/88 a demissão de magistrado não pode fundamentar-se em decisão administrativa, já que tal modalidade de desligamento compulsório dependerá de decisão judicial com transito em julgado.

Como o texto constitucional não especifica a natureza da sentença judicial, argumenta-se que tanto pode ser uma sentença penal como uma sentença de natureza civil. Ainda que virtualmente possível o juiz vir a perder o cargo por meio de uma sentença civil transitada em julgado, o estudo realizado acima quanto às dificuldades de caracterização de tal tipo de responsabilidade ao magistrados em nosso ordenamento demonstra que na prática a situação dificilmente se concretizará. Assim, embora hipoteticamente concebível, em nossa sistemática só se observará de fato a demissão do magistrado faltoso pela vida da sentença penal transitada em julgado.

Em suma, apresentada a sistemática das sanções aplicadas aos membros da magistratura, verifica-se uma graduação normativa, o que nos indica indiretamente a necessidade de adotar um raciocínio por proporcionalidade. As penas mais graves, em princípio, só seriam cogitadas nos casos em que a indisciplina do magistrado ter se comprovado por meio de outras punições. O juízo de proporcionalidade na dosimetria das penas administrativas exige a adoção de uma gradação sancionatória, sempre com o intuito de preservar a independência e a imagem ilibada do Poder Judiciário.

QUESTÕES DE CONCURSOS

DIREITO DO TRABALHO

TRT — 8ª REGIÃO — CONCURSO C-320 — PA/2011

Conforme o ordenamento jurídico-trabalhista, é CORRETO afirmar que:

a) A renúncia, não obstante o princípio da indisponibilidade dos direitos trabalhistas, é instituto ampla e pacificamente admitido na normatividade juslaboralista.

b) As Comissões de Conciliação Prévia, como meio alternativo à pacificação dos conflitos, têm atribuição de buscar a via conciliatória nos dissídios individuais, competindo ao trabalhador, nas localidades em que houver Comissão de Empresa e Comissão Sindical, naturalmente optar por esta última, se pertencente a sua categoria profissional.

c) A transação é ato jurídico bilateral, ou mesmo plurilateral, através do qual as partes se dispõem a fazer concessões recíprocas quanto às questões fáticas ou jurídicas sobre as quais paire a certeza ou a dúvida.

d) A provocação da Comissão de Conciliação Prévia por parte do trabalhador tem o efeito de interromper o fluxo do prazo prescricional da ação trabalhista, que, deste modo, reinicia inteiramente a partir da tentativa de conciliação ou após esgotado o prazo de dez dias de que dispõe a Comissão para tentar a solução.

e) A relação de trabalho e a relação de emprego constituem espécies de relação jurídica. A relação de trabalho, no entanto, tem caráter genérico, de modo a abranger todas as relações cuja prestação essencial consubstancie-se no labor humano, tal qual ocorre na relação de emprego.

Gabarito: E

TRT — 8ª REGIÃO — CONCURSO C-320 — PA/2011

Quanto ao empregado como um dos sujeitos da relação empregatícia, assinale a opção CORRETA:

a) De conformidade com o art. 3º da CLT, os pressupostos que definem o conceito de empregado, de modo concorrente, são: a pessoalidade, não eventualidade e subordinação jurídica.

b) O pressuposto da não eventualidade revela-se na exigência de que os serviços a serem prestados sejam de caráter não eventual, isto é, que correspondam a necessidades normais na vida da empresa, o que não significa devam estes serviços terem um cunho de continuidade, tanto que, bem pode o trabalhador desempenhar sua atribuições apenas em determinados dias da semana.

c) Os direitos do empregado doméstico vêm evoluindo positivamente ao longo dos tempos, desde primitiva exclusão desta categoria das normas protetivas do texto consolidado (art. 7º, *a)*, passando pela Lei n. 5.859, de 11.12.1972, que contemplou o direito a férias anuais remuneradas de apenas 20 dias úteis, anotação de carteira profissional e inscrição na Previdência Social, chegando-se à Constituição de 1988, que garantiu ao doméstico um leque de direitos bem mais extenso, passando a compreender o direito ao salário mínimo, irredutibilidade do salário, 13º salário, FGTS, repouso semanal remunerado preferencialmente aos domingos, gozo de férias anuais, com pelo menos 1/3 a mais do que o salário normal, licença à gestante, com duração de cento e vinte dias, licença-paternidade nos termos fixados em lei, aviso prévio de, no mínimo, trinta dias, aposentadoria e integração à Previdência Social.

d) A figura da mãe social é prevista em lei especial, a Lei n. 7.644, de 1987 e ali se vê tratar-se de prestação de serviços de atendimento às crianças da comunidade, de caráter voluntário, sem implicar em vínculo empregatício com a instituição assistencial que administra tais serviços.

e) À luz da legislação especial, consubstanciada na Lei n. 6.001, de 19 de dezembro de 1973, que regula a situação jurídica dos índios ou silvícolas e das comunidades indígenas, e lhes impõe regime assistencial ou tutelar, somente mediante a assistência do Ministério Público do Trabalho o índio pode ser parte em uma relação de emprego.

Gabarito: B

TRT — 8ª REGIÃO — CONCURSO C-320 — PA/2011

Quanto à alteração do contrato de trabalho, é INCORRETO afirmar que:

a) Em princípio, desde que realizada por mútuo consentimento e desde que dela não resulte, direta ou indiretamente, prejuízos ao empregado, é lícita a alteração do contrato de trabalho. Do contrário, é nula a cláusula que infringir tal garantia legal.

b) Não obstante as alterações das condições do contrato de trabalho só se possam implementar por mútuo consentimento, não há se desprezar o denominado *jus variandi* concedido ao empregador, classificado como alteração voluntária unilateral, fulcrado no poder diretivo do titular do empreendimento econômico, mas que não pode ocorrer em prejuízo do obreiro.

c) Desde que a transferência da localidade da prestação do serviço não signifique mudança de domicílio do empregado, é lícito ao empregador removê-lo para outro estabelecimento situado na mesma região metropolitana, sem que, em tal hipótese, o empregado tenha direito a qualquer acréscimo salarial.

d) É possível a redução da carga horária do professor quando da ocorrência de diminuição do número de alunos, contanto que tal não implique em redução do valor da hora-aula.

e) Em princípio, é impossível a redução do salário do empregado. No entanto, excepcionalmente, tal espécie de alteração quantitativa é permitida, como na hipótese em que se dá a reversão do empregado ao cargo efetivo, de que esteve afastado para o exercício de função de confiança.

Gabarito: C

TRT — 23ª REGIÃO — XVIII CONCURSO — MT/2011

Sobre as teorias que tentam explicar a natureza jurídica da relação de emprego, assinale a alternativa incorreta:

a) A Teoria Institucionalista Pura prega que o interesse exclusivo da instituição empregadora deve prevalecer sobre os interesse individuais que nela ingressa.

b) A Teoria da Relação de Trabalho despreza o ato volitivo como condição para a existência da relação de trabalho, bastando que haja inserção objetiva do empregado na empresa com a correspondente prestação de serviços.

c) A Teoria do Contrato-Realidade afirma que a relação jurídica de trabalho é representado pela vontade das partes, através de um contrato expresso ou pelo fato, representado pelo trabalho efetivo, mesmo que não tenho sido convencionado.

d) A Teoria do Institucionalismo Impuro admite que exista ato volitivo do empregado, limitando-se contudo ao ingresso ou adesão à empresa que lhe impõe um estatuto legal previamente elaborado.

e) É possível dizer que a Consolidação das Leis do Trabalho adotou a Teoria Contratualista, que é aquela que despreza a vontade das partes uma vez que as normas contratuais devem respeitar os limites legais mínimos estabelecidos pelo Estado e irrenunciáveis pelas partes.

Gabarito: E

TRT — 2ª REGIÃO — XXXV CONCURSO — SP/2010

André ajustou pacto verbal com a empresa Gama Informática Ltda., pelo prazo determinado de três meses, para a prestação dos serviços de criação e desenvolvimento, com exclusividade, de programas e aplicativos para utilização em máquinas de operação de cartões de crédito e débito.

A empresa contratante Gama atua no ramo de consultoria na área de informática para operadoras de cartões de crédito. Ficou acordado entre as partes que as atividades de André poderiam ser realizadas na sua própria residência, desde que houvesse contato diário com os supervisores da Gama, por intermédio de teleconferência e correspondência eletrônica via *e-mail*. André definia os seus horários de trabalho devendo, entretanto, cumprir os prazos estipulados para cada tarefa. Quando o *software* passava a ser utilizado pelos clientes de Gama, André permanecia conectado à Internet e com uma linha telefônica exclusiva em sua residência para contatos, a qualquer momento, a fim de resolver problemas que surgissem na execução do programa. Caso precisasse sair de sua residência, André deveria portar telefone celular exclusivo e *laptop*, conectado à Internet. Ficou ajustada uma remuneração por programa desenvolvido, além de um pagamento extra para as horas em que André fosse contatado para solucionar os eventuais problemas na execução dos programas.

Quanto aos elementos formadores da relação de emprego, analisando a hipótese apresentada, marque a alternativa incorreta.

a) Para a caracterização da subordinação jurídica, elemento essencial para a configuração do contrato de trabalho, não é obrigatório o estabelecimento de horários pré-determinados e a sua fiscalização, importando apenas a possibilidade do empregador intervir nas atividades do empregado.

b) A Consolidação das Leis do Trabalho não distingue o trabalho realizado no estabelecimento empresarial daquele desempenhado no domicílio do empregado, desde que presentes os pressupostos da relação de emprego.

c) Os requisitos da pessoalidade e da não eventualidade estão presentes no caso, em razão da obrigatoriedade das teleconferências em face da prestação de serviços ligados à atividade fim da empresa contratante.

d) Caso determinada operadora de cartões possuísse o controle acionário da empresa Gama, dirigindo e administrando os bens desta para a consecução de seus objetivos empresariais, ambas seriam consideradas empregadoras de André, em razão da teoria do "empregador único".

e) André não poderia ser considerado empregado da empresa Gama em razão dos seguintes elementos fáticos: o contrato foi ajustado de forma verbal e pelo prazo determinado de apenas três meses; não havia controle e fiscalização de horários; não eram utilizados, pelo prestador dos serviços, os equipamentos e instalações da empresa contratante; bem como a remuneração era variável, não possuindo natureza salarial.

Gabarito: E

TRT — 15ª REGIÃO — XXVI CONCURSO — CAMPINAS/SP/2012

Aponte a alternativa incorreta, considerando o entendimento jurisprudencial consolidado do C. TST:

a) As normas relativas à complementação de aposentadoria, inseridas no Manual de Pessoal da Petrobras, têm caráter meramente programático, delas não resultando direito à referida complementação.

b) Preenchidos todos os pressupostos para a aquisição de estabilidade decorrente de acidente ou doença profissional, ainda durante a vigência do instrumento normativo, goza o empregado de estabilidade mesmo após o término da vigência desta.

c) A deliberação da diretoria da Empresa Brasileira de Correios e Telégrafos — ECT, prevista no Plano de Carreira, Cargos e Salários como requisito necessário para a concessão de progressão por antiguidade, por se tratar de condição puramente potestativa, não constitui óbice ao deferimento da progressão horizontal por antiguidade aos empregados, quando preenchidas as demais condições dispostas no aludido plano.

d) A parcela denominada "sexta parte", instituída pelo art. 129 da Constituição do Estado de São Paulo, é devida apenas aos servidores estaduais, celetistas e estatutários da Administração Pública direta, das fundações e das autarquias, conforme disposição contida no art. 124 da Constituição Estadual, não se estendendo aos empregados de sociedade de economia mista e de empresa pública, integrantes da Administração Pública indireta, submetidas ao regime jurídico próprio das empresas privadas, nos termos do art. 173, § 1º, II, da Constituição Federal.

e) Ainda que preenchidos os requisitos do art. 3º da CLT, não será reconhecida a relação de emprego entre policial militar e empresa privada.

Gabarito: E

TRT — 19ª REGIÃO — VI CONCURSO — AL/2012

À luz do quanto cristalizado na jurisprudência do TST, assinale a alternativa incorreta:

a) A hora noturna no regime de trabalho no porto, compreendida entre dezenove horas e sete horas do dia seguinte, é de 60 (sessenta minutos).

b) Para o cálculo das horas extras prestadas pelos trabalhadores portuários, observar-se-á somente o salário básico percebido, excluídos os adicionais de risco e produtividade.

c) Tratando-se de terminais privativos destinados à navegação de cabotagem ou de longo curso, é obrigatória a requisição de vigia portuário indicado por sindicato.

d) O adicional de risco dos portuários, previsto no art. 14 da Lei n. 4.860/1965, deve ser proporcional ao tempo efetivo no serviço considerado sob risco e apenas concedido àqueles que prestam serviços na área portuária.

e) O adicional de risco previsto no art. 14 da Lei n. 4.860, de 26.11.1965, aplica-se somente aos portuários que trabalham em portos organizados, não podendo ser conferido aos que operam terminal privativo.

Gabarito: C

TRT — 23ª REGIÃO — XVIII CONCURSO — MT/2011

Sobre o trabalhador avulso e as atividades de movimentação de mercadoria em geral, analise:

I. As atividades de movimentação de mercadorias em geral, podem ser exercidas por trabalhadores avulsos, sendo consideradas aquelas desenvolvidas em áreas urbanas ou rurais, sem vínculo empregatício, mediante intermediação obrigatória do sindicato da categoria, por meio de Acordo ou Convenção Coletiva de Trabalho para execução das atividades.

II. As atividades de movimentação de mercadorias em geral não podem ser exercidas por trabalhadores com vínculo empregatício.

III. A empresa tomadora que se vale de trabalhadores avulsos para o exercício de atividades de movimentação de mercadorias, a exemplo dos serviços de pré-limpeza e limpeza em locais necessários à viabilidade das operações ou à sua continuidade, responde solidariamente pela efetiva remuneração do trabalho contratado e são responsáveis pelo recolhimento dos encargos fiscais e sociais, bem como das contribuições ou de outras importâncias devidas à Seguridade Social, no limite do uso que fizerem do trabalho avulso intermediado pelo sindicato.

IV. A empresa tomadora que se vale de trabalhadores avulsos para o exercício de atividades de movimentação de mercadorias, a exemplo dos serviços de pré-limpeza e limpeza em locais necessários à viabilidade das operações ou à sua continuidade, é responsável pelo fornecimento dos Equipamentos de Proteção Individual e por zelar pelo cumprimento das normas de segurança do trabalho.

V. A empresa tomadora que se vale de trabalhadores avulsos para o exercício de atividades de movimentação de mercadorias, a exemplo dos serviços de pré-limpeza e limpeza em locais necessários à viabilidade das operações ou à sua continuidade, responde subsidiariamente pela efetiva remuneração do trabalho contratado, no limite do uso que fizerem do trabalho avulso intermediado pelo sindicato, já que nesta hipótese se aplica a exegese da Súmula n. 331 do Tribunal Superior do Trabalho.

a) Apenas I, II e III estão corretos e os itens III e IV estão errados.

b) Apenas I, III e IV estão corretos e os itens II e V estão errados.

c) Apenas I, IV e V estão corretos e II e III estão errados.

d) Apenas II, IV e V estão corretos e I e III estão errados.

e) Todos os itens estão errados.

Gabarito: B

TRT — 15ª REGIÃO — XXIV CONCURSO — CAMPINAS/SP/2010

É correto afirmar que:

a) o trabalho eventual pode ser prestado, na prática com subordinação ou com autonomia;

b) trabalho eventual é o mesmo que trabalho avulso;

c) o trabalho voluntário não está excluído da proteção do Direito do Trabalho;

d) os artistas sempre são considerados trabalhadores autônomos;

e) o representante comercial típico jamais está obrigado a fornecer, à empresa representada, informações sobre o andamento dos negócios a seu cargo.

Gabarito: A

TRT — 15ª REGIÃO — XXIV CONCURSO — CAMPINAS/SP/2010

Em relação ao trabalho temporário disciplinado na Lei n. 6.019/1974, assinale a alternativa incorreta:

a) a empresa de trabalho temporário, pessoa física ou jurídica, será necessariamente urbana;

b) no caso de falência da empresa de trabalho temporário, a tomadora dos serviços será subsidiariamente responsável pela remuneração e pela indenização prevista em lei, relativamente ao tempo em que o trabalhador temporário lhe prestou serviços;

c) está assegurado ao trabalhador temporário o direito a uma indenização por dispensa sem justa causa ou término normal do contrato correspondente a 1/12 (um doze avos) do pagamento recebido;

d) o trabalhador temporário terá direito ao recebimento de remuneração equivalente à percebida pelos empregados da mesma categoria da empresa tomadora, calculada à base horária;

e) é defeso às empresas de trabalho temporário a contratação de estrangeiros com visto provisório de permanência no país.

Gabarito: B

TRT — 16ª REGIÃO — VII CONCURSO — MA/SETEMBRO/2011

Analise as alternativas e assinale a resposta CORRETA:

I. A contratação de trabalhadores por empresa interposta é ilegal, formando-se o vínculo diretamente com o tomador dos serviços, exceto se este for órgão da Administração Pública direta, indireta ou fundacional.

II. O inadimplemento das obrigações trabalhistas, por parte do empregador, implica a responsabilidade subsidiária do tomador dos serviços quanto àquelas obrigações, desde que haja participado da relação processual e conste também do título executivo judicial, exceto quanto às obrigações de fazer ou indenizações substitutivas e estas.

III. Os entes integrantes da Administração Pública direta e indireta respondem subsidiariamente, caso evidenciada a sua conduta culposa no cumprimento das obrigações da Lei n. 8.666, de 21.6.1993, especialmente na fiscalização do cumprimento das obrigações contratuais e legais da prestadora de serviço como empregadora.

IV. Não forma vínculo de emprego com o tomador a contratação de serviços de vigilância e de conservação e limpeza, bem como a de serviços especializados ligados à atividade-meio do tomador, desde que inexistente a pessoalidade e a subordinação direta, bem como no caso de trabalho temporário previsto na Lei n. 6.019, de 3.1.1974.

a) Estão corretas apenas a alternativas I, III e IV.

b) Estão corretas apenas as alternativas I, II e III.

c) Estão corretas apenas as alternativas III e IV.

d) Está correta a afirmativa IV.

e) Todas estão corretas.

Gabarito: A

TRT — 2ª REGIÃO — XXXV CONCURSO — SP/2010

Considere as assertivas sobre as relações de trabalho *lato sensu*.

I. O "contrato de equipe", muito usual em conjuntos musicais, é aquele em que há o concurso de um grupo de trabalhadores organizados espontaneamente para a realização de um trabalho em comum. Em razão do silêncio da norma consolidada sobre essa modalidade de contratação, a doutrina e a jurisprudência pátrias consideram tal contrato como um "feixe" de contratos individuais que, preenchidos os requisitos legais, pode configurar o vínculo de emprego com o tomador dos serviços.

II. Dentre os princípios inerentes ao cooperativismo temos: o "princípio da dupla qualidade", segundo o qual, o verdadeiro trabalhador cooperado apresenta uma dupla condição em relação à cooperativa, vez que, além de prestar serviços, deverá ser beneficiário dos serviços prestados pela entidade; bem como o "princípio da retribuição pessoal diferenciada" que assegura ao cooperado um complexo de vantagens superiores ao patamar que obteria caso não estivesse sob o manto da proteção cooperativista. Assim, o art. 442, parágrafo único da CLT não instituiu uma excludente legal absoluta da relação de emprego, mas simples presunção relativa de ausência de vínculo empregatício caso exista efetiva relação cooperativista, devendo ser confrontado com os ditames contidos nos arts. 2º, 3º e 9º da consolidação trabalhista.

III. Não há vínculo de emprego entre o estudante e a parte concedente do estágio, desde que observados os seguintes requisitos legais: A) matrícula e frequência regular do educando em curso de educação superior, de educação profissional, de ensino médio, de educação especial e nos anos finais do ensino fundamental, na modalidade profissional da educação de jovens e adultos e atestados pela instituição de ensino; B) celebração de termo de compromisso envolvendo o estudante, a parte concedente do estágio e a instituição de ensino; C) compatibilidade entre as atividades desenvolvidas no estágio e aquelas previstas no termo de compromisso; D) duração do estágio, na mesma parte concedente, não poderá exceder 2 (dois) anos, exceto quando se tratar de estagiário portador de deficiência.

IV. Com fulcro na "Lei dos Portos" (Lei n. 8.630/1993), o OGMO — órgão gestor de mão de obra do trabalho portuário avulso responde diretamente pelos prejuízos causados pelos trabalhadores portuários avulsos aos tomadores dos seus serviços ou a terceiros, bem como responde, de forma subsidiária em relação aos operadores portuários, pela remuneração devida aos trabalhadores portuários avulsos.

São verdadeiras apenas as seguintes proposições:

a) I e III.

b) II e IV.

c) I, II e IV.

d) III e IV.

e) I, II e III.

Gabarito: E

TRT — 2ª REGIÃO — XXXVI CONCURSO — SP/2011

Aponte a alternativa correta sobre o trabalho portuário de capatazia, estiva, conferencia de carga, bloco e vigilância de embarcações, nos portos organizados, de acordo com o que prevê a Lei n. 8.630, de 1993:

a) É realizado por trabalhadores portuários com vínculo empregatício a prazo determinado, contratados dentre os trabalhadores portuários avulsos registrados, e por trabalhadores portuários avulsos.

b) É realizado por trabalhadores portuários com vínculo empregatício a prazo indeterminado, contratados dentre os trabalhadores portuários avulsos registrados, e por trabalhadores portuários avulsos.

c) É realizado apenas por trabalhadores portuários com vínculo empregatício a prazo determinado, contratados dentre os trabalhadores portuários avulsos registrados.

d) É realizado apenas por trabalhadores portuários com vínculo empregatício a prazo indeterminado, contratados dentre os trabalhadores portuários avulsos registrados.

e) É realizado apenas por trabalhadores avulsos.

Gabarito: B

TRT — 2ª REGIÃO — XXXVI CONCURSO — SP/2011

No que diz respeito ao trabalho temporário regulado pela Lei n. 6.019, de 1974, aponte a única das assertivas abaixo que está correta:

a) O contrato entre a empresa de trabalho temporário e a tomadora de serviço deve ser obrigatoriamente escrito, ainda que seja dispensável a menção expressa do motivo justificador da demanda de trabalho temporário.

b) No caso de falência da empresa de trabalho temporário, a empresa tomadora ou cliente é solidariamente responsável, no que toca ao período em que o trabalhador esteve sob suas ordens, pelas contribuições previdenciárias, remuneração e indenização prevista na Lei n. 6.019/1974.

c) Tendo em vista a possibilidade de fraude aos direitos trabalhistas, proíbe-se a contratação do trabalhador pela tomadora de serviços ao fim do prazo do trabalho temporário.

d) Para que a marca do trabalho precário e provisório dos temporário não os prejudique em suas novas contratações profissionais, a lei mencionada não autoriza o registro da condição de temporário na CTPS do empregado.

e) Constituem justa causa para rescisão do contrato do trabalhador temporário as hipóteses descritas nos arts. 482 e 483 da CLT, se ocorrentes entre o trabalhador e a empresa de trabalho temporário, mas não se entre o trabalhador e a empresa tomadora ou cliente.

Gabarito: B

TRT — 15ª REGIÃO — XXVI CONCURSO — CAMPINAS/SP/2012

As normas reguladoras nacionais tratam das diversas modalidades de transportes e, especialmente em relação aos portos da Lei n. 8.630/1993 regula a matéria. Em relação a esta lei, analise as assertivas abaixo e, após, responda.

I. Operação Portuária envolve exclusivamente a movimentação ou armazenagem de mercadorias, destinados ou provenientes de transporte aquaviário, realizada no porto organizado por operadores portuários.

II. Operador portuário: a pessoa física pré-qualificada para a execução de operação portuária na área do proto organizado.

III. A contratação de trabalhadores portuários de estiva, conferência de carga, conserto de carga e vigilância de embarcações com vínculo empregatício a prazo indeterminado será feita, exclusivamente, dentre os trabalhadores portuários avulsos registrados.

IV. O trabalho portuário de capatazia, estiva, conferência de carga, conserto de carga, bloco e vigilância de embarcações, nos portos organizados, será realizado por trabalhadores portuários com vínculo empregatício a prazo indeterminado e por trabalhadores portuários avulsos.

V. A contratação de trabalhadores portuários e estiva, conferência de carga, conserto de carga e vigilância de embarcações com vínculo empregatício a prazo indeterminado será efetuada segundo livre escolha dos operadores portuários.

a) Todas as assertivas estão corretas.

b) Todas as assertivas estão erradas.

c) Estão corretas apenas as assertivas II, III e V.

d) Estão corretas apenas as assertivas III e IV.

e) Estão incorretas as assertivas I, III e IV.

Gabarito: D

TRT — 19ª REGIÃO — VI CONCURSO — AL/2012

À luz do quanto cristalizado na jurisprudência do TST, assinale a alternativa incorreta:

a) A configuração, ou não, do exercício da função de confiança a que se refere o art. 224, § 2º, da CLT, dependente da prova das reais atribuições do empregado, é insuscetível de exame mediante recurso de revista ou de embargos.

b) O caixa bancário não exerce cargo de confiança, tirante a hipótese de caixa executivo. Se perceber gratificação igual ou superior a um terço do salário do posto efetivo, essa remunera apenas a maior responsabilidade do cargo e não as duas horas extraordinárias além da sexta.

c) O advogado empregado de banco, pelo simples exercício da advocacia, não exerce cargo de confiança. Logo, não se enquadra na hipótese do § 2º do art. 224 da CLT. Já o bancário que exerce a função a que se refere o § 2º do art. 224 da CLT e recebe gratificação não inferior a um terço de seu salário já tem remuneradas as duas horas extraordinárias excedentes de seis.

d) Ao bancário exercente de cargo de confiança previsto no art. 224, § 2º, da CLT são devidas as 7ª e 8ª horas, como extras, no período em que se verificar o pagamento a menor da gratificação de 1/3. Já o bancário sujeito à regra do art. 224, § 2º, da CLT, cumpre jornada de trabalho de 8 (oito) horas, sendo extraordinárias as trabalhadas além da oitava.

e) O bancário exercente de função de confiança, que percebe a gratificação não inferior ao terço legal, ainda que norma coletiva contemple percentual superior, não tem direito.

Gabarito: B

TRT — 19ª REGIÃO — VI CONCURSO — AL/MARÇO/2012

Em conformidade com o art. 7º, parágrafo único, da atual Constituição da República Federativa do Brasil, são assegurados à categoria dos trabalhadores domésticos os seguintes direitos, exceto:

a) Irredutibilidade do salário.

b) Licença-paternidade, nos termos da lei.

c) Salário-família, pago em razão do dependente do trabalhador de baixa renda nos termos da lei.

d) Aposentadoria.

e) Aviso prévio proporcional ao tempo de serviço, sendo no mínimo de trinta dias, nos termos da lei.

Gabarito: C

TRT — 21ª REGIÃO — VI CONCURSO — AL/ABRIL/2010

Em relação ao trabalhador doméstico, é incorreto afirmar:

a) possui direito ao gozo remunerado de feriados nacionais, estaduais e municipais;

b) faz jus às férias anuais remuneradas de 30 dias, com, pelo menos, 1/3 a mais que o salário normal;

c) os descontos a título de despesas com moradia e alimentação fornecidas no local de trabalho não podem ser superiores a 5% (cinco por cento) da remuneração bruta do trabalhador;

d) não se admite a dispensa sem justa causa da empregada gestante, a partir da confirmação da gravidez até cinco meses após o parto;

e) na hipótese de dispensa sem justa causa, faz jus ao seguro-desemprego, desde que tenha sido inscrito no Fundo de Garantia do Tempo de Serviço e, mesmo assim, se tiver trabalhado por um período mínimo de quinze meses nos últimos vinte e quatro meses, contados da cessação do contrato.

Gabarito: C

TRT — 2ª REGIÃO — XXXV CONCURSO — SP/2010

A mãe de Ana foi acometida por grave doença que a incapacitou, exigindo cuidados especiais e o acompanhamento diuturno. Ambas residem no mesmo apartamento. Assim, Ana contratou Fernanda, aluna do primeiro ano do curso de enfermagem, por instrumento escrito de contrato de prestação de serviços autônomos. A jornada diária era de seis horas de trabalho, com duas folgas mensais. Fernanda almoçava na casa de Ana, sendo ajustado o desconto do valor de 5% (cinco por cento) sobre a remuneração, que era paga de forma quinzenal. Ana fornecia uniforme branco, substituído mensalmente, bem como material de higiene pessoal para Fernanda. A prestação dos serviços perdurou por 7 (sete) meses. Fernanda foi dispensada em razão da habitual negociação de perfumes de marca famosa com as vizinhas de Ana, em horário de trabalho, sem a prévia autorização.

Considere o caso ora apresentado e assinale a alternativa correta.

a) Fernanda não pode ser considerada empregada de Ana porque foi firmado contrato escrito de prestação de serviços autônomos, prevalecendo a autonomia da vontade das partes. Além disso, a prestadora das atividades não possuía habilitação necessária para as funções de enfermeira, sendo, portanto, considerado trabalho proibido e invalidando eventual contrato de emprego.

b) Encontram-se verificados os requisitos legais da relação de emprego, devendo ser efetuado o registro do contrato na CTPS da trabalhadora como empregada urbana, em razão das suas atividades como enfermeira. Devem ser pagos os valores correspondentes à proporcionalidade de férias com 1/3 e 13º salário, descansos semanais não usufruídos, recolhimentos do FGTS, saldo salarial do mês da rescisão, sem a liberação dos depósitos do FGTS, multa rescisória e aviso prévio em razão da dispensa por justa causa, nos termos do art. 482, alínea *c* da CLT.

c) Encontram-se verificados os requisitos legais da relação de emprego, devendo ser efetuado o registro do contrato na CTPS da trabalhadora como empregada doméstica. Devem ser pagos os valores correspondentes à proporcionalidade de férias com 1/3 e 13º salário, descansos semanais não usufruídos, saldo salarial do mês da rescisão e aviso prévio, vez que a negociação habitual não configura justa causa na relação de emprego doméstico.

d) Encontram-se verificados os requisitos legais da relação de emprego, devendo ser efetuado o registro do contrato na CTPS da trabalhadora como empregada doméstica. Os descontos efetuados com alimentação são considerados válidos, visto que expressamente permitidos pela legislação aplicável aos empregados domésticos.

e) Encontram-se verificados os requisitos legais da relação de emprego, devendo ser efetuado o registro do contrato na CTPS da trabalhadora como empregada doméstica. Os descontos efetuados com alimentação não são considerados válidos, visto que vedados expressamente pela legislação aplicável aos empregados domésticos. As despesas com vestuário e higiene possuem natureza salarial e se incorporam à remuneração para quaisquer efeitos por serem realizadas em função dos serviços prestados.

Gabarito: E

TRT — 2ª REGIÃO — XXXVI CONCURSO — SP/2011

A mãe social tem direito a:

a) Anotação em CTPS, remuneração em valor não inferior a metade do salário mínimo, DSR de vinte e quatro horas consecutivas, férias de trinta dias, natalinas e FGTS.

b) Anotação em CTPS, remuneração em valor não inferior a metade do salário mínimo, férias de trinta dias, natalinas e FGTS, mas não tem direito a DSR.

c) Anotação em CTPS, remuneração em valor não inferior ao salário mínimo, DSR de vinte e quatro horas consecutivas, férias de trinta dias e natalinas, mas não tem direito ao FGTS.

d) Anotação em CTPS, remuneração em valor não inferior ao salário mínimo, DSR de vinte e quatro horas consecutivas, férias de trinta dias, natalinas e FGTS.

e) Anotação em CTPS, remuneração em valor não inferior ao salário mínimo, DSR de vinte e quatro horas consecutivas e FGTS, mas não tem direito às férias, nem tampouco às natalinas.

Gabarito: D

TRT — 2ª REGIÃO — XXXVI CONCURSO — SP/2011

No que diz respeito ao empregado doméstico, observe as proposições:

I. Quando o empregador fornecer, *in natura*, uma ou mais das parcelas do salário mínimo, a parte paga em dinheiro não poderá ser inferior a 30% (trinta por cento), salvo em se tratando de empregado doméstico que resida no próprio local da prestação de serviços, quando então a parcela deduzida a título de moradia poderá implicar na redução de tal percentual.

II. A possibilidade de efetuar desconto salarial a título de despesas de moradia do empregado doméstico que residir em local diverso daquele onde presta seus serviços prescinde de acordo entre as partes.

III. A alimentação e o vestuário concedidos ao empregado doméstico têm natureza salarial e se incorporam à remuneração para todos os efeitos.

IV. É empregada doméstica quem presta serviços de natureza não eventual, de forma subordinada, mediante salário e com habitualidade em residência de síndico de condomínio de apartamentos.

V. É empregada doméstica quem presta serviços de natureza não eventual, de forma subordinada, mediante salário, com exclusividade e habitualidade, a condomínio de apartamentos, desde que contratada diretamente pelo síndico e não pela Administradora do condomínio.

Responda:

a) Todas as assertivas estão erradas.
b) Estão corretas apenas as assertivas I e II.
c) Está correta apenas a assertiva III.
d) Está correta apenas a assertiva IV.
e) Estão corretas apenas asa assertivas II e V.

Gabarito: D

TRT — 15ª REGIÃO — XXVI CONCURSO — CAMPINAS/SP/2012

Relativamente à figura da mãe social, figura instituída pela Lei n. 7.644/1987, pode-se afirmar que:

I. Ela é empregada, porquanto presentes todos os requisitos exigidos no art. 3º, da CLT, para a caracterização do empregado.

II. Serão sempre empregadas públicas, considerando a finalidade das instituições que as podem admitir.

III. Embora não sejam empregadas, têm direito ao recolhimento previdenciário e à contagem de seu tempo de prestação dos serviços para efeito de aposentadoria.

IV. Devem ter idade mínima de 25 anos para administrar uma casa lar.

V. Entende-se como casa lar a unidade residencial sob responsabilidade de mãe social, que abrigue até 10 (dez menores).

a) Apenas a assertiva III está correta.
b) Apenas as assertivas I e IV estaco corretas.
c) Apenas as assertivas I, IV e V estão corretas.
d) Apenas as assertivas II, III e IV estão corretas.
e) Todas as alternativas estão erradas.

Gabarito: C

TRT — 15ª REGIÃO — XXVI CONCURSO — CAMPINAS/SP/2012

A respeito do trabalho indígena, considerando o disposto na Lei n. 6001/1973, assinale a alternativa correta:

a) Os índios isolados podem firmar contrato de trabalho, mediante prévia aprovação da FUNAI, requisito essencial à validação do pacto.

b) Os índios habitantes de parques ou colônias podem firmar contrato de trabalho, mediante prévia aprovação da FUNAI, requisito essencial à validação do pacto.

c) Os índios integrados podem firmar contrato de trabalho, mediante prévia aprovação da FUNAI, requisito essencial à validação do pacto.

d) Não será permitida a realização de contratos por equipe ou a domicílio para o trabalho dos indígenas.

e) Não será permitida a adaptação de condições de trabalho aos usos e costumes da comunidade a que pertencer o índio, obedecendo-se, na contratação, sempre as normas gerais dos demais trabalhadores.

Gabarito: B

TRT — 15ª REGIÃO — XXVI CONCURSO — CAMPINAS/SP/2012

Sobre o empregado doméstico não é correto afirmar:

a) É vedado ao empregador doméstico efetuar descontos no salário do empregado por fornecimento de alimentação, vestuário, higiene e moradia.

b) O empregado doméstico terá direito a férias anuais remuneradas de 30 dias com, pelo menos, um terço a mais que o salário normal após cada período de doze meses de trabalho, prestado à mesma pessoa ou família.

c) O depósito do FGTS é facultativo.

d) É vedada a dispensa sem justa causa da empregada doméstica gestante desde a confirmação da gravidez até cinco meses após o parto.

e) O trabalhador doméstico tem direito ao seguro-desemprego, quando inscrito no FGTS, se requerido no prazo de até 120 dias contados da data da dispensa.

Gabarito: E

TRT — 8ª REGIÃO — CONCURSO C-320 — PA/2011

Quanto à figura do empregador, analise as proposições abaixo e assinale a alternativa CORRETA:

I. A prestação de serviços a duas empresas integrantes do mesmo grupo econômico, durante a mesma jornada de trabalho, salvo ajuste em contrário, não configura a existência de dois contratos de trabalho.

II. A empresa sucessora assume as obrigações trabalhistas da empresa sucedida e a sua posição em eventual processo judicial que estiver em curso, salvo disposição contratual em que seja atribuída ao sucedido a responsabilidade exclusiva pelo débito cobrado.

III. Do contexto da legislação trabalhista, pode-se inferir que não há uma qualidade especial exigida para que a pessoa física ou jurídica seja considerada empregadora. Basta que, de fato, utilize-se de força de trabalho contratada como empregada.

IV. Considerando-se que a sucessão trabalhista se configura como alteração contratual de origem unilateral (promovida pelo empregador), é pacificamente admissível a recusa do empregado que, por conseguinte, pode pleitear a rescisão indireta do contrato.

a) As alternativas I e IV estão corretas.

b) As alternativas II e IV estão corretas.

c) As alternativas I e III estão corretas

d) As alternativas III e IV estão corretas

e) As alternativas I e II estão corretas.

Gabarito: C

TRT — 23ª REGIÃO — XVIII CONCURSO — MT/NOVEMBRO/2011

Analise as assertivas e assinale o item correto:

I. Segundo a Consolidação das Leis do Trabalho, considera-se empregador a empresa, individual ou coletiva, que, assumindo os riscos da atividade econômica, admite, assalaria e dirige a prestação pessoal de serviço.

II. Segundo a Consolidação das Leis do Trabalho, equiparam-se ao empregador, para os efeitos exclusivos da relação de emprego, os profissionais liberais, as instituições de beneficência, as associações recreativas ou outras instituições sem fins lucrativos, que admitirem trabalhadores como empregados.

III. Segundo a Lei n. 8.036/1990, que dispõe sobre o Fundo de Garantia do Tempo de Serviço, entende-se por empregador a pessoa física ou a pessoa jurídica de direito privado ou de direito público, da administração pública indireta ou fundacional de qualquer dos Poderes, da União, dos Estados, do Distrito Federal e dos Municípios, que admitir trabalhadores a seu serviço, bem assim aquele que, regido por legislação especial, encontrar-se nessa condição ou figurar como fornecedor ou tomador de mão de obra, independente da responsabilidade solidária e/ou subsidiária a que eventualmente venha obrigar-se.

IV. A Consolidação das Leis do Trabalho também traz em seu conceito legal disposição expressa equiparando a Administração Pública Direta e Indireta a empregador.

a) Apenas I e IV são verdadeiras e os itens II e III são falsos.

b) Apenas I e II são verdadeiras e os itens III e IV são falsos.

c) Apenas I e III são verdadeiras e os itens II e IV são falsos.

d) Apenas I, II e IV são verdadeiras e o item III é falso.

e) Apenas I, II e III são verdadeiras e o item IV é falso.

Gabarito: E

TRT — 23ª REGIÃO — XVIII CONCURSO — MT/NOVEMBRO/2011

Analise as assertivas e marque a alternativa correta:

I. O sucessor não responde solidariamente por débitos trabalhistas de empresa não adquirida, integrante do mesmo grupo econômico da empresa sucedida, quando, à época, a empresa devedora direta e solvente ou idônea economicamente, ressalvada a hipótese de má-fé ou fraude na sucessão.

II. As obrigações trabalhistas, inclusive as contraídas à época em que os empregados trabalhavam para a empresa sucedida, são de responsabilidade do sucessor, uma vez que a este foram transferidos os ativos, as agências, os direitos e deveres contratuais, caracterizando típica sucessão trabalhista.

III. É devida a incidência de juros de mora em relação aos débitos trabalhistas de empresa em liquidação extrajudicial sucedida nos moldes dos arts. 10 e 448 da CLT.

IV. O sucessor responde pela obrigação do sucedido, não se beneficiando de qualquer privilégio a este destinado.

V. Pode-se dizer que ocorre sucessão quando há transferência do negócio, sendo que o sucessor continua explorando a mesma atividade-fim do sucedido.

a) Apenas os itens I, II, III e IV estão corretos e o item V está errado.

b) Apenas os itens I, II, III e V estão corretos e o item IV está errado.

c) Apenas os itens I, II, IV e V estão corretos e o item III está errado.

d) Apenas os itens II, III, IV e V estão corretos e o item I está errado.

e) Todos os itens estão corretos.

Gabarito: B

TRT — 15ª REGIÃO — XXIV CONCURSO — CAMPINAS/SP/MARÇO/2010

Em relação à lei do trabalho rural e respectivo regulamento, assinale a alternativa incorreta:

a) será obrigatória em qualquer trabalho contínuo superior a seis horas, a concessão de um intervalo superior a seis horas, a concessão de um intervalo intrajornada mínimo de uma hora, observado os usos e costumes da região;

b) a usina de açúcar, situada na zona rural, não é empregadora rural para os trabalhadores que atuam no seu estabelecimento industrial;

c) apenas o produtor rural pessoa física poderá realizar a contratação de trabalhador rural por pequeno prazo para o exercício de atividade de natureza temporária;

d) durante o aviso prévio, caso a rescisão tenha sido promovida pelo empregador, o empregado rural terá direito a um dia por semana, sem prejuízo do salário integral, para procurar outro trabalho;

e) as normas referentes à jornada de trabalho, trabalho noturno e trabalho do menor não são aplicáveis aos avulsos e outros trabalhadores rurais que, sem vínculo de emprego, prestam serviços a empregadores rurais.

Gabarito: E

TRT — 16ª REGIÃO — VII CONCURSO — MA/SETEMBRO/2011

Analise as afirmativas e assinale a alternativa CORRETA:

I. Os empregados em empresas de florestamento e reflorestamento são considerados rurais, embora tais empresas sejam enquadradas como empresas urbanas.

II. Não se configura irregular a reversão do empregado ocupante de cargo de confiança ao antigo posto ocupado, desde que seja preservada a sua estabilidade financeira.

III. Não é licito ao empregador doméstico efetuar descontos no salário do empregado pro fornecimento de alimentação, vestuário, higiene ou moradia, exceto se o local de moradia for diverso da residência onde ocorra a prestação do serviço, desde que expressamente pactuado.

IV. São garantidos à mãe social os seguintes direitos: anotação na Carteira de Trabalho e Previdência Social; remuneração, em valor não inferior ao salário mínimo; repouso semanal remunerado de 24 (vinte e quatro) horas consecutivas; jornada de trabalho de 44 (quarenta e quatro) horas semanais e 08 (oito) horas diárias; apoio técnico, administrativo e financeiro no desempenho de suas funções; 30 (trinta) dias de férias anuais remuneradas; benefícios e serviços previdenciários, inclusive, em caso de acidente do trabalho, na qualidade de segurada obrigatória; 13º salário e depósitos de Fundos de Garantia do Tempo de Serviço.

a) Estão corretas apenas as afirmativas I e III.
b) Estão corretas apenas as afirmativas I e II.
c) Estão corretas apenas as afirmativas, II, III e IV.
d) Estão corretas apenas as afirmativas III e IV.
e) Todas as afirmativas estão corretas.

Gabarito: A

TRT — 2ª REGIÃO — XXXV CONCURSO — SP/2010

Considere as seguintes proposições a respeito do trabalhador rural.

I. A cessão pelo empregador de moradia e de sua infraestrutura básica, assim como bens destinados à produção para sua subsistência e de sua família integram o salário do trabalhador rural em todas as situações.

II. É lícito ao empregador rural efetuar descontos no salário do empregado rural até o limite de 20% (vinte por cento) sobre a remuneração deste pela ocupação da morada.

III. Rescindido ou findo o contrato de trabalho, o empregado rural será obrigado legalmente a desocupar a casa onde mora, observados os usos e costumes da região, porquanto a lei não estipula prazo.

IV. Considera-se trabalho noturno o executado entre as 21h de um dia e às 5h do dia seguinte, na lavoura, e entre às 20h de um dia e às 4h do dia seguinte na atividade pecuária; havendo um acréscimo mínimo de 20% sobre a remuneração normal do rurícola, considerada a redução da hora noturna para 52min30seg.

V. O produtor rural pessoa física, proprietário ou não, que explore atividade agroeconômica, poderá realizar a contratação de trabalhador rural por pequeno prazo para o exercício de atividades de natureza temporária. A contratação, nesta situação, que superar 2 (dois) meses, dentro do período de 1 (um) ano, fica convertida em contrato de trabalho por prazo indeterminado, observando-se os termos da legislação aplicável.

Responda:

a) Todas as alternativas estão incorretas.
b) Apenas as alternativas II, III e V estão incorretas.

c) Apenas as alternativas I e III estão corretas.

d) Apenas as alternativas I e IV estão corretas.

e) Apenas a alternativa V está correta.

Gabarito: E

TRT 6ª REGIÃO XVIII CONCURSO — PE/2010

Com relação à terceirização, leia as assertivas abaixo e, depois, assinale a alternativa CORRETA:

I. A terceirização "é o fenômeno pelo qual se dissocia a relação econômica de trabalho da relação justrabalhista que lhe seria correspondente".

II. Em termos gerais, a terceirização ocorre quando uma empresa transfere parte do setor produtivo a uma outra empresa, com a finalidade de otimizar a produção de bens ou serviços.

III. Do ponto de vista da jurisprudência trabalhista, é possível afirmar que ao longo do tempo o Tribunal Superior do Trabalho alterou seu entendimento sobre a terceirização, tendo inicialmente restringido o fenômeno às limitações previstas em lei, como são os casos de trabalho temporário e o de serviço de limpeza e conservação (Súmula n. 256).

IV. Atualmente, a jurisprudência sumulada do Tribunal Superior do Trabalho (Súmula n. 331) admite a terceirização de serviços especializados ligados à atividade-meio da empresa, desde que não se materialize a pessoalidade e a subordinação jurídica direta entre a empresa tomadora dos serviços e o pessoal terceirizado.

V. Orientação Jurisprudencial recente do Tribunal Superior do Trabalho reforçou o entendimento anteriormente sumulado de que a contratação irregular de trabalhador não gera vínculo de emprego com ente da Administração Pública, acrescentando que, pelo princípio da isonomia, tal fato não afasta o direito dos empregados terceirizados às mesmas verbas trabalhistas legais e normativas asseguradas aos contratados pelo tomador de serviços.

a) Apenas as assertivas I e II estão corretas.

b) Apenas a assertiva III está correta.

c) Todas as assertivas estão corretas.

d) Apenas as assertivas IV e V estão corretas.

e) Apenas a assertiva V está correta.

Gabarito: C

TRT — 8ª REGIÃO — CONCURSO C-320 — PA/2011

Ante o fenômeno da terceirização nas relações econômico-produtivas, é CORRETO afirmar que:

a) A ordem jurídico-trabalhista, no acompanhamento de tal fenômeno, pacificamente admite que a empresa celebre contrato de prestação de serviços com uma terceira empresa, tendo por objeto qualquer atividade lícita, contanto que a contratada tenha idoneidade econômico-financeira, de modo a garantir o cumprimento de suas obrigações perante seus empregados.

b) Torna-se plenamente admissível, por conseguinte, revestida de licitude, a terceirização da atividade laboral, desde que restrita à hipótese do trabalho temporário (Lei n. 6.019, de 1974) e ao trabalho de vigilância bancária (Lei n. 7.102, de 1983).

c) A empresa prestadora de serviços especializados, na condição de terceirizada, haverá de disponibilizar seus empregados que, na vigência do contrato celebrado com a tomadora, subordinados estarão a esta última sem cuja autorização não poderão ser substituídos, sob pena de infração contratual.

d) A jurisprudência pacificada do TST, direcionada a garantir a realização do crédito do trabalhador, via de regra, de natureza alimentar, atribui responsabilidade subsidiária à empresa beneficiária do labor despendido através da intermediação ilícita e fraudulenta.

e) Consoante a jurisprudência pacificada do TST, embora a contratação irregular de trabalhador, através de empresa interposta, não gere vínculo empregatício com ente da administração pública, pelo princípio da isonomia, impõe-se o direito dos empregados terceirizados às mesmas verbas trabalhistas, legais e normativas, asseguradas aos empregados do tomador dos serviços, desde que haja igualdade de funções.

Gabarito: E

Direito Processual do Trabalho

TRT — 19ª REGIÃO — VI CONCURSO — AL/2012

À luz da lei e da jurisprudência cristalizada pelo TST, assinale a alternativa incorreta:

a) Aplica-se a confissão à parte que, expressamente intimada com aquela cominação, não comparecer à audiência em prosseguimento, na qual deveria depor. A prova preconstituída nos autos pode ser levada em conta para confronto com a confissão ficta, não implicando cerceamento de defesa o indeferimento de provas posteriores. É certo, ademais, que a vedação à produção de prova posterior pela parte confessa somente a ela se aplica, não afetando, por óbvio, o exercício, pelo magistrado, do poder/dever de conduzir o processo.

b) É facultado ao empregador fazer-se substituir pelo gerente, ou qualquer outro preposto que tenha conhecimento do fato, e cujas declarações obrigarão o proponente. O preposto deve ser necessariamente empregado do reclamado, ressalvando-se apenas a reclamação de empregado doméstico.

c) A reclamada, ausente à audiência em que deveria apresentar defesa, é revel, ainda que presente seu advogado munido de procuração, podendo ser ilidida a revelia mediante a apresentação de atestado médico, que deverá declarar, expressamente, a impossibilidade de locomoção do empregador ou do seu preposto no dia da audiência.

d) É ônus do empregador que conta com mais de 10 (dez) empregados o registro da jornada de trabalho. A não apresentação injustificada dos controles de frequência gera presunção relativa de veracidade da jornada de trabalho, a qual pode ser elidida por prova em contrário. A presunção de veracidade da jornada de trabalho, ainda que prevista em instrumento normativo, pode ser elidida por prova em contrário. Os cartões de ponto que demonstram horários de entrada e saída uniformes são inválidos como meio de prova, invertendo-se o ônus da prova, relativo às horas extras, que passa a ser do empregador, prevalecendo a jornada da inicial se dele não se desincumbir.

e) A decisão que defere horas extras com base em prova oral ou documental não ficará limitada ao tempo por ela abrangido, desde que o julgador, de alguma forma, fique convencido de que o procedimento questionado superou aquele período.

Gabarito: B

TRT — 21ª REGIÃO — VI CONCURSO — RN/ABRIL/2010

Assinale a alternativa correta, considerando a legislação processual trabalhista e a jurisprudência dominante do Tribunal Superior do Trabalho:

a) a ausência da parte ré à audiência inaugural implica revelia, ainda que presente seu advogado, salvo se este apresentar procuração com poderes específicos;

b) em regra, o preposto deve ser empregado da empresa reclamada, ressalvada apenas a hipótese de reclamação proposta por empregado doméstico ou em face de pequena ou microempresa;

c) a ausência da parte reclamante à audiência implica arquivamento da ação, ainda que se trate de audiência em prosseguimento, salvo se apresentar justificativa no prazo de 48 horas;

d) a praxe trabalhista, que é fonte normativa do Direito Processual do Trabalho, consagrou uma tolerância de até quinze minutos para a parte comparecer à audiência previamente designada;

e) as ações processadas na Justiça do Trabalho sob o rito sumaríssimo serão instruídas e julgadas em uma única audiência, cabendo à parte que desejar produzir prova técnica requerer a sua produção com antecedência, sob pena de seu indeferimento.

Gabarito: B

TRT — 6ª REGIÃO — XVIII CONCURSO — PE/2010

Assinale a alternativa CORRETA em relação ao *jus postulandi* na Justiça do Trabalho:

a) O *jus postulandi* refere-se à capacidade postulatória.

b) Ao considerar o advogado essencial ao funcionamento da justiça, a Constituição Federal de 1988 derrogou as normas processuais que possibilitavam o exercício do *jus postulandi* na Justiça do Trabalho.

c) Em razão do disposto na letra "b", o Tribunal Superior do Trabalho cancelou as Súmulas que não admitiam a condenação em honorários advocatícios.

d) A jurisprudência sumulada do Tribunal Superior do Trabalho admite o *jus postulandi* apenas nos dissídios individuais submetidos ao rito sumaríssimo.

e) A jurisprudência sumulada do Tribunal Superior do Trabalho não admite o *jus postulandi* quando da interposição do Recurso de Revista.

Gabarito: E

TRT — 2ª REGIÃO — XXXV CONCURSO — SP/2010

Quanto à condição de preposto e segundo entendimento do TST é correto afirmar que:

a) O preposto sempre deve ser empregado do reclamado.

b) O preposto não precisa ser empregado do reclamado quando se tratar de ação movida contra microempresário.

c) O preposto não precisa ser empregado, bastando ter conhecimento dos fatos, cujas declarações obrigarão o preponente.

d) O preposto não precisa ser empregado do reclamado quando se tratar de ação movida contra empresas de economia mista.

e) O preposto precisa ser empregado do reclamado quando se tratar de ação movida contra pequeno empresário.

Gabarito: B

TRT — 15ª REGIÃO — XXVI CONCURSO — CAMPINAS/SP/2012

A respeito do litisconsórcio, da representação e da substituição processual no processo do trabalho, é correto afirmar que:

a) Tratando-se de mandado de segurança impetrado por ex-sócio da empresa executada contra a constrição de valores em sua conta-corrente, o autor da reclamação trabalhista em que foi proferido o ato impugnado é litisconsorte passivo necessário, porque pode ser afetado por eventual concessão da segurança. Em consequência, o desenvolvimento válido e regular do processo depende da citação do autor de referida reclamação trabalhista.

b) O juiz do Trabalho deve determinar, de ofício, a inclusão no polo passivo do subempreiteiro, quando o reclamante ajuíza a ação tão somente em face do empreiteiro principal, postulando o pagamento de suas verbas rescisórias.

c) O recurso interposto pela tomadora dos serviços — segunda reclamada — em ação de indenização por danos morais e materiais decorrentes de doença ocupacional, sustentando a ausência de nexo causal da patologia da reclamante e seu labor prestado às reclamadas, quando provido pelo TRT, não aproveita à empregadora direta — primeira reclamada — que deixou transcorrer *in albis* o prazo para interpor recurso ordinário.

d) Aos sindicatos cabe a defesa dos direitos e interesses coletivos ou individuais da categoria, inclusive em questões judiciais ou administrativas, possuindo legitimação extraordinária tão somente nos casos expressamente autorizados por lei, nos termos do art. 6º do Código de Processo Civil.

e) A faculdade atribuída às partes, nos termos do art. 791 da CLT, de reclamarem pessoalmente seus direitos perante a Justiça do Trabalho e de acompanharem suas reclamações até o final (*jus postulandi),* aplica-se às ações rescisórias, cautelares, mandados de segurança e aos recursos de competência do Tribunal Superior do Trabalho.

Gabarito: A

TRT — 15ª REGIÃO — XXVI CONCURSO — CAMPINAS/SP/2012

Assinale a assertiva correta:

a) No mandato tácito o advogado está autorizado a praticar os atos inerentes aos poderes da cláusula *ad judicia*, podendo substabelecer.

b) A não apresentação da procuração no prazo previsto no art. 37 do Código de Processo Civil importa no não conhecimento de recurso ordinário, o qual é reputado inexistente, nos termos do parágrafo único do mesmo dispositivo legal, mesmo em se tratando de mandato tácito.

c) A constituição de procurador com poderes para o foro em geral poderá ser efetivada mediante simples registro em ata de audiência, a requerimento verbal do advogado interessado, com anuência da parte representada.

d) Os benefícios da Justiça gratuita somente podem ser concedidos àqueles que se encontram assistidos pelo sindicato de sua categoria.

e) É admissível na fase recursal a regularização da representação na forma do art. 13 do CC.

Gabarito: C

TRT — 15ª REGIÃO — XXVI CONCURSO — CAMPINAS/SP/2012

Analise as assertivas abaixo e responda:

I. É necessário que os sócios da reclamada figurem no polo passivo da demanda desde a fase cognitiva do processo sob pena de nulidade dos atos executórios contra eles dirigidos.

II. Conforme entendimento do C. TST, nas ações coletivas em que o Sindicato atua na defesa de interesses individuais homogêneos dos trabalhadores da categoria que representa há necessidade de apresentação do rol de substituídos, sob pena de extinção do feito sem julgamento de mérito.

III. A reclamação trabalhista do menor de 18 anos será ajuizada por seus representantes legais e, na falta destes, pela Procuradoria da Justiça do Trabalho, pelo sindicato, pelo Ministério Público estadual ou curador nomeado em juízo.

IV. Apenas o terceiro economicamente interessado, bem como o Ministério Público, têm legitimidade para propor ação rescisória.

V. É inepta a inicial que não contém requerimento de produção de provas e de citação do reclamado no processo trabalhista.

a) Somente as assertivas I, III e IV são corretas.

b) Somente as assertivas III e IV são corretas.

c) Todas as assertivas estão erradas.

d) Somente a assertiva III está correta.

e) Todas as assertivas estão corretas.

Gabarito: D

TRT — 17ª REGIÃO — ES/MAIO/2012

Marque a alternativa INCORRETA:

a) A celebração de termo de ajustamento de conduta não importa em remissão dos autos de infração lavrados anteriormente, visto que as sanções pecuniárias (multas) aplicadas pelos Auditores Fiscais do Trabalho do Ministério do Trabalho não se confundem com os procedimentos judiciais ou extrajudiciais do Ministério Público do Trabalho.

b) Nos termos da Lei da Ação Civil Pública e da legislação processual civil, a competência é definida pelo foro do local do dano, como primado dos princípios do acesso à justiça e facilitação, da produção e colheita de provas. Essa competência é classificada como absoluta, tendo como características a sua improrrogabilidade, indisponibilidade, irrenunciabilidade e inalterabilidade, devendo ser declarada inclusive de ofício.

c) A mediação é forma de solução dos conflitos em que o mediador adota postura persuasiva com as partes, para que alcancem uma solução consensual. Já a conciliação é obtida em juízo, gerando uma sentença homologatória, um título executivo judicial, que, em regra, não pode ser atacado via recurso ordinário, mas por ação rescisória. Segundo orientação da jurisprudência uniformizada do Tribunal Superior do Trabalho, a homologação do acordo constitui faculdade do juiz, o qual pode deixar de homologá-lo, se for prejudicial ao empregado, lesivo à ordem jurídica ou for objeto de simulação e/ou colusão entre as partes para prejuízo de terceiros, entre outros motivos.

d) O litisconsórcio entre membros de diferentes ramos do Ministério Público é autorizado pela lei e é facultativo ativo, podendo ser inicial ou incidental. Nesse sentido, enquadra-se eventual ação civil pública proposta conjuntamente pelo Ministério Público Estadual e pelo Ministério Público do Trabalho, contra o Estado Membro, na Justiça Estadual, com pedido de implementação de política pública de erradicação do trabalho infantil de porte familiar em estádios de futebol. *In casu*, ainda que atuem em litisconsórcio, os atos processuais praticados pelo membro do Ministério Público do Trabalho ficarão na dependência de ratificação pelo Promotor de Justiça do Ministério Público do Estado.

e) Não respondida.

Gabarito: D

TRT — 17ª REGIÃO — ES/MAIO/2012

Sobre a substituição processual no processo do trabalho, assinale a alternativa CORRETA:

a) Consoante a jurisprudência do Supremo Tribunal Federal, a Constituição da República consagrou a substituição processual sindical ampla em relação a todos os integrantes da categoria representada pela entidade sindical substituta, independentemente de autorização dos substituídos.

b) Consoante a jurisprudência do Supremo Tribunal Federal, a Constituição da República consagrou a substituição processual sindical ampla em relação a todos os integrantes da categoria representada pela entidade sindical substituta, desde que haja a devida autorização dos substituídos.

c) Consoante a jurisprudência do Supremo Tribunal Federal, a Constituição da República consagrou a substituição processual sindical restrita aos associados da entidade sindical substituta, independentemente de autorização dos substituídos.

d) Consoante a jurisprudência do Supremo Tribunal Federal, a Constituição da República consagrou a substituição processual sindical restrita aos associados da entidade sindical substituta, desde que haja a devida autorização dos substituídos.

e) Não respondida.

Gabarito: A

TRT — 17ª REGIÃO — ES/MAIO/2012

Marque a alternativa INCORRETA:

a) Conforme a jurisprudência uniformizada do Tribunal Superior do Trabalho, há possibilidade de fungibilidade recursal quando o relator profere decisão monocrática de provimento ou denegação do recurso com conteúdo decisório definitivo e conclusivo da lide, sendo cabíveis embargos de declaração somente para suprir omissão e não para a modificação do julgado. Se o embargante, insurgindo-se contra a decisão do relator opuser embargos de declaração com efeito modificativo, estes devem ser recebidos como agravo.

b) O recurso sem assinatura é apócrifo e, portanto, inexistente, não merecendo ser admitido. Todavia, a jurisprudência uniformizada do Tribunal Superior do Trabalho admite a validade do apelo, caso assinado ao menos na petição de apresentação ou nas razões recursais, aplicando, desta maneira, o princípio da instrumentalidade das formas processuais.

c) O relator pode negar seguimento a recurso manifestamente inadmissível, improcedente, prejudicado, ou em confronto com súmula ou jurisprudência dominante do respectivo tribunal, do Supremo Tribunal Federal ou de Tribunal Superior, inclusive súmula do Tribunal Superior do Trabalho. Esses poderes do relator são aplicáveis, tanto nos Tribunais Regionais do Trabalho, quanto no Tribunal Superior do Trabalho, tendo em vista que não é inconstitucional a decisão monocrática, uma vez que existe recurso de agravo, assegurando-se a revisão pelo colegiado.

d) O *jus postulandi* é aplicado nas Varas do Trabalho e nos Tribunais Regionais do Trabalho, podendo incidir em ações cautelares e mandados de segurança, sendo vedado somente para os casos de ação rescisória e recursos de competência do Tribunal Superior do Trabalho.

e) Não respondida.

Gabarito: D

TRT — 21ª REGIÃO — VII CONCURSO — RN/ABRIL/2012

A Lei n. 12.437/2011 inseriu no corpo da Consolidação das Leis do Trabalho o instituto do mandato tácito para advogado, de grande tradição e uso no Processo do Trabalho. Sobre esse tema, considerando, ainda, a jurisprudência do Tribunal Superior do Trabalho, marque a alternativa incorreta:

a) O mandato tácito decorre de simples registro em ata de audiência, a requerimento verbal do advogado, com anuência da parte interessada.

b) O mandato tácito implica apenas a outorga de poderes para o foro em geral, não outorgando poderes tidos como especiais pela legislação em vigor.

c) O advogado constituído mediante mandato tácito pode substabelecer os poderes que lhe foram outorgados pela parte.

d) O mandato tácito permite ao advogado interpor recurso para o Tribunal Regional do Trabalho sem mandato expresso.

e) O mandato tácito permite ao advogado interpor recurso para o Tribunal Superior do mandato expresso.

Gabarito: C

TRT — 21ª REGIÃO — VII CONCURSO — RN/ABRIL/2012

Em determinada ação trabalhista, o sindicato profissional atuou como substituo processual, pleiteando diversos direitos de integrantes da categoria que representa. A pretensão, no entanto, não foi acolhida, e o sindicato foi condenado na obrigação de recolhimento das custas processuais, no valor de R$ 750,00, nada obstante ter formulado, na inicial, pedido de justiça gratuita. De acordo com a jurisprudência pacificada do Tribunal Superior do Trabalho, marque a alternativa correta:

a) A obrigação de recolhimento das custas está correta, pois o sindicato, em razão do imposto sindical que recebe, não pode ser beneficiário de justiça gratuita.

b) A prestação da assistência jurídica é uma obrigação do sindicato profissional, p que torna incompatível o pedido de justiça gratuita com essa função da entidade sindical.

c) Em se tratando de substituição processual, é incabível pedido de justiça gratuita.

d) É possível o acolhimento de pedido de justiça gratuita formulado por sindicato profissional, uma vez que atua, na espécie, cumprindo função de relevante interesse público.

e) É possível o acolhimento de pedido de justiça gratuita formulado por sindicato profissional, bastando que haja nos autos declaração de pobreza formulada pelos substituídos ou pelo próprio sindicato em relação aos substituídos.

Gabarito: E

TRT — 3ª REGIÃO — MG/JANEIRO/2012

A respeito das atribuições do Ministério Público do Trabalho, leia as afirmações abaixo e, em seguida, assinale a alternativa correta:

I. Segundo a jurisprudência consolidada do Tribunal Superior do Trabalho, o Ministério Público do Trabalho não tem legitimidade para recorrer na defesa de interesse patrimonial privado, inclusive de empresas públicas e sociedades de economia mista. Esta regra, contudo, não se aplica quando se trata de decisão que declara a existência de vínculo empregatício com sociedade de economia mista, após a CF/88, sem a prévia aprovação em concurso público.

II. As funções do Ministério Público só podem ser exercidas por integrantes da carreira, que deverão residir na comarca da respectiva lotação, salvo autorização do chefe da instituição ou, por delegação, do procurador regional.

III. Os Subprocuradores-Gerais do Trabalho serão designados para oficiar junto ao Tribunal Superior do Trabalho e nos ofícios na Câmara de Coordenação e Revisão, cabendo-lhes exercer, privativamente, as funções de Corregedor-Geral do Ministério Público do Trabalho.

IV. Entre as atribuições do Ministério Público está a de propor as ações cabíveis para declaração de nulidade de cláusula de contrato, acordo coletivo ou convenção coletiva que viole as liberdades individuais ou coletivas ou os direitos individuais indisponíveis dos trabalhadores.

V. Por expressa disposição legal, não estão sujeitos a ponto os procuradores-gerais e os procuradores do trabalho.

a) Somente uma afirmativa está correta.

b) Somente duas afirmativas estão corretas.

c) Somente três afirmativas estão corretas.

d) Somente quatro afirmativas estão corretas.

e) Todas as afirmativas estão corretas.

Gabarito: D

TRT — 3ª REGIÃO — MG/JANEIRO/2011

Assinale a opção correta, após a análise das afirmativas abaixo:

I. A competência da Justiça do Trabalho após a EC n. 45, de 2004, inclui o julgamento de penalidades administrativas impostas aos tomadores de serviço pelos órgãos de fiscalização das relações de trabalho.

II. Em caso de greve em atividade essencial, com possibilidade de lesão do interesse público, o Ministério Público do Trabalho poderá ajuizar dissídio coletivo, competindo à Justiça do Trabalho decidir o conflito.

III. Recusando-se quaisquer das partes à negociação coletiva e à arbitragem, lhes é facultado, de comum acordo, ajuizar dissídio coletivo de natureza econômica, podendo a Justiça do Trabalho decidir o conflito, respeitadas as disposições mínimas legais de proteção ao trabalho, bem como as convencionadas anteriormente.

IV. A competência da Justiça do Trabalho inclui, após a EC n. 45-2004, a execução, de ofício, das contribuições sociais previstas no art. 195, I, *a*, e II, da CF/88 e seus acréscimos legais, decorrentes das decisões que proferir.

V. Os Tribunais Regionais do Trabalho compõem-se de, no mínimo, sete juízes, recrutados, quando possível, na respectiva região, e nomeados pelo Presidente da República dentre brasileiros com mais de trinta e menos de sessenta e cinco anos.

a) Somente as afirmativas I e II estão corretas;

b) Somente as afirmativas II e III estão corretas.

c) Somente as afirmativas III e IV estão corretas.

d) Somente as afirmativas IV e V estão corretas.

e) Somente as afirmativas II e V estão corretas.

Gabarito: E

TRT — 3ª REGIÃO — MG/JANEIRO/2012

Leia as afirmativas abaixo e assinale a alternativa correta:

I. O Ministério Público do Trabalho — MPT pode atuar como órgão agente, ou como *custos legis* (fiscal da lei); pode atuar judicialmente e extrajudicialmente. Dentre as ações utilizadas pelo MPT, a serem exercidas junto aos órgãos da Justiça do Trabalho estão: ação civil pública, ação civil coletiva, ação rescisória, ação anulatória de acordo coletivo de trabalho ou convenção coletiva de trabalho, dissídio coletivo em caso de greve em atividades essenciais, com possibilidade de lesão ao interesse público, e mandado de injunção, quando a competência for da Justiça do Trabalho.

II. Compete ao Ministério Público do Trabalho — MPT propor as ações necessárias à defesa dos direitos e interesses dos menores, incapazes e índios, decorrentes das relações de trabalho.

III. O Colégio de Procuradores do Trabalho é presidido pelo Procurador-Geral da República e é integrado por todos os membros da carreira em atividade do Ministério Público do Trabalho.

IV. O inquérito civil é o procedimento extrajudicial de colheita de provas, sendo essencial e imprescindível ao ajuizamento da ação civil pública pelo Ministério Público do Trabalho.

V. As quotas em prol das pessoas com deficiência no âmbito da empregabilidade (art. 93, da Lei n. 8.213/1991) podem ser consideradas ações afirmativas trabalhistas, cuja implementação deve ser exigida pelo Ministério Público do Trabalho como direitos trabalhistas metaindividuais.

a) Somente as afirmativas I, II e III estão corretas.

b) Somente as afirmativas I, II e V estão corretas.

c) Somente as afirmativas II, III e IV estão corretas.

d) Somente as afirmativas II, III e V estão corretas.

e) Todas as afirmativas estão corretas.

Gabarito: B

TRT — 19ª REGIÃO — VI CONCURSO — AL/MARÇO/2012

No que diz respeito às atribuições do Ministério Público do Trabalho junto aos órgãos da Justiça do Trabalho, segundo o que dispõe a Lei Complementar n. 75/1993, assinale a alternativa incorreta:

a) Atuar como árbitro nos dissídios de competência da Justiça do Trabalho, se assim for solicitado pelas partes. Igualmente, apenas nos processos em que for parte, recorrer das decisões da Justiça do Trabalho, quando entender necessário, bem como pedir revisão dos Enunciados da Súmula de Jurisprudência do Tribunal Superior do Trabalho.

b) Intervir, obrigatoriamente, em todos os feitos nos segundo e terceiro graus de jurisdição da Justiça do Trabalho, quando a parte for pessoa jurídica de Direito Público, Estado estrangeiro ou organismo internacional.

c) Requerer as diligências que julgar convenientes para o correto andamento dos processos e para a melhor solução das lides trabalhistas, bem assim promover a ação civil pública no âmbito da Justiça do Trabalho, para defesa de interesses coletivos, quando desrespeitados os direitos sociais constitucionalmente garantidos.

d) Propor as ações necessárias à defesa dos direitos e interesses dos menores, incapazes e índios, decorrentes das relações de trabalho. Da mesma forma, propor as ações cabíveis para declaração de nulidade de cláusula de contrato, acordo coletivo ou convenção coletiva que viole as liberdades individuais ou coletivas ou os direitos individuais indisponíveis dos trabalhadores.

e) Manifestar-se em qualquer fase do processo trabalhista, acolhendo solicitação do juiz ou por sua iniciativa, quando entender existente interesse público que justifique a intervenção. Ao Ministério Público do Trabalho também incumbe promover mandado de injunção, quando a competência for da Justiça do Trabalho.

Gabarito: A

TRT — 21ª REGIÃO — VI CONCURSO — RN/ABRIL/2010

A respeito da atuação do Ministério Público do Trabalho, em conformidade com o previsto na legislação em vigor, assinale a alternativa incorreta:

a) o membro da Instituição pode manifestar-se em qualquer fase processual, por sua própria iniciativa, independentemente de solicitação do juiz, quando entender existente interesse público que justifique a intervenção;

b) o membro da Instituição pode expedir recomendações aos empregadores, visando ao respeito aos interesses trabalhistas de natureza coletiva e difusa, para isso fixando prazo razoável para a adoção das providências cabíveis, sob pena de ser proposta ação civil pública;

c) o membro da Instituição pode realizar diligências e também inspeções, no âmbito do Inquérito Civil, objetivando colher fundamentos para ajuizar ação civil pública;

d) o membro da Instituição pode notificar testemunhas para serem ouvidas no procedimento do Inquérito Civil, mas não tem o poder de requisitar a sua condução coercitiva;

e) o membro da Instituição pode requisitar da Administração Pública serviços temporários de seus servidores e meios materiais necessários à realização de atividades específicas no âmbito dos procedimentos de investigação.

Gabarito: D

TRT — 21ª REGIÃO — VI CONCURSO — RN/2010

Sobre as atribuições do Ministério Público do Trabalho junto aos órgãos da Justiça do Trabalho, conforme previsto em lei, examine as assertivas abaixo e marque, em seguida, a alternativa correta:

I. Propor as ações cabíveis para declaração de nulidade de cláusula de contrato, acordo coletivo ou convenção coletiva que viole as liberdades individuais ou coletivas ou os direitos individuais indisponíveis dos trabalhadores;

II. Propor as ações necessárias à defesa dos direitos e interesses de crianças, incapazes e índios, decorrentes das relações de trabalho;

III. Funcionar nas sessões dos Tribunais Trabalhistas, manifestando-se verbalmente sobre a matéria em debate, sempre que entender necessário, sendo-lhe assegurado o direito de vista dos processos em julgamento, podendo solicitar as requisições e diligências que julgar convenientes;

IV. Promover mandado de injunção, quando a competência for da Justiça do Trabalho;

V. Atuar como árbitro, se assim for solicitado pelas partes, nos dissídios de competência da Justiça do Trabalho.

a) apenas as assertivas II e III estão corretas;

b) apenas as assertivas II, III e IV estão corretas;

c) apenas as assertivas I, III e IV estão corretas;

d) apenas as assertivas I, II, III e V estão corretas;

e) todas as assertivas estão corretas.

Gabarito: E

TRT — 6ª REGIÃO — XVIII CONCURSO — PE/2010

A Lei Complementar n. 75/1993, que dispõe sobre a organização, atribuições e o estatuto do Ministério Público do Trabalho, fixou, no art. 83, IV, a competência para propositura das ações de declaração de nulidade de cláusulas de Contrato, Acordo Coletivo ou Convenção Coletiva que viole as liberdades individuais coletivas ou os direitos individuais indisponíveis dos trabalhadores. Considerada tal previsão, assinale a alternativa CORRETA:

a) O Ministério Público do Trabalho detém competência privativa para ajuizamento de Ação Anulatória de cláusula coletiva.

b) Empregados não associados do sindicato, individualmente nominados, formando uma coalizão, têm legitimidade ativa concorrente para o ajuizamento de Ação Anulatória de cláusula coletiva que obriga a todos os trabalhadores a pagarem a denominada contribuição sindical.

c) A jurisdição originária em matéria coletiva é atribuição dos Tribunais vedado às Varas do Trabalho conhecer questões que versam sobre nulidade de cláusula de contrato individual de trabalho.

d) É incabível Ação Civil Pública nos casos de Acordos Coletivos devidamente registrados no Ministério do Trabalho.

e) Cabe ao Ministério Público do Trabalho, no uso de suas atribuições funcionais, atuar nas negociações coletivas de interesse de grupo de trabalhadores à margem da representado sindical.

Gabarito: B

TRT — 16ª REGIÃO — VII CONCURSO — MA/SETEMBRO/2011

Analise as afirmativas e assinale a alternativa CORRETA:

a) Consiste assédio processual o ato ilícito praticado de forma reiterada e insidiosa por um dois sujeitos que atuam no processo, que tem por objetivo minar a autoestima de uma das partes, degradando o processo.

b) É nulo o ato que indefere o sobrestamento da reclamação trabalhista ante o ajuizamento de processo criminal contra o reclamante que analise os mesmos fatos deduzidos na reclamatória para se evitar decisões conflitantes.

c) De acordo com o princípio da transcendência, o ordenamento jurídico garante a eficácia de um ato ainda que inválido desde que emane efeitos na ordem processual, exceto se a nulidade causar prejuízos aos entes públicos ainda que estes restem silentes nos autos.

d) Em observância ao princípio da economia processual, no processo do trabalho é possível repetir-se qualquer ato nulo, desde que a medida não importe em demora no andamento processual e que tal não cause prejuízos às partes.

e) Em caso de litisconsortes com procuradores diferentes, não é aplicável no processo do trabalho e obrigatoriedade de concessão de prazos em dobra para recorrer ou falar nos autos.

Gabarito: E

TRT — 16ª REGIÃO — VII CONCURSO — MA/SETEMBRO/2011

Sobre a atuação do Ministério Público do Trabalho, analise as afirmativas e assinale a alternativa INCORRETA:

a) O Ministério Público do Trabalho poderá atuar no polo passivo da ação.

b) O Ministério Público do Trabalho tem atribuição para propor ação civil pública para tutelar direitos individuais homogêneos de trabalhadores e exigir a observância das normas trabalhistas que disciplinam saúde e segurança dos trabalhadores, porque a origem comum do direito pleiteado é o fato de trabalharem para o mesmo empregador e nas mesmas condições.

c) Ao Ministério do Trabalho cabe promover dissídio de greve para a declaração de abusividade do movimento, quando uma das partes deixar de satisfazer as condições necessárias e inadiáveis ao atendimento da população.

d) O Ministério Público do Trabalho poderá promover ação civil pública para defender interesses coletivos dos trabalhadores e preservar a ordem pública, desde que não haja intuito reparatório civil.

e) A ação anulatória de cláusulas convencionais é proposta pelo Ministério Público do Trabalho quando o instrumento coletivo violar as liberdades individuais e coletivas e os direitos individuais indisponíveis dos trabalhadores, inclusive de cláusulas que tratam da relação entre o sindicato e seus membros, associados ou não.

Gabarito: D

TRT — 2ª REGIÃO — XXXVI CONCURSO — SP/2011

Considere as seguintes proposições:

I. O Ministério Público da União, organizado por lei ordinária, é instituição permanente, essencial à função jurisdicional do Estado, incumbindo-lhe a defesa de ordem jurídica, do regime democrático, dos interesses sociais e dos interesses individuais indisponíveis.

II. São princípios institucionais do Ministério Público da União a unidade, a indivisibilidade, a soberania e a representatividade popular.

III. Compete ao Ministério Público da União, entre outros entes, propor ação civil coletiva para defesa de interesses individuais homogêneos.

IV. Para o exercício de suas atribuições, o Ministério Público da União poderá, nos procedimentos de sua competência, notificar testemunhas e requisitar sua condução coercitiva, no caso de ausência injustificada, mas seu acesso a banco de dados de caráter público ficará sempre condicionado à existência prévia de ação judicial.

V. Tendo em conta o princípio da independência funcional, o Procurador-Geral da República, como chefe do Ministério Público da União, não pode ser exonerado de ofício pelo Presidente da República.

Responda:

a) Estão corretas somente as assertivas I e II;

b) Estão corretas somente as assertivas IV e V;

c) Somente a assertiva III está correta;

d) Todas as assertiva estão corretas;

e) Todas as assertivas estão erradas.

Gabarito: C

TRT — 15ª REGIÃO — XXVI CONCURSO — CAMPINAS/SP/2012

Assinale a alternativa correta:

a) Cabe ao Ministério Público do Trabalho ajuizar ação civil pública para a proteção do meio ambiente do trabalho em face de pessoa jurídica que descumpriu Termo de Ajuste de Conduta contendo vício de representação.

b) Não é cabível o ajuizamento de *habeas corpus* originário no Tribunal Superior do Trabalho, em substituição de recurso ordinário em *habeas corpus*, de decisão definitiva proferida por Tribunal Regional do Trabalho.

c) Compete a Tribunal Regional Federal processar e julgar conflito de competência entre juiz do Trabalho e juiz Federal em causa envolvendo empregado de autarquia federal.

d) Segundo a Jurisprudência do C. TST, o juiz do Trabalho pode declinar, de ofício, de sua competência, quanto às ações em que o local de prestação de serviço ocorreu fora de sua jurisdição.

e) Nos termos da lei não compete ao Tribunal Pleno do C. TST homologar acordos celebrados em dissídios coletivos em nenhuma hipótese.

Gabarito: A

TRT — 15ª REGIÃO — XXVI CONCURSO — CAMPINAS/SP/2012

Analise as proposições abaixo e, em seguida, responda:

I. Intimado a manifestar-se quanto ao laudo pericial, primeira oportunidade em que o reclamante teve ciência da realização da perícia no estabelecimento em que trabalhava para averiguação da existência de agentes insalubres, requereu a nulidade da prova técnica, cujo resultado foi negativo, eis que não fora previamente intimado de sua realização. O juiz deverá acolher o requerimento do reclamante, determinando realização de nova perícia com prévia intimação das partes.

II. A não intervenção do Ministério Público do Trabalho em reclamação trabalhista ajuizada por menor de 18 anos, assistido por seu genitor, não enseja, por si só, nulidade processual.

III. No procedimento sumaríssimo, eventual prova técnica, se deferida, somente será realizada após a oitiva das testemunhas.

IV. São isentos do pagamento de custas, além dos beneficiários de justiça gratuita: a) a União, os Estados, o Distrito Federal, os Municípios e respectivas autarquias e fundações públicas federais, estaduais ou municipais que não explorem atividade econômica; b) o Ministério Público do Trabalho; c) As entidades fiscalizadoras do exercício profissional.

V. Segundo o princípio da taxatividade, pode-se afirmar que, no processo do trabalho, são admissíveis apenas os seguintes recursos: recurso ordinário, embargos declaratórios, recurso de revista e agravo.

a) Somente as assertivas I, II e III estão corretas.

b) Somente as assertivas III e IV estão corretas.

c) Somente a assertiva III está correta.

d) Somente as assertivas I e III estão corretas.

e) Somente estão erradas as assertivas III, IV e V.

Gabarito: E

TRT — 17ª REGIÃO — ES/MAIO/2012

Analise as assertivas a seguir transcritas:

I. Com base no que estabelece a Lei Complementar n. 75/1993, o membro do Ministério Público do Trabalho poderá atuar como árbitro, se assim for solicitado pelas partes, nos dissídios de competência da Justiça do Trabalho.

II. As nulidades relativas serão declaradas mediante provocação da parte interessada, que terá que argui-las na primeira vez em que se manifestar em audiência ou nos autos.

III. A parte sucumbente no pedido fundado no objeto da prova pericial deverá efetuar o pagamento dos honorários do perito oficial e do perito assistente contratado pela parte vencedora.

IV. Consoante o ordenamento jurídico, o Ministério Público do Trabalho poderá atuar como mediador nos conflitos coletivos de trabalho, quando solicitado pelas partes.

Marque a alternativa CORRETA:

a) todas as assertivas estão corretas;

b) apenas as assertivas I e II estão corretas;

c) apenas as assertivas I, II e IV estão corretas;

d) apenas as assertivas III e IV estão corretas;

e) não respondida.

Gabarito: C

TRT — 17ª REGIÃO — ES/MAIO/2012

O Ministério Público do Trabalho ajuizou ação anulatória de cláusula de acordo coletivo de trabalho, relativa à jornada de trabalho dos trabalhadores portuários avulsos, por considerar ilegal e abusiva a previsão de intervalo de 6 (seis) horas entre duas jornadas, violando a legislação pertinente que prescreve o intervalo interjornada de, no mínimo, 11 (onze) horas. Diante da situação descrita, é INCORRETO afirmar que:

a) Serão réus, em listisconsórcio passivo necessário, as partes convenentes ou acordantes que firmaram a norma coletiva.

b) Conforme entendimento do Tribunal Superior do Trabalho, a competência funcional para análise e julgamento da ação anulatória de cláusula de acordo ou convenção coletiva de trabalho proposta pelo Ministério Público do Trabalho é originária dos tribunais trabalhistas, os quais possuem competência para modificar, criar, ou extinguir condições de trabalho, por força do seu poder normativo.

c) Segundo a jurisprudência uniformizada do Tribunal Superior do Trabalho, configura-se erro grosseiro, que obsta a aplicação do princípio da fungibilidade recursal, a interposição por uma das partes de agravo inominado ou agravo regimental contra o julgamento colegiado na ação anulatória, quando cabível o recurso ordinário ao Tribunal Superior do Trabalho.

d) É possível ao Ministério Público do Trabalho cumular pedidos no bojo da ação anulatória, podendo pleitear tanto a declaração de nulidade de determinada cláusula, como pleito condenatório e tutela inibitória, consubstanciada na não inserção da cláusula impugnada nas futuras normas coletivas.

e) Não respondida.

Gabarito: D

TRT — 17ª REGIÃO — ES/MAIO/2012

A respeito do Ministério Público na Constituição da República, leia e analise os itens a seguir:

I. O Ministério Público abrange o Ministério Público da União, composto pelo Ministério Público Federal, Ministério Público do Trabalho, Ministério Público Militar, Ministério Público Eleitoral e Ministério Público do Distrito Federal e Territórios; e os Ministérios Públicos dos Estados.

II. São instrumentos de atuação do Ministério Público expressamente previstos na Constituição da República: a ação penal pública; a ação civil pública; o inquérito civil público; a ação de inconstitucionalidade; a expedição de notificações nos procedimentos administrativos de sua competência para requisição de informações e documentos, na forma da lei complementar respectiva; a requisição de diligências e instauração de inquérito policial, indicando os fundamentos jurídicos de suas manifestações processuais.

III. Os membros do Ministério Público gozam da garantia da inamovibilidade, salvo por motivo de interesse público, mediante decisão do órgão colegiado competente do Ministério Público, pelo voto da maioria absoluta de seus integrantes, assegurada ampla defesa.

IV. Os membros do Ministério Público deverão residir na comarca da respectiva lotação, salvo autorização do órgão colegiado competente do Ministério Público, pelo voto da maioria absoluta dos seus integrantes, assegurada ampla defesa.

Marque a alternativa CORRETA:

a) Somente as assertivas I e II estão corretas;

b) Somente as assertivas I e III estão corretas;

c) Somente as assertivas II e III estão corretas;

d) Somente as assertivas II e IV estão corretas;

e) Não respondida.

Gabarito: C

TRT — 17ª REGIÃO — ES/MAIO/2012

Consideradas as prerrogativas conferidas pelo ordenamento jurídico aos membros do Ministério Público do Trabalho, leia as assertivas a seguir:

I. Constitui prerrogativa institucional ter ingresso e trânsito livres, apenas em razão do serviço, em qualquer recinto público ou privado, respeitada a garantia constitucional de inviolabilidade de domicílio, salvo hipóteses como de flagrante delito, a exemplo da constatação de trabalho infantil doméstico em condições análogas à de escravo.

II. Constituem prerrogativas legais a presença e a palavra asseguradas em todas as sessões dos órgãos colegiados em que oficiem, manifestando-se verbalmente sobre a matéria em debate, sempre que entender necessário, e também solicitar as diligências que julgar convenientes, independentemente de requerimento escrito.

III. As prerrogativas são irrenunciáveis e sua enumeração é taxativa, estando previstas exclusivamente na Lei Complementar n. 75/1993.

Assinale a alternativa CORRETA:

a) Apenas a assertiva II é correta;

b) Apenas as assertivas I e II são corretas;

c) Apenas as assertivas II e III são corretas;

d) Apenas as assertivas I e III são corretas;

e) Não respondida.

Gabarito: B

TRT — 21ª REGIÃO — VII CONCURSO — RN/ABRIL/2012

São prerrogativas dos membros do Ministério Público:

a) Cômputo do prazo em quádruplo para contestar e em dobro para recorrer quando interpuserem recursos, seja como parte, seja como *custos legis*.

b) Sentar-se no mesmo plano, e imediatamente à direita, dos juízes de 1ª Instância, dos Presidentes de Turmas e do Presidente dos Tribunais do Trabalho, nas sessões de instrução e julgamento e nas sessões administrativas, nas atuações como *custos legis*.

c) Receber a intimação via postal nos processos que tramitam na primeira instância, com cômputo do prazo, a partir do recebimento da intimação na Procuradoria Regional do Trabalho, e intimação pessoal nos processos que tramitam na segunda instância.

d) Receber intimação pessoal nos autos dos processos que tramitam em primeira instância, com encaminhamento dos autos à sede do Ministério Público, com cômputo do prazo, a partir da efetiva distribuição a um dos membros lotados naquela sede.

e) Solicitar, como fiscal da lei, novas diligências em processo em julgamento, interrompendo-se, necessariamente, o julgamento, para atendimento do pedido do membro do Ministério Público, sem possibilidade do juiz relator indeferir o pedido.

Gabarito: A

TRT — 3ª REGIÃO — MG/2011

A respeito da autonomia normativa e seus limites, leia as afirmações abaixo e, em seguida, assinale a alternativa correta, de acordo com a jurisprudência consolidada do Tribunal Superior do Trabalho:

I. Dá-se validade à cláusula do acordo coletivo firmado entre empresa e categoria profissional, que limita o pagamento do adicional de periculosidade ao tempo de exposição ao agente perigoso.

II. A validade de acordo coletivo ou convenção coletiva de compensação de jornada de trabalho em atividade insalubre não prescinde da inspeção prévia da autoridade competente em matéria de higiene do trabalho.

III. A partir da vigência da Lei n. 10.243, de 19.6.2001, que acrescentou o § 1º ao art. 58 da CLT, não mais prevalece cláusula prevista em convenção ou acordo coletivo que elastece o limite de 5 minutos que antecedem e sucedem a jornada de trabalho para fins de apuração das horas extras.

IV. Os reajustes salariais previstos em norma coletiva de trabalho não prevalecem frente à legislação superveniente de política salarial.

V. É discriminatória a previsão, em cláusula de norma coletiva de trabalho, de pagamento mensal de auxílio cesta--alimentação ou de abono indenizatórios somente a empregados em atividade, sendo devida a extensão desse benefício aos aposentados e pensionistas.

a) Somente as afirmativas III e V estão corretas.

b) Somente as afirmativas I, II e V estão corretas.

c) Somente as afirmativas II, III e IV estão corretas.

d) Somente as afirmativas I, II, III e IV estão corretas.

e) Somente a afirmativa V está correta.

Gabarito: C

TRT — 3ª REGIÃO — MG/2011

Ainda a respeito da autonomia normativa e seus limites, leia as afirmações abaixo e, em seguida, assinale a alternativa correta, de acordo com a jurisprudência consolidada do Tribunal Superior do Trabalho:

I. À luz do dispositivo constitucional que reconhece os acordos e convenções coletivas, é válida a cláusula de termo aditivo que prorroga a vigência do instrumento coletivo originário por prazo indeterminado.

II. É válido o sistema de compensação de horário quando a jornada adotada é a denominada "semana espanhola", que alterna a prestação de 48 horas em uma semana e 40 horas em outra, não violando a lei o seu ajuste mediante acordo ou convenção coletiva de trabalho.

III. Afronta o dispositivo constitucional que reconhece os acordos e as convenções coletivas a decisão que estende o pagamento da parcela participação nos lucros e resultados, prevista em norma coletiva apenas para os empregados com contrato de trabalho em vigor na data prevista para a distribuição dos lucros, aos empregados dispensados antes dessa data, de forma proporcional aos meses trabalhados.

IV. É aplicável multa prevista em instrumento normativo (sentença normativa, convenção ou acordo coletivo) em caso de descumprimento de obrigação prevista em lei, mesmo que a norma coletiva seja mera repetição de texto legal.

V. É ofensiva à liberdade sindical, tal como prevista na Constituição da República, cláusula constante de acordo ou convenção coletiva estabelecendo contribuição em favor de entidade sindical a título de taxa para custeio do sistema confederativo, assistencial, revigoramento ou fortalecimento sindical e outras da mesma espécie, obrigando trabalhadores não sindicalizados. Sendo nulas as estipulações que inobservem tal restrição, tornam-se passíveis de devolução os valores irregularmente descontados.

a) Somente as afirmativas I e II estão corretas.

b) Somente as afirmativas I, III e V estão corretas.

c) Somente as afirmativas II, III e IV estão corretas.

d) Somente as afirmativas II, IV e V estão corretas.

e) Somente as afirmativas IV e V estão corretas.

Gabarito: C

TRT — 19ª REGIÃO — VI CONCURSO — AL/2012

Assinale a alternativa incorreta, de acordo com a legislação e o entendimento da doutrina majoritária:

a) São considerados interesses ou direitos difusos os transindividuais, de natureza indivisível, de que sejam titulares pessoas indeterminadas e ligadas por circunstâncias de fato.

b) São considerados interesses ou direitos coletivos *stricto sensu* os transindividuais, de natureza indivisível de que seja titular grupo, categoria ou classe de pessoas ligadas entre si ou com a parte contrária por uma relação jurídica base.

c) São considerados interesses ou direitos individuais homogêneos os decorrentes de origem comum.

d) Consoante doutrina majoritária, na seara trabalhista somente é possível a existência de direitos ou interesses coletivos e/ou individuais homogêneos, uma vez que os direitos ou interesses difusos têm como principal característica a sua indeterminação, fato este incompatível na relação de emprego, na qual de antemão se sabe quem são os dois sujeitos determinados: empregado e empregador.

e) Os interesses ou direitos individuais homogêneos caracterizam-se como um feixe de interesses individuais de causa comum, cujos titulares são perfeitamente identificáveis e individualizáveis, razão pela qual muitos afirmam que eles são essencialmente individuais, mas acidentalmente coletivos.

Gabarito: D

TRT — 19ª REGIÃO — VI CONCURSO — AL/2012

À luz do art. 8º da Constituição Federal, que acentua ser livre a associação profissional ou sindical, assinale a alternativa incorreta:

a) Ninguém será obrigado a filiar-se ou a manter-se filiado a sindicatos.

b) O aposentado filiado tem a obrigação de votar e o direito de ser votado nas organizações sindicais.

c) É obrigatória a participação dos sindicatos nas negociações coletivas de trabalho.

d) Ao sindicato cabe a defesa dos direitos e interesses coletivos ou individuais da categoria, inclusive em questões judiciais ou administrativas.

e) A lei não poderá exigir autorização do Estado para a fundação do sindicato, ressalvado o registro do órgão competente, vedadas ao Poder Público a interferência e a intervenção na organização sindical.

Gabarito: B

TRT — 19ª REGIÃO — VI CONCURSO — AL/2012

Em conformidade com o Título da Ordem Social da atual Constituição da República Federativa do Brasil, assinale a alternativa incorreta:

a) Todos têm direito ao meio ambiente ecologicamente equilibrado, bem de uso comum do povo e essencial à sadia qualidade de vida, impondo-se ao Poder Público e à coletividade o dever de defendê-lo e preservá-lo para as presentes e futuras gerações.

b) A seguridade social compreende um conjunto integrado de ações de iniciativa dos Poderes Públicos e da sociedade, destinadas a assegurar os direitos relativos à saúde, à previdência e à assistência social.

c) Aos maiores de 60 (sessenta anos) é garantida a gratuidade dos transportes coletivos urbanos.

d) A saúde é direito de todos e dever do Estado, garantido mediante políticas sociais e econômicas que visem à redução do risco de doença e de outros agravos e ao acesso universal igualitário às ações e serviços para sua promoção, proteção e recuperação.

e) Os filhos, havidos ou não da relação do casamento, ou por adoção, terão os mesmos direitos e qualificações, proibidas quaisquer designações discriminatórias relativas à filiação.

Gabarito: C

TRT — 8ª REGIÃO — CONCURSO C-320 — PA/2011

Assinale a alternativa INCORRETA:

a) Nos dissídios de alçada de que trata a Lei n. 5.584/1970, poderá,qualquer das partes, impugnar o valor fixado para a causa e, se o juiz o mantiver, poderá a parte pedir revisão da decisão, no prazo de 48 (quarenta e oito) horas, ao Presidente do Tribunal Regional.

b) Nos termos do art. 791 da CLT, que trata do exercício do *jus postulandi*, é dispensável a presença de advogado para a impetração de mandado de segurança no âmbito da Justiça do Trabalho.

c) A Federação de Trabalhadores possui legitimidade para impetrar mandado de segurança coletivo na Justiça do Trabalho, sempre que se destinar à defesa de seus membros ou associados.

d) Nos termos da Lei n. 12.016, de 2009, que trata do mandado de segurança individual e coletivo, o pedido de segurança poderá ser renovado dentro do prazo decadencial, se a decisão denegatória não lhe houver apreciado o mérito.

e) Da decisão do juiz de primeiro grau que conceder ou denegar liminar em mandado de segurança na Justiça do Trabalho não caberá agravo de instrumento.

Gabarito: B

TRT — 8ª REGIÃO — CONCURSO C-320 — PA/2011

A respeito dos direitos e deveres individuais e coletivos, é CORRETO afirmar que:

a) São invioláveis a intimidade, a vida privada, a honra e a imagem das pessoas, assegurado o direito à indenização pelo dano material ou moral decorrente de sua violação.

b) Ninguém será obrigado a fazer ou deixar de fazer alguma coisa senão em virtude de lei, exceto se a exigência, ainda que contrária à lei, decorra de previsão constante de contrato privado.

c) É direito de qualquer cidadão o exercício de qualquer ofício ou profissão, não podendo a lei que a regulamentar, restringir tal exercício.

d) Conceder-se-á mandado de segurança para proteger direito líquido e certo, ainda que amparado por *habeas corpus* ou *habeas data*, quando o responsável pela ilegalidade ou abuso de poder for autoridade pública ou agente de pessoa jurídica no exercício de atribuições do Poder Público.

e) A Constituição Federal de 1988 não admite, em qualquer hipótese, a pena de morte.

Gabarito: A

TRT — 23ª REGIÃO — XVIII CONCURSO — MT/2011

O grande publicista alemão Georg Jellinek, na sua obra *Sistema dos Direitos Subjetivos Públicos* (*Sysztem der subjetktiv offenttlichen*), formulou concepção original, muito citada pela doutrina brasileira no estudo da teoria dos direitos fundamentais, segundo a qual o indivíduo, como vinculado a determinado Estado, encontra sua posição relativamente a este cunhada por quatro espécies de situações jurídicas (status), seja como sujeitos de deveres, seja como titular de direitos. Assinale qual das alternativas abaixo contém um item que NÃO corresponde a um dos quatro status da teoria de Jellinek:

a) *status* passivo (*status subjectionis*).

b) *status negativus.*

c) *status civitatis.*

d) *status socialis.*

e) *status activus.*

Gabarito: D

TRT — 23ª REGIÃO — XVIII CONCURSO — MT/2011

Analise o seguinte caso: uma associação de defesa de determinados valores veicula na mídia (televisão, rádio, jornais e internet) campanha de defesa de opinião e ideias, contendo peças que dizem respeito ao exercício de direitos fundamentais, uma delas afirmando, dentre outras coisas, que "a igualdade entre homens e mulheres é um direito, mas a mulher deve seguir e obedecer ao homem, que lhe é superior, e aquela que assim não age não deve ser respeitada como tal, já que não exerce seu papel e prejudica a humanidade". Diante disso, um dos legitimados pela lei ajuíza ação civil pública, postulando, dentre outros requerimentos, que seja determinada a retirada da campanha do ar, sob pena de multa diária. Assinale a alternativa correta:

a) A pretensão não pode ser acolhida, vez que a Constituição Federal, em seus arts. 5º, IX e 220 § 2º, veda expressamente a cesura.

b) A pretensão deverá ser rejeitada, vez que a liberdade de expressão goza de uma posição preferencial em relação aos demais direitos fundamentais, o que impede, em termos absolutos, que ceda espaço à incidência de outros direitos a ponto de dar ensejo à proibição de determinada veiculação, especialmente porque, no caos, se tratava da mera defesa de ideias e opiniões.

c) A campanha necessariamente deverá ser retirada do ar, eis que igualdade goza de uma posição preferencial em relação aos demais direitos fundamentais, o que impede, em termos absolutos, que ceda espaço à incidência de outros direitos a ponto de dar ensejo à proibição de determinada veiculação, especialmente porque, no caso, se tratava da mera defesa de ideias e opiniões.

d) A solução do caso passa pela ponderação dos princípios em conflito, sendo possível, em tese, a decisão pela retirada da campanha do ar, já que a preservação do núcleo essencial de tal direito não abrange a proibição, em toda e qualquer situação, de se fazer cessar determinada veiculação midiática.

e) A solução do caso deverá ser pautada pela natureza das normas em conflito; assim, deverá o magistrado verificar se o preceito que consagra a liberdade de expressão e aquele que reconhece o direito à igualdade tem eficácia imediata, contida ou limitada, bem como a respectiva regulamentação infraconstitucional, prevalecendo aquele em relação ao qual a legislação possibilita o exercício imediato, em detrimento do outro.

Gabarito: D

TRT — 16ª REGIÃO — VII CONCURSO — MA/2011

Sobre as ações previstas na Constituição Federal para defesa de direitos individuais, coletivos e/ou difusos, analise as seguintes afirmações e marque alternativa CORRETA:

I. O mandado de segurança coletivo pode ser impetrado por organização sindical, entidade de classe ou associação legalmente constituída e em funcionamento há pelo menos um ano, em defesa dos interesses de toda a categoria, independentemente de filiação e/ou associação.

II. Conceder-se-á *habeas data* para assegurar o conhecimento de informações relativas à pessoa do impetrante, constantes de registros ou bancos de dados de entidades governamentais ou de caráter público, bem como para a retificação de dados. Neste último caso, apenas caberá *habeas data* quando a retificação não puder ser feita por processo sigiloso, judicial ou administrativo.

III. Conceder-se-á mandado de segurança para proteger direito líquido e certo, não amparado por *habeas corpus* ou *habeas data*, apenas quando o responsável pela ilegalidade ou abuso de poder for autoridade pública.

IV. Qualquer cidadão é parte legítima para propor ação popular que vise a anular ato lesivo ao patrimônio público ou de entidade de que o Estado participe, à moralidade administrativa, ao meio ambiente e ao patrimônio histórico e cultural. De modo a garantir o amplo acesso à Justiça, o autor é sempre isento de custas judiciais e do ônus da sucumbência, salvo desistência da ação e comprovada má-fé.

V. Segundo a Constituição Federal são gratuitas as ações de *habeas corpus*, mandado de segurança e *habeas data*, e, na forma da lei, os atos necessários ao exercício da cidadania.

a) Somente as afirmativas I e IV estão corretas.

b) Somente as afirmativas II e III estão corretas.

c) Somente as afirmativas II e V estão corretas.

d) Somente a afirmativa IV está correta.

e) Todas as afirmativas estão erradas.

Gabarito: E

TRT — 2ª REGIÃO — XXXVI CONCURSO — SP/2011

Analise as seguintes proposições:

I. A Advocacia-Geral da União é a instituição que, diretamente ou através de órgão vinculado, representa a União, judicialmente, e tem por chefe o Advogado-Geral da União, de livre nomeação pelo Presidente da República, dentre cidadãos maiores de 35 anos e menores de 60 anos.

II. O juízo arbitral é uma forma de valorizar a liberdade contratual e se contrapõe à garantia do art. 5º, XXXV, da Constituição Federal, que estabelece a possibilidade de apreciação pelo Poder Judiciário de lesão ou ameaça a direito.

III. Todo autor é titular de direitos morais e de direitos patrimoniais sobre a obra intelectual que produzir. Aqueles são personalíssimos, inalienáveis e irrenunciáveis. Já os patrimoniais são alienáveis por ele ou por seus sucessores.

IV. A liberdade de reunião é uma liberdade-condição, porque sendo um direito em si, constitui também condição para o exercício de outras liberdades: de manifestação do pensamento, de expressão de convicção filosófica, religiosa, científica e política e de locomoção, que abrange também, a liberdade de ir, vir e ficar.

V. A casa é o asilo inviolável do indivíduo, mas apesar disso, é possível nela penetrar, por simples despacho judicial, traduzido num mandado, durante o dia, em princípio, entre 6h e 18h.

Responda:

a) Estão corretas as assertivas I, II e III.

b) Estão corretas as assertivas II, III e IV.

c) Estão corretas as assertivas III, IV e V.

d) Estão corretas as assertivas I e II.

e) Estão corretas as assertivas II e IV.

Gabarito: C

TRT — 2ª REGIÃO — XXXVI CONCURSO — SP/2011

Em relação aos Direitos Fundamentais, analise as seguintes proposições:

I. A expressão "Direitos Fundamentais do Homem" significa esfera privada contraposta à atividade pública, como simples limitação ao Estado ou autolimitação deste.

II. As "garantias constitucionais" em conjunto caracterizam-se como imposições, positivas ou negativas, aos órgãos do Poder Público, limitativas de sua condita, para assegurar a observância ou a reintegração dos direitos fundamentais.

III. As associações só poderão ser compulsoriamente dissolvidas ou ter suas atividades suspensas por decisão judicial, exigindo-se, no primeiro caso, o trânsito em julgado.

IV. A criação de associações e, na forma da lei, a de cooperativas, independem de autorização administrativa, sendo permitida, no entanto, a interferência estatal em seu funcionamento.

V. Todos têm direito a receber dos órgãos públicos informações de seu interesse público, que serão prestadas no prazo de lei, sob pena de responsabilidade. As informações de interesse coletivo são vedadas por imprescindíveis à segurança da sociedade e do Estado.

Responda:

a) Estão corretas as assertivas I, II e IV.

b) Estão corretas as assertivas II e III.

c) Estão corretas as assertivas IV e V.

d) Estão corretas as assertivas III e V.

e) Estão corretas as assertivas II, IV e V.

Gabarito: B

MPT — 17º CONCURSO PÚBLICO — 2012

Sobre o direito fundamental à assistência social do Estado, leia e analise as assertivas a seguir:

I. O Supremo Tribunal Federal decidiu que compete à União, e não aos Estados, a manutenção de benefício de prestação continuada a pessoas com deficiência.

II. Além da comprovação da situação de miserabilidade, a pessoa idosa deve comprovar que contribuiu para o custeio da seguridade social por período não inferior a cinco anos, para obter benefício assistencial.

III. O valor do benefício mensal pago às pessoas idosas ou com deficiência corresponde a ¼ (um quarto) do valor do salário mínimo.

IV. A assistência social visa à promoção da integração das pessoas com deficiência, idosos e adolescentes carentes acima de 14 anos, no mercado de trabalho, podendo, o Poder Público, para tanto, valer-se da participação da população, por meio de organizações representativas, na formulação de políticas e no controle das ações de assistência social em todos os níveis da administração pública.

Marque a alternativa CORRETA:

a) apenas as assertivas II e III estão corretas;

b) apenas as assertivas I, II e IV estão corretas;

c) apenas as assertivas III e IV estão corretas;

d) apenas as assertivas I e IV estão corretas;

e) não respondida.

Gabarito: D

MPT — 17º CONCURSO PÚBLICO — 2012

Sobre o mandado de injunção é CORRETO afirmar que:

a) Segundo a Constituição da República, a Justiça do Trabalho tem competência para conhecer e julgar mandados de injunção, quando o ato omissivo for da alçada de autoridade não sujeita à competência constitucional de outro Tribunal e desde que se encaixe na competência material disciplinada pelo art. 114 da Constituição. Nestes casos, o Ministério Público do Trabalho é legitimado para promover a ação constitucional, na própria Justiça do Trabalho.

b) Conforme dispõe a literalidade da Constituição da República, conceder-se-á mandado de injunção sempre que a falta de norma regulamentadora torne inviável o exercício dos direitos e liberdades constitucionais e das prerrogativas inerentes à nacionalidade, à soberania, à cidadania e aos direitos sociais.

c) Segundo a jurisprudência mais recente do Supremo Tribunal Federal, a decisão prolatada em sede de mandado de injunção terá efeitos *erga omnes* e constitutivos, no sentido de notificar a autoridade responsável pela omissão, concedendo-lhe prazo para sanar a lacuna e, ao mesmo tempo, reconhecendo o caráter concretista individual.

d) Segundo a jurisprudência mais recente do Supremo Tribunal Federal, a decisão prolatada em sede de mandado de injunção terá efeitos *erga omnes* e constitutivos, no sentido de reconhecer o caráter concretista, até que autoridade legisle sobre a matéria, a qual deverá seguir os regramentos básicos estabelecidos pela Excelsa Corte brasileira.

e) não respondida.

Gabarito: A

TRT — 21ª REGIÃO — VII CONCURSO — RN/2012

Leia as assertivas seguintes e indique a resposta correta:

I. Não obstante o princípio da unidade da Constituição, admite-se a existência de hierarquia envolvendo duas normas constitucionais originárias, com a possibilidade excepcional de declaração de inconstitucionalidade de uma ou outra.

II. A proteção especial dada às normas constitucionais que são "cláusulas pétreas" lhes confere superioridade jurídica, diante do reconhecimento da sua condição peculiar de imutabilidade, elemento de distinção em face das outras normas constitucionais.

III. De acordo com o que proclamou o Supremo Tribunal Federal, os limites materiais à reforma constitucional, representados pelas denominadas "cláusulas pétreas", não são garantias de intangibilidade da literalidade de preceitos constitucionais específicos da Constituição originária, mas sim do seu conteúdo.

IV. Em conformidade com o entendimento do Supremo Tribunal Federal, os direitos e garantias individuais considerados "cláusulas pétreas" encontram-se previstos exclusivamente no rol do art. 5º da Carta Magna, uma vez que se trata de matéria de interpretação restritiva, por impedir a iniciativa de sua reforma, por meio de emenda constitucional.

a) Apenas as assertivas I e III estão corretas.

b) Apenas a assertiva IV está correta.

c) Apenas a assertiva III está correta.

d) Apenas as assertivas I e IV estão corretas.

e) Apenas as assertivas II e III estão corretas.

Gabarito: C

MPT 17º CONCURSO PÚBLICO — 2012

Quanto aos direitos e garantias fundamentais da Constituição da República, assinale a alternativa CORRETA:

a) O mandato eletivo poderá ser impugnado ante a Justiça Eleitoral no prazo de quinze dias contados da divulgação do resultado da eleição, instruída a ação com provas de abuso do poder econômico, corrupção ou fraude. A ação de impugnação de mandato tramitará em segredo de justiça, respondendo o autor, na forma da lei, se temerária ou de manifesta má-fé.

b) É assegurada a participação dos trabalhadores e empregadores nos colegiados dos órgãos públicos em que seus interesses profissionais ou previdenciários sejam objeto de discussão e deliberação.

c) Quando adquirir outra nacionalidade, será declarada a perda da nacionalidade do brasileiro, ainda que a aquisição da nova nacionalidade resulte de imposição de naturalização, pela norma estrangeira, ao brasileiro residente em seu território.

d) A pequena propriedade rural, assim definida em lei, desde que trabalhada pela família, não será objeto de penhora para pagamento de débitos de espécie alguma, dispondo a lei sobre os meios de financiar o seu desenvolvimento.

e) Não respondida.

Gabarito: B

TRT — 23ª REGIÃO — XVIII CONCURSO — MT/2011

Analise as assertivas abaixo, assinalando a alternativa correta:

I — todos os bens públicos são federais, por integrantes do patrimônio da Nação.

II — os bens públicos de uso comum do povo, também são conhecidos como bens públicos dominicais, recebendo também a denominação de bens patrimoniais disponíveis.

III — os bens públicos são imprescritíveis, não sendo passível a sua aquisição por usucapião.

a) somente o item I está correto;

b) somente o item II está correto;

c) somente o item III está correto;

d) os itens I e II estão corretos;

e) os itens II e III estão corretos.

Gabarito: C

TRT — 16ª REGIÃO — VII CONCURSO — MA/2011

Considerando o conceito e classificação de bens públicos adotada por nosso ordenamento jurídico, marque a alternativa CORRETA:

a) São públicos os bens do domínio nacional pertencentes às pessoas jurídicas de direito público interno, autarquias, fundações, empresa públicas e sociedades de economia mista.

b) Os bens públicos de uso comum do povo e os de uso especial são inalienáveis, na podendo lei dispor de forma diversa.

c) Não dispondo a lei em contrário, consideram bens dominicais os bens pertencentes às pessoas jurídicas de direito público a que se tenha dado estrutura de direito privado.

d) São considerados bem públicos de uso especial, os edifícios ou terrenos destinados a serviço ou estabelecimento da administração, federal, estadual, territorial ou municipal, inclusive os de suas autarquias, fundações e empresas públicas.

e) Os bens públicos não estão sujeitos a usucapião, enquanto conservarem a sua qualificação, na forma que a lei determinar.

Gabarito: C

TRT — 2ª REGIÃO — XXXVII CONCURSO — SP/2012

Observe as assertivas e ao final responda.

I. Os bens dominicais, sob o aspecto jurídico, são de domínio privado do Estado.

II. A inalienabilidade dos bens públicos é absoluta.

III. Os terrenos destinados a serviço ou estabelecimento da administração municipal, inclusive os de suas autarquias, são considerados bens públicos de uso comum.

IV. Os bens públicos de uso comum não estão sujeitos à usucapião, enquanto que os dominicais sim.

V. Os imóveis da União podem ser cedidos a pessoas físicas, em se tratando de aproveitamento econômico de interesse nacional, desde que referida cessão seja autorizada pelo ministro de Estado da Fazenda, por delegação do Presidente da República.

Estão corretas apenas as assertivas:

a) I e V.

b) II e III.

c) I e IV.

d) III e V

e) II e V.

Gabarito: A

MPT 17º CONCURSO — MAIO/2012

Marque a alternativa CORRETA:

a) O domínio eminente é o poder geral do Estado quanto a tudo que esteja nas suas linhas territoriais, em virtude da sua soberania. Inclui bens públicos, provados e não sujeitos ao regime normal da propriedade, como o espaço aéreo.

b) O bem público afetado é o que está voltado para determinado fim público e a desafetação é o contrário, sendo que os bens de uso comum do povo jamais serão desafetados, por causa dessa tipologia que não pode ter sua finalidade alterada.

c) Os bens de uso especial são os cemitérios públicos, repartições, museus, aeroportos, terras reservadas aos indígenas. Perdem essa configuração, caso estejam sendo alvo de utilização por particulares, sobretudo por delegação.

d) Todas estão erradas.

e) Não respondida.

Gabarito: A

TRT — 23ª REGIÃO — XVIII CONCURSO — MT/2011

São deveres dos servidores públicos, exceto:

a) representar contra ilegalidade, omissão ou abuso de poder.

b) levar ao conhecimento da autoridade superior às irregularidades de que tiver ciência do cargo.

c) atender com presteza à expedição de certidões requeridas para defesa de direito ou esclarecimento de situações de interesse pessoal.

d) tratar com urbanidade as pessoas.

e) cumprir as ordens superiores, mesmo que manifestamente ilegais.

Gabarito: E

TRT — 16ª REGIÃO — VII CONCURSO — MA/2011

Ainda considerando a jurisprudência majoritária do Supremo Tribunal Federal, marque a alternativa INCORRETA:

a) É inconstitucional toda modalidade de provimento que propicie ao servidor investir-se, sem prévia aprovação em concurso público destinado ao seu provimento, em cargo que não integra a carreira na qual anteriormente investido.

b) É inconstitucional o veto não motivado à participação de candidato a concurso público.

c) Dentro do prazo de validade do concurso, o candidato aprovado tem direito à nomeação, quando o cargo for preenchido sem observância da classificação.

d) A fixação de vencimentos dos servidores públicos não pode ser objeto de convenção coletiva, salvo quando houver manifesta omissão do Poder Público em assegurar a revisão geral anual, prevista no art. 37, inc. X, da Constituição Federal.

e) O cálculo de gratificações e outras vantagens do servidor público não incide sobre o abono utilizado para se atingir o salário mínimo.

Gabarito: D

TRT — 15ª REGIÃO — XXVI CONCURSO — CAMPINAS/2012

Assinale a alternativa incorreta:

a) O servidor não aprovado no estágio probatório será exonerado ou, se estável, reconduzido ao cargo anteriormente ocupado, observado o disposto no parágrafo único do art. 29 da Lei n. 8.112/1990.

b) Consideram-se formas de provimento original a nomeação de pessoa estranha aos quadros do serviço público, bem como a de pessoas que já exercia função pública como ocupante de cargo não vinculado àquele para o qual foi nomeada.

c) A vedação de remuneração de servidor por órgão de deliberação coletiva não se aplica à remuneração devida pela participação em conselhos de administração e fiscal das empresas pública e sociedade de economia mista, suas subsidiárias e controladas, bem, como quaisquer empresas ou entidades em que a União, direta ou indiretamente, detenha participação no capital social, observado o que, a respeito, dispuser legislação específica.

d) O tempo de serviço do servidor afastado para exercer mandato eletivo será contado para todos os efeitos legais, inclusive para promoção por merecimento.

e) O servidor ocupante de cargo em comissão ou de natureza especial poderá ser nomeado para ter exercício, interinamente, em outro cargo de confiança, sem prejuízo das atribuições do que atualmente ocupa, hipótese em que deverá optar pela remuneração de um deles durante o período da interinidade.

Gabarito: A

TRT — 3ª REGIÃO — 01/2011 CONCURSO — MG/2011

Assinale a opção correta, após a análise das afirmativas abaixo:

I — As pessoas com deficiência têm garantido o direito de reserva de percentual de cargos e empregos públicos, ou seja, de quota em concursos públicos, sendo que o Conselho Nacional de Justiça disciplinou que, no âmbito da magistratura, devem ser reservados, no mínimo 5% (cinco por cento) do total das vagas, podendo haver arredondamento superior.

II — A Constituição Federal anterior à de 1988 vedava a greve nos serviço públicos e a de 1988 a assegura, no termos de lei específica, bem como o direito a sindicalização. Como a matéria do servidor público é privativa da União Federal, entende-se que somente Lei Federal poderá disciplinar a matéria.

III — O direito de greve foi expressamente proibido pela CF/88 aos militares.

IV — O direito de greve pode levar, no que concerne a autarquias e fundações instituídas pelo Poder Público, a negociações coletivas, com o objetivo de obter aumento de remuneração.

V — É vedada a acumulação remunerada ou não de cargos públicos. É, porém, admitida quando houver compatibilidade de horários e respeitado o teto de vencimento ou subsídio, nas seguintes hipóteses: acumulação de dois cargos de professor; de um cargo de professor e outro técnico ou científico; de dois cargos ou empregos de profissionais de saúde, com profissões regulamentadas.

a) estão corretas somente as proposições I e V.

b) estão corretas todas as proposições.

c) estão corretas somente as proposições III e V.

d) está correta somente a proposição III.

e) estão corretas somente as proposições III e IV.

Gabarito: D

MPT 17º CONCURSO MAIO/2012

Examine as seguintes assertivas:

I — Segundo a Lei n. 8.112/1990, a autoridade que tiver ciência de irregularidade no serviço público é obrigada a promover a sua apuração imediata, mediante sindicância ou processo administrativo disciplinar, assegurada ao acusado ampla defesa, a quem, porém, a Constituição da República não assegura a defesa técnica.

II — Segundo a Lei n. 8.112/1990, sempre que o ilícito praticado pelo servidor ensejar a imposição de penalidade de suspensão por mais de 30 (trinta) dias, de demissão, cassação de aposentadoria ou disponibilidade, ou destituição de cargo em comissão, será obrigatória a instauração de processo disciplinar.

III — Conforme a Lei n. 8.112/1990, quando o fato narrado não configurar evidente infração disciplinar ou ilícito penal, a denúncia será arquivada, por falta de objeto.

IV — Ministério Público da União, sempre que necessário ao exercício de suas funções institucionais, poderá requisitar à autoridade competente a instauração de procedimentos administrativos, ressalvados os de natureza disciplinar, podendo acompanhá-los e produzir provas.

Marque a alternativa CORRETA:

a) apenas as assertivas I, II e III estão corretas.

b) apenas as assertivas I e IV estão corretas.

c) todas as assertivas estão corretas.

d) apenas as assertivas I, II e IV estão incorretas.

e) não respondida.

Gabarito: C

MPT 17º CONCURSO MAIO/2012

A propósito da qualificação profissional do servidor público, encontra-se INCORRETA a asserção:

a) O servidor poderá, no interesse da Administração, e desde que a participação não possa ocorrer simultaneamente com o exercício do cargo ou mediante compensação de horário, afastar-se do exercício do cargo efetivo, com a respectiva remuneração, para participar em programa de pós-graduação *stricto sensu* em instituição de ensino superior no País.

b) Ato do dirigente máximo do órgão ou entidade definirá, em conformidade com a legislação vigente, os programas de capacitação e os critérios para participação em programas de pós-graduação no País, com ou sem afastamento do servidor, que serão avaliados por um comitê constituído para este fim.

c) Os afastamentos para realização de programas de mestrado e doutorado somente serão concedidos aos servidores titulares de cargos efetivos.

d) O período de afastamento do servidor para cursar pós-graduação *stricto sensu* não é computado no seu tempo de serviço.

e) Não respondida.

Gabarito: D

TRT — 19ª REGIÃO — VI CONCURSO — AL/2012

A respeito do regime de provimento de cargos públicos instituído pela Lei n. 8.112/1990, assinale a alternativa incorreta:

a) O início do exercício de função de confiança coincidirá com a data de publicação do ato de designação, salvo quando o servidor estiver em licença ou afastado por qualquer outro motivo legal, hipótese em que recairá no primeiro dia útil após o término do impedimento, que não poderá exceder a trinta dias da publicação.

b) Aquele que, nomeado, não tomar posse no prazo legal, será exonerado.

c) A readaptação será efetivada e, cargo de atribuições afins, respeitada a habilitação exigida, nível de escolaridade e equivalência de vencimentos e, na hipótese de inexistência de cargo vago, o servidor exercerá suas atribuições como excedente, até a ocorrência de vaga.

d) Em caso de reintegração de servidor, encontrando-se provido o cargo, o seu eventual ocupante será reconduzido ao cargo de origem, sem direito a indenização ou aproveitado em outro cargo, ou, ainda, posto em disponibilidade.

e) A reversão far-se-á no mesmo cargo resultante de sua transformação.

Gabarito: B

TRT — 21ª REGIÃO — VII CONCURSO — RN/2012

Paulo da Luz ingressou no serviço público no cargo de Analista Judiciário do TRF em 10.4.2000. Em agosto de 2010 foi aprovado em concurso público para o cargo de Auditor Fiscal do Ministério da Fazenda. Para evitar a acumulação ilícita de cargos públicos, solicitou a exoneração do cargo ocupando no TRF. Em dezembro de 2011, após regular tramitação de processo administrativo, Paulo foi demitido pelo Ministério da Fazenda pela prática de insubordinação grave em serviço, ainda no curso do estágio probatório. Diante desse fato, considerando que o servidor deixou o cargo de Analista Judiciário, após aprovado no estágio probatório, e considerando, ainda, as disposições do regime jurídico dos servidores públicos civis da União, é correto afirmar que:

a) Poderá pleitear a sua recondução ao cargo anterior, pois já era detentor de estabilidade.

b) Poderá pleitear a sua reintegração ao cargo anterior, uma vez que já cumpriu o estágio probatório.

c) Não lhe assiste qualquer direito em relação ao cargo de Analista Judiciário, visto que seu desligamento do cargo de Auditor Fiscal ocorreu por demissão.

d) A sua demissão é nula, visto que a insubordinação, ainda que grave, não é hipótese de demissão, nos termos da Lei n. 8.112/1990, logo poderá pleitear a sua reintegração e regular cumprimento do estágio probatório.

e) Paulo poderá interpor mandando de segurança para ter deferido o seu retorno ao cargo de Analista Judiciário, visto que, tendo sido aprovado no estágio probatório, possui direito líquido e certo.

Gabarito: C

TRT — 8ª REGIÃO C-330 CONCURSO — PARÁ/AMAPÁ/2012

Analise as proposições abaixo e assinale a alternativa CORRETA:

I — A responsabilidade do Estado, fixada pelo texto constitucional, é objetiva, mas exige, como requisito, a fixação do nexo causal entre o dano produzido e a atividade funcional desempenhada pelo agente estatal, o mesmo se aplicando à ação regressiva do Estado contra o agente, que é assegurada em qualquer hipótese.

II — O processo disciplinar para a destituição de servidor de cargo em comissão deverá ser precedido de sindicância, em que lhe seja assegurada ampla defesa.

III — No caso de eleição de servidor público para o cargo de vereador, há previsão legal do exercício simultâneo obrigatório do cargo público efetivo, emprego ou função com o mandato, desde que haja compatibilidade de horário.

IV — A absolvição criminal, fundada em ausência de prova no tocante à autoria, não exclui a punição administrativa do servidor público, desde que baseada em inquérito regular.

a) as alternativas I e II estão corretas.

b) as alternativas III e IV estão corretas.

c) as alternativas II e III estão corretas.

d) as alternativas I e IV estão corretas.

e) as alternativas II e IV estão corretas.

Gabarito: B

TRT — 23ª REGIÃO — XVIII CONCURSO — MT/2011

Sobre a improbidade administrativa é correto afirmar:

a) A ação de improbidade administrativa que busca ressarcimento por danos causados por agente público prescreve em 20 anos.

b) Os atos de improbidade administrativa classificam-se em duas espécies: os que importam enriquecimento ilícito e as que causam prejuízo ao erário.

c) A lei de improbidade administrativa é conhecida nacionalmente por "lei do colarinho branco".

d) Por dispositivo constitucional, os atos de improbidade importarão a suspensão dos direitos políticos, a perda da função pública, a indisponibilidade dos bens e o ressarcimento ao erário, na forma e gradação previstas em lei, sem prejuízo da ação penal cabível.

e) A legitimidade para propor a ação de improbidade administrativa é somente do Ministério Público.

Gabarito: D

TRT — 16ª REGIÃO — VII CONCURSO — MA/2011

Considerando o disposto na Lei Federal n. 8.429/1992 sobre improbidade administrativa, marque a alternativa CORRETA:

a) Na hipótese de ato de improbidade administrativa que importa enriquecimento ilícito, o responsável está sujeito à perda dos bens ou valores acrescidos ilicitamente ao patrimônio, ressarcimento integral do dando, quando houver, perda da função pública, suspensão dos direitos políticos de oito a dez anos, pagamento de multa civil de até três vezes o valor do acréscimo patrimonial e proibição de contratar com o Poder Público ou receber benefícios ou incentivos fiscais ou creditícios, direta ou indiretamente, ainda que por intermédio de pessoa jurídica da qual seja sócio majoritário, pelo prazo de cinco anos.

b) Na hipótese de ato de improbidade administrativa que causa lesão ao erário, o responsável esta sujeito à ressarcimento integral do dano, perda do bens ou valores acrescidos ilicitamente ao patrimônio, se concorrer esta circunstância, perda da função publica, suspensão dos direitos políticos de cinco a oito anos, pagamento de multa civil de até duas vezes o valor do dano e proibição de contrata com o Poder Público ou receber benefícios ou incentivos fiscais ou creditícios, direta ou indiretamente, ainda que por intermédio de pessoa jurídica da qual seja sócio majoritário, pelo prazo de cinco anos.

c) Na hipótese de ato de improbidade administrativa que atenta contra os princípios da administração pública, o responsável está sujeito à ressarcimento integral do dano, se houver, perda da função pública, suspensão dos direitos políticos de três a cinco anos, pagamento de multa civil de até cem vezes o valor da remuneração percebida pelo agente e proibição de contratar com o Poder Público ou receber benefícios ou incentivos fiscais ou creditícios, direto ou indiretamente, ainda que por intermediário de pessoa jurídica da qual seja sócio majoritário, pelo prazo de cinco anos.

d) A aplicação das sanções previstas na Lei n 8.429/1992 independe da efetiva ocorrência de dano ao patrimônio público, salvo quando aprovadas as contas do agente pelo órgão de controle interno ou pelo Tribunal ou Conselho de Contas.

e) As sanções previstas na n. 8.429/1992 podem ser aplicadas isolada ou cumulativamente, de acordo com a gravidade do fato, substituindo as sanções administrativas previstas na legislação específica.

Gabarito: B

TRT — 8ª REGIÃO — C-330 CONCURSO — PARÁ/AMAPÁ/2012

Consoante a Lei de Improbidade Administrativa (Lei n. 8.429/1992), analise as proposições abaixo e assinale a alternativa CORRETA:

I — Constitui ato de improbidade administrativa importando enriquecimento ilícito utilizar, em obra ou serviço particular, veículos, máquinas, equipamentos ou material de qualquer natureza, de propriedade ou à disposição de entidades da administração direta, indireta ou fundacional de qualquer dos Poderes da União, dos Estados, do Distrito Federal, dos Municípios, de Território, de empresa incorporada ao patrimônio público ou de entidade para cuja criação ou custeio o erário haja concorrido ou concorra com mais de cinquenta por cento do patrimônio ou da receita anual, bem como o trabalho de servidores públicos, empregados ou terceiros contratados por essas entidades.

II — O responsável pelo ato de improbidade, que importar em enriquecimento ilícito, sujeita-se à perda dos bens ou valores acrescidos ilicitamente ao patrimônio, a qual não pode, em nenhuma hipótese, ser cumulada com o ressarcimento integral do dano.

III — Estão sujeitos às penalidades da Lei de Improbidade os atos de improbidade praticados contra o patrimônio de entidade que receba subvenção, benefício ou incentivo, fiscal ou creditício, de órgão público, bem como daquelas para cuja criação ou custeio o erário haja concorrido ou concorra com menos de cinquenta por cento do patrimônio ou da receita anual, limitando-se, nestes casos, a sanção patrimonial à repercussão do ilícito sobre a contribuição dos cofres públicos.

IV — A posse e o exercício de agente público ficam condicionados à apresentação de declaração dos bens e valores que compõem o seu patrimônio privado, compreendendo imóveis, móveis, semoventes, dinheiro, títulos, ações, e qualquer outra espécie de bens e valores patrimoniais do cônjuge ou companheiro, dos filhos e de outras pessoas que vivam sob a dependência econômica do declarante, inclusive os objetos e utensílios de uso doméstico.

a) as alternativas I e III estão corretas.
b) as alternativas II e III estão corretas.
c) as alternativas I e Iv estão corretas.
d) as alternativas III e IV estão corretas.
e) as alternativas II e IV estão corretas.

Gabarito: A

TRT — 3ª REGIÃO — 01/2011 CONCURSO — MG/2011

Assinale a opção correta, após a análise das afirmativas abaixo:

I — Segundo o Conselho Superior do Ministério Público do Trabalho e o Conselho Nacional do Ministério Público, o inquérito civil público deve ser concluído no máximo um ano após sua instauração (que se dá por publicação de portaria), vedada a prorrogação.

II — O inquérito civil público não é antecedente obrigatório para o ajuizamento das ações do Ministério Público do Trabalho.

III — O inquérito civil público arquivado pelo Ministério Público do Trabalho — MPT deve ser enviado no máximo em três dias à Câmara de Coordenação e Revisão — CCR do MPT para homologação ou não e, de toda forma, os interessados devem ser cientificados, sendo que o denunciante, após cientificado do arquivamento, tem o prazo de dez dias para, querendo, apresentar recurso administrativo à CCR sobre a decisão de arquivamento.

IV — Segundo o Conselho Superior do Ministério Público do Trabalho, o inquérito civil público é o único meio de colheita administrativa de provas pelo Ministério Público do Trabalho.

V — O inquérito civil público deve ser submetido a contraditório em todas as suas fases, desde a instauração, até a colheita de provas e conclusão.

a) estão corretas somente as proposições I e II.
b) estão corretas todas as proposições.
c) estão corretas somente as proposições II e III.
d) estão corretas somente as proposições I e III.
e) estão corretas somente as proposições III e IV.

Gabarito: C

TRT — 21ª REGIÃO — VII CONCURSO — RN/2012

Segundo a Lei da Ação Civil Pública, os órgãos legitimados à ação civil pública ou coletiva podem tomar o compromisso de ajustamento de conduta através de Termo de Compromisso de Ajustamento de Conduta. Diante dessa norma, assinale a assertiva correta:

I — A legitimidade dos órgãos públicos para tomar o compromisso de ajustamento de conduta independe do órgão possuir personalidade jurídica.

II — Como ato que é tomado perante órgãos públicos, o compromisso de ajustamento de conduta tem natureza de ato administrativo, apesar de ser um ato em que há concessões recíprocas de direito material e processual, já que o órgão público que toma o compromisso também se compromete a não ajuizar a ação civil pública ou coletiva.

III — As autarquias podem tomar dos particulares o compromisso de ajustamento de conduta.

IV — O órgão público legitimado pode tomar o compromisso de ajustamento de conduta de outro ente público, observada, apenas, a esfera administrativa a que pertence, de modo que o Município não pode tomar um compromisso de ajustamento de conduta da União, mas o contrário é possível.

a) apenas as assertivas I e III estão corretas.

b) apenas as assertiva II e IV estão corretas.

c) apenas as assertivas I, II e IV estão corretas.

d) apenas as assertivas III e IV estão corretas.

e) apenas as assertivas I, II e III estão corretas.

Gabarito: A

TRT — 23ª REGIÃO — XVIII CONCURSO — MT/2011

Assinale a falsa. Os serviços públicos *uti universi*:

a) a administração presta sem ter usuários determinados.

b) são os que têm usuários determinados e utilização particular.

c) são indivisíveis.

d) também são conhecidos como serviços gerais.

e) devem ser mantidos por imposto e não por taxa ou tarifa.

Gabarito: B

TRT — 16ª REGIÃO — VII CONCURSO — MA/2011

Sobre o inquérito civil publico, marque a alternativa INCORRETA:

a) É da competência exclusiva do Ministério Público promover o inquérito civil, para a proteção do patrimônio público e social, do meio ambiente e de outros interesses difusos e coletivos.

b) É possível ao Ministério Público ajuizar ação civil pública sem inquérito civil prévio, já que a instauração deste não é obrigatória.

c) Se o órgão do Ministério Público, esgotadas todas as diligências, se convencer da inexistência de fundamento para a propositura da ação civil, promoverá o arquivamento dos autos do inquérito civil ou das peças informativas, fazendo-o fundamentadamente.

d) Os autos do inquérito civil ou das peças de informação arquivadas serão remetidos pelo membro do *Parquet*, sob pena de se incorrer em falta grave, no prazo de 5 (cinco) dias ao Conselho Superior do Ministério Público.

e) A promoção de arquivamento do inquérito civil será submetida a exame e deliberação do Conselho Superior do Ministério Público, conforme dispuser o seu Regimento. Deixando o Conselho Superior de homologar a promoção de arquivamento, designará, desde logo, outro órgão do Ministério Público para o ajuizamento da ação.

Gabarito: D

TRT — 8ª REGIÃO — C-330 CONCURSO — PARÁ/AMAPÁ/2012

Em relação aos serviços públicos, assinale a alternativa CORRETA:

a) Em se tratando de serviços públicos comuns, a União pode fixar, por lei ordinária, normas para regular a cooperação mútua, visando ao equilíbrio do desenvolvimento e do bem-estar em âmbito nacional.

b) A implantação do serviço de abastecimento de água e os serviços de energia domiciliar são classificados como serviços singulares.

c) Constitui conceito legal de privatização de serviços públicos a alienação, pela União, de direitos que lhe assegurem, desde que apenas diretamente, a preponderância nas deliberações sociais e o poder de eleger a maioria dos sócios da sociedade.

d) Consoante jurisprudência consolidada do Supremo Tribunal Federal, o serviço de iluminação pública não pode ser remunerado mediante taxa.

e) Todo e qualquer serviço público tem objetivo de interesse público e toda atividade de interesse público é serviço público, podendo funcionar com prejuízo, caso em que se transfere do usuário para a coletividade o seu financiamento.

Gabarito: D

CURSO DE PREPARAÇÃO AOS CONCURSOS DA MAGISTRATURA DO TRABALHO E DO MINISTÉRIO PÚBLICO DO TRABALHO

Organizadores
Candy Florencio Thome
Márcio Mendes Granconato
Rodrigo Garcia Schwarz

Ao longo dos 12 volumes deste *Curso* serão abordadas as seguintes disciplinas:

Direito Coletivo do Trabalho
Direito Individual do Trabalho
Direito Processual do Trabalho
Direito Administrativo
Direito Civil
Direito Comunitário
Direito Constitucional
Direito da Criança e do Adolescente
Direito da Empresa
Direito Empresarial
Direitos Humanos
Direito Internacional
Direito Penal
Direito Previdenciário
Direito Processual Civil
Estatuto Jurídico do Ministério Público
Ética e Estatuto Jurídico da Magistratura Nacional
Filosofia do Direito
Metodologia da Sentença
Prática da Sentença
Psicologia Judiciária
Sociologia do Direito
Técnicas Aplicadas às Provas Orais e Teoria Política